国情教育研究书系

袁振国◎主编

# 中国义务教育
# 发展报告 *2012*

刘芳 等 著

教育科学出版社

·北京·

# 丛书编委会

（按姓氏笔画为序）

为打造具有国家水准、国际视野的教育科研成果，更好地服务于办好人民满意的教育，服务于全面建成小康社会，在中央级公益性科研院所基本科研业务费专项基金的支持下，我院系统开展了对国内国际重大教育理论与实践问题的研究，形成了"国情、国视、国菁、国际"四大书系。

"国情"书系以年度发展报告的形式，全面反映我国各级各类教育的成就、经验和挑战，对全国各省、自治区、直辖市教育发展和政策进行区域比较，对我国各级各类教育的发展水平进行国际比较，力求对我国教育的数量、规模、结构、效益和质量做出科学判断。

"国视"书系着眼于社会关注的教育热点问题，着眼于基础性、前瞻性问题，以了解事实、回应关切、提供政策建议为主要目的，探索教育发展规律。

"国菁"书系专门研究大中小学生的生活状态，涉及学校生活、家庭生活、社会生活、网络生活等，通过调查研究，了解当代学生的行为特点和思想情感，为研究如何促进学生的全面发展提供科学依据。

"国际"书系分为著作和译作两类，主要反映国际教育改革发展动态，回顾国际教育的历史进程，跟踪国际教育的改革动态，把握国际教育的发展趋势。

四大书系既各自独立又相互联系，在保持各书系特点的同时，力求做到：

一、"用数据说话"。数据是研究和决策的基础。四大书系力图建立在数据和事实的基础之上，通过对数据的搜集、提炼、整合、分析，发现问题，探索规律。

二、"通过比较说话"。没有比较就没有鉴别。书系力求通过国别比较、区域比较、类型比较、结构比较，发现真知，提供卓见。

三、"协同创新"。协同创新是提高创新效率和创新水平的战略要求。书系研究调动院内外、系统内外、国内外资源，注重人员交叉、学科交叉、方法交叉，力求有所创新、有所突破。

四大书系的编辑出版是我院全面提高教育科研水平的一项整体努力，也是建设国家一流教育智库的客观要求。在研究和写作过程中，书系得到了相关机构和同仁的大力支持，特别是得到了教育部相关司局及有关部委的大力支持，在此一并致谢！我们将以此为起点，不懈努力，为推动中国教育事业在新的历史起点上向前发展发挥不可替代的作用。

中国教育科学研究院

**2012 年 12 月**

# 目 录
CONTENTS

　　义务教育是国家依法统一实施、所有适龄儿童少年必须接受的教育，是教育工作的重中之重。加快推进义务教育公共服务均等化是新时期教育发展的重要任务，也是重大的民生工程。党的十八大提出："要努力办好人民满意的教育。均衡发展九年义务教育"。《国家中长期教育改革和发展规划纲要（2010—2020 年）》提出均衡配置教师、设备、图书、校舍等资源，切实缩小校际差距，加快缩小城乡差距，努力缩小区域差距；到 2020 年，全面提高普及水平，全面提高教育质量，基本实现区域内均衡发展，确保适龄儿童少年接受良好义务教育。

　　本书①以教育规划纲要提出的目标要求为依据，以实证研究为主要方法，以近十年（2001—2010 年）国家教育事业统计年鉴和教育经费统计年鉴数据为支撑，以覆盖全国东中西部地区的 186 个县（市、区）为样本，从全国和分省份两大层面，对义务教育的普及程度和发展规模、教师队伍、办学条件及教育经费等方面进行全面、系统、深入分析，力求全面把握近十年我国义务教育发展和均衡水平的进展及成就，及时反映义务教育发展和均衡推进过程中出现的新情况和新问题，研究并借鉴义务教育发展的国际经验，为决策提供科学的、有针对性的政策建议。

---

　　①　本书研究范围主要涉及中国大陆地区，不含港澳台地区。

## 一、普及程度不断提高

进入 21 世纪以来，全国义务教育普及程度不断提高，到 2011 年底全国所有县级行政单位和省级行政区划全部通过普及九年义务教育和扫除青壮年文盲的国家验收，人口覆盖率达到 100%，完成了历史性的战略任务。中国义务教育实现了全免费全覆盖，人民的受教育权得到有史以来最大限度的保障。但因人口出生率的变化，义务教育规模总体上呈现缩小趋势，近年出现小幅回升。

**第一，义务教育入学率不断提高，跻身世界前列**。我国小学净入学率近十年持续上升，自 2001 年以来增长 0.6 个百分点，2010 年达 99.7%，初中阶段毛入学率自 2001 年以来增长了 11.4 个百分点，到 2010 年达 100.1%，均超过发展中国家平均水平，跻身国际前列。性别差异逐渐缩小，女童小学净入学率超过男童；九年义务教育完成率从 2001 年的 79.31% 提高到 2010 年的 90.03%，但存在较大波动，2008 年和 2009 年曾超过 92%。从全国来看，部分省份入学率年度起伏较大，个别省份入学率还不到 98%。与东部和中部地区相比，西部地区的省份入学率仍旧偏低。义务教育巩固工作仍是新时期的一项重要任务。同时，城镇化进程中的人口大规模流动给学籍管理带来巨大挑战，建议国家尽快建立电子学籍档案系统并实现全国联网，提高入学率和辍学率统计的准确性，保障流动人口子女受教育权，这对于科学及时调控学校布局和规划也有重要意义。

**第二，在校生规模缩小但招生规模近年呈上升趋势**。小学和初中的在校生规模总体呈下降趋势，但在校生规模仍位居世界前列，联合国教科文组织（UNESCO）《全民教育全球监测报告 2011》显示 2009 年中国小学在校生人数占世界小学在校生人数的 15%，中学在校生人数占世界中学在校生人数的 19%。2010 年小学在校生人数为 9940.70 万人，较 2001 年减少了 20.75%，学校数量为 25.74 万所，减少了 47.60%；初中在校生人数为 5279.33 万人，较 2001 年减少了 17.96%，学校数量 5.49 万所，减少了 27.14%，学校撤并速度远高于学生规模下降速度。小学招生数近年下降缓慢，2010 年小学招生数有所回升，为 1691.70 万人，比 2009 年增加了 54

万人，预示在校生规模将停止下降，未来几年可能会出现增长。因此，应统筹考虑城乡人口流动、学龄人口变化情况，科学制定学校布局规划，严格规范学校撤并程序和行为，不宜于撤并的小规模学校应当予以保留并保障教育质量。

**第三，校均规模和班额过大。**2010 年全国小学校均规模为 386.18 人，初中校均规模为 962.35 人。有一半省份的城市初中校均规模超过国家最高标准，县镇学校如果按照城市建标计算则近三分之一、按照农村建标计算则三分之二的省份超过国家最高标准。自 2001 年以来，城市和县镇小学校均规模逐年大幅上升，农村变化不大。城市的初中校均规模持续大幅上升，县镇初中校均规模自 2004 年以后平稳略有下降，农村初中持续大幅下降。2010 年全国小学平均班额 37.99 人，班额 45 人以上的班级占 32.76%，初中平均班额 52.90 人，班额 55 人以上的班级占 36.58%，县镇大班额问题最为突出。与 2001 年相比，班额构成比例发生了较大变化，大班额比例增多而小班额比例下降。城市和县镇小学班额持续增长，农村初中下降幅度最大。

适当控制学校和班级规模是提高教育质量的必然要求。我国的大班额现象在普及义务教育初期是不得已的选择，它在缓解人民群众的教育需求与教育资源供给不足的矛盾上起到了重要作用。随着我国国力不断提升，义务教育投入持续增长以及学生数量不断下降，大规模学校、大班额情况反而逐渐增多，很不合理。大班额、大规模学校对学生身心发展不利，新时期我们应当站在科学发展观的高度，一方面要均衡配置教育资源，提高农村学校质量，另一方面要以人为本、科学规划学校规模和布局调整。

## 二、教师队伍结构逐渐优化

近年来，通过创新教师队伍补充机制，吸引高学历优秀人才从教，并不断加强教师的在职培训和学历进修，建立了一支数量基本充足、结构趋于合理、业务水平日益精湛的中小学教师队伍，为提高义务教育质量，促进中小学生全面发展提供了重要保障。

**第一，专任教师数量日益充足。**2001—2010 年全国小学专任教师数量减少近 20 万人，初中增加近 20 万人。其中城市中小学专任教师增加一成左右，东部城市增幅最大；县镇中小学专任教师增加超过三成，西部县镇增幅最大；农村中小学专任教师减幅超过一成五，东部农村减幅最大。随着在校生数的下降和初中专任教师的增加，全国专任教师生师比持续下降。2010 年平均每个专任教师比 2001 年少教 4 个学生，其中农村中小学专任教师生师比降幅最大，每个教师比 2001 年少教 6 个学生，导致城乡专任教师生师比与现行国家标准出现"倒挂"现象。如果统一城乡编制标准，并在农村小学按"班师比"配备教师，2010 年农村小学有 40 万专任教师的缺口。专任教师数量减少的同时，2001—2010 年全国小学代课人员数量也持续减少近 40 万人，减幅达到 64.91%，其中农村小学、西部小学代课人员减少数量最多，幅度最大。尽管农村小学代课人员大幅减少，但农村代课人员仍然是最多的，占到全国小学代课人员的七成以上，需要采取各种措施吸引优秀教师到农村中小学从教，充实农村中小学教师队伍。

　　**第二，专任教师结构日趋合理。**2001—2010 年全国小学教职工队伍中，专任教师、教辅人员、工勤人员占比持续小幅上升，行政人员占比持续小幅下降。由于城市和县镇小学行政人员、工勤人员占比偏高，2010 年其专任教师占教职工的比例仍略低于国家标准。高学历师资的补充，使得专任教师学历层次明显提高。2010 年小学专任教师学历以专科为主，初中以本科为主，小学和初中高于规定学历教师比例比 2003 年提高四成左右。尽管县镇和农村中小学教师的学历水平提高幅度较大，但是教师学历水平的城乡差距仍然不容忽视。中高级职称教师比例逐年提高，2010 年中小学中高级职称教师比例超过五成。2003—2010 年中高级职称教师比例的城乡差距缩小，但地区差距仍在拉大。专任教师队伍中主科教师占比明显偏高。虽然近年来音体美和外语教师的占比有所提高，但音体美等学科教师仍显不足，农村初中表现尤其明显。语文和外语老师学历水平较高，初中副科学历不合格教师比例较高；中青年教师是教师队伍的主力军，中高级职称教师队伍出现年轻化趋势。女教师占比持续上升，2010 年女教师比例小学接近六成，初中近半。女教师占比偏高的现象在城市和东部中小学更为突出。国家应逐步健全教师管理制度，按照总量控制、城乡统筹、结构调整、有增有减的原则，完善编制管理，合理配置教师资源，逐步缩小教师队伍学历、职称的城乡差距、地区差距，缓解教师队伍在学科结构、性别结构等方面存在的问题。

**第三，农村教师队伍补充机制有待改进。**调动是教师队伍变动的主要形式，城市和县镇专任教师队伍比农村更稳定，每年都有很多农村教师通过调动工作流入城市学校，城市和县镇学校增加教师中有更多有工作经验的熟手教师。为了弥补教师的流失，农村学校特别是农村初中只能通过更多录用毕业生来补充教师，农村小学还通过更多地把校内行政和教辅等人员转为专任教师来补充教师队伍。教师进入城市学校工作后相对比较稳定，城市学校减少教师中自然减员比例明显高于农村。

## 三、办学条件持续改善

近年来，国家通过实施农村寄宿制学校建设工程、农村中小学现代远程教育工程、农村中小学危房改造工程、中小学校舍安全工程、农村义务教育薄弱学校改造计划等一系列重大工程项目不断改善和提高了农村学校办学条件。从全国来看，农村学校办学条件比城市学校改善和提高幅度更为明显。东部地区省份办学条件依然最好，中部地区办学条件与西部相当，部分指标如生均仪器设备值甚至要低于西部地区，从年度比较看，中部地区增幅最小。

**第一，生均校舍面积逐年扩大。**小学、初中生均校舍建筑面积、生均教学及辅助用房面积都呈逐年增加的趋势；初中生均占地面积、生均体育运动场（馆）面积逐年增加，尤其是生均占地面积十年来增加了6平方米，增幅明显。但是小学生均占地面积、生均体育运动场（馆）面积逐年下降，可能与小学的学校数量减幅远远大于在校生规模有关。从全国来看，生均校舍及体育运动场（馆）面积总体上呈现出东部高于中部、中部高于西部的特点；从年度比较来看，中部增幅相对较小。从城乡来看，农村学校生均校舍面积改善程度更大。2010年城市学校生均占地面积和生均体育运动场（馆）面积仅为农村学校的一半左右。针对学校体育活动场地有限的问题，一些地方也在积极采取多种措施提高空间利用率。

第二，生均仪器设备值与生均图书逐年增加，城乡差距逐年缩小。小学、初中生均仪器设备值均平缓上升。2010 年小学生均仪器设备值接近 400 元，较 2003 年最低值增加了 120 元；初中超过 600 元，较 2002 年最低值增长了一倍多。小学、初中生均图书十年来分别增加了 4.15 册、6.77 册，农村初中增幅最为明显，十年共增加 7.24 册，城乡差距逐年缩小。从全国来看，2010 年东部地区学校生均仪器设备值最高，尤其是上海、北京，其生均仪器设备值是最低省份的十倍左右；中部地区最低，小学生均仪器设备值比西部地区少 50 多元；生均图书是东部最多，西部最少；与 2003 年相比，中部地区生均仪器设备值、生均图书的增幅最小。中部地区由于学生多、学校多，在推进义务教育均衡发展过程中，面临更大的困难，国家应进一步加大对中部地区的支持力度。

第三，学校信息化条件逐年改善。计算机配备和网络建设明显逐年改善，2002—2008 年，小学、初中每百名学生拥有计算机台数逐年增长，小学、初中分别增加 2.48 台和 4.01 台。建网学校比例逐年增长，小学建网比例十年来增加了 14.45 个百分点，初中八年来增加了 30.52 个百分点，到 2010 年初中建网学校比例接近五成，小学不足两成。另外，信息技术教师配备不断改善。2001—2010 年，全国校均拥有信息技术教师数逐年增加。2003—2007 年，我国实施了农村中小学现代远程教育工程，农村教育信息化水平不断提高。农村学校每百名学生拥有计算机台数的增幅更大，城乡差距明显缩小。但地区差距继续拉大，东部地区每百名学生拥有计算机台数最多，增幅最大，2010 年东部小学、初中每百名学生拥有计算机台数分别较 2003 年增长了 1.01 倍、1.11 倍。小学每百名学生拥有计算机台数东部与中西部差距继续拉大。进一步推进义务教育信息化，避免更大的数字鸿沟，应持续关注中西部地区尤其是农村学校的信息化硬件设施配备及网络建设。

## 四、经费大幅增加

近年来，我国义务教育财政体制进行了改革，形成了以政府投入为主的义务教育经费保障机制，义务教育经费投入水平增长迅速，2007 年小学和初中教育经费投入水平增速均达到最高，此后逐年下降，但仍远高于全国 GDP 的增速。

**第一，义务教育经费总投入和财政预算内经费拨款大幅增加。**政府通过实施免费义务教育政策、中小学改扩建工程、教师培训计划，给予中西部地区寄宿生生活补贴等，使 2010 年义务教育经费总投入及财政预算内拨款增长比例均达到了十年来的最高水平。我国六成以上的义务教育预算内拨款用于农村义务教育，农村义务教育公共财政预算内拨款增长高于城市。西部地区义务教育经费投入增长速度高于东中部地区。

国家财政预算内经费拨款占义务教育经费总投入的比重逐年提高，2010 年达到了 88.27%，比 2001 年的 67.64% 增长了 20.63 个百分点。其中，西部地区预算内经费拨款占总投入的比例高出东部地区近 10 个百分点。

但是，与世界主要国家相比，我国义务教育经费投入水平仍明显偏低。2008 年，我国小学和中学生均教育经费支出（以 2007 年购买力平价汇率转换以后表示）分别为 822 美元和 1050 美元，不到发达国家平均水平（5557 美元和 7437 美元）的六分之一，仅高于印度（204 美元和 370 美元）排倒数第二。

**第二，生均预算内事业经费和预算内公用经费支出均大幅增加。**2010 年全国小学生均预算内事业经费和生均预算内公用经费支出分别达到 4012.51 元、929.89 元，分别比 2001 年的 645.28 元、45.18 元增加了 5.22 倍、19.58 倍，年平均增长率分别为 22.51%、39.94%。2010 年全国初中生均预算内事业经费和生均预算内公用经费支出分别达到 5213.91 元、1414.33 元，分别比 2001 年的 817.02 元、83.40 元增加了 5.38 倍、15.96 倍，年平均增长率分别达到 22.87%、36.96%。

十年来，我国义务教育预算内教育事业经费分配的城乡差异逐渐缩小，2001 年农村预算内事业经费中用于公用经费的比例比城市低了近 6 个百分点，到 2010 年，农村仅比城市低了不到 1 个百分点，表明预算内事业经费支出结构趋于合理。

**第三，生均事业经费和生均公用经费的省际差距逐渐缩小。**十年来，我国义务教育阶段生均事业经费支出和生均公用经费支出的省际差距逐渐缩小，小学缩小幅度尤为明显。其中，中西部地区省份生均预算内教育事业经费支出和生均预算内公用经费支出增速较快，并且全国有超半数的省份义务教育预算内事业经费中公用经费的比例有所增长。

小学和初中预算内经费投入增长较快的省份均主要分布在西部地区。在非财政性教育投入上，东部经济发达的省份非国家财政性的教育经费占义务教育总投入的比例约一成。在教育经费的分配与使用上，中西部经济发展水平较为落后的地区和人口大省主要将预算内教育拨款用于发展义务教育。

### 五、均衡水平亟待提高

"两基"目标的全面实现极大地提高了中西部地区的义务教育水平，省际义务教育发展差距明显缩小，但县域内校际差距依然不容乐观，提高教育质量、促进县域内义务教育均衡发展已成为新时期我国义务教育发展面临的重要任务。

**第一，义务教育均衡水平亟待提高。**国家规定的评估县域内义务教育校际均衡发展标准为，小学综合差异系数 0.65，初中综合差异系数 0.55，小学、初中均达标方可认定为义务教育基本均衡县。对全国 186 个样本县（市、区）2010 年县域内校际均衡水平的测算发现，37.6% 的县（市、区）小学和 52.7% 的县（市、区）初中达到了国家规定的标准，27.4% 的县（市、区）小学和初中均达到了均衡标准。但还有 36.0% 的县（市、区）小学和 22.6% 的县（市、区）初中综合差异系数高达 0.8 以上，这部分县（市、区）若要达到国家规定的校际均衡标准，还需付出相当大的努力。

**第二，东部地区均衡水平高于中西部。**东部地区小学、初中的各项指标均衡水平最高，中部最低。小学、初中教育发展水平和教育均衡水平都较高的省份均位于东部地区，上海小学、初中均衡水平最高；中部地区教育发展水平低，均衡水平也低，处于"双重塌陷"。在推进均衡发展的工作中，既要认真解决发展水平高、均衡水平却比较低的区县的均衡问题，更要重视那部分均衡水平高但发展水平比较低的区县的发展问题。

第三，**教师资源均衡水平高于教育设施均衡水平**。小学、初中的教育设施均衡水平均低于教师资源均衡水平，小学、初中的教育设施差异系数分别为 0.91 和 0.74，均大于小学、初中的教师资源差异系数 0.46 和 0.40。制约小学、初中综合均衡水平达标的主要是生均运动场（馆）面积、生均教学仪器设备值、每百名学生拥有计算机台数等三项指标，进一步加快学校标准化建设，提高办学水平是实现县域内义务教育均衡发展的关键。

### 六、我国义务教育普及水平和质量国际排名比较靠前

义务教育是现代教育发展的基础和起点，发达国家无不以实现普及义务教育作为一项基本国策。自欧美国家率先于 19 世纪下半叶开始普及义务教育以来，义务教育已走过百余年历程。至今，颁布实施义务教育的国家已遍及全世界。

第一，**我国义务教育实施起步较晚但发展迅速**。义务教育从实施到完成多数国家都经历了较长的时间。英美日等主要工业化国家于 20 世纪前后就基本上实现了普及初等教育，之后于 20 世纪 80 年代基本普及了高中阶段的义务教育，高中入学率达到 90% 以上。美英等西方发达国家用了一个多世纪来完成普及义务教育，而我国从 1986 年真正实施义务教育开始，仅用了不足 30 年时间就走完了西方发达国家百年普及义务教育的历程。

第二，**我国义务教育普及程度排在世界前列**。据 2010 年联合国开发计划署（UNDP）《人类发展报告 2010》披露，中国初等教育毛入学率在 161 个国家中排第 38 位，初等教育发展水平排在人类发展指数很高的国家群体的末端。在世界经济论坛（WEF）《全球竞争力报告 2011—2012》中，中国初等教育净入学率在 142 个国家中排第 9 位，中等教育毛入学率排第 93 位。

第三，**我国教育投入明显处于世界较低水平**。据瑞士洛桑国际管理学院（IMD）《世界竞争力年鉴 2010》，中国 2007 年公共教育支出占 GDP 的比例（2.9%）排在 57 个有数据的主要国家（地区）的第 53 位；人均公

共教育支出（71 美元）排在第 54 位。另据联合国教科文组织《全民教育全球监测报告 2011》，2008 年中国教育公共支出占 GDP 的比例为 3.5%，明显低于世界（4.8%）、发达国家（5.2%）和发展中国家占 GNP 平均值（4.2%）。中国小学、中学生均教育经费支出（2007 年购买力平价）分别为 822 美元和 1050 美元，不到发达国家平均值（5557 美元和 7437 美元）的六分之一。

第四，我国义务教育质量国际排名比较靠前。据世界经济论坛《全球竞争力报告 2011—2012》，在有数据的 142 个国家（地区）中，中国初等教育质量排第 31 位，教育体系质量排第 54 位，校园网联通率排第 28 位，数学与科学教育质量排第 31 位。2009 年 PISA 测试显示，在 65 个国家与地区中，中国上海学生阅读、数学、科学三科成绩及其总分均名列第一，中国大陆学生平均总成绩位居第九，数学成绩位居第四，科学成绩位居第十一。另据联合国开发计划署《人类发展报告 2010》，中国成人识字率在 130 个国家中排第 43 位，辍学率在 139 个国家中排第 9 位，留级率在 144 个国家中排第 17 位，生师比在 125 个国家中排第 45 位。联合国教科文组织《全民教育全球监测报告 2011》显示，2007 年中国、芬兰、挪威等 3 国小学巩固率均达到了 100%。

### 七、义务教育发展的贡献

义务教育的发展极大地提高了全民族素质，推进了社会公平，为经济发展、社会进步和民生改善做出了不可替代的重大贡献。

第一，全面普及义务教育极大地降低了我国人口文盲与半文盲率，提高了国民素质。进入 21 世纪后，义务教育迎来了大发展的春天。近十年来，我国全面普及义务教育成果得到巩固，教育质量也得到普遍提高，极大地提高了我国国民平均受教育年限，到 2009 年我国主要劳动年龄人口平均受教育年限达到 9.5 年；到 2010 年每十万人口中拥有大学文化程度的人数达到 8930 人；降低了人口文盲与半文盲率，到 2010 年全国人口文盲率下降到 4.08%；具有小学文化程度的人口数量的下降，再次表明我国实施义务教育取得了显著成绩，反映出我国国民受教育程度和文化水平的普遍提高，国民整体素质得到增强。

**第二，义务教育发展水平的提高有力地促进了社会经济发展水平的提升。** 改革开放30多年来，我国社会经济取得了突飞猛进的发展，全国人均国内生产总值由1980年的463元上升到2010年的29992元，增加了近64倍。各省、自治区、直辖市的社会经济发展同样也取得了显著成绩，人均地区生产总值大幅度提高，但是地区间人均国内生产总值的绝对差距也随之不断拉大。表现为东部地区高于中部地区，中部地区高于西部地区。造成这一变化的主要因素之一就是教育水平的差异，东部地区的义务教育发展水平高于中西部地区，这促进了东部人口文化素质的快速提高，为经济发展奠定了基础。

**第三，教育的个人收益率逐渐提高，女性教育收益率略高于男性，非公有制部门的个人教育收益率略高于公有制部门。** 从20世纪90年代开始，无论是城市还是农村，个人教育收益率呈现逐渐提高的发展趋势。性别对个人教育收益率的影响较为明显，全国总体上表现出男性个人教育收益率低于女性，而且这种差异呈逐渐扩大的发展趋势。从业部门的性质也对个人教育收益率产生影响，一般是非公有制部门的个人教育收益率高于公有制部门，这种差距在市场经济水平更为发达的东部地区尤为明显。

当前，我国正处于全面建成小康社会的新的历史时期，新型的工业化、信息化、城镇化和农业现代化需要教育提供强有力的人才支撑。义务教育是提高国民素质和改善民生的重要基础，巩固义务教育普及水平，提高教育质量，优化教育资源配置，保障适龄儿童少年就近入学和平等接受教育，实现教育基本公共服务均等化，促进社会公平正义，实现每一个学生的全面而富有个性的发展是我们新时期的重要任务。

# 第一章

# 全国义务教育发展状况

## 第一节  普及程度与发展规模

2010 年，党中央、国务院颁布了《国家中长期教育改革和发展规划纲要（2010—2020 年)》，召开了新世纪第一次全国教育工作会议，中国教育改革和发展进入新的阶段。2010 年底全国所有县级行政单位完成了"两基"工作，2011 年底随着最后一个省份——四川省通过"两基"验收，中国义务教育实现了全免费全覆盖，做到了人人有学上，人民的受教育权得到有史以来最大限度的保障。因为人口出生率的变化，义务教育规模总体上呈现缩小趋势，近年出现小幅回升。由于一段时期的教育资源分配策略存在偏差，我国义务教育发展出现了城市和县镇学校平均规模过大且持续增长、班额过大尤其是初中和县镇学校班额过大等问题，困扰了素质教育的实施，也不利于义务教育巩固率的提高。

### 一、普及程度

#### （一）基本情况

根据《2010 年全国教育事业发展统计公报》，截至 2010 年底，全国 2856 个县（市、区）全部实现"两基"，全国"两基"人口覆盖率达到

100%。2010 年，全国小学学龄儿童净入学率为 99.70%；女童净入学率为 99.73%，高于男童 0.05 个百分点；初中阶段毛入学率达 100.10%；全国九年义务教育巩固率为 90.03%；全国小学毕业生升学率为 98.70%，初中毕业生升学率为 87.50%[①]。

《国家教育事业发展"十一五"规划纲要》提出全面普及和巩固九年义务教育，具体目标为小学净入学率保持在 99% 以上，初中毛入学率达到 98% 以上，初中三年保留率达到 95%[②]。到 2010 年小学和初中的入学率均实现了目标，但是初中三年保留率低于目标 1.2 个百分点。

小学净入学率在东中西部地区之间还存在一定差距，东部地区最高，达到 99.92%，中部为 99.81%，西部为 99.34 %。分性别看，东部和中部的男童净入学率仅低于女童 0.01 个百分点，西部地区男童小学入学率为 99.26%，低于西部女童 0.17 个百分点，低于东部男童 0.65 个百分点（见图 1.1.1)[③]。

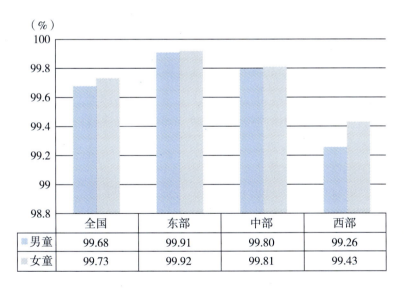

（%）

|  | 全国 | 东部 | 中部 | 西部 |
|---|---|---|---|---|
| 男童 | 99.68 | 99.91 | 99.80 | 99.26 |
| 女童 | 99.73 | 99.92 | 99.81 | 99.43 |

**图 1.1.1　2010 年分地区分性别小学生净入学率**

【数据来源】教育部发展规划司 . 2010 年全国教育事业发展简明统计分析［R］. 2011.

① 数据来源：教育部发展规划司 . 2010 年全国教育事业发展简明统计分析［R］. 2011.

② 保留率含义同巩固率，初中三年巩固率（保留率）＝初中一年级招生人数÷毕业班毕业人数×100%。

③ 由于缺乏分地区的初中入学率数据，因此本书将不分地区讨论初中入学率问题。

### （二）入学率

入学率、辍学率、巩固率、升学率等指标是反映义务教育普及程度的常用指标，其中年辍学率、小学五年巩固率、初中三年巩固率、升学率等指标动态反映了义务教育普及工作在一个时期或者相对较短时期的表现，在一定范围内显示多大比例学生中途退出，尤其是年辍学率对普及工作及时预警和调控具有重要作用。由于国家教育事业统计以及年度统计公报多年来未公布相关数据，因此，本部分无法进行辍学率的分析。学龄儿童入学率和九年义务教育巩固率是衡量义务教育普及程度的核心指标，入学率表明多少适龄儿童入学，是义务教育普及工作效果在起点的表现，九年义务教育巩固率是义务教育普及工作效果在终点的表现。两个指标联合使用反映了义务教育的长期效率和义务教育普及程度的整体情况。

入学率通常有毛入学率和净入学率两类。二者的相同点在于计算公式中分母都是某个年龄段的儿童，区别在于净入学率的分子是该年龄段在学儿童，毛入学率的分子包含了低龄或者超龄儿童。当同时考虑毛入学率和净入学率时可以得到教育效率有关信息。

小学毛入学率 = 小学在校学生总数 ÷ 小学校内外学龄人口数 × 100%

小学净入学率 = 小学在校学龄人口 ÷ 小学校内外学龄人口数 × 100%

初中毛入学率 = 初中在校学生总数 ÷ 初中校内外学龄人口数 × 100%

### 1. 小学普及效率提高

2001 年我国小学学龄儿童毛入学率为 104.5%，处于一个较低的水平，但是 2002 年毛入学率上升到 107.5%，然后逐年下降。毛入学率的上升与国家基本普及义务教育后将普及工作的重点转移到西部有关，西部大批农村儿童涌入学校，其中部分学生年龄超出小学的适龄范围。同时净入学率也经历了一个波动，从 2002 年开始 3 年入学率降低到 99% 以下，从 2005 年起入学率重新上升到 99% 以上。比较毛入学率和净入学率的差异，可以发现，二者的数值差距在波动中逐渐缩小，净入学率提高而毛入学率降低说明我国小学的普及效率在提高，在校生中按时入学的儿童增多而超龄低龄儿童减少（见图 1.1.2)[1]。

---

① 文中引用数据如果没有标明出处，则数据来源为历年《中国教育事业统计年鉴》。

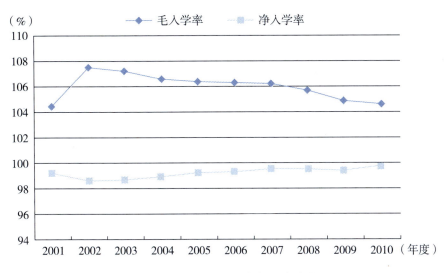

**图 1.1.2　全国小学入学率 10 年变化**

我国没有初中净入学率的统计数据，国家有关统计部门仅发布了初中在校生占 12—14 周岁年龄段儿童的比例。与小学毛入学率的下降趋势相比，初中毛入学率仍旧处于上升趋势，说明我国初中普及程度在提高，但是还有很大的上升空间（见图 1.1.3）。2010 年初中毛入学率刚刚超过

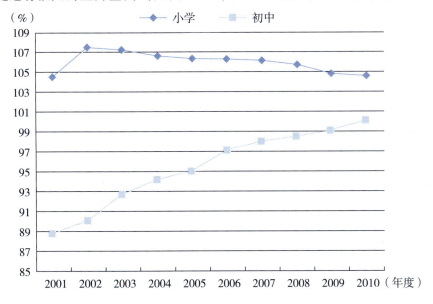

**图 1.1.3　全国小学和初中毛入学率 10 年变化**

100%，小学较高的毛入学率必然导致部分超龄儿童进入初中，会提高初中毛入学率，所以当初中毛入学率在100%左右时，就说明还有相当一批适龄儿童没有入学。

### 2. 女童小学净入学率逐渐高于男童

义务教育普及初期边远贫困地区女童、民族地区女童入学是难点问题。为吸引女童入学国家采取多种措施，例如增加女教师、设置女童班、加强性别平等宣传等等，转变了人们的性别观念，大大提高了女童小学入学率，达到接近男童的水平。2001—2003年间女童与男童小学净入学率相差0.07—0.09个百分点，随后差异越来越小，2006年超过了男童净入学率，到2010年男、女童净入学率分别为99.68%和99.73%，接近100%（见图1.1.4）。由于缺乏初中毛入学率分性别的数据，因此本报告不做初中阶段的分性别入学率比较。

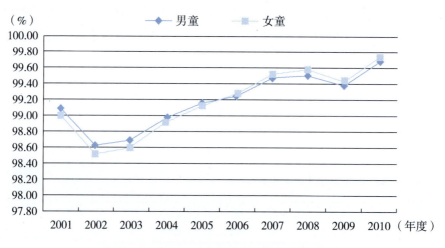

**图 1.1.4　全国小学分性别净入学率 10 年变化**

### （三）九年义务教育巩固率

九年义务教育巩固率是指义务教育阶段结束时的初中毕业生数与对应九年前该届学生的小学招生数之比（邱国华，2005）。九年义务教育巩固率有时也被称为九年义务教育完成率、保留率，国家相关政策文件中没有统一称谓。

九年义务教育巩固率＝初中毕业生数÷九年前小学招生数×100%

2010 年义务教育巩固率为 90.03%，意味着约 10% 的学生没有按时完成义务教育，或者因各种原因中途流失没有完成义务教育。2001 年小学招生数为 19442081 人，2010 年初中毕业生人数为 17503508 人，这届学生约有 193.86 万人没有按时完成或者没有完成义务教育，上一届学生中约有 148.76 万人没有按时完成或者没有完成义务教育。学生没有完成我国的义务教育有几种原因，包括死亡、出国、留级、转入非义务教育学校和辍学，虽然国家事业统计基层报表中包含学生变动情况数据，但没有公开数据统计结果，因此无法对巩固率的变化进行深入分析。在有限的数据中，《中国教育事业统计年鉴》公布 1996 年留级率小学为 2.2%，初中为 0.5%，此后未再发布留级率。《全国教育事业发展统计公报》最后一次公布辍学率为 2005 年，小学和初中辍学率分别为 0.45% 和 2.62%；从 2001 年到 2005 年的辍学率数据看（2002 年未公布数据），小学辍学率处于波动上升趋势，初中辍学率 2001 年以后下降到 3% 以下。《全国教育事业发展统计公报》最后一次公布小学升学率数据也在 2005 年，为 98.42%，而 2001 年入学的小学生大部分应在 2007 年升学，因此社会从国家统计数据中很难推断学生在哪个环节或者哪个时间退出或者延误接受义务教育，这对于发挥社会力量提高义务教育巩固率是不利的。

九年义务教育巩固率达到 90.03%，是国家和全社会通过多年努力获得的。2001 年是国家宣布基本实现普及九年义务教育后的第一年，九年义务教育巩固率为 79.31%，随后的几年在小幅波动中稳步上升，直到 2007 年和 2008 年，这两年巩固率有着飞跃式的进步，2007 年巩固率高于 2006 年 5 个百分点，而 2008 年高于 2007 年近 3 个百分点（见图 1.1.5）。这与"西部两基攻坚计划"以及"两免一补"等政策的实施是分不开的。

《国家中长期教育改革和发展规划纲要（2010—2020 年）》提出九年义务教育巩固率 2015 年要达到 93%，2020 年达到 95%，这是一个务实的目标，但仍旧需要社会各方面的共同努力。根据以往国家发布的辍学率数据和分省份入学率数据分析结果，提高义务教育巩固率要考虑学生入学和辍学在新时期的特点。从性别角度来讲，应当着力提高男童入学率，控制小学女生辍学率和初中男生辍学率。从管理职责角度看，应实现教育部门、民政部门等多部门合作，监控学生入学状况，发现有儿童未按时入学或者辍学则迅速且有针对性地介入。一方面要进一步完善和落实贫困生资助政策，另一方面要加大对贫困家庭的帮扶和关爱力度，让出身贫困家庭的学生能安心就学。从辍学风险因素角度来看，学习困难是现阶段造成学生辍学的关键因素。中央教育科学研究所教育督导评估研究中心2010年的全国抽样调查发现，初中辍学学生学习困难现象严重，65.85%的初中辍学学生离校前语文、数学和英语最后一次期中或期末考试至少有1门不及格，其中数学和英语不及格的比例都在50%以上，3门都不及格的比例达到了26.88%，因转学、借读或者复学等原因学校新增初中生来校后第一次期中或期末考试3门不及格的比例只有4%。因此可以说学习困难的学生是辍学的高风险人群，给予学习困难学生额外的帮助是必要措施，提高教师队伍质量尤其是农村教师队伍质量，减少学习困难学生的产生更是解决问题的根本。

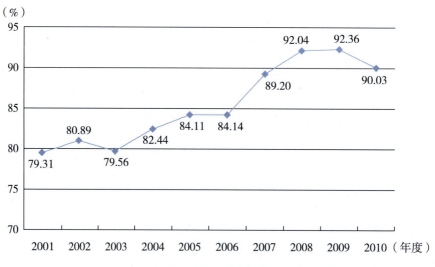

**图1.1.5　全国九年义务教育完成率10年变化**

## 二、发展规模

### （一）基本情况

2010 年全国共有小学 25.74 万所，招生 1691.70 万人，在校生 9940.70 万人，毕业生 1739.64 万人；全国共有初中学校 5.49 万所（其中职业初中 100 所），招生 1716.58 万人，在校生 5279.33 万人，毕业生 1750.35 万人。从学校构成来看，2010 年全国各级各类学校中，义务教育阶段学校占 58.9%；从学生总量构成来看，2010 年全国各级各类学历教育中义务教育阶段学生占 58.6%[①]。

全国义务教育阶段在校生中进城务工人员随迁子女总计 1167.17 万人，小学阶段进城务工人员随迁子女 864.30 万人，占小学在校生总数的 8.69%，初中阶段进城务工人员随迁子女 302.88 万人，占初中阶段在校生总数的 5.74%。

全国义务教育阶段在校生中农村留守儿童总计 2271.51 万人，小学阶段农村留守儿童 1461.79 万人，初中阶段农村留守儿童 809.72 万人。

普通小学、初中随班就读和附设特教班招收新生 3.97 万人，在校生为 25.96 万人，分别占特殊教育招生总数和在校生总数的 61.26% 和 60.99%。全国招收特殊教育新生 6.49 万人，在校生 42.56 万人[②]。

### （二）招生规模

#### 1. 初中招生规模逐年降低，小学招生规模近年回升

全国小学招生规模从 2001 年的 1944.21 万人下降到 2010 年的 1691.70 万人，下降了 12.99%。其间，2002 年到 2005 年招生规模逐年下降且幅度比较大，2005 年招生数比 2002 年减少 281.05 万人，2005 年至 2009 年变化幅度较小，维持在 2005 年左右的水平。2010 年小学招生数小幅上扬，

---

① 根据《2010 全国教育事业发展简明统计分析》表 1.1 计算，包括高等教育、高中阶段教育、初中阶段教育、普通小学教育和学前教育。

② 教育部. 2010 年全国教育事业发展统计公报［EB/OL］. http：//www.moe.edu.cn/public-files/business/htmlfiles/moe/moe_ 633/201203/xxgk_ 132634. html.

比 2009 年多招生 53.90 万人。初中招生数 2001 年和 2002 年基本持平，随后逐年下降，到 2010 年招生数与小学招生数接近，10 年间初中招生人数下降了 24%。由于小学招生数出现新的上升趋势，未来几年初中招生数也将增多（见图 1.1.6)①。

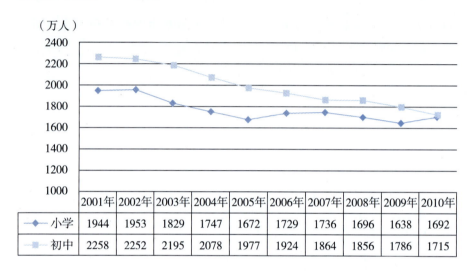

（万人）

| | 2001年 | 2002年 | 2003年 | 2004年 | 2005年 | 2006年 | 2007年 | 2008年 | 2009年 | 2010年 |
|---|---|---|---|---|---|---|---|---|---|---|
| 小学 | 1944 | 1953 | 1829 | 1747 | 1672 | 1729 | 1736 | 1696 | 1638 | 1692 |
| 初中 | 2258 | 2252 | 2195 | 2078 | 1977 | 1924 | 1864 | 1856 | 1786 | 1715 |

**图 1.1.6　全国小学、初中招生数 10 年变化**

### 2. 农村招生规模大幅下降，县镇招生规模上升，城市较稳定

2001 年以来小学招生规模的下降应主要归因于农村适龄儿童的减少。自 2001 年以来农村学校招生规模持续下降，城市招生规模一直比较平稳，城市出生率下降带来的生源减少被流动人口子女以及城镇化进程带来的城市人口增加所弥补，县镇招生规模发生小幅上升，这与城镇化政策、学校布局调整政策，以及农村学生追求优质教育向城镇集中有关。2001 年农村学校招生占比 67.47%，到 2010 年下降了 13.38 个百分点，县镇招生占比上升 9 个百分点，城市招生占比上升 4 个百分点（见图 1.1.7、图 1.1.8)。

---

①　此处初中仅指普通初中，下同。

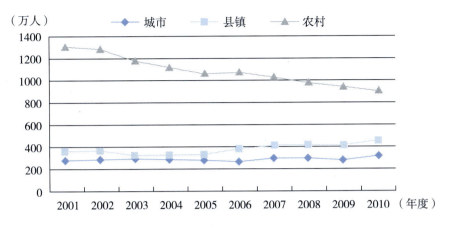

图 1.1.7　小学招生规模分城乡 10 年变化

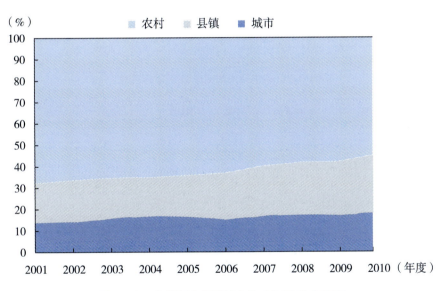

图 1.1.8　小学招生规模城乡构成比例 10 年变化

农村初中自 2001 年以来招生规模持续大幅下降，而县镇初中招生规模持续大幅上升，2006 年农村和县镇的招生规模持平，随后县镇招生规模超过农村。2001 年农村初中招生规模占比 49.52%，到 2010 年下降了 16.23 个百分点。县镇招生规模占比 10 年间上升 11.88 个百分点，城市占比上升 4.35 个百分点（见图 1.1.9、图 1.1.10）。

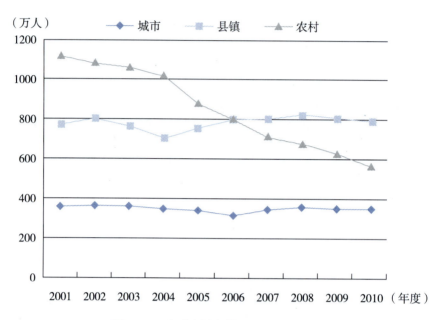

**图 1.1.9　初中招生规模分城乡 10 年变化**

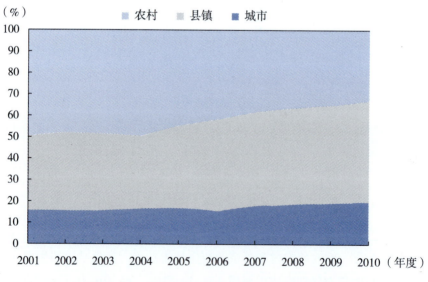

**图 1.1.10　初中招生规模城乡构成比例 10 年变化**

3. 西部小学招生规模降幅最大、初中降幅最小，东中部小学招生规模近年有上升趋势

自 2001 年以来西部小学招生规模持续下降，且下降幅度最大，而东部和中部经历下降上升的反复波动，2010 年比 2009 年有明显的上升（见图 1.1.11）。2009 年的人口抽样调查数据显示西部地区的出生率仍旧在全国

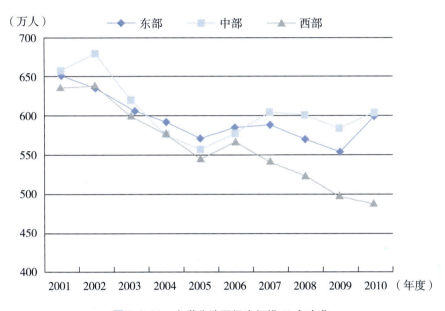

**图 1.1.11　小学分地区招生规模 10 年变化**

处于最高水平，招生人数的下降与人口流动有关，根据第六次全国人口普查数据，东部 11 个省份中 6 个省份的人口增长率（2000—2010 年）超过 10%，其中北京等 4 个省份的增长率超过 20%，北京更是高达 41.91%。东部地区的出生率最低，增长的人口来源于其他地区。由于中高考户籍的限制，流动人口子女一般返回家乡就读初中，所以东部和中部的初中招生规模持续大幅度下降，而西部降幅很小。东部和中部初中招生规模 2010 年比 2001 年下降了 40% 以上，而西部只下降了 9%（见图 1.1.12）。

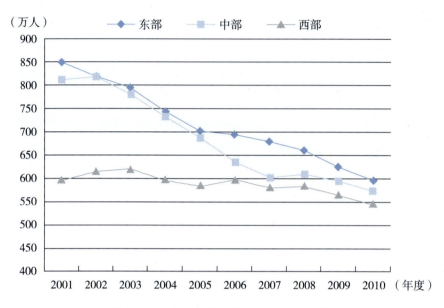

图 1.1.12　初中分地区招生规模 10 年变化

**4. 农村小学、县镇初中招生规模分别占各学段全国招生总量半数左右**

2010 年，农村小学招生数占全国小学招生总量的比例超过二分之一，农村小学招生 915.15 万人，占 54.10%；城市小学招生 313.95 万人，占 18.56%；县镇小学招生 462.6 万人，占 27.35%（见表 1.1.1、图 1.1.13）。

2010 年，县镇初中招生数占全国初中招生总量的比例接近二分之一，县镇招生 796.29 万人，占 46.42%；城市初中招生 348.13 万人，占 20.29%；农村初中招生 571.08 万人，占 33.29%（见表 1.1.1、图 1.1.14）。

**5. 中西部地区小学招生农村学校占比高于城镇，西部地区初中招生县镇学校占比最高**

2010 年全国小学招生数西部地区学校占比不到三分之一，东部和中部占比接近。东部地区小学招生 598.63 万人，占全国招生数的 35.39%；中部招生 603.14 万人，占 35.65%；西部招生 489.93 万人，占 28.96%（见表 1.1.1、图 1.1.13）。

2010 年初中招生数东中西部地区所占比例相近，中部所占比例略低于东部和西部。东部地区初中招生 595.01 万人，占全国招生数的 34.68%；中部招生 572.35 万人，占 33.36%；西部招生 548.13 万人，占 31.95%。

西部地区招生数量占全国的比重超过人口占比，这与西部较高的出生率有关。小学占比较初中低则可能与人口流动有关，小学学龄儿童跟随父母外出打工在外地入学，而初中年龄段的学生因中高考政策的限制，选择回乡就读初中的较多（见表1.1.1、图1.1.14）。

小学招生中部和西部地区仍以农村学校为主。东部城市小学招生数占东部地区招生总量的26.61%，县镇学校招生数占比31.16%，农村学校只占42.23%；而中部和西部地区农村学校招生数占本地区的比例分别为62.05%和58.81%，城市学校招生数占比不到15%。东中西三个地区之间，县镇学校招生数占比差距较小，中部和东部仅差7.59个百分点，但是城市和农村学校招生数占比差距较大，东部和中部的农村小学招生数占比相差接近20个百分点。虽然2010年第六次全国人口普查数据表明我国城镇人口超过农村人口，但在中西部地区农村学生数量仍旧占有绝对优势。由于农村出生率较高，农村学生的数量优势将会保持较长一段时间。

县镇学校是初中招生的主力，这与我国学校布局调整政策有关。东部、中部和西部县镇学校招生数占本地区新招学生总数的比例分别为47.65%、40.31%和51.45%，西部县镇学校招生数占比较高与西部地区农村寄宿制工程将大量初中建在县镇有关。东部农村学校招生数所占比例仅为25.12%，分别低于中部和西部16.68个和8.15个百分点。

表1.1.1 **2010年义务教育普通学校招生数（人）**

| 学段 | 地区 | 城市 | 县镇 | 农村 | 总计 |
|------|------|------|------|------|------|
| 小学 | 东部 | 1593024 | 1865224 | 2528054 | 5986302 |
| | 中部 | 867643 | 1421417 | 3742389 | 6031449 |
| | 西部 | 678859 | 1339337 | 2881060 | 4899256 |
| | 总计 | 3139526 | 4625978 | 9151503 | 16917007 |
| 初中 | 东部 | 1620413 | 2835200 | 1494533 | 5950146 |
| | 中部 | 1023576 | 2307366 | 2392508 | 5723450 |
| | 西部 | 837276 | 2820291 | 1823767 | 5481334 |
| | 总计 | 3481265 | 7962857 | 5710808 | 17154930 |

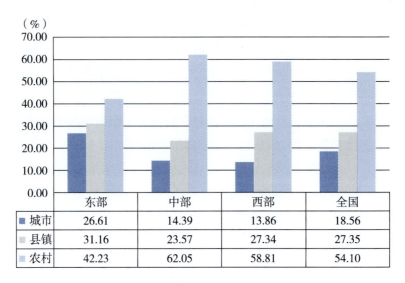

| | 东部 | 中部 | 西部 | 全国 |
|---|---|---|---|---|
| 城市 | 26.61 | 14.39 | 13.86 | 18.56 |
| 县镇 | 31.16 | 23.57 | 27.34 | 27.35 |
| 农村 | 42.23 | 62.05 | 58.81 | 54.10 |

**图 1.1.13　2010 年小学新招学生数分城乡分东中西分布**

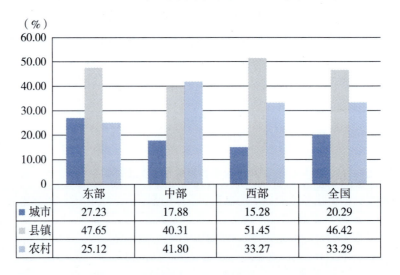

| | 东部 | 中部 | 西部 | 全国 |
|---|---|---|---|---|
| 城市 | 27.23 | 17.88 | 15.28 | 20.29 |
| 县镇 | 47.65 | 40.31 | 51.45 | 46.42 |
| 农村 | 25.12 | 41.80 | 33.27 | 33.29 |

**图 1.1.14　2010 年初中新招学生数分城乡分东中西分布**

## （三）在校生规模

### 1. 小学和初中在校生规模逐年下降

　　小学在校生数逐年下降，从 2001 年的 12543.47 万人下降到 2010 年的 9940.70 万人，减少 20.75%。2001 年初中在校生数为 6431.05 万人，在校生规模在 2002—2003 年有小幅上扬，或与西部义务教育普及程度的提高有关，自 2004 年起在校生规模逐年下降，到 2010 年为 5275.91 万人，减少 17.96%（见图 1.1.15）。

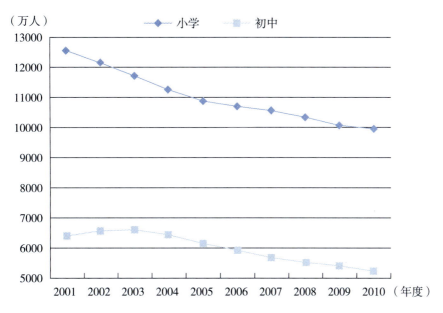

**图 1.1.15　小学和初中在校生规模 10 年变化**

**2. 农村小学在校生规模持续大幅下降，县镇初中在校生规模占比持续上升超过农村**

在校生规模分城乡的变化趋势与招生规模变化情况类似。小学在校生规模自 2001 年以来农村大幅度下降，县镇小幅上升，城市基本稳定。2001 年农村学校在校生规模占全国在校生总量的 68.60%，到 2010 年下降了 14.78 个百分点。2001 年县镇在校生规模占比 18.00%，到 2010 年上升了 9.87 个百分点，城市在校生规模 10 年间上升了 4.90 个百分点（见图 1.1.16）。初中在校生规模下降的时间晚于小学，从 2005 年开始下降，2001 年至 2004 年农村学校在校生规模占全国在校生总量的 47%—48%，2005 年开始下降，到 2010 年下降了 14.71 个百分点。2001 年县镇占比 34.92%，2007 年占比首次超过农村，到 2010 年占比 46.10%，上升了 11.19 个百分点。城市 10 年间占比上升了 3.53 个百分点（见图 1.1.17）。

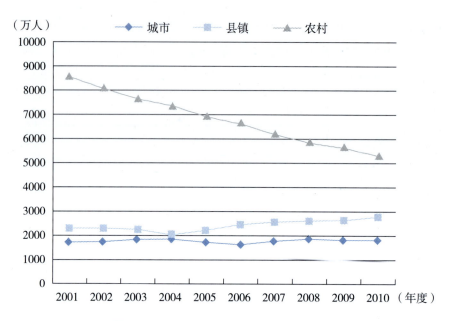

**图 1.1.16　小学城乡在校生规模 10 年变化**

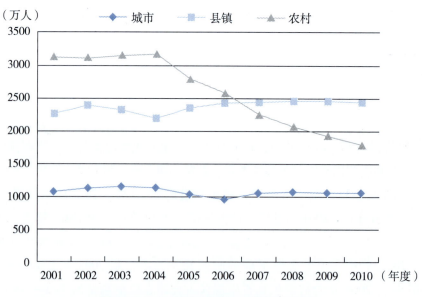

**图 1.1.17　初中城乡在校生规模 10 年变化**

**3. 东西部地区小学在校生规模持续下降，东中部初中在校生规模大幅下降**

自 2001 年以来东部和西部小学在校生规模持续下降，下降速度相近，

分别为 22% 和 21%；东部地区 2009 年到 2010 年间降幅减小，仅有
0.37%，西部仍旧保持较快速度下降，降幅为 3.51%。中部地区 10 年间
的降幅为 18.76%，2005 年以前降幅大于东部和西部，2005 年以后基本稳
定，2010 年比 2006 年只下降了 1.56%（见图 1.1.18）。初中东中西部地
区在校生规模都经历了小幅上升后持续下降的趋势。东部从 2003 年就开始
下降，而中部和西部分别从 2004 年、2005 年开始下降，东部和中部最终
降幅比较大，在校生规模 2010 年比 2001 年分别下降了 25.40% 和
22.71%，而西部降幅只有 0.06%（见图 1.1.19）。在校生规模的阶段性上
升与国家普及九年义务教育工作加大力度有关，随后在校生规模逐渐下降
与出生率的下降有一定关系。

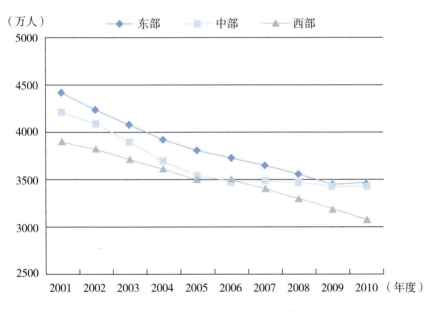

**图 1.1.18 小学东中西部地区在校生规模 10 年变化**

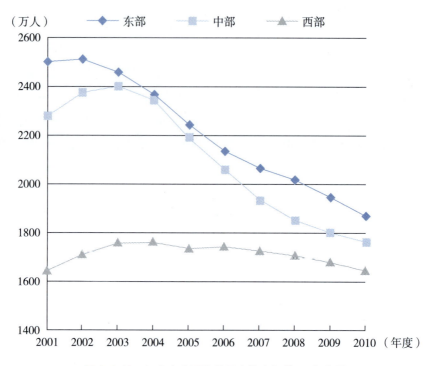

**图 1.1.19** 初中东中西部地区在校生规模 10 年变化

#### 4. 农村小学和县镇初中在全国在校生规模城乡构成中占比最高

2010 年半数小学生在农村学校就读，近半数初中生在县镇学校就读。全国城市小学在校生 1820.47 万人，占全国小学生数的 18.31%；县镇小学在校生 2770.02 万人，占全国小学生数的 27.87%；农村小学在校生 5350.22 万人，占全国小学生数的 53.82%（见图 1.1.20）。全国城市初中在校生 1059.02 万人，占全国初中学生数的 20.07%；县镇初中在校生 2432.42 万人，占全国初中学生数的 46.10%；农村初中在校生 1784.47 万人，占全国初中学生数的 33.82%（见图 1.1.21）。

分城乡看，小学阶段农村在校生数量自 2001 年以来持续大幅度下降，县镇在校生数量 2004 年以来持续上升，城市在校生数量一直比较稳定。2001 年农村小学在校生比例 68.60%，10 年间下降了 14.78 个百分点，县镇在校生数量增长了 9.87 个百分点，城市增长了 4.91 个百分点（见图 1.1.20）。农村初中在校生数量自 2004 年以来一直持续下降，县镇初中自

2004 年小幅上升后转为稳定，城市初中变化不大。2001 年农村初中在校生占全国初中在校生的 48.53%，10 年后下降了 14.71 个百分点，县镇初中占比上升了 11.19 个百分点，城市初中占比上升了 3.53 个百分点。2006 年县镇初中和农村初中在校生数接近，2007 年县镇初中超过农村初中，2010 年县镇初中占比高于农村 12.28 个百分点（见图 1.1.21）。

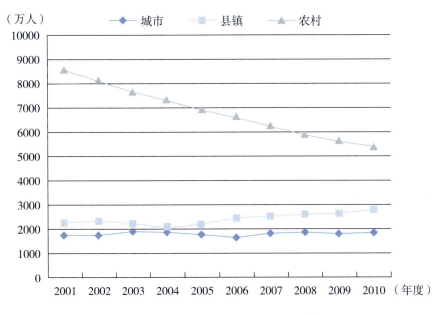

**图 1.1.20　小学城乡在校生规模 10 年变化**

5. 东部小学城乡在校生比例差异较小，中部县镇和农村初中在校生比例相当，西部县镇初中在校生比例最高

2010 年在校生数在东中西部地区间分布较均匀，西部略少。东部小学在校生 3442.77 万人，占全国 34.63%；中部小学在校生 3425.18 万人，占全国 34.46%；西部小学在校生 3072.75 万人，占全国 30.91%。东部普通初中在校生 1867.82 万人，占全国 35.40%；中部普通初中在校生 1763.61 万人，占全国 33.43%；西部普通初中在校生 1644.48 万人，占全国 31.17%（见表 1.1.2）。

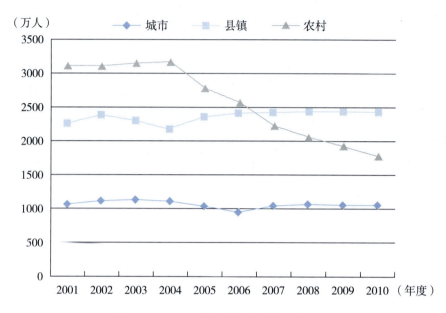

图 1.1.21　初中城乡在校生规模 10 年变化

表 1.1.2　2010 年小学、初中分地区分城乡在校生数（人）

| 学段 | 地区 | 城市 | 县镇 | 农村 | 总计 |
|---|---|---|---|---|---|
| 小学 | 东部 | 8995651 | 10663776 | 14768267 | 34427694 |
| | 中部 | 5047159 | 8507571 | 20697100 | 34251830 |
| | 西部 | 4161865 | 8528823 | 18036831 | 30727519 |
| | 总计 | 18204675 | 27700170 | 53502198 | 99407043 |
| 初中 | 东部 | 5013266 | 8891863 | 4773062 | 18678191 |
| | 中部 | 3120936 | 7018511 | 7496683 | 17636130 |
| | 西部 | 2456015 | 8413787 | 5575004 | 16444806 |
| | 总计 | 10590217 | 24324161 | 17844749 | 52759127 |

　　东部地区城镇化程度较高，农村学校小学生占比为 42.90%，城市和县镇学校学生占比分别为 26.13% 和 30.97%。中部和西部农村学校小学生所占比例为 60% 左右，分别高出东部地区 17.53 个和 15.80 个百分点。西部县镇学校学生所占比例为 27.76%，高出中部 3 个百分点。东部农村普通初中在校生占东部学生比例的 25.55%，比中部和西部分别低了 16.95

个和 8.35 个百分点。西部县镇初中学生比例达到 51.16%，高于中部和东部，可能与西部地区寄宿制学校较多有关（见图 1.1.22、图 1.1.23）。

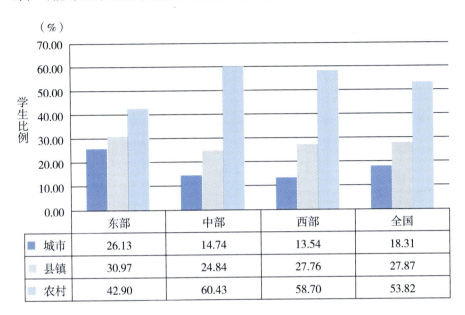

（%）

| | 东部 | 中部 | 西部 | 全国 |
|---|---|---|---|---|
| 城市 | 26.13 | 14.74 | 13.54 | 18.31 |
| 县镇 | 30.97 | 24.84 | 27.76 | 27.87 |
| 农村 | 42.90 | 60.43 | 58.70 | 53.82 |

**图 1.1.22　2010 年小学在校生分城乡分东中西分布**

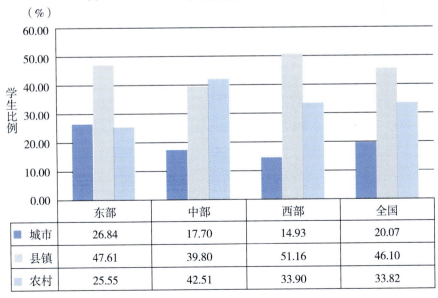

（%）

| | 东部 | 中部 | 西部 | 全国 |
|---|---|---|---|---|
| 城市 | 26.84 | 17.70 | 14.93 | 20.07 |
| 县镇 | 47.61 | 39.80 | 51.16 | 46.10 |
| 农村 | 25.55 | 42.51 | 33.90 | 33.82 |

**图 1.1.23　2010 年普通初中在校生分城乡分东中西分布**

### （四）校均规模

学校规模过小的情况下如果没有额外的投入，课程的开设和学校的设备可能均不到位，不利于学生学业成绩的提高，但当规模过大时必然增加管理难度以及行政上的层级，使教师与校长沟通困难，学生更难融入学校。尽管大规模学校所提供的课外活动种类较多，但学生参与率并不高，甚至有些人感到参加活动困难，研究证明学校规模越大学生对课外活动的参与率越低（Compbell，1965）。因此，教育上的规模经济不同于工业规模经济，不能完全从成本角度评价学校规模效益。欧洲国家千人规模学校非常少见，美国在"小就是好"的理念指导下实行缩小学校规模的政策。

相比发达国家，我国有关学校规模的标准显得较大。2002 年颁布的《城市普通中小学校校舍建设标准》① 确定校舍标准所依据的学校规模为：城市小学 540—1350 人，城市初中 600—1500 人。2008 年颁布的《农村普通中小学校建设标准》② 规定农村学校建设规模标准为：非完全小学 4 个班约 120 人，完全小学最低 6 个班 240 人，最高 24 个班 1080 人；初中最低 12 个班 540 人，最高 24 个班 1200 人。从全国平均水平上看，似乎我国学校规模基本符合国家规定。依据本书第二章的分省份数据分析可以发现，有一半省份的城市初中校均规模超过国家最高标准，县镇学校如果按照城市建设规模标准计算则近三分之一、按照农村建设规模标准计算则三分之二的省份超过最高标准。回顾历史，可以发现在学生数量逐渐减少的背景下，我国城镇学校规模在降低办学成本和"做大做强"的价值观引导下，本世纪的最初 10 年持续增长，而农村学校规模则呈现下降趋势，所以人口多绝不是学校规模大的借口。在我国全面实现工业化和全面建成小康社会的进程中，学校规模建设也应当以育人为本，国家应着力提高农村学校质量、增强农村学校吸引力，控制城镇学校规模的膨胀。

#### *1. 小学校均规模逐年上升，初中校均规模近年相对稳定*

2001 年全国有小学 491273 所，到 2010 年为 257410 所，10 年间小学

---

① http：//www. hpedu. gov. cn/Article/ShowArticle. asp？ ArticleID＝22619.

② http：//sqaqgc. nwu. edu. cn/wp－content/uploads/2009/09/农村普通中小学校建设标准. doc.

撤并了 233863 所，减少了 47.60%，而在校生数只减少了 20.75%，造成校均规模持续上升，从 2001 年的 255.33 人上升到 2010 年的 386.18 人，校均规模增长了 130.85 人。2001 年全国有初中 75249 所，到 2010 年有 54823 所，10 年间减少了 20426 所，降幅为 27.14%。初中校均规模 2001 年为 854.64 人，2003 年和 2004 年间校均规模超过 1000 人，2010 年为 962.35 人，10 年间校均规模增长了 107.71 人。2001 年《国务院关于基础教育改革与发展的决定》提出："因地制宜调整农村义务教育学校布局。按照小学就近入学、初中相对集中、优化教育资源配置的原则，合理规划和调整学校布局。"我国农村中小学开始了学校布局大调整，初中学校数量 2003 年比 2001 年下降了 15.33%，而同期初中学生数增长了 3.91%，所以 2001 年到 2003 年间校均规模有一个比较大的增长。分省份的校均规模变化趋势对这一政策有更清晰的显示。2003 年以后学校数量下降幅度变小，到 2010 年学校数量减少了 13.95%，而同时期学生数量下降幅度更大，2010 年初中在校生数量比 2003 年减少了 20.28%，所以初中校均规模开始有所下降（见图 1.1.24）。

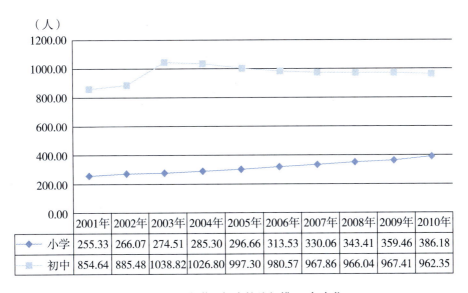

| （人） | 2001年 | 2002年 | 2003年 | 2004年 | 2005年 | 2006年 | 2007年 | 2008年 | 2009年 | 2010年 |
|---|---|---|---|---|---|---|---|---|---|---|
| 小学 | 255.33 | 266.07 | 274.51 | 285.30 | 296.66 | 313.53 | 330.06 | 343.41 | 359.46 | 386.18 |
| 初中 | 854.64 | 885.48 | 1038.82 | 1026.80 | 997.30 | 980.57 | 967.86 | 966.04 | 967.41 | 962.35 |

**图 1.1.24　小学、初中校均规模 10 年变化**

## 2. 城市和县镇的小学、城市的初中校均规模持续上升

小学城市和县镇校均规模自 2001 年以来发生快速增长，2001 年城市和县镇校均规模分别为 638.85 人和 463.00 人，10 年间分别增长了 471.19 人和 456.78 人，增长幅度分别为 73.76% 和 98.66%；农村校均规模也发生了增长，2001 年为 206.75 人，2010 年增长到 253.69 人，增长幅度只有 22.71%，因此与城市和县镇校均规模的差距越来越大，2001 年城市和农村的校均规模之差是 432.10 人，2010 年扩大到 856.35 人（见图 1.1.25）。农村校均规模小可能会增加国家和地方办学成本，但是能够降低农村家庭的教育成本。近些年来，农村学生进城读书的现象比较普遍，但也有不少学生选择留在农村，部分学生不愿意离开家住校，部分学生则因为家庭存在各种各样的困难承担不起进城读书的成本，如果强制这些学生合并到远处的学校，可能对学生身心健康产生不良影响，也可能造成部分学生辍学。有些人将农村学校大规模萎缩归咎于农村家长到城市择校，如果城乡教育质量均衡，这些家长还有必要陪读择校吗？城市和县镇的校均规模持续增大，农村校均规模持续缩小，双方在教育资源分配中的竞争力会越来越不均衡，农村教育质量必将越来越差，造成恶性循环。

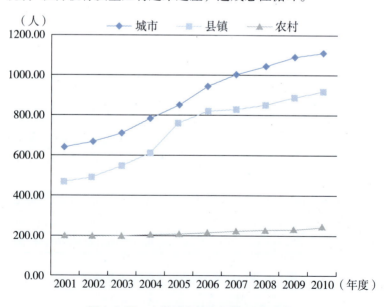

**图 1.1.25　小学城乡校均规模 10 年变化**

　　2001 年初中城乡校均规模相近，经过 10 年时间城乡拉开巨大差距。2001 年城市、县镇和农村校均规模分别为 840.08 人、1009.09 人和 773.98 人；在 2003—2004 年城乡均经历了一次校均规模的扩大，这与当时学校布局调整政策的实施有关，各地实行初中集中办学，造成城市和县镇校均规模的跳跃式增长；2007 年开始城市校均规模超过县镇学校，县镇学校从 2007 年开始略呈下降态势；到 2010 年城市和县镇的校均规模比 2001 年分别增长了 614.82 人和 279.68 人，增幅分别为 73.19% 和 27.72%；农村下降了 151.56 人，降幅为 19.58%（见图 1.1.26）。

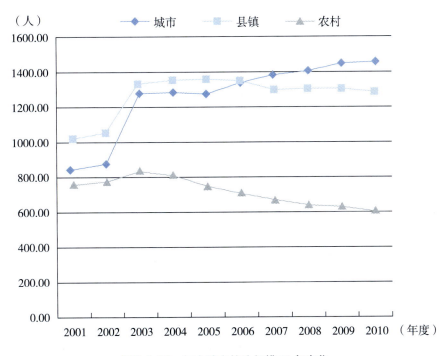

**图 1.1.26　初中城乡校均规模 10 年变化**

　　**3. 东中西部地区小学校均规模增长幅度相近，东中部初中校均规模从 2002 年到 2003 年发生飞跃后逐年下降**

　　东中西部地区小学校均规模自 2001 年以来均发生快速增长，增速相近，2010 年比 2001 年分别增长了 175.23 人、115.62 人和 116.30 人，增长幅度分别为 54.00%、51.67% 和 49.60%。中部和西部地区的小学校均规模由于起点相当、增长速度相近，所以 10 年间校均规模一直相近，而东部地区小学校均规模一直保持着较高的数值（见图 1.1.27）。初中校均规模东中西部地区在 2003 年均发生飞跃，之后东部和中部开始下降，到 2010 年再次接近 2001 年时的水平，10 年间东部和中部校均规模分别增长 78.49 人和 17.55 人，增长幅度为 7.92% 和 2.07%；西部则持续增长，2006 年校均规模超过中部，到 2010 年校均规模比 2001 年增长了 255.46 人，增长幅度为 35.81%（见图 1.1.28）。西部初中校均规模的持续增长与国家在西部地区实施农村寄宿制工程密切相关。

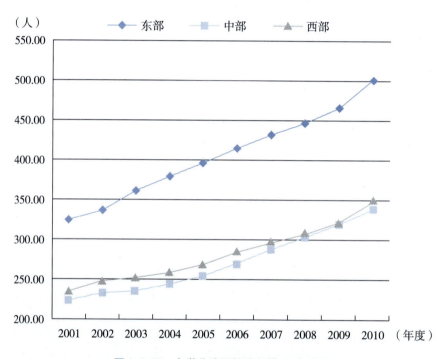

图 1.1.27　小学分地区校均规模 10 年变化

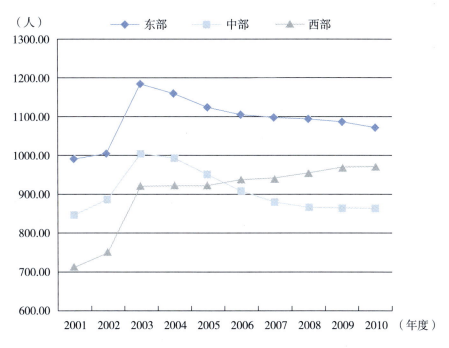

**图 1.1.28 初中分地区校均规模 10 年变化**

### 4. 城市小学和初中校均规模超千人，城乡差异大于地区间差异

2010 年全国小学平均校均规模为 386.18 人，但这个数值是因数量庞大的小规模农村小学的存在而拉小的。城市小学平均校均规模 1110.04 人，县镇 919.78 人，农村 253.69 人。全国初中校均规模为 962.35 人，是小学的 2 倍多。城市初中平均为 1454.90 人，县镇为 1288.77 人，农村为 622.42 人（见表 1.1.3）。

**表 1.1.3 2010 年分城乡校均规模情况**

|  | 小 学 | | 初 中 | |
|---|---|---|---|---|
|  | 学校数（所） | 校均规模（人） | 学校数（所） | 校均规模（人） |
| 城 市 | 16400 | 1110.04 | 54823 | 1454.90 |
| 县 镇 | 30116 | 919.78 | 37748 | 1288.77 |
| 农 村 | 210894 | 253.69 | 57340 | 622.42 |

2010 年校均规模从东部到西部递减，但地区差距小于城乡间的差距。东部小学平均校均规模 499.70 人，中部 339.41 人，西部 350.78 人。东部初中平均为 1069.89 人，中部为 864.81 人，西部为 968.94 人（见表 1.1.4）。

表 1.1.4　2010 年分东中西校均规模情况

| | 小　学 | | 初　中 | |
|---|---|---|---|---|
| | 学校数（所） | 校均规模（人） | 学校数（所） | 校均规模（人） |
| 东　部 | 68897 | 499.70 | 17458 | 1069.89 |
| 中　部 | 100916 | 339.41 | 20393 | 864.81 |
| 西　部 | 87597 | 350.78 | 16972 | 968.94 |

东中西部地区城市小学校均规模均超过千人，西部城市小学规模最大，达到 1213.37 人，高出中部和东部 100 多人。县镇小学则西部规模最小，为 897.87 人，但地区之间差异不大，比东部少 17.24 人，比中部少 51.21 人。农村小学规模则是东部最大，为 302.40 人，比中部多 65.56 人，比西部多 60.84 人（见图 1.1.29）。

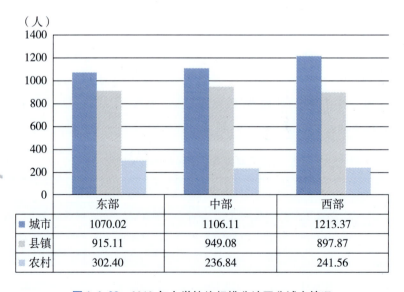

（人）

| | 东部 | 中部 | 西部 |
|---|---|---|---|
| 城市 | 1070.02 | 1106.11 | 1213.37 |
| 县镇 | 915.11 | 949.08 | 897.87 |
| 农村 | 302.40 | 236.84 | 241.56 |

图 1.1.29　2010 年小学校均规模分地区分城乡情况

初中也是西部城市校均规模最大，达到1629.74人，分别高出东部和中部城市初中236.39人和194.17人。县镇和城市校均规模之间的差异在100—300人之间，农村校均规模远远小于县镇和城市校均规模，城市校均规模是农村校均规模的2倍左右，尤其是西部地区城市、县镇、农村学校三者之间的差异最大。分析三个地区学校的城乡分布，发现东部的县镇和农村学校数量分布较均衡，这与东部地区城镇人口相对较多农村人口较少有关；中部农村学校数量占比最高，西部城市学校占比不到10%，但是校均规模最大（见图1.1.30、图1.1.31）。

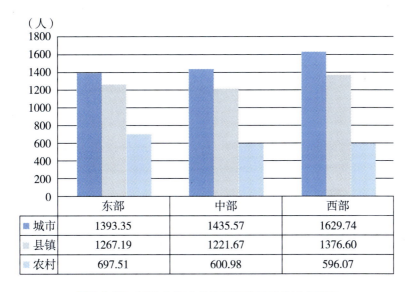

| （人） | 东部 | 中部 | 西部 |
|---|---|---|---|
| 城市 | 1393.35 | 1435.57 | 1629.74 |
| 县镇 | 1267.19 | 1221.67 | 1376.60 |
| 农村 | 697.51 | 600.98 | 596.07 |

**图1.1.30  2010年初中校均规模分地区分城乡情况**

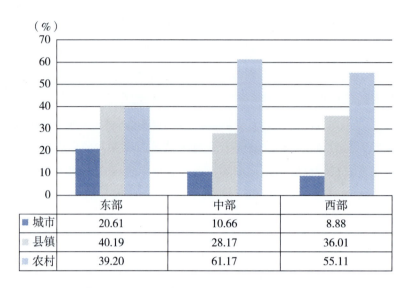

| （%） | 东部 | 中部 | 西部 |
|---|---|---|---|
| ■ 城市 | 20.61 | 10.66 | 8.88 |
| 县镇 | 40.19 | 28.17 | 36.01 |
| 农村 | 39.20 | 61.17 | 55.11 |

**图 1.1.31　初中学校数量分地区分城乡分布结构**

## （五）班额

2002 年颁布的《城市普通中小学校校舍建设标准》[1] 按照小学 45 人、初中 50 人的班额设计了城市学校建设标准。2008 年颁布的《农村普通中小学校建设标准》[2] 明确规定非完全小学 30 人/班，完全小学近期 45 人/班，远期 40 人/班；初中近期 50 人/班，远期 45 人/班。与国际水平相比，我国小学和初中班额标准过大，这与我国尚处于工业化进程中，决策者强调提高办学效率而不是优先考虑育人效益的思路有关。义务教育普及初期由于教师、校舍准备不足曾造成大班额现象，随着出生率下降学生数量减少，校均规模和班额缩小，全国开始大规模学校布局调整，再次提高了班额。在学生总量减少、国家教育投入不断增大的情况下，城市和县镇学校班额持续增长、农村班额下降，则与优质教育资源分配不公有关。

### 1. 小学和初中班额过大，小学班额逐年增大

2010 年全国小学共有 2616407 个班级，平均班额 37.99 人，班额 25 人及以下的班级 67027 个、26—35 人的班级 508012 个、36—45 人的班级

---

[1]　http：//www. hpedu. gov. cn/Article/ShowArticle. asp？ ArticleID = 22619.

[2]　http：//sqaqgc. nwu. edu. cn/wp-content/uploads/2009/09/农村普通中小学校建设标准 . doc.

581067 个、46—55 人的班级 474915 个、56—65 人的班级 240293 个、66人及以上的班级 141843 个。全国普通初中共有 997272 个班级，初中平均班额 52.9 人，班额 25 人及以下的班级 15499 个、26—35 人的班级 67370个、36—45 人的班级 200408 个、46—55 人的班级 349153 个、56—65 人的班级 217584 个、66 人及以上的班级 147258 个（见图 1.1.32）。

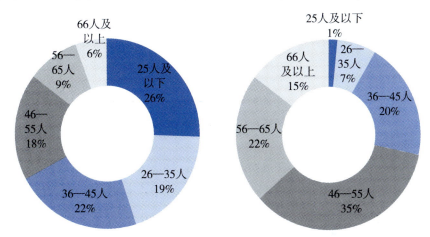

**图 1.1.32　全国小学班额分布**　　　**图 1.1.33　全国普通初中班额分布**

初中班额远远大于小学。初中平均班额比小学多 15 人，班额 45 人以上的班级初中有 71.59%，小学有 32.76%，二者相差 38.83 个百分点。班额 55 人以上的班级初中有 36.58%，小学有 14.61%，二者相差 21.97 个百分点（见图 1.1.33）。

与国际水平相比，我国小学和初中的班额过大，初中和小学班额差异过大。2007—2008 学年度，OECD 国家小学平均班额为 21.6 人，美国平均为 23.3 人，亚洲的日本和韩国分别为 28.1 人和 30.0 人，九个发展中人口大国人均 GDP 排第一位的巴西小学平均班额为 25.5 人；OECD 国家初中平均班额为 23.9 人，美国为 22.8 人，亚洲的日本和韩国分别为 33.2 人和 35.3 人，巴西为 29.8 人（见表 1.1.5）。值得一提的是，不论是政府的办学标准还是民间都认为初中班额应高于小学，但是依据难以考证。初中学生虽然自理自律能力强，但是班额大必然导致学生课堂参与率低于小学生，教师分配到每个学生的精力必然缩减。

大班额从表象上看似乎能够降低办学成本并提高教学效率，但同时导致教师工作量增大而课堂效率不高，学生课堂活动参与率降低，遑论因材施教。为了保证课堂教学顺利进行，必须用严格的纪律要求好动的学生。大班额是推进素质教育和降低学生课业负担的障碍，面对新一轮招生规模增长，班额问题如果不认真解决将更加恶化。

表 1.1.5　2007—2008 学年度部分国家义务教育的班级规模（人）

| 国家 | 小学 | | | 初中 | | |
|---|---|---|---|---|---|---|
| | 公立 | 私立 | 合计 | 公立 | 私立 | 合计 |
| 丹麦 | 20.0 | 16.8 | 19.6 | 20.4 | 18.1 | 20.0 |
| 德国 | 21.9 | 22.4 | 21.9 | 24.7 | 25.5 | 24.7 |
| 日本 | 28.0 | 32.8 | 28.1 | 33.0 | 35.5 | 33.2 |
| 韩国 | 29.9 | 30.9 | 30.0 | 35.5 | 34.4 | 35.3 |
| 英国 | 25.7 | 13.6 | 24.6 | 21.3 | 12.8 | 20.4 |
| 美国 | 23.8 | 19.3 | 23.3 | 23.2 | 19.1 | 22.8 |
| 巴西 | 27.1 | 17.8 | 25.5 | 30.5 | 25.0 | 29.8 |
| 墨西哥 | 19.7 | 20.7 | 19.8 | 29.1 | 24.9 | 28.7 |
| OECD 平均 | 21.6 | 20.8 | 21.6 | 23.7 | 23.2 | 23.9 |
| 中国（2010 年） | — | — | 38.0 | — | — | 52.9 |

【数据来源】OECD. Education at a Glance 2010：OECD Indicators［M］. OECD, 2010, p. 386.

自 2001 年以来，全国小学平均班额增长了 4.15 人，初中平均班额略有下降，下降了 2.83 人，其中少部分省份班额上升。虽然小学平均班额变化不大，但是班额构成比例 10 年间发生了较大变化，大班额比例增多而小班额比例下降。45 人以上的班级比例从 2001 年的 24.97%，上升到 2010 年的 32.76%。初中 56—65 人的班额比例大幅度下降，但是 66 人及以上的班额有所增加，总体来看 45 人以上的班级比例从 2001 年的 71.59%，上升到 2010 年的 91.52%（见图 1.1.34、图 1.1.35、图 1.1.36）。

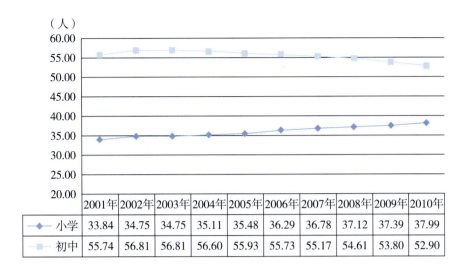

| （人） | 2001年 | 2002年 | 2003年 | 2004年 | 2005年 | 2006年 | 2007年 | 2008年 | 2009年 | 2010年 |
|---|---|---|---|---|---|---|---|---|---|---|
| 小学 | 33.84 | 34.75 | 34.75 | 35.11 | 35.48 | 36.29 | 36.78 | 37.12 | 37.39 | 37.99 |
| 初中 | 55.74 | 56.81 | 56.81 | 56.60 | 55.93 | 55.73 | 55.17 | 54.61 | 53.80 | 52.90 |

**图 1.1.34　全国小学和初中班额 10 年变化**

**图 1.1.35　2001 年和 2010 年全国小学班额变化情况**

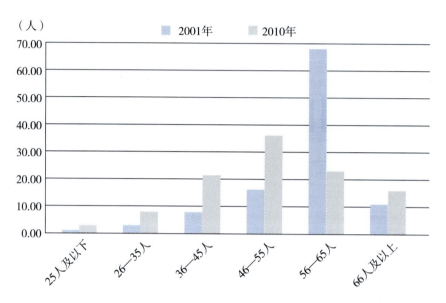

（人）

**图 1.1.36 2001 年和 2010 年全国初中班额变化情况**

### 2. 城市和县镇小学班额持续增长，农村初中下降幅度最大

自 2001 年来，小学农村班额稳定，到 2010 年仅增长了不到 1 人。城市和县镇学校的班额持续增长，2005 年县镇班额超过城市，但二者 10 年来差异很小，大部分时间在 1 人左右，城市 10 年间增长幅度为 13.18%，县镇增长幅度为 17.65%。城市和县镇的班额在 2004 年超过 45 人，近几年接近 50 人，2010 年县镇平均班额 48.88 人，城市平均班额 47.70 人。可以说小学班额的增长主要源于县镇和城市班额的增长（见图 1.1.37）。

初中城市班额较为稳定，自 2001 年到 2010 年数值在 50—52 之间波动；县镇班额大部分时间接近 60 人，近年略有下降，2010 年降到 55.27 人，仍比城市和农村多 4—5 人。农村班额在 2003 年达到峰值 58.01 人，随后逐渐下降，到 2010 年下降到 51.33 人（见图 1.1.38）。

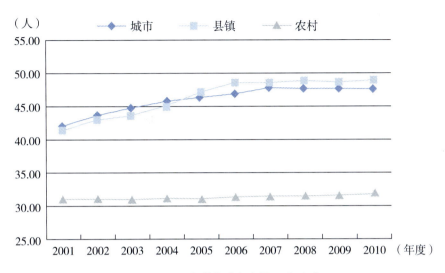

**图 1.1.37    小学分城乡班额 10 年变化**

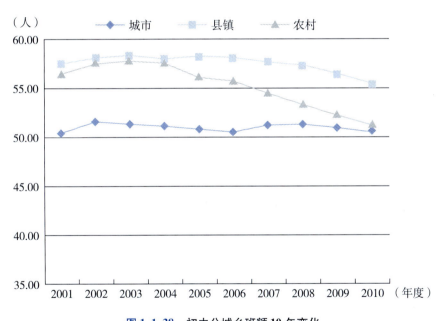

**图 1.1.38    初中分城乡班额 10 年变化**

**3. 东中西部地区小学班额均持续上升，东部初中班额持续下降**

东中西部地区小学班额自 2001 年以来持续增长，到 2010 年分别增长了 9.47%、13.46% 和 13.95%。地区间差异缩小，2001 年东部地区比西部地区班额多 3.79 人，2010 年两个地区之间的差异缩小为 2.74 人（见图 1.1.39）。东部地区初中班额自 2001 年、2002 年来持续下降，到 2010 年下降了 5.13 人，降幅为 9.33%；中部地区的初中班额经历上升后于 2004 年达到顶峰，随后持续下降，但始终高于其他两个地区，10 年间下降了 3.28 人，降幅为 5.59%；西部班额的变化特征也是先上升后下降，峰值在 2006 年，10 年间增长了 1.67%（见图 1.1.40）。

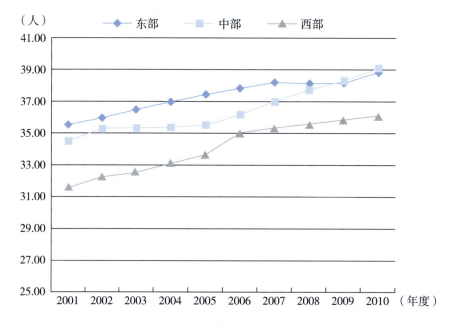

**图 1.1.39  小学班额分地区 10 年变化情况**

小学和初中校均规模以及班额出现不同的增降趋势，深入分析原因发现，2003 年是初中学校撤并的高峰，全国学校数量比上一年减少 14.58%，随后学校数量降幅减小，同时初中在校生数量也持续减少，所以初中校均规模和班额出现下降的趋势。在初中学校撤并速度放缓以后，小学仍旧持续大幅撤并，10 年间降幅为 47.6%，比初中高出 20 个百分点，将近一半的小学被撤并，而小学在校生数量减少幅度远远低于学校撤并幅度，造成小学的校均规模和班额持续上升（见图 1.1.41）。

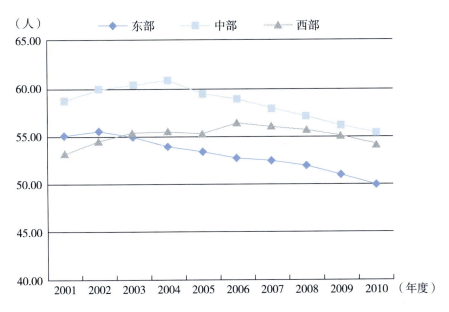

**图 1.1.40 初中班额分地区 10 年变化情况**

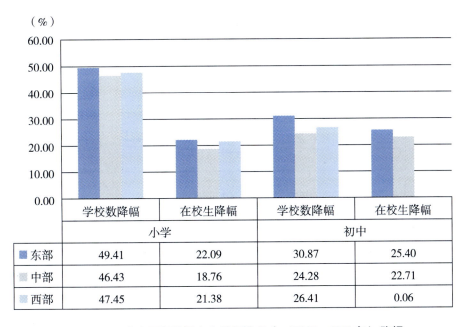

| | 小学 | | 初中 | |
|---|---|---|---|---|
| | 学校数降幅 | 在校生降幅 | 学校数降幅 | 在校生降幅 |
| ■ 东部 | 49.41 | 22.09 | 30.87 | 25.40 |
| ▥ 中部 | 46.43 | 18.76 | 24.28 | 22.71 |
| ▨ 西部 | 47.45 | 21.38 | 26.41 | 0.06 |

**图 1.1.41 东中西部地区中小学规模 10 年（2001—2010 年）降幅**

#### 4. 县镇学校班额过大问题尤为突出

2010 年的数据显示，城市、县镇和农村小学平均班额分别为 47.70 人、48.88 人和 32.08 人。一半以上的城市学校班级人数超过 45 人，农村学校人数超过 45 人的班级总体比例虽然较低但是绝对数量仅次于县镇学校，县镇学校班级人数超过 45 人的比例接近 60% 并且绝对数量最大。具体来看，全国共有 2616407 个班，其中 45 人以上班级 857051 个，城市、县镇和农村分别有 212805 个、325776 个和 318470 个，分别占了全国班额 45 人以上班级数量的 24.83%、38.01% 和 37.16%。从城乡班级内部构成看，城市学校班额 45 人以上的班级数量占城市总班数的 55.76%，县镇相应比例为 57.48%，农村为 19.09%。与欧洲国家 20 人左右的小班额相比，我国学校班额显然过大。2010 年我国城市和县镇分别仅有 4.70% 和 6.04% 的班级为 25 人及以下，农村班级中有 37.06% 为小班额，但往往被视为效益低下的表现（见图 1.1.42）。

| | 班额45人以上 | | 班额25人及以下 | |
|---|---|---|---|---|
| | 占全国比例 | 占本区域比例 | 占全国比例 | 占本区域比例 |
| 城市 | 24.83 | 55.76 | 2.68 | 4.70 |
| 县镇 | 38.01 | 57.48 | 5.11 | 6.04 |
| 农村 | 37.16 | 19.09 | 92.21 | 37.06 |

**图 1.1.42　2010 年小学班额城乡分布**

2010 年初中班级大班额占主体。城市、县镇和农村初中平均班额分别为 50.54 人、55.27 人和 51.33 人。县镇初中班额问题突出，近 80% 的县镇初中班额超过 45 人，四成班级班额超过 55 人。具体来看，全国共有 997272 个班，其中 45 人以上班级 713995 个，城市、县镇和农村分别有 137667 个、343471 个和 232857 个，分别占了全国 45 人以上班额数量的

19.28%、48.11%和32.61%。班额超过55人的班级县镇占了52.02%，其次是农村，占30.16%。从城乡班级内部构成看，城市班额45人以上的班级数量占城市总班数的65.70%，县镇相应比例为78.05%，农村比例为66.98%；城市和农村均有三分之一的班级班额在55人以上，县镇这一比例高达43.13%。欧洲国家班额普遍为20人左右，而我国城市和县镇2010年初中分别仅有2.28%和0.91%的班级为25人及以下，农村班级中有1.94%为小班额（见图1.1.43）。

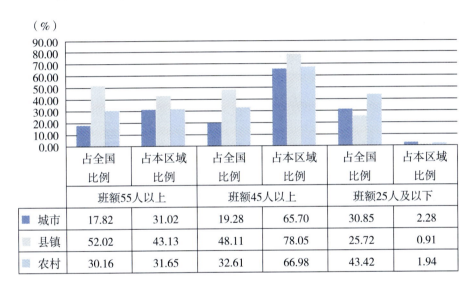

| (%) | | | | | |
|---|---|---|---|---|---|
| | 占全国比例 | 占本区域比例 | 占全国比例 | 占本区域比例 | 占全国比例 | 占本区域比例 |
| | 班额55人以上 | | 班额45人以上 | | 班额25人及以下 | |
| 城市 | 17.82 | 31.02 | 19.28 | 65.70 | 30.85 | 2.28 |
| 县镇 | 52.02 | 43.13 | 48.11 | 78.05 | 25.72 | 0.91 |
| 农村 | 30.16 | 31.65 | 32.61 | 66.98 | 43.42 | 1.94 |

**图1.1.43 2010年初中班额城乡分布**

### 5. 中西部小学班额城乡差异巨大，中部县镇初中班额最大

2010年，小学班额在地区之间差距不大，东部、中部和西部平均班额分别为38.80人、39.06人和36.06人。初中班额东部、中部和西部分别为49.89人、55.32人和54.08人。小学农村班额东中西差异不大，在30—34人之间。东中西部地区的城乡班额差距都很大，东部地区农村小学班额比城市和县镇分别少11.79人和13.41人，中西部小学城市和农村班额相差20人左右。中西部城市和县镇的班额相比东部地区城市和县镇也较高，小学城市班额中西部地区高于东部7人左右，县镇班额中西部地区高于东部3—7人（见图1.1.44）。

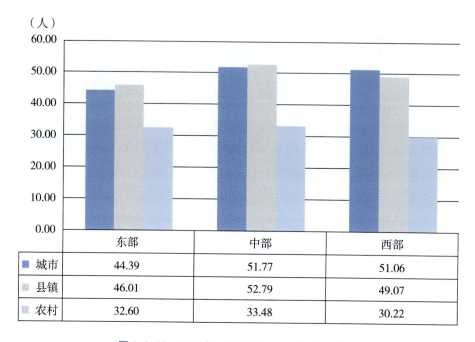

（人）

| | 东部 | 中部 | 西部 |
|---|---|---|---|
| 城市 | 44.39 | 51.77 | 51.06 |
| 县镇 | 46.01 | 52.79 | 49.07 |
| 农村 | 32.60 | 33.48 | 30.22 |

**图 1.1.44** **2010 年小学班额分地区分城乡情况**

　　不论是东部、中部还是西部地区，县镇初中的班额都是最高的。在东部地区，县镇班额高出城市和农村 5.10 人和 2.93 人，中部地区县镇高出城市和农村 3.53 人和 4.85 人，西部县镇高出城市和农村 2.86 人和 5.86 人。中部和西部城乡学校班额接近，而东部地区城乡班额相比中西部地区合理一些，说明中西部城乡教育资源或者说优质资源比较缺乏。班额最高的地方是中部县镇初中，平均为 58.10 人，东部城市初中班额最小，平均为 47.00 人，二者相差约 11 人（见图 1.1.45）。无论校均规模过大还是班级规模过大，都说明了优质教育资源缺乏或者教育资源分配不均衡。

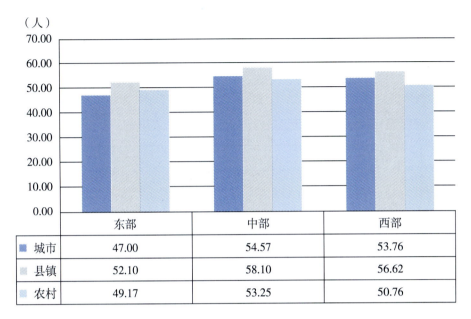

| （人） | 东部 | 中部 | 西部 |
|---|---|---|---|
| 城市 | 47.00 | 54.57 | 53.76 |
| 县镇 | 52.10 | 58.10 | 56.62 |
| 农村 | 49.17 | 53.25 | 50.76 |

**图 1.1.45　2010 年初中班额分地区分城乡情况**

# 第二节　教师队伍发展状况

教育大计，教师为本。教师队伍的水平决定着教育质量。本部分从教师队伍的数量、结构和变动三方面，分析了近十年来全国小学和初中教师队伍的发展变化，教师队伍发展的城乡差距、地区差距等。

## 一、教师队伍的数量

### （一）教职工数①

**1. 全国小学教职工数减少近 30 万人**

2001—2010 年全国小学教职工规模持续减少（见图 1.2.1），其中

---

①　在《中国教育统计年鉴》中普通初中教职工数与普通高中教职工数合并统计为普通中学教职工数，无法进行拆分，因此本书中有关教职工数和教职工岗位结构的分析都只涉及小学。

2001—2005 年教职工规模减小幅度较大，2005 年之后教职工规模相对稳定。2010 年，全国小学教职工总数为 610.98 万人，比 2001 年减少了 26.99 万人，减幅为 4.23%。

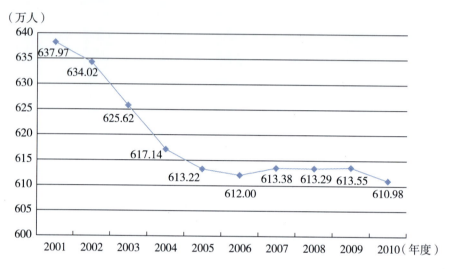

**图 1.2.1　2001—2010 年全国小学教职工数**

### 2. 县镇小学教职工数大幅增加，农村大幅减少

2001—2010 年，城市小学教职工数有所增加，2010 年达到 106.54 万人，比 2001 年增加 4.83 万人，增幅为 4.75%，其中东部城市增幅最大达到 17.01%；县镇小学教职工大幅增加，2010 年为 163.74 万人，比 2001 年增加 35.93 万人，增幅为 28.11%，其中西部县镇增幅最大达到 44.53%；农村小学教职工大幅减少，2010 年为 340.71 万人，比 2001 年减少 67.75 万人，减幅为 16.59%，其中东部农村减幅最大达到 23.09%（见图 1.2.2、表 1.2.1）。

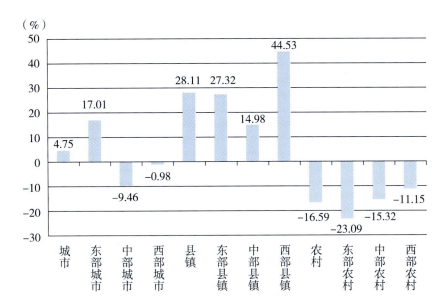

图 1.2.2　**2001—2010 年城乡小学教职工数的变化幅度**

**3. 东中部小学教职工数持续减少，西部相对稳定**

2001—2010 年，东部小学教职工数持续减少，2010 年为 225.99 万人，比 2001 年减少 8.76 万人，减幅为 3.73%；中部小学教职工数持续减少，2010 年为 198.94 万人，比 2001 年减少 19.32 万人，减幅为 8.85%；西部小学教职工数相对稳定，2010 年为 186.06 万人，比 2001 年增加 1.09 万人，增幅为 0.59%（见表 1.2.1）。

表 1.2.1　**2001—2010 年小学教职工数（万人）**

| | 全国 | 城乡 | | | 地区 | | |
|---|---|---|---|---|---|---|---|
| | | 城市 | 县镇 | 农村 | 东部 | 中部 | 西部 |
| 2010 年 | 610.98 | 106.54 | 163.74 | 340.71 | 225.99 | 198.94 | 186.06 |
| 2009 年 | 613.55 | 104.92 | 156.45 | 352.18 | 226.31 | 200.31 | 186.93 |
| 2008 年 | 613.29 | 105.54 | 150.89 | 356.85 | 226.20 | 200.44 | 186.65 |
| 2007 年 | 613.38 | 103.11 | 146.16 | 364.12 | 226.36 | 201.69 | 185.34 |
| 2006 年 | 612.00 | 95.03 | 139.24 | 377.73 | 225.96 | 201.93 | 184.10 |
| 2005 年 | 613.22 | 102.94 | 126.97 | 383.31 | 227.07 | 202.86 | 183.29 |

续表

| | 全国 | 城乡 | | | 地区 | | |
|---|---|---|---|---|---|---|---|
| | | 城市 | 县镇 | 农村 | 东部 | 中部 | 西部 |
| 2004 年 | 617.14 | 107.71 | 118.55 | 390.88 | 227.98 | 205.94 | 183.22 |
| 2003 年 | 625.62 | 108.09 | 126.04 | 391.48 | 229.69 | 210.62 | 185.30 |
| 2002 年 | 634.02 | 104.71 | 129.82 | 399.50 | 232.20 | 216.10 | 185.73 |
| 2001 年 | 637.97 | 101.71 | 127.81 | 408.46 | 234.75 | 218.25 | 184.97 |
| 变化 | −26.99 | 4.83 | 35.93 | −67.75 | −8.76 | −19.32 | 1.09 |
| 变化率 | −4.23% | 4.75% | 28.11% | −16.59% | −3.73% | −8.85% | 0.59% |

### （二）专任教师数

#### 1. 全国小学专任教师减少近 20 万人，初中增加近 20 万人

2001—2010 年全国小学专任教师规模逐步减小，初中逐步增加（见图 1.2.3）。2010 年，全国小学专任教师总数为 561.71 万人，比 2001 年减少了 18.07 万人，减幅为 3.12%；初中专任教师总数为 352.34 万人，比 2001 年增加了 17.50 万人，增幅为 5.23%。

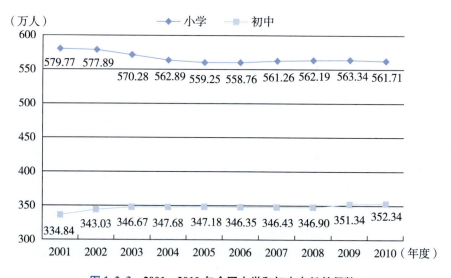

图 1.2.3　2001—2010 年全国小学和初中专任教师数

## 2. 县镇专任教师增加超三成，西部县镇增幅最大

2001—2010 年，城市专任教师数略有增加，2010 年城市小学和初中专任教师分别达到 94.73 万人和 70.60 万人，分别比 2001 年增加 7.24 万人和 6.76 万人，增幅分别为 8.27% 和 10.59%，其中东部城市增幅最大，小学和初中分别达到 21.48% 和 19.24%；县镇专任教师大幅增加，2010 年县镇小学和初中专任教师分别达到 147.92 万人和 154.59 万人，分别比 2001 年增加 34.99 万人和 38.81 万人，增幅分别为 30.98% 和 33.53%，其中西部县镇增幅最大，小学和初中分别达到 49.45% 和 63.72%；农村专任教师大幅减少，2010 年农村小学和初中专任教师分别为 319.05 万人和 127.15 万人，分别比 2001 年减少 60.30 万人和 28.08 万人，减幅分别为 15.89% 和 18.09%，其中东部农村减幅最大，小学和初中分别达到 22.50% 和 30.62%（见表 1.2.2、表 1.2.3、图 1.2.4）。

表 1.2.2　2001—2010 年小学专任教师数（万人）

| | 全国 | 城乡 | | | 地区 | | |
|---|---|---|---|---|---|---|---|
| | | 城市 | 县镇 | 农村 | 东部 | 中部 | 西部 |
| 2010 年 | 561.71 | 94.73 | 147.92 | 319.05 | 204.63 | 185.15 | 171.92 |
| 2009 年 | 563.34 | 92.93 | 140.73 | 329.68 | 204.46 | 186.47 | 172.41 |
| 2008 年 | 562.19 | 92.96 | 135.51 | 333.73 | 203.59 | 186.58 | 172.02 |
| 2007 年 | 561.26 | 90.36 | 130.86 | 340.04 | 203.33 | 187.57 | 170.35 |
| 2006 年 | 558.76 | 82.82 | 123.88 | 352.06 | 202.54 | 187.53 | 168.69 |
| 2005 年 | 559.25 | 89.84 | 112.55 | 356.86 | 203.31 | 188.34 | 167.59 |
| 2004 年 | 562.89 | 93.75 | 105.35 | 363.79 | 204.24 | 191.28 | 167.36 |
| 2003 年 | 570.28 | 93.64 | 112.07 | 364.57 | 205.67 | 195.57 | 169.04 |
| 2002 年 | 577.89 | 90.52 | 115.55 | 371.81 | 208.13 | 200.42 | 169.34 |
| 2001 年 | 579.77 | 87.50 | 112.93 | 379.35 | 209.87 | 202.20 | 167.70 |
| 变化 | −18.07 | 7.24 | 34.99 | −60.30 | −5.24 | −17.05 | 4.22 |
| 变化率 | −3.12% | 8.27% | 30.98% | −15.89% | −2.50% | −8.43% | 2.51% |

表 1.2.3　2001—2010 年初中专任教师数（万人）

| | 全国 | 城乡 | | | 地区 | | |
|---|---|---|---|---|---|---|---|
| | | 城市 | 县镇 | 农村 | 东部 | 中部 | 西部 |
| 2010 年 | 352.34 | 70.60 | 154.59 | 127.15 | 132.70 | 117.74 | 101.90 |
| 2009 年 | 351.34 | 69.38 | 149.81 | 132.16 | 132.69 | 118.22 | 100.44 |
| 2008 年 | 346.90 | 68.24 | 144.26 | 134.40 | 131.53 | 117.32 | 98.04 |
| 2007 年 | 346.43 | 66.47 | 140.43 | 139.54 | 131.43 | 118.58 | 96.42 |
| 2006 年 | 346.35 | 60.80 | 135.63 | 149.92 | 131.39 | 119.83 | 95.13 |
| 2005 年 | 347.18 | 65.81 | 128.00 | 153.37 | 132.63 | 121.10 | 93.45 |
| 2004 年 | 347.68 | 68.88 | 115.50 | 163.30 | 133.62 | 122.23 | 91.83 |
| 2003 年 | 346.67 | 68.96 | 119.90 | 157.81 | 133.72 | 122.33 | 90.63 |
| 2002 年 | 343.03 | 66.65 | 122.22 | 154.16 | 133.04 | 121.21 | 88.78 |
| 2001 年 | 334.84 | 63.83 | 115.77 | 155.23 | 131.03 | 117.91 | 85.90 |
| 变化 | 17.50 | 6.76 | 38.81 | -28.08 | 1.67 | -0.16 | 15.99 |
| 变化率 | 5.23% | 10.59% | 33.53% | -18.09% | 1.27% | -0.14% | 18.62% |

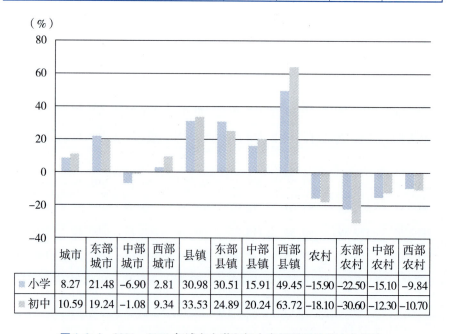

| （%） | 城市 | 东部城市 | 中部城市 | 西部城市 | 县镇 | 东部县镇 | 中部县镇 | 西部县镇 | 农村 | 东部农村 | 中部农村 | 西部农村 |
|---|---|---|---|---|---|---|---|---|---|---|---|---|
| 小学 | 8.27 | 21.48 | -6.90 | 2.81 | 30.98 | 30.51 | 15.91 | 49.45 | -15.90 | -22.50 | -15.10 | -9.84 |
| 初中 | 10.59 | 19.24 | -1.08 | 9.34 | 33.53 | 24.89 | 20.24 | 63.72 | -18.10 | -30.60 | -12.30 | -10.70 |

图 1.2.4　2001—2010 年城乡小学和初中专任教师数的变化幅度

### 3. 西部初中专任教师增加近两成

2001—2010 年，东部小学专任教师略有减少，2010 年为 204.63 万人，比 2001 年减少 5.24 万人，减幅为 2.50%，东部初中专任教师数量相对稳定，2010 年为 132.70 万人，比 2001 年增加 1.67 万人，增幅为 1.27%；中部小学专任教师持续减少，2010 年为 185.15 万人，比 2001 年减少 17.05 万人，减幅为 8.43%，中部初中专任教师数量相对稳定，2010 年为 117.74 万人，比 2001 年减少 0.16 万人，减幅为 0.14%；西部小学专任教师略有增加，2010 年为 171.92 万人，比 2001 年增加 4.22 万人，增幅为 2.51%，西部初中专任教师大幅增加，2010 年达到 101.90 万人，比 2001 年增加 15.99 万人，增幅为 18.62%（见表 1.2.2、表 1.2.3）。

### 4. 小学专任教师近六成在农村，初中超过四成在县镇

2010 年，全国小学专任教师近六成在农村，城市、县镇和农村小学专任教师占比分别为 16.87%、26.33% 和 56.80%（见图 1.2.5）。2001—2010 年农村小学专任教师占比降低了 8.63 个百分点，县镇占比提高了 6.85 个百分点，城市占比相对稳定（见表 1.2.4）；2010 年全国初中专任教师超过四成在县镇，城市、县镇和农村初中专任教师占比分别为 20.04%、43.88% 和 36.09%（见图 1.2.6）。2001—2010 年农村初中专任教师占比降低了 10.27 个百分点，县镇占比提高了 9.30 个百分点，城市占比相对稳定（见表 1.2.4）。

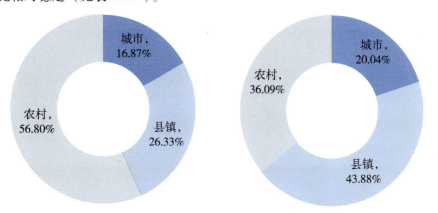

**图 1.2.5**　**2010 年小学专任教师城乡分布**　　**图 1.2.6**　**2010 年初中专任教师城乡分布**

表 1.2.4  2001—2010 年专任教师的城乡分布（%）

| 年度 | 小学 | | | 初中 | | |
|---|---|---|---|---|---|---|
| | 城市 | 县镇 | 农村 | 城市 | 县镇 | 农村 |
| 2010 | 16.87 | 26.33 | 56.80 | 20.04 | 43.88 | 36.09 |
| 2009 | 16.50 | 24.98 | 58.52 | 19.75 | 42.64 | 37.61 |
| 2008 | 16.54 | 24.10 | 59.36 | 19.67 | 41.59 | 38.74 |
| 2007 | 16.10 | 23.32 | 60.59 | 19.19 | 40.53 | 40.28 |
| 2006 | 14.82 | 22.17 | 63.01 | 17.55 | 39.16 | 43.29 |
| 2005 | 16.06 | 20.13 | 63.81 | 18.96 | 36.87 | 44.18 |
| 2004 | 16.66 | 18.72 | 64.63 | 19.81 | 33.22 | 46.97 |
| 2003 | 16.42 | 19.65 | 63.93 | 19.89 | 34.59 | 45.52 |
| 2002 | 15.66 | 20.00 | 64.34 | 19.43 | 35.63 | 44.94 |
| 2001 | 15.09 | 19.48 | 65.43 | 19.06 | 34.58 | 46.36 |

**5. 东中西部小学农村专任教师占比最高，东西部初中县镇占比最高，中部初中农村占比最高**

2010 年，东中西部地区农村小学专任教师占比均高于城市和县镇，但是中西部农村小学专任教师占比分别达到 63.36% 和 61.51%，分别比东部小学农村专任教师占比高 16.45 个和 14.60 个百分点。2001—2010 年东部小学农村专任教师占比下降幅度最大，达到 12.11 个百分点，中部小学农村专任教师占比下降幅度最小，仅为 4.99 个百分点（见表 1.2.5）；2010 年，东西部地区初中县镇专任教师占比最高，分别达到 45.78% 和 48.48%，中部地区初中则是农村初中专任教师占比最高，达到 45.02%。2001—2010 年东西部初中农村专任教师占比分别下降了 12.67 个和 12.12 个百分点，县镇专任教师占比则分别提高了 8.66 个和 13.35 个百分点，中部初中农村专任教师占比仅下降了 6.23 个百分点（见表 1.2.6）。

表 1.2.5　2001—2010 年不同地区小学专任教师的城乡分布（%）

| 年度 | 东部 | | | 中部 | | | 西部 | | |
|---|---|---|---|---|---|---|---|---|---|
| | 城市 | 县镇 | 农村 | 城市 | 县镇 | 农村 | 城市 | 县镇 | 农村 |
| 2010 | 23.78 | 29.31 | 46.91 | 13.97 | 22.67 | 63.36 | 11.75 | 26.74 | 61.51 |
| 2009 | 23.13 | 27.29 | 49.59 | 13.87 | 21.60 | 64.53 | 11.48 | 25.91 | 62.62 |
| 2008 | 23.10 | 26.31 | 50.59 | 14.10 | 20.98 | 64.92 | 11.41 | 24.88 | 63.71 |
| 2007 | 22.54 | 25.58 | 51.88 | 13.63 | 19.92 | 66.44 | 11.12 | 24.35 | 64.53 |
| 2006 | 19.97 | 25.13 | 54.90 | 13.05 | 17.64 | 69.31 | 10.62 | 23.65 | 65.73 |
| 2005 | 21.66 | 24.34 | 53.99 | 14.18 | 17.42 | 68.40 | 11.38 | 18.05 | 70.57 |
| 2004 | 22.52 | 21.87 | 55.62 | 14.88 | 16.98 | 68.14 | 11.53 | 16.86 | 71.61 |
| 2003 | 21.61 | 23.08 | 55.32 | 14.36 | 16.90 | 68.73 | 12.49 | 18.67 | 68.85 |
| 2002 | 19.99 | 23.06 | 56.95 | 14.31 | 18.11 | 67.58 | 11.95 | 18.46 | 69.59 |
| 2001 | 19.08 | 21.90 | 59.02 | 13.74 | 17.91 | 68.35 | 11.72 | 18.34 | 69.94 |

表 1.2.6　2001—2010 年不同地区初中专任教师的城乡分布（%）

| 年度 | 东部 | | | 中部 | | | 西部 | | |
|---|---|---|---|---|---|---|---|---|---|
| | 城市 | 县镇 | 农村 | 城市 | 县镇 | 农村 | 城市 | 县镇 | 农村 |
| 2010 | 26.65 | 45.78 | 27.57 | 17.24 | 37.74 | 45.02 | 14.65 | 48.48 | 36.86 |
| 2009 | 26.15 | 44.26 | 29.58 | 17.19 | 36.26 | 46.55 | 14.29 | 48.00 | 37.71 |
| 2008 | 25.75 | 42.99 | 31.25 | 17.44 | 35.55 | 47.00 | 14.17 | 46.92 | 38.91 |
| 2007 | 25.30 | 42.03 | 32.67 | 16.84 | 34.20 | 48.96 | 13.73 | 46.29 | 39.98 |
| 2006 | 22.31 | 42.32 | 35.37 | 15.82 | 30.98 | 53.20 | 13.17 | 45.10 | 41.73 |
| 2005 | 23.91 | 42.67 | 33.41 | 17.12 | 31.41 | 51.47 | 14.30 | 35.70 | 50.00 |
| 2004 | 24.97 | 37.65 | 37.38 | 17.92 | 28.99 | 53.09 | 14.82 | 32.40 | 52.78 |
| 2003 | 24.29 | 37.95 | 37.76 | 17.69 | 29.16 | 53.15 | 16.39 | 36.94 | 46.68 |
| 2002 | 23.38 | 38.74 | 37.87 | 17.61 | 32.07 | 50.32 | 15.99 | 35.83 | 48.18 |
| 2001 | 22.64 | 37.12 | 40.24 | 17.40 | 31.35 | 51.25 | 15.90 | 35.13 | 48.98 |

### （三）生师比

#### 1. 2010 年平均每个专任教师比 2001 年少教 4 个学生

2001—2010 年全国专任教师生师比持续下降（见图 1.2.7）。小学专任教师生师比从 2001 年的 21.64：1 下降到 2010 年的 17.70：1，相当于平均每个教师少教 3.94 个学生；初中专任教师生师比从 2001 年的 19.21：1 下降到 2010 年的 14.97：1，相当于平均每个教师少教 4.24 个学生。2010 年小学和初中专任教师生师比均达到现行国家标准要求。

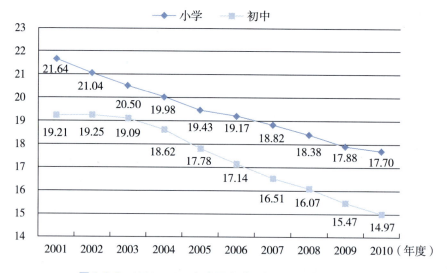

**图 1.2.7** **2001—2010 年全国小学和初中专任教师生师比**

2001—2010 年，小学专任教师生师比的下降主要是由于小学在校生数的下降幅度高达 20.75%，远高于同期小学专任教师数 3.12% 的降幅；初中专任教师生师比的下降主要是由于初中在校生数的下降幅度高达 17.96%，并且同期初中专任教师数出现了 5.23% 的增长（见表 1.2.7）。

表 1.2.7　**2001—2010 年全国专任教师、在校生及生师比变化**

| | | 全国 | 城乡 | | | 地区 | | |
|---|---|---|---|---|---|---|---|---|
| | | | 城市 | 县镇 | 农村 | 东部 | 中部 | 西部 |
| 小学 | 专任教师变化率（%） | −3.12 | 8.27 | 30.98 | −15.89 | −2.50 | −8.43 | 2.51 |
| | 在校生变化率（%） | −20.75 | 8.30 | 22.69 | −37.82 | −22.09 | −18.76 | −21.38 |
| | 专任教师生师比变化 | −3.94 | 0.01 | −1.27 | −5.91 | −4.23 | −2.35 | −5.43 |
| 初中 | 专任教师变化率（%） | 5.23 | 10.59 | 33.53 | −18.09 | 1.27 | −0.14 | 18.62 |
| | 在校生变化率（%） | −17.96 | −0.48 | 8.32 | −42.83 | −25.40 | −22.71 | −0.06 |
| | 专任教师生师比变化 | −4.24 | −1.67 | −3.66 | −6.07 | −5.03 | −4.37 | −3.02 |

### 2. 城乡专任教师生师比稳步下降，农村降幅最大

2001—2010 年城乡专任教师生师比稳步下降，农村降幅最大。2010 年城市小学和初中专任教师生师比分别高出农村 2.45 和 0.97，而 2001 年城市小学和初中专任教师生师比比农村分别低 3.47 和 3.44。出现这种逆转，主要是由于 2001—2010 年农村在校生数的降幅远高于同期农村专任教师数的降幅，导致农村小学和初中专任教师生师比大幅下降（见表 1.2.7）。

2001—2010 年，城市专任教师生师比，小学保持稳定，初中略有下降。2010 年，小学专任教师生师比为 19.22∶1，与 2001 年基本持平，初中专任教师生师比为 15.00∶1，平均每个教师比 2001 年少教 1.67 个学生。县镇专任教师生师比有所下降。2010 年小学和初中专任教师生师比分别为 18.73∶1 和 15.73∶1，平均每个教师分别比 2001 年少教 1.27 个和 3.66 个学生。农村专任教师生师比大幅下降。2010 年小学和初中专任教师生师比分别为 16.77∶1 和 14.03∶1，平均每个教师分别比 2001 年少教 5.91 个和 6.07 个学生。其中，东部农村小学、西部农村小学、东部农村初中和中部农村初中降幅较大，平均每个教师分别比 2001 年少教 6.54 个、7.69 个、7.08 个和 6.32 个学生（见表 1.2.8、表 1.2.9、图 1.2.8）。2010 年城市、县镇及农村的小学和初中专任教师生师比均达到现行国家标准要求。

表 1.2.8　　**2001—2010 年小学专任教师生师比**

| | 全国 | 城乡 | | | 地区 | | |
|---|---|---|---|---|---|---|---|
| | | 城市 | 县镇 | 农村 | 东部 | 中部 | 西部 |
| 2010 年 | 17.70 | 19.22 | 18.73 | 16.77 | 16.82 | 18.50 | 17.87 |
| 2009 年 | 17.88 | 19.14 | 18.74 | 17.15 | 16.90 | 18.40 | 18.47 |
| 2008 年 | 18.38 | 19.41 | 19.20 | 17.75 | 17.47 | 18.60 | 19.21 |
| 2007 年 | 18.82 | 19.49 | 19.50 | 18.38 | 17.98 | 18.62 | 20.06 |
| 2006 年 | 19.17 | 19.36 | 19.63 | 18.96 | 18.40 | 18.55 | 20.78 |
| 2005 年 | 19.43 | 19.26 | 19.42 | 19.47 | 18.75 | 18.78 | 20.97 |
| 2004 年 | 19.98 | 19.54 | 19.33 | 20.28 | 19.22 | 19.32 | 21.66 |
| 2003 年 | 20.50 | 19.30 | 19.57 | 21.09 | 19.81 | 19.91 | 22.01 |
| 2002 年 | 21.04 | 19.02 | 19.85 | 21.90 | 20.34 | 20.43 | 22.61 |
| 2001 年 | 21.64 | 19.21 | 19.99 | 22.68 | 21.06 | 20.85 | 23.31 |
| 变化 | -3.94 | 0.01 | -1.27 | -5.91 | -4.23 | -2.35 | -5.43 |

表 1.2.9　　**2001—2010 年初中专任教师生师比**

| | 全国 | 城乡 | | | 地区 | | |
|---|---|---|---|---|---|---|---|
| | | 城市 | 县镇 | 农村 | 东部 | 中部 | 西部 |
| 2010 年 | 14.97 | 15.00 | 15.73 | 14.03 | 14.08 | 14.98 | 16.14 |
| 2009 年 | 15.47 | 15.27 | 16.29 | 14.64 | 14.66 | 15.27 | 16.76 |
| 2008 年 | 16.07 | 15.64 | 16.93 | 15.36 | 15.33 | 15.78 | 17.41 |
| 2007 年 | 16.51 | 15.76 | 17.30 | 16.08 | 15.70 | 16.29 | 17.90 |
| 2006 年 | 17.14 | 15.63 | 17.87 | 17.10 | 16.24 | 17.16 | 18.37 |
| 2005 年 | 17.78 | 15.74 | 18.37 | 18.16 | 16.90 | 18.12 | 18.57 |
| 2004 年 | 18.62 | 16.26 | 18.94 | 19.40 | 17.73 | 19.16 | 19.22 |
| 2003 年 | 19.09 | 16.59 | 19.30 | 20.03 | 18.37 | 19.61 | 19.45 |
| 2002 年 | 19.25 | 16.78 | 19.45 | 20.17 | 18.87 | 19.62 | 19.32 |
| 2001 年 | 19.21 | 16.67 | 19.40 | 20.11 | 19.11 | 19.35 | 19.15 |
| 变化 | -4.23 | -1.67 | -3.66 | -6.07 | -5.03 | -4.37 | -3.02 |

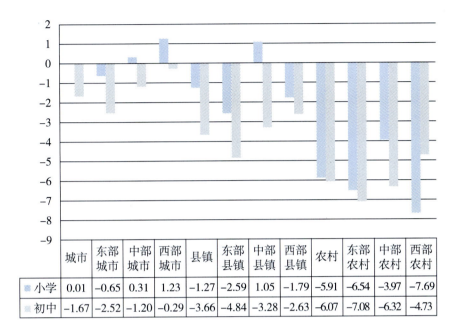

| | 城市 | 东部城市 | 中部城市 | 西部城市 | 县镇 | 东部县镇 | 中部县镇 | 西部县镇 | 农村 | 东部农村 | 中部农村 | 西部农村 |
|---|---|---|---|---|---|---|---|---|---|---|---|---|
| 小学 | 0.01 | −0.65 | 0.31 | 1.23 | −1.27 | −2.59 | 1.05 | −1.79 | −5.91 | −6.54 | −3.97 | −7.69 |
| 初中 | −1.67 | −2.52 | −1.20 | −0.29 | −3.66 | −4.84 | −3.28 | −2.63 | −6.07 | −7.08 | −6.32 | −4.73 |

**图 1.2.8** **2001—2010 年小学和初中专任教师生师比的变化**

### 3. 东中西部地区专任教师生师比均稳步下降

2001—2010 年，东中西部地区专任教师生师比均稳步下降。东部专任教师生师比大幅下降。2010 年，小学和初中专任教师生师比分别为 16.82∶1 和 14.08∶1，平均每个教师分别比 2001 年少教 4.23 个和 5.03 个学生。中部专任教师生师比有所下降。2010 年小学和初中专任教师生师比分别为 18.50∶1 和 14.98∶1，平均每个教师分别比 2001 年少教 2.35 个和 4.37 个学生；西部专任教师生师比明显下降。2010 年小学和初中专任教师生师比分别为 17.87∶1 和 16.14∶1，平均每个教师分别比 2001 年少教 5.43 个和 3.02 个学生（见表 1.2.8、表 1.2.9）。

2001—2010 年，东部小学、中部小学和中部初中专任教师生师比的下降主要是由于在校生数的下降幅度远高于同期专任教师数的降幅；东部初中、西部小学和西部初中专任教师生师比的下降主要是由于在校生数下降，并且同期专任教师数出现了增长（见表 1.2.7）。

#### 4. 2010 年城乡专任教师生师比与现行国家标准出现"倒挂"现象

2010 年城乡专任教师生师比与现行国家标准出现"倒挂"现象（见表 1.2.10）。以小学为例，2010 年专任教师生师比城市高于县镇，县镇高于农村，而现行国家标准则是农村高于县镇，县镇高于城市。

表 1.2.10    2010 年专任教师生师比与国家标准对比

| | | 专任教师生师比国标 | 2010 年专任教师生师比 |
|---|---|---|---|
| 初中 | 城市 | 15.88 | 15.00 |
| | 县镇 | 18.82 | 15.73 |
| | 农村 | 21.18 | 14.03 |
| 小学 | 城市 | 20.88 | 19.22 |
| | 县镇 | 23.08 | 18.73 |
| | 农村 | 25.27 | 16.77 |

2001 年国务院办公厅转发中央编办、教育部、财政部《关于制定中小学教职工编制标准的意见》（国办发〔2001〕74 号），对城乡中小学教职工与学生比做出了明确的规定。根据文件中提出的职员、教学辅助人员和工勤人员占教职工的比例，即初中一般不超过 15%、小学一般不超过 9% 的要求，折算出小学和初中专任教师生师比的国家标准（见表 1.2.12）。通过对比小学和初中的专任教师生师比与国家标准发现，2001 年国家标准颁布时，标准与教师资源配置的实际情况比较符合。但是随着农村小学和初中在校生的大幅减少，农村专任教师生师比大幅下降，出现了城乡专任教师生师比与国家标准"倒挂"的现象。按照现行的标准，2010 年县镇和农村专任教师出现大幅超编的情况，而实际上由于农村校均规模小、布局散、班额小，很多农村中小学存在学科教师不足的情况。这说明现行的教师编制标准已经不能适应生源变化的情况，不能满足农村教育的需求，如不及时调整将严重影响教师资源的合理配置。

#### 5. 应统一城乡编制标准，并在农村小学按"班师比"配备教师

为了保证教师资源的合理配置，特别是保障农村中小学教学活动的正

常开展，必须改革现行的教师编制标准。2010 年发布的《国家中长期教育改革和发展规划纲要（2010—2020 年）》明确提出要"逐步实行城乡统一的中小学编制标准，对农村边远地区实行倾斜政策"。温家宝总理 2011 年在河北省张北县农村教师大会上的讲话中指出，"在当前一些地方农村生源下降较快、成班率较低的背景下，要探索更加科学合理的编制管理办法，可以将'生师比'与'班师比'结合起来统筹安排"。

根据《城市普通中小学校校舍建设标准》和《农村普通中小学校建设标准》的要求，小学班额为 45 人，初中班额为 50 人。通过对 2010 年全国小学和初中平均班额的分析可以发现，城市和县镇小学平均班额略高于 45 人的国家标准，农村小学平均班额只有 32.08 人，远低于国家标准，城市、县镇和农村初中平均班额均高于 50 人的国家标准（见表 1.2.11）。这说明农村小学专任教师宜根据班师比配备，而城市和县镇小学，城市、县镇和农村初中专任教师均宜根据生师比配备。

**表 1.2.11　2010 年全国小学和初中平均班额（人）**

|  | 全国 | 城市 | 县镇 | 农村 |
|---|---|---|---|---|
| 小学 | 37.99 | 47.70 | 48.88 | 32.08 |
| 初中 | 52.90 | 50.54 | 55.27 | 51.33 |

根据"统一城乡编制标准，并在农村小学按'班师比'配备教师"的思路对现行专任教师配备标准进行调整。县镇和农村初中专任教师生师比全部调整为现行的城市初中专任教师生师比，县镇小学专任教师生师比调整为现行的城市小学专任教师生师比。按小学每班 45 人，城市小学专任教师生师比 20.88∶1 的标准，可以折算出现行的城市班师比标准为 1∶2.16，如果农村小学采用与城市小学相同的班师比，按照全国农村小学 32.08 的平均班额测算，调整后的农村小学专任教师生师比为 14.88∶1（见表 1.2.12）。

表 1.2.12 生师比的国家标准

| | | 教职工生师比 | 专任教师生师比 | 师班比 | 调整后的专任教师生师比 |
|---|---|---|---|---|---|
| 初中 | 城市 | 13.50 | 15.88 | 3.15 | 15.88 |
| | 县镇 | 16.00 | 18.82 | 2.66 | 15.88 |
| | 农村 | 18.00 | 21.18 | 2.36 | 15.88 |
| 小学 | 城市 | 19.00 | 20.88 | 2.16 | 20.88 |
| | 县镇 | 21.00 | 23.08 | 1.95 | 20.88 |
| | 农村 | 23.00 | 25.27 | 1.78 | 14.88 |

6. 按照调整后的教师配置标准，2010 年农村小学有 40 万专任教师的缺口

按照调整后的专任教师配置标准，城市和县镇小学专任教师数量充足，分别有 7.54 万和 15.25 万超编教师，而农村小学专任教师则缺编 40.44 万人。如果能够进行城乡统筹，让教师在城乡间流动，全国小学专任教师仍缺编 17.65 万人。初中专任教师数量充足，城市、县镇和农村分别超编 3.92 万人、1.44 万人和 14.80 万人（见表 1.2.13）。

表 1.2.13 调整生师比标准后城乡教师缺超编情况（人）

| | | 全国 | 城市 | 县镇 | 农村 |
|---|---|---|---|---|---|
| 小学 | 实有 | 5617091 | 947337 | 1479228 | 3190526 |
| | 应有 | 5793562 | 871908 | 1326692 | 3594962 |
| | 差值 | −176471 | 75429 | 152536 | −404436 |
| 初中 | 实有 | 3523382 | 705956 | 1545884 | 1271542 |
| | 应有 | 3321870 | 666791 | 1531521 | 1123558 |
| | 差值 | 201512 | 39165 | 14363 | 147984 |

**（四）代课人员数①**

**1. 全国小学代课人员数减少近40万人**

2001—2010年全国小学代课人员队伍规模持续减小（见图1.2.9）。2010年，全国小学代课人员总数为20.38万人，比2001年减少了37.70万人，减幅为64.91%。

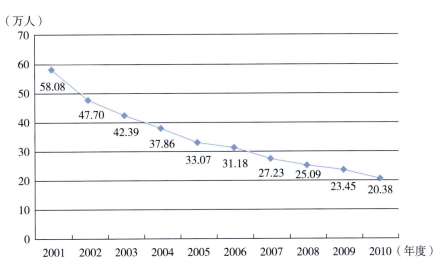

**图1.2.9　2001—2010年全国小学代课人员数**

**2. 农村小学代课人员数近年大幅减少，但仍占到全国总数的七成**

2001—2010年，城市小学代课人员数有所增加，2010年达到2.85万人，比2001年增加0.28万人，增幅为10.92%，其中中部城市增幅最大，达到25.85%；县镇小学代课人员数有所减少，2010年为2.86万人，比2001年减少1.11万人，减幅为27.98%，其中西部县镇减幅最大，达到53.30%；农村小学代课人员数大幅减少，2010年为14.67万人，比2001年减少36.87万人，减幅为71.54%，其中西部农村减幅最大，达到75.97%（见表1.2.14、图1.2.10）。尽管农村小学代课人员数大幅减少，但是农村的代课人员仍然

———————

① 在《中国教育统计年鉴》中，普通初中代课人员数与普通高中代课人员数合并统计为普通中学代课人员数，无法进行拆分，因此本书中有关代课人员数和代课人员占岗位教师的比例的分析都只涉及小学。

是最多的，占到全国小学代课人员总数的 71.97% 。

表 1. 2. 14　2001—2010 年小学代课人员数（万人）

| | 全国 | 城乡 | | | 地区 | | |
|---|---|---|---|---|---|---|---|
| | | 城市 | 县镇 | 农村 | 东部 | 中部 | 西部 |
| 2010 年 | 20. 38 | 2. 85 | 2. 86 | 14. 67 | 5. 24 | 6. 91 | 8. 23 |
| 2009 年 | 23. 45 | 3. 01 | 3. 03 | 17. 42 | 6. 98 | 7. 21 | 9. 25 |
| 2008 年 | 25. 09 | 2. 92 | 3. 13 | 19. 03 | 7. 27 | 7. 27 | 10. 54 |
| 2007 年 | 27. 23 | 3. 32 | 2. 92 | 20. 98 | 7. 53 | 7. 01 | 12. 68 |
| 2006 年 | 31. 18 | 3. 02 | 2. 73 | 25. 44 | 7. 80 | 7. 24 | 16. 14 |
| 2005 年 | 33. 07 | 2. 96 | 2. 57 | 27. 54 | 7. 96 | 7. 26 | 17. 84 |
| 2004 年 | 37. 86 | 3. 41 | 2. 50 | 31. 96 | 8. 50 | 8. 15 | 21. 22 |
| 2003 年 | 42. 39 | 3. 20 | 2. 72 | 36. 46 | 9. 78 | 9. 27 | 23. 34 |
| 2002 年 | 47. 70 | 2. 67 | 3. 51 | 41. 52 | 10. 80 | 11. 10 | 25. 81 |
| 2001 年 | 58. 08 | 2. 57 | 3. 97 | 51. 54 | 12. 40 | 15. 35 | 30. 33 |
| 变化 | − 37. 70 | 0. 28 | − 1. 11 | − 36. 87 | − 7. 17 | − 8. 44 | − 22. 09 |
| 变化率 | − 64. 91% | 10. 92% | − 27. 98% | − 71. 54% | − 57. 79% | − 54. 98% | − 72. 85% |

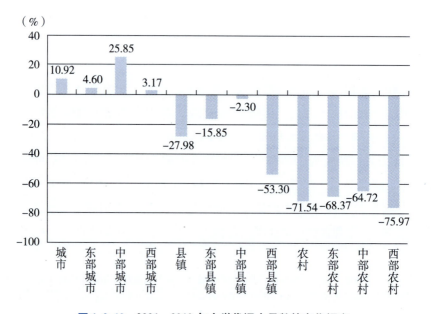

图 1. 2. 10　2001—2010 年小学代课人员数的变化幅度

**3. 东中西部小学代课人员数逐年减少，西部减幅最大**

2001—2010 年，东中西部小学代课人员数均持续减少。2010 年，东部小学代课人员数为 5.24 万人，比 2001 年减少 7.17 万人，减幅为 57.79%；中部小学代课人员数为 6.91 万人，比 2001 年减少 8.44 万人，减幅为 54.98%；西部小学代课人员数为 8.23 万人，比 2001 年减少 22.09 万人，减幅为 72.85%（见表 1.2.14）。

## 二、教师队伍的结构

### （一）教职工的岗位结构

**1. 小学专任教师占教职工的比例超过九成**

2001—2010 年全国小学教职工队伍中，专任教师、教辅人员、工勤人员占比持续小幅上升，行政人员占比持续小幅下降（见图 1.2.11）。

《关于制定中小学教职工编制标准的意见》规定，中小学校的管理工作尽可能由教师兼职，后勤服务工作应逐步实行社会化。确实需要配备职员、教学辅助人员和工勤人员的，其占教职工的比例，高中一般不超过16%，初中一般不超过15%，小学一般不超过9%。2010 年专任教师占比为 91.94%，比 2001 年提高 1.06 个百分点，达到国家标准要求。2010 年行政人员占比为 3.72%，比 2001 年下降 1.99 个百分点（见表 1.2.15）。

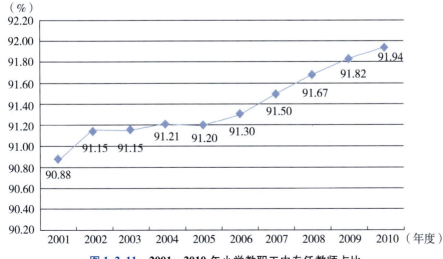

**图 1.2.11　2001—2010 年小学教职工中专任教师占比**

表 1. 2. 15　2001—2010 年小学教职工岗位结构（%）

| 年度 | 专任教师 | 行政人员 | 教辅人员 | 工勤人员 | 工厂农场职工 |
|------|---------|---------|---------|---------|------------|
| 2010 | 91.94 | 3.72 | 1.77 | 2.55 | 0.03 |
| 2009 | 91.82 | 3.87 | 1.73 | 2.55 | 0.03 |
| 2008 | 91.67 | 4.06 | 1.68 | 2.55 | 0.04 |
| 2007 | 91.50 | 4.27 | 1.62 | 2.57 | 0.04 |
| 2006 | 91.30 | 4.61 | 1.53 | 2.51 | 0.05 |
| 2005 | 91.20 | 4.83 | 1.46 | 2.45 | 0.06 |
| 2004 | 91.21 | 5.00 | 1.34 | 2.38 | 0.06 |
| 2003 | 91.15 | 5.20 | 1.24 | 2.33 | 0.07 |
| 2002 | 91.15 | 5.35 | 1.12 | 2.29 | 0.09 |
| 2001 | 90.88 | 5.71 | 1.01 | 2.30 | 0.10 |

### 2. 城市和县镇小学专任教师占教职工的比例不符合国家标准要求

2001—2010 年全国城乡小学专任教师占教职工的比例均有所上升，但是到 2010 年城市和县镇小学专任教师占比仍不符合国家标准要求，这主要是由于城市和县镇行政人员、工勤人员占比偏高（见表 1.2.16、表1.2.17）。

2010 年小学专任教师占比农村最高，达到 93.64%，比城市高 4.72 个百分点，比县镇高 3.30 个百分点（见表 1.2.16）。城市和县镇小学的工勤人员占比均高于农村，需要提高后勤服务工作的社会化水平。农村小学的教辅人员占比低于城市和县镇，这可能是由于农村小学规模小，教学实验、图书管理、计算机房或多媒体教室管理等工作主要是由教师兼任，也可能是由于农村小学实验室、图书室、计算机房、卫生保健室等缺乏。

**表 1.2.16　2010 年小学教职工岗位结构（％）**

| | | 专任教师 | 行政人员 | 教辅人员 | 工勤人员 | 工厂农场职工 |
|---|---|---|---|---|---|---|
| 全国 | | 91.94 | 3.72 | 1.77 | 2.55 | 0.03 |
| 城乡 | 城市 | 88.92 | 5.02 | 2.31 | 3.71 | 0.04 |
| | 县镇 | 90.34 | 3.98 | 2.34 | 3.29 | 0.04 |
| | 农村 | 93.64 | 3.18 | 1.32 | 1.83 | 0.02 |
| 地区 | 东部 | 90.55 | 4.83 | 2.03 | 2.56 | 0.03 |
| | 中部 | 93.07 | 2.79 | 1.77 | 2.36 | 0.02 |
| | 西部 | 92.40 | 3.37 | 1.44 | 2.75 | 0.04 |

**表 1.2.17　2001—2010 年小学专任教师占教职工比例（％）**

| 年度 | 全国 | 城乡 | | | 地区 | | |
|---|---|---|---|---|---|---|---|
| | | 城市 | 县镇 | 农村 | 东部 | 中部 | 西部 |
| 2010 | 91.94 | 88.92 | 90.34 | 93.64 | 90.55 | 93.07 | 92.40 |
| 2009 | 91.82 | 88.57 | 89.96 | 93.61 | 90.34 | 93.09 | 92.23 |
| 2008 | 91.67 | 88.08 | 89.80 | 93.52 | 90.01 | 93.08 | 92.16 |
| 2007 | 91.50 | 87.63 | 89.53 | 93.39 | 89.83 | 93.00 | 91.91 |
| 2006 | 91.30 | 87.15 | 88.97 | 93.20 | 89.63 | 92.87 | 91.63 |
| 2005 | 91.20 | 87.28 | 88.64 | 93.10 | 89.54 | 92.84 | 91.43 |
| 2004 | 91.21 | 87.04 | 88.87 | 93.07 | 89.59 | 92.89 | 91.35 |
| 2003 | 91.15 | 86.63 | 88.91 | 93.13 | 89.54 | 92.85 | 91.22 |
| 2002 | 91.15 | 86.45 | 89.01 | 93.07 | 89.64 | 92.74 | 91.18 |
| 2001 | 90.88 | 86.03 | 88.36 | 92.87 | 89.40 | 92.64 | 90.67 |

### 3. 东部小学专任教师占教职工的比例略低于国家标准

2001—2010 年全国东中西部地区小学专任教师占教职工的比例均有所上升，但是到 2010 年东部地区小学专任教师占比仍不符合国家标准要求，这主要是由于东部地区行政人员占比偏高（见表 1.2.16、表 1.2.17）。

2010 年小学专任教师占比中部最高，达到 93.07％，比东部高 2.52 个百分点，比西部高 0.67 个百分点；行政人员占比东部最高，达到 4.83%，比中部高 2.04 个百分点，比西部高 1.46 个百分点（见表 1.2.16）。

### （二）代课人员占岗位教师的比例

**1. 2010 年全国小学代课人员占岗位教师的比例为 3.50%**

2001—2010 年全国小学代课人员占岗位教师的比例持续下降。2010 年小学代课人员占岗位教师的比例为 3.50%，比 2001 年下降 5.61 个百分点（见图 1.2.12）。

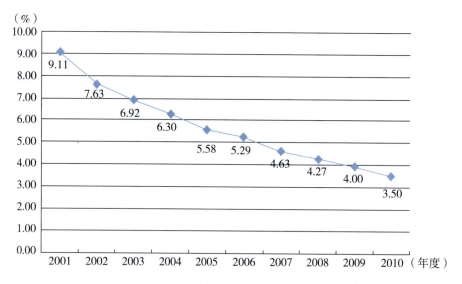

**图 1.2.12　2001—2010 年全国小学代课人员占岗位教师的比例**

**2. 农村小学代课人员占岗位教师的比例近年大幅下降，但占比仍然最高**

2001—2010 年全国小学代课人员占岗位教师的比例，城市相对稳定，仅增加 0.07%；县镇略有下降，降幅为 1.50%，其中西部县镇降幅最大，达到 3.59%；农村大幅下降，降幅为 7.56%，其中西部农村降幅最大，达到 13.25%（见图 1.2.13、表 1.2.18）。

2010 年小学代课人员占岗位教师的比例，农村最高，达到 4.40%，比城市高 1.48 个百分点，比县镇高 2.50 个百分点（见表 1.2.18）。

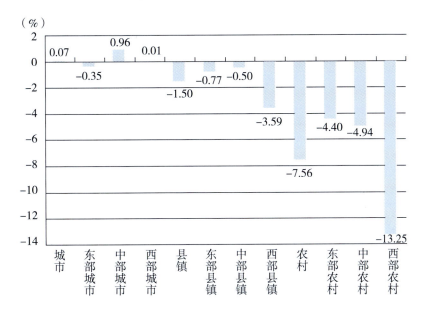

**图 1.2.13 2001—2010 年小学代课人员占岗位教师比例的变化**

**3. 东中西部地区小学代课人员占岗位教师的比例均整体下降，西部地区降幅最大**

2001—2010 年各地区小学代课人员占岗位教师的比例均整体下降，东部、中部和西部地区分别下降 3.09% 、3.46% 和 10.74% （见表 1.2.18）。

2010 年小学代课人员占岗位教师的比例，西部最高，达到 4.57% ，比东部高 2.08 个百分点，比中部高 0.97 个百分点。

**表 1.2.18 2001—2010 年小学代课人员占岗位教师的比例 （%）**

| 年度 | 全国 | 城乡 | | | 地区 | | |
|------|------|------|------|------|------|------|------|
| | | 城市 | 县镇 | 农村 | 东部 | 中部 | 西部 |
| 2010 | 3.50 | 2.92 | 1.90 | 4.40 | 2.49 | 3.60 | 4.57 |
| 2009 | 4.00 | 3.14 | 2.11 | 5.02 | 3.30 | 3.72 | 5.09 |
| 2008 | 4.27 | 3.04 | 2.26 | 5.40 | 3.45 | 3.75 | 5.77 |
| 2007 | 4.63 | 3.55 | 2.19 | 5.81 | 3.57 | 3.60 | 6.93 |
| 2006 | 5.29 | 3.51 | 2.16 | 6.74 | 3.71 | 3.72 | 8.73 |

续表

| 年度 | 全国 | 城乡 | | | 地区 | | |
|---|---|---|---|---|---|---|---|
| | | 城市 | 县镇 | 农村 | 东部 | 中部 | 西部 |
| 2005 | 5.58 | 3.19 | 2.23 | 7.16 | 3.77 | 3.71 | 9.62 |
| 2004 | 6.30 | 3.51 | 2.31 | 8.08 | 3.99 | 4.08 | 11.25 |
| 2003 | 6.92 | 3.30 | 2.37 | 9.09 | 4.54 | 4.53 | 12.13 |
| 2002 | 7.63 | 2.87 | 2.95 | 10.04 | 4.93 | 5.25 | 13.22 |
| 2001 | 9.11 | 2.85 | 3.40 | 11.96 | 5.58 | 7.06 | 15.31 |

### （三）专任教师的学历结构

#### 1. 小学专任教师学历以专科为主，初中以本科为主

2010 年，小学专任教师学历以专科为主，占比达到 54.58%，其次是本科和高中，占比分别为 23.59% 和 21.23%；小学高于规定学历教师比例达到 78.29%（见图 1.2.14）。初中专任教师学历以本科为主，占比达到 63.41%，其次是专科，占比为 34.60%；初中高于规定学历教师比例达到 64.05%（见图 1.2.15）。

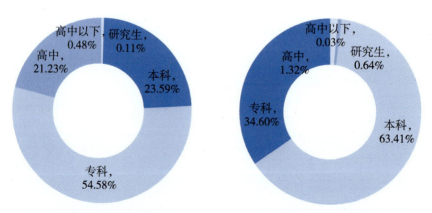

图 1.2.14　2010 年小学专任教师学历结构　图 1.2.15　2010 年初中专任教师学历结构

#### 2. 小学和初中仍有少数专任教师学历不合格

2010 年，小学和初中专任教师学历合格率分别达到 99.52% 和 98.65%，也就是说小学和初中仍分别有 0.48% 和 1.35% 的专任教师学历

不合格（见表1.2.19、表1.2.20）。小学专任教师学历不合格的比例，分城乡看农村最高，达到0.72%，分地区看西部最高，达到0.83%，西部农村专任教师学历不合格的比例高达1.20%；初中专任教师学历不合格的比例，分城乡看农村最高，达到1.95%，分地区看中部最高，达到1.63%，中部农村专任教师学历不合格的比例高达2.23%，西部农村这一比例达1.98%。

表1.2.19　2010年小学专任教师学历结构（%）

|  |  | 研究生 | 本科 | 专科 | 高中 | 高中以下 | 学历合格 | 高于规定学历 |
|---|---|---|---|---|---|---|---|---|
| 全国 |  | 0.11 | 23.59 | 54.58 | 21.23 | 0.48 | 99.52 | 78.29 |
| 城乡 | 城市 | 0.46 | 48.19 | 43.78 | 7.46 | 0.10 | 99.90 | 92.44 |
|  | 县镇 | 0.07 | 25.96 | 58.57 | 15.20 | 0.20 | 99.80 | 84.60 |
|  | 农村 | 0.03 | 15.19 | 55.93 | 28.12 | 0.72 | 99.28 | 71.15 |
| 地区 | 东部 | 0.18 | 30.87 | 50.61 | 18.11 | 0.24 | 99.76 | 81.65 |
|  | 中部 | 0.09 | 19.80 | 55.45 | 24.24 | 0.42 | 99.58 | 75.34 |
|  | 西部 | 0.07 | 19.02 | 58.37 | 21.71 | 0.83 | 99.17 | 77.46 |

表1.2.20　2010年初中专任教师学历结构（%）

|  |  | 研究生 | 本科 | 专科 | 高中 | 高中以下 | 学历合格 | 高于规定学历 |
|---|---|---|---|---|---|---|---|---|
| 全国 |  | 0.64 | 63.41 | 34.60 | 1.32 | 0.03 | 98.65 | 64.05 |
| 城乡 | 城市 | 2.11 | 80.57 | 16.87 | 0.45 | 0.01 | 99.54 | 82.67 |
|  | 县镇 | 0.34 | 62.80 | 35.60 | 1.24 | 0.02 | 98.74 | 63.14 |
|  | 农村 | 0.20 | 54.62 | 43.23 | 1.91 | 0.04 | 98.05 | 54.82 |
| 地区 | 东部 | 0.95 | 70.50 | 27.54 | 0.98 | 0.03 | 98.99 | 71.45 |
|  | 中部 | 0.48 | 56.61 | 41.28 | 1.60 | 0.03 | 98.37 | 57.09 |
|  | 西部 | 0.44 | 62.03 | 36.07 | 1.44 | 0.03 | 98.53 | 62.46 |

### 3. 城市学校高学历专任教师比例明显高于县镇和农村

2010年，城市小学专任教师学历以本科和专科为主，县镇和农村以专科为主。城市小学本科及以上学历教师比例比县镇高22.62个百分点，比农村高 33.43 个百分点。城乡初中专任教师学历均以本科为主。城市初中本科及以上学历教师比例比县镇高 19.54 个百分点，比农村高 27.86 个百分点（见表 1.2.19、表 1.2.20）。

### 4. 东部学校高学历专任教师比例高于中西部

2010 年，东中西部地区小学专任教师学历均以专科为主。东部小学本科及以上学历教师比例比中部高 11.16 个百分点，比西部高 11.96 个百分点。东中西部地区初中专任教师学历均以本科为主。东部初中本科及以上学历教师比例比中部高 14.38 个百分点，比西部高 8.98 个百分点（见表 1.2.19、表 1.2.20）。

### 5. 专任教师学历水平逐年提高

2003—2010 年专任教师学历层次明显提高。小学本科学历的专任教师占比提高了 20.52 个百分点，专科学历的专任教师占比提高了 17.15 个百分点，初中本科学历的专任教师占比提高了 39.73 个百分点（见表 1.2.21、表 1.2.22）。高学历师资的补充使得小学和初中高于规定学历教师占比分别提高 37.77 个和 40.22 个百分点（见图 1.2.16）。

表 1.2.21　2003—2010 年小学专任教师学历结构（%）

| 年度 | 研究生 | 本科 | 专科 | 高中 | 高中以下 |
|---|---|---|---|---|---|
| 2010 | 0.11 | 23.59 | 54.58 | 21.23 | 0.48 |
| 2009 | 0.08 | 19.71 | 55.04 | 24.57 | 0.60 |
| 2008 | 0.06 | 15.60 | 55.22 | 28.39 | 0.73 |
| 2007 | 0.04 | 12.21 | 54.63 | 32.22 | 0.90 |
| 2006 | 0.04 | 9.13 | 52.89 | 36.80 | 1.13 |
| 2005 | 0.03 | 6.70 | 49.63 | 42.26 | 1.38 |
| 2004 | 0.02 | 4.58 | 44.16 | 49.55 | 1.69 |
| 2003 | 0.02 | 3.07 | 37.43 | 57.33 | 2.15 |

表 1.2.22　2003—2010 年初中专任教师学历结构（%）

| 年度 | 研究生 | 本科 | 专科 | 高中 | 高中以下 |
|------|--------|------|------|------|----------|
| 2010 | 0.64 | 63.41 | 34.60 | 1.32 | 0.03 |
| 2009 | 0.50 | 58.94 | 38.84 | 1.68 | 0.04 |
| 2008 | 0.39 | 52.83 | 44.57 | 2.16 | 0.05 |
| 2007 | 0.31 | 46.95 | 49.92 | 2.75 | 0.07 |
| 2006 | 0.25 | 40.86 | 55.23 | 3.58 | 0.08 |
| 2005 | 0.21 | 35.10 | 59.94 | 4.65 | 0.11 |
| 2004 | 0.16 | 28.97 | 64.66 | 6.08 | 0.14 |
| 2003 | 0.14 | 23.68 | 68.21 | 7.77 | 0.19 |

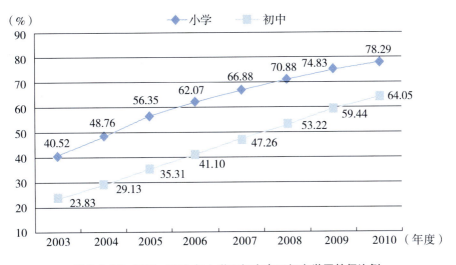

图 1.2.16　2003—2010 年小学和初中高于规定学历教师比例

### 6. 农村初中和西部初中专任教师学历合格率有较大提高

2003—2010 年，小学和初中专任教师学历合格率分别提高了 1.67 个和 6.61 个百分点（见图 1.2.17），专任教师学历合格率的城乡和地区差距缩小。农村小学和西部小学专任教师学历合格率提高幅度最大，分别提高 2.06 个和 3.02 个百分点。城市、县镇和农村初中专任教师学历合格率分别提高 2.45 个、5.26 个和 9.31 个百分点，东部、中部和西部初中专任教

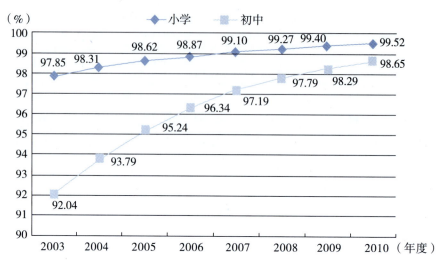

图 1.2.17　2003—2010 年小学和初中专任教师学历合格率

师学历合格率分别提高 5.19 个、6.80 个和 8.44 个百分点（见表 1.2.23、表 1.2.24）。

表 1.2.23　2003—2010 年小学专任教师学历合格率（%）

| 年度 | 全国 | 城乡 | | | 地区 | | |
|------|------|------|------|------|------|------|------|
| | | 城市 | 县镇 | 农村 | 东部 | 中部 | 西部 |
| 2010 | 99.52 | 99.90 | 99.80 | 99.28 | 99.76 | 99.58 | 99.17 |
| 2009 | 99.40 | 99.88 | 99.76 | 99.12 | 99.72 | 99.52 | 98.91 |
| 2008 | 99.27 | 99.83 | 99.71 | 98.93 | 99.65 | 99.42 | 98.65 |
| 2007 | 99.10 | 99.79 | 99.62 | 98.72 | 99.57 | 99.27 | 98.36 |
| 2006 | 98.87 | 99.73 | 99.53 | 98.43 | 99.46 | 99.07 | 97.93 |
| 2005 | 98.62 | 99.60 | 99.44 | 98.11 | 99.32 | 98.84 | 97.51 |
| 2004 | 98.31 | 99.45 | 99.13 | 97.78 | 99.14 | 98.62 | 96.95 |
| 2003 | 97.85 | 99.24 | 98.76 | 97.22 | 98.88 | 98.25 | 96.14 |

表 1.2.24　2003—2010 年初中专任教师学历合格率（%）

| 年度 | 全国 | 城乡 | | | 地区 | | |
|---|---|---|---|---|---|---|---|
| | | 城市 | 县镇 | 农村 | 东部 | 中部 | 西部 |
| 2010 | 98.65 | 99.54 | 98.74 | 98.05 | 98.99 | 98.37 | 98.53 |
| 2009 | 98.29 | 99.41 | 98.44 | 97.52 | 98.69 | 97.97 | 98.13 |
| 2008 | 97.79 | 99.24 | 97.97 | 96.87 | 98.33 | 97.32 | 97.64 |
| 2007 | 97.19 | 99.03 | 97.51 | 95.98 | 97.82 | 96.66 | 96.97 |
| 2006 | 96.34 | 98.78 | 96.95 | 94.80 | 97.25 | 95.63 | 95.98 |
| 2005 | 95.24 | 98.41 | 96.06 | 93.20 | 96.33 | 94.56 | 94.59 |
| 2004 | 93.79 | 97.72 | 94.94 | 91.31 | 95.15 | 93.25 | 92.52 |
| 2003 | 92.04 | 97.09 | 93.48 | 88.74 | 93.80 | 91.57 | 90.09 |

7. 农村小学和县镇初中高于规定学历教师比例增幅最大，但教师学历的城乡差距仍然较大

2003—2010 年，城乡中小学高于规定学历教师比例均有大幅提高。城市、县镇和农村小学高于规定学历教师比例分别提高 28.04 个、35.54 个和 39.38 个百分点，尽管农村小学提高幅度最大，但是 2010 年农村小学高于规定学历教师比例仍比城市低 21.29 个百分点，比县镇低 13.45 个百分点。城市、县镇和农村初中高于规定学历教师比例分别提高 34.02 个、41.02 个和 40.54 个百分点，尽管县镇和农村初中提高幅度较大，但是 2010 年县镇和农村初中高于规定学历教师比例仍分别比城市低 19.53 个和 27.85 个百分点（见表 1.2.25、表 1.2.26）。

8. 西部中小学高于规定学历教师比例增幅最大，中部地区初中教师学历与东西部地区的差距拉大

2003—2010 年，东中西部地区中小学高于规定学历教师比例均有大幅提高。东中西部地区小学高于规定学历教师比例分别提高 34.56 个、36.73 个和 42.72 个百分点，尽管西部小学提高幅度最大，但是 2010 年西部小学高于规定学历教师比例仍比东部低 4.19 个百分点。东中西部地区初中高于规定学历教师比例分别提高 43.10 个、34.10 个和 44.18 个百分点。由于

中部地区增幅最小，中部初中高于规定学历教师比例与东部地区的差距从 2003 年的 5.36 个百分点扩大到 14.36 个百分点，与西部地区的差距从 2003 年的高出 4.71 个百分点，变成 2010 年的低 5.37 个百分点（见表 1.2.25、表 1.2.26）。

表 1.2.25　**2003—2010 年小学高于规定学历教师比例（%）**

| 年度 | 全国 | 城乡 | | | 地区 | | |
|---|---|---|---|---|---|---|---|
| | | 城市 | 县镇 | 农村 | 东部 | 中部 | 西部 |
| 2010 | 78.29 | 92.44 | 84.60 | 71.15 | 81.65 | 75.34 | 77.46 |
| 2009 | 74.83 | 90.59 | 82.21 | 67.25 | 78.60 | 71.74 | 73.71 |
| 2008 | 70.88 | 87.96 | 79.01 | 62.82 | 75.41 | 67.12 | 69.60 |
| 2007 | 66.88 | 85.30 | 75.87 | 58.53 | 71.93 | 62.96 | 65.18 |
| 2006 | 62.07 | 82.54 | 72.41 | 53.61 | 67.77 | 58.10 | 59.62 |
| 2005 | 56.35 | 78.01 | 67.17 | 47.49 | 62.54 | 52.64 | 53.03 |
| 2004 | 48.76 | 71.34 | 58.41 | 40.14 | 55.31 | 45.81 | 44.14 |
| 2003 | 40.52 | 64.40 | 49.06 | 31.77 | 47.09 | 38.61 | 34.74 |

表 1.2.26　**2003—2010 年初中高于规定学历教师比例（%）**

| 年度 | 全国 | 城乡 | | | 地区 | | |
|---|---|---|---|---|---|---|---|
| | | 城市 | 县镇 | 农村 | 东部 | 中部 | 西部 |
| 2010 | 64.05 | 82.67 | 63.14 | 54.82 | 71.45 | 57.09 | 62.46 |
| 2009 | 59.44 | 79.77 | 58.90 | 49.39 | 66.89 | 52.79 | 57.43 |
| 2008 | 53.22 | 75.93 | 52.62 | 42.33 | 61.15 | 46.54 | 50.58 |
| 2007 | 47.26 | 71.96 | 46.79 | 35.97 | 55.00 | 41.98 | 43.21 |
| 2006 | 41.10 | 68.47 | 41.15 | 29.97 | 48.44 | 37.18 | 35.92 |
| 2005 | 35.31 | 62.44 | 34.50 | 24.34 | 42.23 | 32.09 | 29.65 |
| 2004 | 29.13 | 55.03 | 28.01 | 19.00 | 34.90 | 27.12 | 23.41 |
| 2003 | 23.83 | 48.65 | 22.12 | 14.28 | 28.35 | 22.99 | 18.28 |

### （四）专任教师的职称结构

#### 1. 中高级职称教师比例超过五成

2010 年，中小学专任教师职称以中级和初级为主。小学中级和初级职称教师比例分别为 51.94% 和 40.35%，中高级职称教师比例达到 53.09%；初中中级和初级职称教师比例分别为 42.32% 和 38.57%，中高级职称教师比例达到 54.80%（见图 1.2.18、图 1.2.19）。

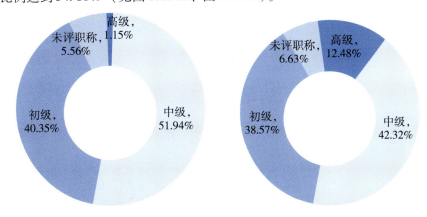

**图 1.2.18** 2010 年小学专任教师职称结构 **图 1.2.19** 2010 年初中专任教师职称结构

#### 2. 城市学校中高级职称专任教师比例高于县镇和农村，初中表现尤其明显

2010 年，城市小学中高级职称专任教师比例达到 58.01%，比县镇高 1.76 个百分点，比农村高 7.86 个百分点；城市初中中高级职称专任教师比例达到 64.62%，比县镇高 9.49 个百分点，比农村高 15.68 个百分点，这主要是由于城市初中高级职称教师比例明显高于县镇和农村（见表 1.2.27、表 1.2.28）。高级职称教师往往是学科带头人或教学骨干，对于学校教师队伍素质的整体提升以及教育教学水平的提高起着非常重要的作用，高级职称教师不足将严重制约县镇和农村初中教育质量的提高。各地需要做好城乡教师资源的统筹配置，大力推进城乡教师流动，特别是骨干教师的流动，促进城乡义务教育均衡发展。

**表1.2.27　2010年小学专任教师职称结构（%）**

| | | 高级 | 中级 | 初级 | 未评职称 | 中高级职称 |
|---|---|---|---|---|---|---|
| 全国 | | 1.15 | 51.94 | 40.35 | 6.56 | 53.09 |
| 城乡 | 城市 | 2.05 | 55.96 | 34.58 | 7.41 | 58.01 |
| | 县镇 | 1.43 | 54.82 | 37.78 | 5.97 | 56.25 |
| | 农村 | 0.75 | 49.40 | 43.25 | 6.59 | 50.15 |
| 地区 | 东部 | 1.23 | 57.58 | 33.90 | 7.30 | 58.81 |
| | 中部 | 0.98 | 53.26 | 40.36 | 5.40 | 54.24 |
| | 西部 | 1.24 | 43.79 | 48.02 | 6.95 | 45.03 |

**表1.2.28　2010年初中专任教师职称结构（%）**

| | | 高级 | 中级 | 初级 | 未评职称 | 中高级职称 |
|---|---|---|---|---|---|---|
| 全国 | | 12.48 | 42.32 | 38.57 | 6.63 | 54.80 |
| 城乡 | 城市 | 21.96 | 42.66 | 29.63 | 5.76 | 64.62 |
| | 县镇 | 11.07 | 44.06 | 38.70 | 6.17 | 55.13 |
| | 农村 | 8.92 | 40.02 | 43.38 | 7.69 | 48.94 |
| 地区 | 东部 | 13.91 | 45.79 | 33.71 | 6.59 | 59.70 |
| | 中部 | 12.84 | 43.75 | 37.44 | 5.96 | 56.59 |
| | 西部 | 10.18 | 36.14 | 46.21 | 7.46 | 46.32 |

### 3. 东中部学校中高级职称专任教师比例明显高于西部

2010年，西部地区小学中高级职称专任教师比例为45.03%，比东部低13.78个百分点，比中部低9.21个百分点；西部地区初中中高级职称专任教师比例为46.32%，比东部低13.38个百分点，比中部低10.27个百分点（见表1.2.27、表1.2.28）。

### 4. 中高级职称教师比例逐年提高

2003—2010年教师专业技术职称明显提升。小学中级职称的专任教师占比提高了16.21个百分点，初中高级和中级职称的专任教师占比分别提高了7.60个和10.03个百分点（见表1.2.29、表1.2.30）。小学和初中中高级职称教师比例分别提高17.08个和17.63个百分点（见图1.2.20）。

表 1.2.29　**2003—2010 年小学专任教师职称结构（%）**

| 年度 | 高级 | 中级 | 初级 | 未评职称 |
|------|------|------|------|----------|
| 2010 | 1.15 | 51.94 | 40.35 | 6.56 |
| 2009 | 0.93 | 51.14 | 41.87 | 6.06 |
| 2008 | 0.74 | 49.73 | 43.75 | 5.78 |
| 2007 | 0.61 | 47.59 | 46.37 | 5.43 |
| 2006 | 0.50 | 45.30 | 48.65 | 5.55 |
| 2005 | 0.42 | 42.14 | 51.75 | 5.69 |
| 2004 | 0.32 | 38.94 | 54.83 | 5.90 |
| 2003 | 0.28 | 35.73 | 57.47 | 6.52 |

表 1.2.30　**2003—2010 年初中专任教师职称结构（%）**

| 年度 | 高级 | 中级 | 初级 | 未评职称 |
|------|------|------|------|----------|
| 2010 | 12.48 | 42.32 | 38.57 | 6.63 |
| 2009 | 11.26 | 41.79 | 40.21 | 6.74 |
| 2008 | 10.04 | 41.04 | 42.20 | 6.73 |
| 2007 | 8.81 | 39.89 | 44.39 | 6.91 |
| 2006 | 7.72 | 38.44 | 46.19 | 7.65 |
| 2005 | 6.56 | 36.49 | 48.74 | 8.20 |
| 2004 | 5.63 | 34.32 | 51.15 | 8.91 |
| 2003 | 4.88 | 32.29 | 52.94 | 9.89 |

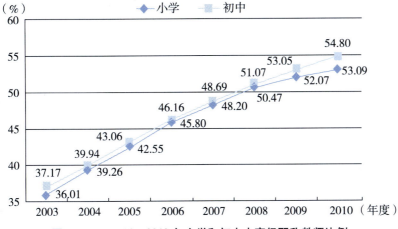

图 1.2.20　**2003—2010 年小学和初中中高级职称教师比例**

5. 县镇和农村中小学中高级职称教师比例提高幅度较大，城乡差距缩小

2003—2010 年，城乡中小学中高级职称教师比例均有大幅提高。城市、县镇和农村小学中高级职称教师比例分别提高 13.67 个、16.44 个和 17.46 个百分点，中高级职称教师比例的城乡差距从 2003 年的 11.64 个百分点，缩小到 2010 年的 7.85 个百分点。城市、县镇和农村初中中高级职称教师比例分别提高 11.15 个、18.22 个和 18.70 个百分点，中高级职称教师比例的城乡差距从 2003 年的 23.22 个百分点，缩小到 2010 年的 15.67 个百分点（见表 1.2.31、表 1.2.32）。

6. 东部中小学中高级职称教师比例提高幅度最大，地区差距仍在拉大

2003—2010 年，东中西部地区中小学中高级职称教师比例均有大幅提高。东部、中部和西部小学中高级职称教师比例分别提高 20.03 个、15.72 个和 15.28 个百分点，中高级职称教师比例的地区差距从 2003 年的 9.02 个百分点，扩大到 2010 年的 13.77 个百分点。东部、中部和西部初中中高级职称教师比例分别提高 20.93 个、16.41 个和 15.61 个百分点，中高级职称教师比例的地区差距从 2003 年的 9.47 个百分点，扩大到 2010 年的 13.37 个百分点（见表 1.2.31、表 1.2.32）。

表 1.2.31  2003—2010 年小学中高级职称教师比例（%）

| 年度 | 全国 | 城乡 | | | 地区 | | |
|---|---|---|---|---|---|---|---|
| | | 城市 | 县镇 | 农村 | 东部 | 中部 | 西部 |
| 2010 | 53.09 | 58.01 | 56.25 | 50.16 | 58.80 | 54.24 | 45.03 |
| 2009 | 52.07 | 57.51 | 55.29 | 49.17 | 57.91 | 53.48 | 43.63 |
| 2008 | 50.47 | 56.55 | 53.70 | 47.47 | 56.18 | 52.31 | 41.71 |
| 2007 | 48.20 | 54.69 | 51.57 | 45.17 | 53.48 | 50.39 | 39.47 |
| 2006 | 45.80 | 53.01 | 49.78 | 42.70 | 50.75 | 47.91 | 37.51 |
| 2005 | 42.55 | 50.48 | 46.93 | 39.18 | 46.64 | 44.86 | 35.01 |
| 2004 | 39.26 | 47.13 | 43.74 | 35.94 | 42.52 | 41.85 | 32.32 |
| 2003 | 36.01 | 44.34 | 39.81 | 32.70 | 38.77 | 38.52 | 29.75 |

表 1.2.32　2003—2010 年初中中高级职称教师比例（%）

| 年度 | 全国 | 城乡 | | | 地区 | | |
|---|---|---|---|---|---|---|---|
| | | 城市 | 县镇 | 农村 | 东部 | 中部 | 西部 |
| 2010 | 54.80 | 64.61 | 55.13 | 48.94 | 59.70 | 56.60 | 46.33 |
| 2009 | 53.05 | 63.86 | 53.24 | 47.17 | 57.75 | 55.19 | 44.34 |
| 2008 | 51.07 | 62.98 | 51.13 | 44.96 | 55.54 | 53.45 | 42.24 |
| 2007 | 48.69 | 61.65 | 48.74 | 42.47 | 52.99 | 51.18 | 39.77 |
| 2006 | 46.16 | 60.83 | 46.57 | 39.85 | 50.14 | 48.70 | 37.48 |
| 2005 | 43.06 | 58.87 | 43.40 | 35.98 | 46.38 | 45.58 | 35.07 |
| 2004 | 39.94 | 55.86 | 40.51 | 32.83 | 42.41 | 42.73 | 32.64 |
| 2003 | 37.17 | 53.46 | 36.91 | 30.24 | 38.77 | 40.19 | 30.72 |

**（五）专任教师的性别结构**

*1. 女教师占比持续上升，2010 年女教师比例小学接近六成，初中近半*

2010 年全国小学女教师占专任教师的比例达到 57.95%，比男教师高 15.90 个百分点；初中女教师占比为 49.48%，与男教师基本相当。2003—2010 年全国中小学女教师占比稳步小幅提高，小学和初中女教师占比分别提高 4.39 个和 4.19 个百分点（见图 1.2.21）。

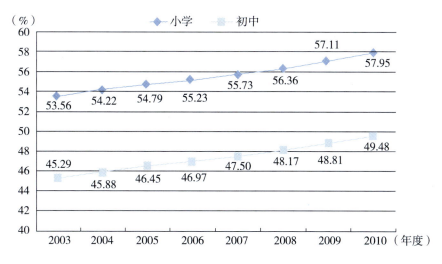

图 1.2.21　2003—2010 年全国中小学专任教师中女教师占比

### 2. 城市中小学女教师占专任教师的比例明显高于农村

2010 年城市小学女教师占专任教师的比例，达到 79.32%，比男教师高 58.64 个百分点，城市小学女教师占比比县镇高 11.15 个百分点，比农村高 32.46 个百分点；城市初中女教师占专任教师的比例，达到 64.41%，比男教师高 28.82 个百分点，城市初中女教师占比比县镇高 16.13 个百分点，比农村高 21.76 个百分点。2003—2010 年全国城乡中小学女教师占比均基本呈现小幅稳步提高的态势（见表 1.2.33、表 1.2.34）。

### 3. 东部中小学女教师占专任教师的比例高于西部

2010 年东部小学女教师占专任教师的比例，达到 63.32%，比男教师高 26.64 个百分点，东部小学女教师占比比中部高 7.33 个百分点，比西部高 9.66 个百分点；东部初中女教师占专任教师的比例，达到 53.73%，比男教师高 7.46 个百分点，东部初中女教师占比比中部高 6.61 个百分点，比西部高 7.05 个百分点。2003—2010 年全国东中西部地区中小学女教师占比均出现小幅稳步提高的情况（见表 1.2.33、表 1.2.34）。

中小学女教师占专任教师的比例出现城市高于农村，东部高于西部的情况，2010 年西部农村小学和初中女教师占比分别只有 43.64% 和 41.22%。这可能与西部和农村有很多寄宿制学校，并且工作及生活条件相对艰苦有关，特别是在很多边远的农村教学点，男教师的占比往往更高。

表 1.2.33　2003—2010 年小学女教师占专任教师的比例（%）

| 年度 | 全国 | 城乡 | | | 地区 | | |
|---|---|---|---|---|---|---|---|
| | | 城市 | 县镇 | 农村 | 东部 | 中部 | 西部 |
| 2010 | 57.95 | 79.32 | 68.17 | 46.86 | 63.32 | 55.99 | 53.66 |
| 2009 | 57.11 | 79.39 | 68.16 | 46.11 | 62.38 | 55.25 | 52.87 |
| 2008 | 56.36 | 79.08 | 68.01 | 45.31 | 61.65 | 54.52 | 52.10 |
| 2007 | 55.73 | 79.00 | 67.99 | 44.83 | 60.90 | 53.98 | 51.48 |
| 2006 | 55.23 | 79.05 | 68.96 | 44.79 | 60.40 | 53.58 | 50.85 |
| 2005 | 54.79 | 78.14 | 69.10 | 44.40 | 59.92 | 53.18 | 50.38 |
| 2004 | 54.22 | 77.31 | 68.12 | 44.24 | 59.37 | 52.62 | 49.75 |
| 2003 | 53.56 | 76.93 | 66.66 | 43.53 | 58.80 | 51.99 | 48.99 |

表 1.2.34 **2003—2010 年初中女教师占专任教师的比例（%）**

| 年度 | 全国 | 城乡 | | | 地区 | | |
|------|------|------|------|------|------|------|------|
| | | 城市 | 县镇 | 农村 | 东部 | 中部 | 西部 |
| 2010 | 49.48 | 64.41 | 48.28 | 42.65 | 53.73 | 47.12 | 46.68 |
| 2009 | 48.81 | 64.44 | 47.88 | 41.67 | 53.12 | 46.40 | 45.96 |
| 2008 | 48.17 | 64.03 | 47.34 | 41.01 | 52.51 | 45.65 | 45.36 |
| 2007 | 47.50 | 63.61 | 46.83 | 40.50 | 51.75 | 45.14 | 44.60 |
| 2006 | 46.97 | 63.78 | 46.99 | 40.14 | 51.12 | 44.80 | 43.98 |
| 2005 | 46.45 | 62.63 | 46.52 | 39.44 | 50.48 | 44.40 | 43.36 |
| 2004 | 45.88 | 61.54 | 46.51 | 38.82 | 49.88 | 43.87 | 42.73 |
| 2003 | 45.29 | 61.07 | 45.61 | 38.15 | 49.26 | 43.35 | 42.04 |

## （六）专任教师的学科结构

国家对专任教师的合理学科结构没有明确规定，教育部 2001 年印发的《义务教育课程设置实验方案》中提出了义务教育课程设置及比例，我们以课程比例作为教师配置比例的参照对专任教师的学科结构进行分析。以语文为例，《方案》中规定语文课的课时数应占总课时数的 20%—22%，我们就以语文教师应占专任教师总数的 20%—22% 作为参考标准。

### 1. 主科教师占比明显偏高

2010 年全国小学专任教师中，语文和数学教师占比分别达到 38.85% 和 30.86%，而在国家课程设置中语文和数学课的课时占比分别只有 20%—22% 和 13%—15%。小学教师的学科结构中，语文和数学教师占比明显偏高，而品德与生活（社会）和科学课教师占比分别只有 3.49% 和 2.96%，远低于国家课程设置中 7%—9% 的课时占比（见表 1.2.35）。

2010 年全国初中专任教师中，科学、外语和历史与社会教师占比分别达到 15.93%、15.67% 和 9.40%，而在国家课程设置中科学、外语和历史与社会课的课时占比分别只有 7%—9%、6%—8% 和 3%—4%。初中教师的学科结构中，科学、外语、历史与社会教师占比明显偏高（见表 1.2.36）。

表 1.2.35　2003—2010 年小学专任教师的学科结构①（%）

| | 品德与生活(社会) | 语文 | 数学 | 外语 | 科学 | 体育 | 艺术 | 综合实践活动 | 其他 | 当年不任课 |
|---|---|---|---|---|---|---|---|---|---|---|
| 参照 | 7—9 | 20—22 | 13—15 | 6—8 | 7—9 | 10—11 | 9—11 | 16—20 | | — |
| 2010 年 | 3.49 | 38.85 | 30.86 | 5.94 | 2.96 | 4.12 | 5.90 | 2.93 | 3.11 | 1.85 |
| 2009 年 | 3.41 | 39.47 | 31.03 | 5.62 | 2.89 | 3.96 | 5.73 | 2.88 | 3.03 | 1.99 |
| 2008 年 | 4.39 | 40.36 | 31.23 | 5.22 | 2.63 | 3.65 | 4.89 | 2.39 | 3.04 | 2.20 |
| 2007 年 | 4.28 | 41.34 | 31.66 | 4.80 | 2.62 | 3.50 | 4.69 | 2.30 | 2.44 | 2.37 |
| 2006 年 | 4.11 | 42.23 | 31.91 | 4.39 | 2.58 | 3.33 | 4.51 | 2.23 | 2.24 | 2.47 |
| 2005 年 | 3.88 | 43.20 | 32.14 | 3.93 | 2.56 | 3.24 | 4.36 | 2.14 | 2.01 | 2.54 |
| 2004 年 | 3.77 | 44.00 | 32.28 | 3.42 | 2.60 | 3.17 | 4.25 | 1.97 | 1.96 | 2.58 |
| 2003 年 | 3.66 | 44.80 | 32.48 | 2.93 | 2.65 | 3.12 | 4.17 | 1.81 | 1.91 | 2.47 |

表 1.2.36　2003—2010 年初中专任教师的学科结构②（%）

| | 思想品德 | 语文 | 数学 | 外语 | 科学 | 历史与社会 | 体育 | 艺术 | 综合实践活动 | 其他 | 当年不任课 |
|---|---|---|---|---|---|---|---|---|---|---|---|
| 参照 | 7—9 | 20—22 | 13—15 | 6—8 | 7—9 | 3—4 | 10—11 | 9—11 | 16—20 | | — |
| 2010 年 | 6.63 | 18.39 | 17.61 | 15.67 | 15.93 | 9.40 | 4.99 | 4.83 | 3.68 | 1.24 | 1.63 |
| 2009 年 | 6.66 | 18.50 | 17.65 | 15.59 | 15.91 | 9.35 | 4.92 | 4.77 | 3.69 | 1.25 | 1.72 |
| 2008 年 | 6.84 | 18.76 | 17.83 | 15.54 | 15.70 | 8.83 | 4.88 | 4.59 | 3.82 | 1.32 | 1.89 |
| 2007 年 | 6.86 | 18.94 | 17.99 | 15.49 | 15.71 | 8.72 | 4.79 | 4.53 | 3.75 | 1.23 | 1.98 |
| 2006 年 | 6.89 | 19.17 | 18.15 | 15.44 | 15.67 | 8.59 | 4.72 | 4.48 | 3.67 | 1.12 | 2.10 |
| 2005 年 | 6.89 | 19.45 | 18.37 | 15.41 | 15.67 | 8.43 | 4.71 | 4.41 | 3.55 | 1.03 | 2.10 |
| 2004 年 | 6.93 | 19.74 | 18.58 | 15.41 | 15.58 | 8.27 | 4.73 | 4.39 | 3.40 | 0.93 | 2.02 |
| 2003 年 | 6.98 | 19.95 | 18.75 | 15.34 | 15.49 | 8.19 | 4.76 | 4.40 | 3.22 | 0.91 | 2.00 |

---

①　品德与生活（社会）课在 2003—2008 年含思想品德和社会两门课，艺术课在 2003—2008 年含音乐和美术两门课，综合实践活动课在 2003—2008 年含信息技术和劳动技术两门课。

②　科学课在 2003—2008 年含物理、化学和生物三门课，历史与社会课在 2003—2008 年含地理和历史两门课。

## 2. 音体美等学科教师不足，农村初中表现更为明显

2010年全国小学和初中专任教师中，体育教师占比分别只有4.12%和4.99%，远低于国家课程设置中体育课10%—11%的课时占比；艺术教师占比分别只有5.90%和4.83%，远低于国家课程设置中艺术课9%—11%的课时占比（见表1.2.35、表1.2.36）。

2010年全国初中专任教师中，农村体育和艺术课教师占比低于城市。农村初中体育课教师占比为4.57%，比城市低1.28个百分点，艺术课教师占比为4.75%，比城市低0.3个百分点，说明农村初中的音体美教师比城市更为缺乏。农村初中外语教师占比为14.84%，比城市低2.15个百分点。除体育、艺术和外语教师外，农村初中其他学科教师占比均高于城市（见表1.2.37）。

表1.2.37　2010年城乡初中专任教师的学科结构（%）

| | 思想品德 | 语文 | 数学 | 外语 | 科学 | 历史与社会 | 体育 | 艺术 | 综合实践活动 | 其他 | 当年不任课 |
|---|---|---|---|---|---|---|---|---|---|---|---|
| 全国 | 6.63 | 18.39 | 17.61 | 15.67 | 15.93 | 9.40 | 4.99 | 4.83 | 3.68 | 1.24 | 1.63 |
| 城市 | 6.08 | 17.63 | 17.32 | 16.99 | 15.88 | 8.75 | 5.85 | 5.05 | 3.52 | 0.98 | 1.94 |
| 县镇 | 6.73 | 18.39 | 17.63 | 15.76 | 15.86 | 9.52 | 4.95 | 4.79 | 3.61 | 1.23 | 1.52 |
| 农村 | 6.82 | 18.82 | 17.74 | 14.84 | 16.03 | 9.60 | 4.57 | 4.75 | 3.84 | 1.40 | 1.58 |

全国中小学体育和艺术教师占比明显偏低，可能是因为部分体育和艺术课是由其他学科的教师兼任，在相关数据统计中教师兼课的情况没有体现出来，导致体育和艺术教师占比明显偏低，另一方面是体育和艺术课作为非升学考试科目未受到足够重视，没有开齐开足。

## 3. 综合实践活动课和地方与学校课程教师不足

2010年全国小学和初中专任教师中，综合实践活动课教师占比分别只有2.93%和3.68%，其他地方与学校课程教师占比分别只有3.11%和1.24%，综合实践活动课和地方与学校课程教师占比远低于国家课程设置中规定的16%—20%的课时占比（见表1.2.35、表1.2.36）。

综合实践活动课主要是通过亲身实践，发展学生的收集与处理信息的

能力、综合运用知识解决问题的能力以及交流与合作的能力，增强学生的社会责任感，并逐步使他们形成创新精神与实践能力。开设地方和学校课程则是为了发挥各地的创造性，办出有特色的学校。综合实践活动课和地方与学校课程教师占比过低，说明这些课程未能开齐开足，课时被升学考试科目挤占，长此以往将影响义务教育的内涵提升，影响学生的全面发展。

**4. 语文数学思品教师占比下降，音体美外语教师占比提高**

2003—2010 年全国中小学语文、数学、思品教师占比下降，其中小学语文教师占比降幅最大，达到 5.95 个百分点。其他各学科教师占比均有所提高，其中小学外语教师占比提高幅度最大，达到 3.01 个百分点。尽管体育、艺术、综合实践活动课教师占比有所提高，但远未达《义务教育课程设置实验方案》中相关的课时要求（见表 1.2.35、表 1.2.36）。

**5. 语文和外语课教师学历水平较高，初中副科学历不合格教师比例较高**

2010 年全国中小学教师中，语文和外语教师学历水平较高。小学和初中语文教师中高于规定学历教师比例分别为 80.64% 和 70.97%，外语教师中高于规定学历教师比例分别为 94.23% 和 69.09%（见表 1.2.38、表 1.2.39）。

初中教师中，副科教师学历水平较低。地方和学校课程教师学历水平最低，其中有 6.61% 学历不合格，综合实践活动、艺术、体育和历史与社会课教师学历水平较低，这些学科专任教师中学历不合格的比例分别为 3.42%、2.15%、2.44% 和 2.03%，高于规定学历教师比例均未超过 60%（见表 1.2.39）。

**表 1.2.38　2010 年小学各学科专任教师学历结构（%）**

| | 研究生 | 本科 | 专科 | 高中 | 高中以下 | 高于规定学历 |
|---|---|---|---|---|---|---|
| 品德与生活（社会） | 0.17 | 16.81 | 50.89 | 31.43 | 0.70 | 67.87 |
| 语文 | 0.10 | 24.91 | 55.63 | 18.92 | 0.44 | 80.64 |
| 数学 | 0.07 | 20.45 | 56.39 | 22.59 | 0.50 | 76.91 |
| 外语 | 0.28 | 40.72 | 53.23 | 5.70 | 0.07 | 94.23 |
| 科学 | 0.14 | 17.36 | 53.22 | 28.80 | 0.47 | 70.73 |

|  | 研究生 | 本科 | 专科 | 高中 | 高中以下 | 高于规定学历 |
|---|---|---|---|---|---|---|
| 体育 | 0.14 | 25.74 | 50.80 | 22.81 | 0.51 | 76.69 |
| 艺术 | 0.15 | 27.93 | 51.69 | 19.87 | 0.36 | 79.77 |
| 综合实践活动 | 0.16 | 24.12 | 54.03 | 21.23 | 0.46 | 78.31 |
| 其他 | 0.11 | 14.09 | 51.45 | 33.30 | 1.05 | 65.65 |
| 当年不任课 | 0.16 | 12.74 | 39.43 | 46.42 | 1.25 | 52.33 |

**表 1.2.39　2010 年初中各学科专任教师学历结构（%）**

|  | 研究生 | 本科 | 专科 | 高中 | 高中以下 | 高于规定学历 |
|---|---|---|---|---|---|---|
| 思想品德 | 0.77 | 62.95 | 34.88 | 1.38 | 0.02 | 63.72 |
| 语文 | 0.71 | 70.26 | 28.41 | 0.61 | 0.01 | 70.97 |
| 数学 | 0.59 | 65.83 | 32.82 | 0.74 | 0.01 | 66.42 |
| 外语 | 0.66 | 68.43 | 30.42 | 0.49 | 0.01 | 69.09 |
| 科学 | 0.71 | 62.62 | 35.63 | 1.04 | 0.01 | 63.32 |
| 历史与社会 | 0.72 | 56.05 | 41.20 | 2.00 | 0.03 | 56.77 |
| 体育 | 0.44 | 59.01 | 38.11 | 2.38 | 0.06 | 59.45 |
| 艺术 | 0.38 | 54.99 | 42.48 | 2.11 | 0.04 | 55.37 |
| 综合实践活动 | 0.47 | 52.88 | 43.23 | 3.33 | 0.09 | 53.35 |
| 其他 | 0.74 | 45.10 | 47.54 | 6.36 | 0.25 | 45.84 |
| 当年不任课 | 0.54 | 39.66 | 51.09 | 8.35 | 0.36 | 40.20 |

### 6. 2010 年不任课的教师学历水平最低

2010 年全国小学和初中教师中，分别有 1.85% 和 1.63% 不任课。这些教师多数学历水平偏低，小学和初中不任课的教师中高于规定学历教师比例分别只有 52.33% 和 40.20%，分别比全国专任教师整体水平低 25.96 个和 23.85 个百分点，初中不任课的教师中还有 8.71% 学历不合格（见表 1.2.35、表 1.2.36、表 1.2.38、表 1.2.39）。

教师不任课主要有三种原因：一是因生育、生病、脱产学习等原因而不能任课；二是长期在编不在岗而不能任课，比如在一些地方长期从中小学借调教师到教育行政部门工作，还有一些乡镇教办、中心校的教育管理人员也长期占用教师编制而不能从事教学工作；三是一些教师由于学历水平较低，不能胜任教学工作而不任课。为了切实提高教师队伍素质，针对教师长期在编不在岗的情况，应严格执行相关规定，清理各种形式占用的中小学人员编制。针对教师不能胜任教学工作而不任课的情况，应完善教师退出机制，使不能胜任教学工作的教师校内转岗，变为教辅或工勤人员，或者将这部分教师分流到其他单位。

### （七）专任教师的年龄结构

#### 1. 中青年教师是教师队伍的主力军

50岁及以下的中青年教师是教师队伍的主力军。2010年全国小学和初中专任教师中，35岁及以下的青年教师占比分别达到42.31%和49.23%，36—50岁的中年教师占比分别达到39.70%和43.08%（见图1.2.22、图1.2.23、表1.2.40）。

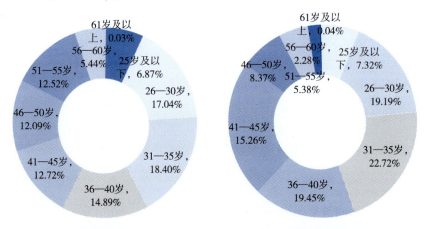

**图1.2.22** **2010年全国小学专任教师年龄结构**　　**图1.2.23** **2010年全国初中专任教师年龄结构**

#### 2. 初中教师队伍比小学更年轻

2010年全国初中专任教师队伍比小学更年轻。小学50岁以上专任教师占比达到17.99%，比初中高10.30个百分点（见表1.2.40）。

表 1.2.40　**2001—2010 年全国中小学专任教师年龄结构（％）**

| 年度 | 小学 | | | 初中 | | |
|---|---|---|---|---|---|---|
| | 35 岁及以下 | 36—50 岁 | 50 岁以上 | 35 岁及以下 | 36—50 岁 | 50 岁以上 |
| 2010 | 42.31 | 39.70 | 17.99 | 49.23 | 43.08 | 7.69 |
| 2009 | 42.69 | 38.65 | 18.66 | 51.29 | 40.78 | 7.93 |
| 2008 | 43.40 | 38.24 | 18.36 | 53.62 | 38.55 | 7.83 |
| 2007 | 44.11 | 38.32 | 17.57 | 55.75 | 36.60 | 7.66 |
| 2006 | 44.98 | 38.55 | 16.47 | 57.93 | 34.71 | 7.36 |
| 2005 | 45.82 | 38.79 | 15.39 | 60.01 | 32.90 | 7.09 |
| 2004 | 46.33 | 39.11 | 14.56 | 62.05 | 31.04 | 6.91 |
| 2003 | 46.81 | 38.96 | 14.22 | 63.94 | 29.04 | 7.01 |
| 2002 | 46.89 | 39.07 | 14.05 | 65.14 | 27.61 | 7.25 |
| 2001 | 46.61 | 39.21 | 14.18 | 66.21 | 26.18 | 7.62 |

### 3. 中高级职称教师队伍出现年轻化趋势

2001—2010 年全国中高级职称教师队伍出现年轻化趋势。2010 年，全国小学中学高级职称教师中，50 岁以上教师比例为 28.58%，比 2001 年低 16.85 个百分点，小学高级职称教师中，35 岁及以下教师比例达到 17.72%，比 2001 年提高 6.42 个百分点；全国初中中学高级职称教师中，50 岁以上教师比例为 22.80%，比 2001 年低 25.37 个百分点，中学一级职称教师中，50 岁以上教师比例为 9.79%，比 2001 年低 6.87 个百分点（见表 1.2.41、表 1.2.42）。

表 1.2.41　**2001—2010 年全国小学中高级职称专任教师年龄结构（％）**

| 年度 | 中学高级 | | | 小学高级 | | |
|---|---|---|---|---|---|---|
| | 35 岁及以下 | 36—50 岁 | 50 岁以上 | 35 岁及以下 | 36—50 岁 | 50 岁以上 |
| 2010 | 2.51 | 68.91 | 28.58 | 17.72 | 54.05 | 28.23 |
| 2009 | 2.74 | 67.34 | 29.92 | 17.61 | 53.05 | 29.35 |
| 2008 | 3.27 | 65.80 | 30.93 | 17.63 | 53.17 | 29.19 |

续表

| 年度 | 中学高级 | | | 小学高级 | | |
|---|---|---|---|---|---|---|
| | 35 岁及以下 | 36—50 岁 | 50 岁以上 | 35 岁及以下 | 36—50 岁 | 50 岁以上 |
| 2007 | 4.02 | 63.77 | 32.21 | 17.26 | 54.23 | 28.52 |
| 2006 | 4.71 | 62.24 | 33.05 | 17.17 | 55.51 | 27.32 |
| 2005 | 5.36 | 60.66 | 33.99 | 16.61 | 56.80 | 26.58 |
| 2004 | 5.56 | 58.48 | 35.96 | 15.64 | 58.05 | 26.32 |
| 2003 | 5.57 | 55.27 | 39.16 | 14.67 | 58.39 | 26.94 |
| 2002 | 6.78 | 51.92 | 41.31 | 13.13 | 58.86 | 28.01 |
| 2001 | 7.21 | 47.36 | 45.43 | 11.30 | 58.74 | 29.95 |

表 1.2.42　2001—2010 年全国初中中高级职称专任教师年龄结构（%）

| 年度 | 中学高级 | | | 中学一级 | | |
|---|---|---|---|---|---|---|
| | 35 岁及以下 | 36—50 岁 | 50 岁以上 | 35 岁及以下 | 36—50 岁 | 50 岁以上 |
| 2010 | 1.58 | 75.62 | 22.80 | 28.47 | 61.74 | 9.79 |
| 2009 | 1.70 | 73.62 | 24.68 | 29.39 | 60.14 | 10.47 |
| 2008 | 2.10 | 72.16 | 25.75 | 30.61 | 58.60 | 10.79 |
| 2007 | 2.38 | 70.55 | 27.07 | 30.92 | 58.00 | 11.08 |
| 2006 | 2.70 | 68.83 | 28.47 | 31.29 | 57.53 | 11.18 |
| 2005 | 2.90 | 66.49 | 30.61 | 30.89 | 57.60 | 11.51 |
| 2004 | 3.08 | 63.49 | 33.43 | 30.64 | 57.29 | 12.07 |
| 2003 | 3.38 | 59.42 | 37.21 | 30.74 | 56.10 | 13.16 |
| 2002 | 3.04 | 54.77 | 42.18 | 30.08 | 55.27 | 14.66 |
| 2001 | 2.50 | 49.33 | 48.17 | 29.25 | 54.09 | 16.66 |

### 三、教师队伍的变动

#### （一）专任教师保留率

##### 1. 2010 年全国中小学专任教师保留率达九成左右

为考察专任教师的变动情况，本研究测算了全国中小学专任教师的保留率，也就是用学年初专任教师数减去学年内减少的专任教师数再除以学年初专任教师数。2010 年小学和初中专任教师保留率分别为 88.67% 和 91.32%，也就是说学年初的专任教师经过一个学年的变动，到学年末有九成左右留在了原工作岗位上（见图 1.2.24）。

### 2. 全国中小学专任教师保留率整体提高

2003—2010 年全国中小学专任教师保留率整体提高（见图 1.2.24），小学和初中分别提高 2.88 个和 2.71 个百分点。值得注意的是，专任教师保留率提高说明教师队伍的稳定性在不断提高，但是专任教师保留率并不是越高越好，相对来说保持在 85%—90% 较为合理。对于中小学来说，如果专任教师保留率过高，虽然教师队伍稳定，但是没有新的教师加入，可能就会减少新的教学理念和教学方法的传播，同时也会使教师队伍无法形成合理的年龄梯队；如果专任教师保留率过低，频繁更换教师，学生可能会存在适应困难，也不利于教师队伍的管理。

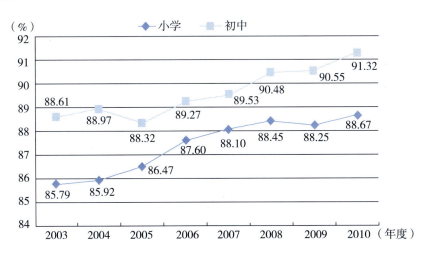

**图 1.2.24　2003—2010 年全国中小学专任教师保留率**

### 3. 城市和县镇专任教师队伍比农村更稳定

城市和县镇专任教师保留率高于农村，小学表现更为明显。2010 年农村小学专任教师保留率为 86.60%，分别比城市和县镇小学低 5.33 个和 4.61 个百分点；农村初中专任教师保留率为 90.22%，分别比城市和县镇初中低 1.44 个和 1.87 个百分点（见表 1.2.43）。

2003—2010 年全国城乡中小学专任教师保留率均有所提高，县镇小学、城市初中和县镇初中专任教师保留率提高幅度较大，分别达到 3.70 个、3.33 个和 3.57 个百分点。

表 1.2.43　2003—2010 年全国中小学专任教师保留率（%）

| 年度 | 小学 | | | | 初中 | | | |
|---|---|---|---|---|---|---|---|---|
| | 全国 | 城市 | 县镇 | 农村 | 全国 | 城市 | 县镇 | 农村 |
| 2010 | 88.67 | 91.93 | 91.21 | 86.60 | 91.32 | 91.66 | 92.09 | 90.22 |
| 2009 | 88.25 | 91.53 | 91.22 | 86.14 | 90.55 | 90.87 | 91.77 | 89.08 |
| 2008 | 88.45 | 91.28 | 91.09 | 86.66 | 90.48 | 90.79 | 91.46 | 89.32 |
| 2007 | 88.10 | 90.45 | 90.27 | 86.69 | 89.53 | 89.10 | 90.51 | 88.79 |
| 2006 | 87.60 | 89.43 | 90.77 | 86.11 | 89.27 | 87.64 | 90.37 | 88.95 |
| 2005 | 86.47 | 88.86 | 90.10 | 84.81 | 88.32 | 87.60 | 89.96 | 87.35 |
| 2004 | 85.92 | 89.60 | 88.55 | 84.27 | 88.97 | 88.25 | 89.36 | 89.00 |
| 2003 | 85.79 | 89.10 | 87.51 | 84.44 | 88.61 | 88.33 | 88.52 | 88.80 |

### 4. 女教师比男教师队伍更稳定

2003—2010 年全国中小学女教师保留率均高于男教师。2010 年小学女教师保留率达到 90.08%，比男教师高 3.29 个百分点；初中女教师保留率达到 91.91%，比男教师高 1.16 个百分点（见表 1.2.44）。

表 1.2.44　2003—2010 年不同性别中小学专任教师保留率（%）

| 年度 | 小学 | | 初中 | |
|---|---|---|---|---|
| | 男 | 女 | 男 | 女 |
| 2010 | 86.79 | 90.08 | 90.75 | 91.91 |
| 2009 | 86.44 | 89.64 | 90.02 | 91.12 |
| 2008 | 86.74 | 89.81 | 89.88 | 91.14 |
| 2007 | 86.60 | 89.31 | 89.00 | 90.14 |

续表

| 年度 | 小学 | | 初中 | |
|------|------|------|------|------|
| | 男 | 女 | 男 | 女 |
| 2006 | 85.95 | 88.95 | 88.74 | 89.87 |
| 2005 | 84.50 | 88.13 | 87.56 | 89.21 |
| 2004 | 83.60 | 87.92 | 88.35 | 89.72 |
| 2003 | 83.61 | 87.73 | 87.95 | 89.43 |

### （二）专任教师队伍变动形式

#### 1. 调动是历年来教师队伍变动的主要形式

调动是教师队伍变动的主要形式。2010 年，全国小学和初中增加教师中调入教师占比分别达到 56.47% 和 51.33%，减少教师中调出教师占比分别达到 52.87% 和 59.75%。除调入外，校内调整、录用毕业生也是教师增加的重要形式，所不同的是校内调整在小学教师增加形式中排在第二位，录用毕业生在初中教师增加形式中排在第二位。除调出外，校内调整和自然减员也是教师减少的重要形式（见表 1.2.45、表 1.2.46）。

2003—2010 年教师增加和减少的主要形式相对稳定。除小学增加教师中录用毕业生比例、小学减少教师中自然减员比例和初中减少教师中调出教师比例的变化超过 4 个百分点外，其他教师队伍变动形式的变化幅度都比较小（见表 1.2.45、表 1.2.46）。

**表 1.2.45　2003—2010 年小学专任教师变动形式（%）**

| 年度 | 增加 | | | | 减少 | | | |
|------|------|------|------|------|------|------|------|------|
| | 录用 | 调入 | 校内调整 | 其他 | 自然减员 | 调出 | 校内调整 | 其他 |
| 2010 | 17.33 | 56.47 | 20.58 | 5.61 | 18.90 | 52.87 | 20.71 | 7.52 |
| 2009 | 15.42 | 56.40 | 21.53 | 6.65 | 16.68 | 53.92 | 20.98 | 8.41 |
| 2008 | 14.75 | 56.16 | 21.95 | 7.15 | 15.19 | 54.73 | 21.36 | 8.71 |
| 2007 | 13.20 | 55.02 | 22.16 | 9.62 | 13.68 | 53.08 | 21.93 | 11.31 |

续表

| 年度 | 增加 | | | | 减少 | | | |
|------|------|------|----------|------|----------|------|----------|------|
| | 录用 | 调入 | 校内调整 | 其他 | 自然减员 | 调出 | 校内调整 | 其他 |
| 2006 | 13.36 | 57.60 | 21.89 | 7.16 | 13.61 | 55.16 | 21.55 | 9.67 |
| 2005 | 12.54 | 56.69 | 20.94 | 9.83 | 13.78 | 53.30 | 20.83 | 12.08 |
| 2004 | 12.57 | 58.96 | 22.07 | 6.40 | 14.33 | 54.77 | 21.16 | 9.75 |
| 2003 | 13.21 | 57.44 | 21.83 | 7.52 | 14.24 | 54.83 | 21.22 | 9.72 |

表 1.2.46　2003—2010 年初中专任教师变动形式（%）

| 年度 | 增加 | | | | 减少 | | | |
|------|------|------|----------|------|----------|------|----------|------|
| | 录用 | 调入 | 校内调整 | 其他 | 自然减员 | 调出 | 校内调整 | 其他 |
| 2010 | 25.70 | 51.33 | 16.58 | 6.39 | 11.91 | 59.75 | 18.96 | 9.38 |
| 2009 | 23.91 | 50.43 | 18.89 | 6.77 | 10.89 | 61.74 | 18.08 | 9.29 |
| 2008 | 24.42 | 50.24 | 17.78 | 7.55 | 10.40 | 59.29 | 19.82 | 10.49 |
| 2007 | 22.78 | 48.86 | 16.92 | 11.43 | 9.03 | 56.17 | 20.59 | 14.21 |
| 2006 | 26.19 | 50.61 | 14.84 | 8.35 | 8.87 | 58.92 | 21.11 | 11.10 |
| 2005 | 24.43 | 49.39 | 13.04 | 13.14 | 8.56 | 55.44 | 20.05 | 15.95 |
| 2004 | 25.82 | 52.34 | 14.88 | 6.96 | 9.56 | 58.21 | 21.52 | 10.71 |
| 2003 | 25.32 | 50.02 | 15.23 | 9.43 | 9.73 | 55.50 | 21.85 | 12.93 |

**2. 调入教师的比例城市和县镇中小学更高，录用毕业生的比例农村初中更高**

在增加教师的各种形式中，调入教师的比例城市和县镇中小学高于农村。农村小学调入教师的比例为 53.74%，比城市低 5.59 个百分点，比县镇低 7.45 个百分点，农村初中调入教师的比例为 46.43%，比城市低 4.60 个百分点，比县镇低 8.57 个百分点；录用毕业生的比例农村初中为 32.63%，比城市高 11.52 个百分点，比县镇高 9.74 个百分点；校内调整的比例农村小学为 23.87%，比城市高 13.57 个百分点，比县镇高 5.28 个百分点（见表 1.2.47）。

表 1. 2. 47　**2010 年全国城乡专任教师变动形式（%）**

| | | 增加 | | | | 减少 | | | |
|---|---|---|---|---|---|---|---|---|---|
| | | 录用 | 调入 | 校内调整 | 其他 | 自然减员 | 调出 | 校内调整 | 其他 |
| 小学 | 全国 | 17.33 | 56.47 | 20.58 | 5.61 | 18.90 | 52.87 | 20.71 | 7.52 |
| | 城市 | 21.18 | 59.33 | 10.30 | 9.20 | 23.72 | 50.16 | 12.60 | 13.52 |
| | 县镇 | 14.14 | 61.19 | 18.59 | 6.08 | 21.51 | 50.50 | 19.10 | 8.90 |
| | 农村 | 17.82 | 53.74 | 23.87 | 4.57 | 17.31 | 54.03 | 22.58 | 6.08 |
| 初中 | 全国 | 25.70 | 51.33 | 16.58 | 6.39 | 11.91 | 59.75 | 18.96 | 9.38 |
| | 城市 | 21.11 | 51.03 | 18.27 | 9.59 | 19.01 | 45.90 | 21.18 | 13.91 |
| | 县镇 | 22.89 | 55.00 | 16.46 | 5.65 | 11.91 | 60.15 | 20.48 | 7.96 |
| | 农村 | 32.63 | 46.43 | 15.63 | 5.30 | 9.15 | 65.71 | 16.50 | 8.65 |

　　3. 调出教师的比例农村中小学最高，自然减员教师的比例城市中小学最高

　　在减少教师的各种形式中，调出教师的比例农村中小学高于城市和县镇。农村小学调出教师的比例为 54.03%，比城市高 3.87 个百分点，比县镇高 3.53 个百分点，城市初中调出教师的比例为 45.90%，比县镇低 14.25 个百分点，比农村低 19.81 个百分点；农村小学自然减员教师的比例为 17.31%，比城市低 6.41 个百分点，比县镇低 4.20 个百分点，农村初中自然减员教师的比例为 9.15%，比城市低 9.86 个百分点，比县镇低 2.25 个百分点（见表 1.2.47）。

　　对城乡教师变动形式的分析表明，农村教师的流动性更强。每年都有很多农村教师通过调动工作流入城市学校，城市和县镇学校增加的教师中有更多有工作经验的熟手教师。为了弥补教师的流失，农村中小学特别是农村初中只能通过更多地录用毕业生来补充教师，农村小学还通过更多地把校内行政和教辅等人员转为专任教师补充教师队伍。教师进入城市中小学工作后相对比较稳定，因此城市中小学减少教师中自然减员教师的比例明显高于农村。

# 第三节　办学条件发展状况

办学条件即人、财、物中的"物"，是学校教育的重要要素，作为表征教育发展水平的重要维度和方面。办学条件包括校舍面积及其质量、教学仪器设备（含计算机）、图书等。其中，校舍建筑面积及其质量是办学的最基本保证，直接反映办学条件状况，也是当今义务教育发展中反映比较突出的一个问题。而生均图书、计算机、实验仪器拥有量的差异，则反映出当前全国各地在现代社会条件下保障教学质量方面的物质条件差距。

根据国家中小学校督导评估指标、均衡发展评估指标和教育事业统计报表，将办学条件指标分成三大方面，即校舍与运动场地、仪器设备与图书、信息化基本情况。其中，校舍与运动场地选择了生均占地面积、生均校舍建筑面积、生均教学及辅助用房面积、生均体育运动场（馆）面积四大指标；仪器设备与图书选取了生均仪器设备值和生均图书两项主要指标；信息化基本情况重点选择了每百名学生拥有计算机台数、建网学校比例和校均信息技术教师数等三项指标。对于三大方面的每一指标，将从全国总体情况、分城乡、分东中西部来描述 2010 年现状和 2001—2010 年十年发展趋势。

## 一、校舍与运动场地

### （一）生均占地面积

*1. 自 2005 年以来小学生均占地面积略有下降，初中逐年增加，增幅明显*

从图 1.3.1 可以看出，十年来小学生均占地面积相对稳定，变化不大。而十年来小学学生数、学校占地面积总量都在大幅下降，其中，2005—2010 年学生数下降幅度减小。全国小学生均占地面积 2001 年为 22.65 平方米，之后逐年增加，到 2005 年达到最高值，为 24.34 平方米；而自 2005 年起，小学生均占地面积逐年都略有减少，到 2010 年为 23.78 平方米，共减少了 0.56 平方米。而八年来[①]（2003—2010 年）虽然初中学生数

---

① 2001—2002 年为普通中学数据，无普通初中数据，以下同。

逐年下降，但初中学校占地面积保持平稳，其生均占地面积一直在逐年增加，从 2003 年的 21.49 平方米，增加到 2010 年的 27.50 平方米，八年共增加了 6.01 平方米，其增幅更为明显。

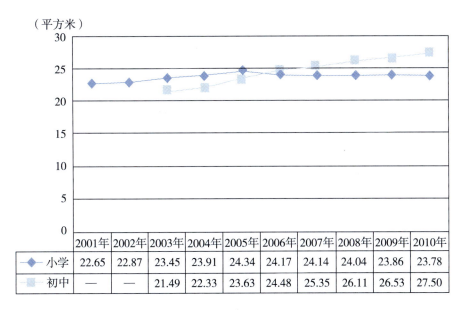

| （平方米） | 2001年 | 2002年 | 2003年 | 2004年 | 2005年 | 2006年 | 2007年 | 2008年 | 2009年 | 2010年 |
|---|---|---|---|---|---|---|---|---|---|---|
| 小学 | 22.65 | 22.87 | 23.45 | 23.91 | 24.34 | 24.17 | 24.14 | 24.04 | 23.86 | 23.78 |
| 初中 | — | — | 21.49 | 22.33 | 23.63 | 24.48 | 25.35 | 26.11 | 26.53 | 27.50 |

**图 1.3.1　2001—2010 年全国小学、初中生均占地面积情况**

### 2. 城乡初中和农村小学生均占地面积都有所增加，农村初中增幅明显①

2010 年全国城市小学生均占地面积为 11.23 平方米，农村小学为 26.60 平方米；2010 年全国城市初中生均占地面积为 16.86 平方米，农村初中为 30.18 平方米。与其他校舍指标相比，生均占地面积的城乡差距最大，小学城乡比为 0.42:1，初中城乡比为 0.56:1。城市、农村小学生均占地面积都是先增加后减少，总体上，城市在减少，农村在增加。2001—2003 年，城市小学生均占地面积逐年增加，之后逐年减少；2005 年之前农村小学生均占地面积逐年增加，之后逐年减少，变化幅度不大。2010 年城市小学生均占地面积为 11.23 平方米，较 2001 年减少了 1.96 平方米，较

---

① 与《全国教育事业发展简明统计分析》一致，如无特殊说明，本节中的"农村"均为"大农村"，为"县镇"与"农村"之和。

2003 年减少了 2.25 平方米；2010 年农村小学生均占地面积为 26.60 平方米，较 2001 年增加了 2.49 平方米，较 2005 年仅增加 0.06 平方米。城市、农村初中生均占地面积都呈现增加趋势，2010 年城市初中生均占地面积为 16.86 平方米，较 2003 年增加了 1.72 平方米；2003 年农村初中生均占地面积为 22.82 平方米，之后逐年增加，到 2010 年增加到 30.18 平方米，共增加了 7.36 平方米，增长了 32.25%（见图 1.3.2）。

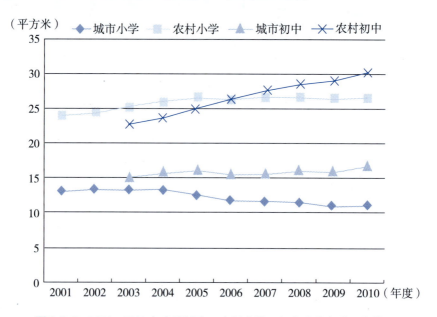

**图 1.3.2　2001—2010 年全国城市、农村小学、初中生均占地面积情况**

### 3. 东部初中生均占地面积逐年增加幅度最大，中部初中起伏最大①

分地区看，小学、初中生均占地面积都呈现出东部高于中部、中部高于西部的特点。除中部小学 2010 年生均占地面积较 2003 年略有下降外，其余地区中小学都有所增加，初中增幅明显高于小学（见图 1.3.3）。

东部小学 2003 年生均占地面积为 23.51 平方米，中间有增有减，起伏变化，2010 年为 24.00 平方米，较 2003 年增加 0.49 平方米；西部小学生均占地面积增幅最大，2010 年为 23.64 平方米，是 2003 年的 1.06 倍；中

---

① 《中国教育事业统计年鉴》自 2003 年开始出现分省份数据。

部小学反倒有所减少，2010 年为 23.69 平方米，较 2003 年减少 0.85 平方米。东部初中生均占地面积逐年明显增加，2010 年为 30.26 平方米，较 2003 年的 23.04 平方米增加了 7.22 平方米；中部初中起伏变化较大，从 2003 年的 21.32 平方米增加到 2005 年的 23.45 平方米，之后陡然下降到 2006 年的 19.42 平方米，而后上升到 2007 年的 26.54 平方米，经 2008 年陡然下降后到 2010 年又增加到 28.67 平方米，较 2003 年共增加 7.35 平方米，增幅最大，2010 年是 2003 年的 1.34 倍。生均占地面积的地区差距变化不大，初中东西比略有扩大，2003 年东西比为 1.18∶1，到 2010 年为 1.31∶1（见图 1.3.3）。

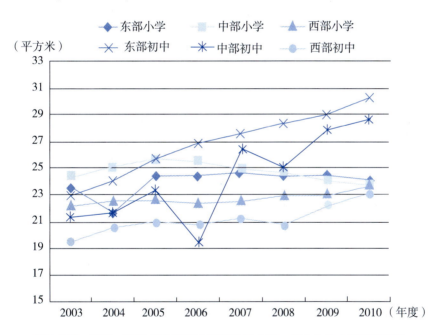

**图 1.3.3**　**2003—2010 年全国东中西部地区小学、初中生均占地面积情况**

## （二）生均校舍面积

国家相继启动和实施了"国家贫困地区义务教育工程（二期）""农村中小学危房改造工程""西部地区农村寄宿制学校建设工程"等一系列支持农村教育发展的重大工程项目，极大改善了农村教育办学条件。相应，随着城市化进程的加快，大量人口涌入城市，农村学生数减少趋势明显，由此，造成农村学校生均校舍面积依然远高于城市学校。

### 1. 义务教育学校生均校舍面积有所增长，初中增幅较大

全国义务教育阶段学校校舍条件在不断改善，各项指标值较 2009 年均有所增长。从十年发展来看，全国义务教育校舍条件逐年改善。生均校舍建筑面积、生均教学及辅助用房面积都呈现逐年增加的趋势，初中增幅相对更大（见图 1.3.4）。

小学生均校舍建筑面积从 2001 年的 4.53 平方米增加到 2010 年的 5.90 平方米，十年共增加了 1.37 平方米；初中生均校舍建筑面积从 2003 年的 5.06 平方米增加到 2010 年的 8.21 平方米，八年共增加了 3.15 平方米。小学生均教学及辅助用房面积从 2001 年的 2.85 平方米增加到 2010 年的 3.42 平方米，十年共增加 0.57 平方米；初中则从 2003 年的 2.31 平方米增加到 2010 年的 3.50 平方米，八年共增加了 1.19 平方米（见图 1.3.4）。

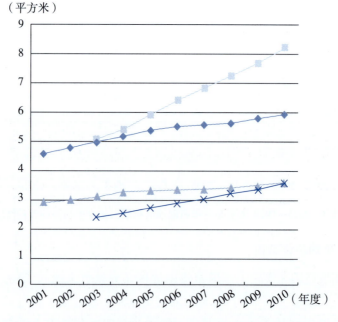

**图 1.3.4**　2001—2010 年全国小学、初中生均校舍建筑面积、生均教学及辅助用房面积情况

**2. 城市学校生均校舍面积普遍略低于农村学校,农村学校校舍条件明显改善**

除城市初中的生均教学及辅助用房面积大于农村初中外,其他校舍指标都表现出城市学校略低于农村学校的特点。城市、农村小学生均校舍建筑面积分别为5.54平方米、5.98平方米,城市、农村初中分别为7.62平方米、8.36平方米;城市、农村小学生均教学及辅助用房面积分别为3.04平方米、3.50平方米,城市、农村初中分别为3.66平方米、3.46平方米(见图1.3.5)。

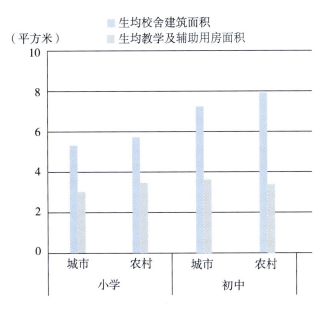

**图1.3.5** **2010年全国城市、农村小学、初中校舍面积基本情况**

从图1.3.6和图1.3.7可以看出,相对城市学校,农村学校生均校舍建筑面积、生均教学及辅助用房面积逐年改善程度更大。农村小学生均校舍建筑面积从2001年的4.49平方米增加到2010年的5.98平方米,增加了1.49平方米,而城市小学的生均校舍建筑面积十年间只增加了0.72平方米。农村小学生均教学及辅助用房面积从2001年的2.84平方米增加到2010年的3.50平方米,增加了0.66平方米,而城市小学在十年间仅增加了0.13平方米。

农村初中生均校舍建筑面积从 2003 年的 5.00 平方米增加到 2010 年的 8.36 平方米，增加了 3.36 平方米，城市初中生均校舍建筑面积八年间增加了 2.28 平方米。农村初中生均教学及辅助用房面积八年间增加了 1.22 平方米，略高于城市初中八年间增加的 1.01 平方米（见图 1.3.7）。

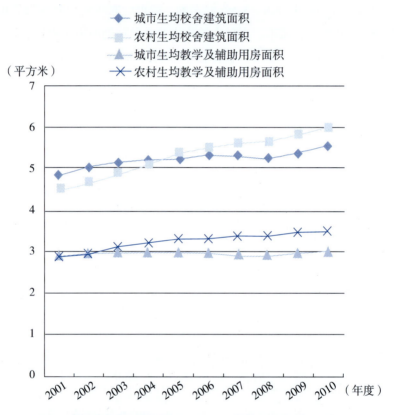

图 1.3.6　2001—2010 年全国城市、农村小学生均校舍建筑面积、生均教学及辅助用房面积

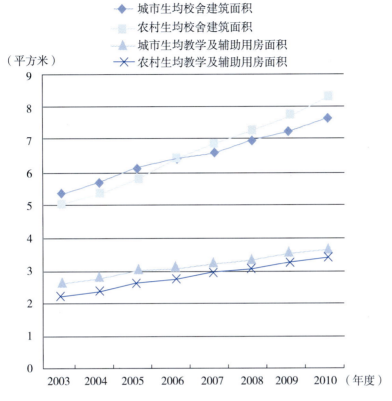

　◆— 城市生均校舍建筑面积
　◇— 农村生均校舍建筑面积
　△— 城市生均教学及辅助用房面积
　✕— 农村生均教学及辅助用房面积

**图 1.3.7**　**2003—2010 年全国城市、农村初中生均校舍建筑面积、生均教学及辅助用房面积**

3. 东部地区生均校舍面积最大，西部地区小学、东部地区初中增幅最大

　　从校舍指标来看，东部地区义务教育学校生均校舍建筑面积、生均教学及辅助用房面积值都最大，均高于全国平均水平。东部地区小学、初中生均校舍建筑面积分别为 6.40 平方米、9.40 平方米，分别高出全国平均值 0.50 平方米、1.43 平方米；小学生均校舍建筑面积中部地区最小，为5.52 平方米；初中西部地区最小，为 7.05 平方米。东部地区小学、初中生均教学及辅助用房面积分别为 3.63 平方米、4.16 平方米，分别高出全国平均值 0.21 平方米、0.66 平方米；小学生均教学及辅助用房面积中部地区最小，为 3.26 平方米；初中西部地区最小，仅为 2.94 平方米。

　　各地区生均校舍建筑面积逐年增加，其中，西部地区小学、东部地区初中增幅最大。西部地区小学 2010 年为 5.75 平方米，是 2003 年的 1.24 倍。东部地区初中 2010 年为 9.40 平方米，是 2003 年的 1.71 倍。小学东中比差距略有扩大，从 2003 年的 1.07∶1 扩大到 2010 年的 1.16∶1；东西比差距略有缩小，从 2003 年的 1.14∶1 减小为 2010 年的1.11∶1。初中地区差距略有扩大，2003 年东中比为 1.11∶1，其间起伏变化较大，到 2009 年最低，为 0.85∶1，到 2010 年增加为 1.17∶1；2003 年东西比为 1.20∶1，其间起伏变化较大，到 2009 年最低，为 1.13∶1，到 2010 年扩大为 1.33∶1（见图 1.3.8）。

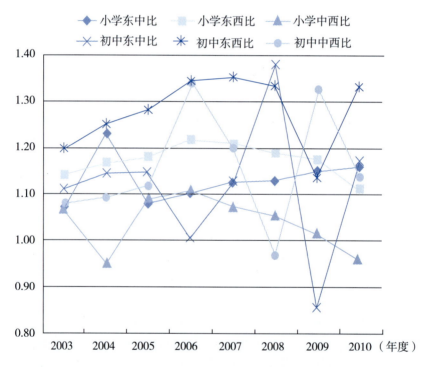

图 **1.3.8** **2003—2010 年全国小学、初中生均校舍建筑面积地区差距情况**

除个别年份外，各地区生均教学及辅助用房面积总体上呈现逐年增长趋势。西部地区小学、初中增幅最大。西部地区小学 2010 年为 3.35 平方米，是 2003 年的 1.19 倍。西部地区初中 2010 年为 3.19 平方米，是 2003 年的 1.59 倍。小学东中比差距略有扩大，从 2003 年的 1.05∶1 扩大到

2010 年的 1.11∶1；东西比差距略有缩小，从 2003 年的 1.16∶1 减小为
2010 年的 1.09∶1（见图 1.3.9）。

　　初中东中比略有扩大，东西比变化不大。2003 年东中比为 1.20∶1，
到 2010 年扩大为 1.25∶1；2003 年东西比为 1.31∶1，之后数年差距呈现
逐年扩大趋势，到 2010 年又回到 1.31∶1。中西比略有缩小，2003 年为
1.10∶1，到 2010 年为 1.04∶1（见图 1.3.9）。

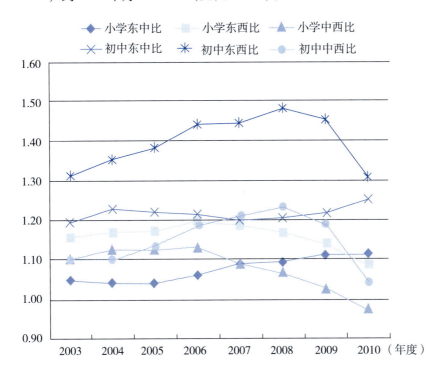

**图 1.3.9**　**2003—2010 年全国小学、初中生均教学及辅助用房面积地区差距情况**

### （三）生均体育运动场（馆）面积

*1. 小学生均体育运动场（馆）面积自 2005 年以来逐年缩小，初中自*
*2002 年以来逐年扩大*

　　从图 1.3.10 可以看出，十年来初中生均体育运动场（馆）面积除
2002 年略有下降外，一直在平缓上升。2001 年初中生均体育运动场（馆）
面积为 6.01 平方米，2002 年最低，为 5.93 平方米，随后逐年增加，到

2010 年达到最高，为 7.23 平方米，比最低值增加 1.30 平方米。而小学则大体上表现出逐年减少的趋势。2001 年小学生均体育运动场（馆）面积最大，为 9.45 平方米，中间稍有起伏，2002—2005 年，呈平缓上升趋势，到 2005 年达到最高，为 7.88 平方米，之后呈现逐年减少趋势，到 2010 年减少为 6.88 平方米，较 2001 年减少了 2.57 平方米。

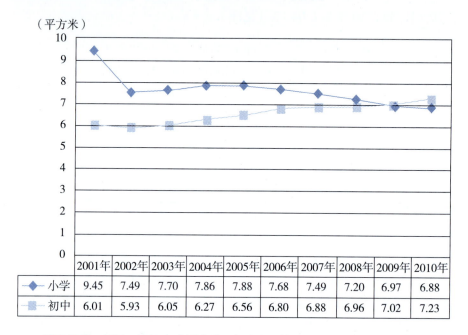

（平方米）

| | 2001年 | 2002年 | 2003年 | 2004年 | 2005年 | 2006年 | 2007年 | 2008年 | 2009年 | 2010年 |
|---|---|---|---|---|---|---|---|---|---|---|
| 小学 | 9.45 | 7.49 | 7.70 | 7.86 | 7.88 | 7.68 | 7.49 | 7.20 | 6.97 | 6.88 |
| 初中 | 6.01 | 5.93 | 6.05 | 6.27 | 6.56 | 6.80 | 6.88 | 6.96 | 7.02 | 7.23 |

**图 1.3.10　2001—2010 年全国小学、初中生均体育运动场（馆）面积情况**

2. 城市学校生均体育运动场（馆）面积仅为农村学校的一半左右，城市小学减幅较大，农村初中增幅较大

由图 1.3.11 可以看出，城市小学、初中的生均体育运动场（馆）面积均小于农村学校。2010 年城市小学生均体育运动场（馆）面积为 3.75 平方米，比农村小学的 7.59 平方米少了 3.84 平方米，城乡比为 0.49∶1。城市初中生均体育运动场（馆）面积为 5.11 平方米，比农村初中的 7.76 平方米少了 2.65 平方米，城乡比为 0.66∶1。初中的城乡差距小于小学。

从十年发展来看，城市、农村小学、初中生均体育运动场（馆）面积发展变化趋势与全国总体一致，小学总体上逐渐减少，初中则是总体上逐渐增加。相对城市而言，农村小学的减幅更小，而农村初中的增幅更大。2010 年城市小学生均体育运动场（馆）面积比 2001 年减少了 4.14 平方米，减幅为 52.47%；而农村小学 2001 年为 10.20 平方米，2010 年较 2001 年减少了 2.61 平方米，减幅为 25.59%。2010 年城市初中生均体育运动场（馆）面积比 2001 年增加了 0.39 平方米，增幅仅为 8.26%；而农村初中十年间则增加了 1.49 平方米，增幅为 23.76%。

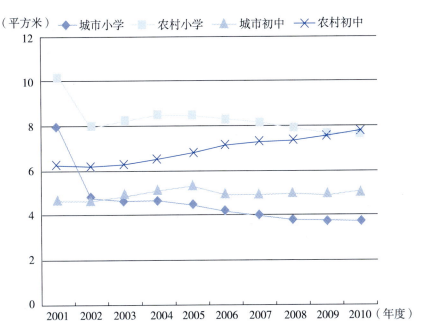

**图 1.3.11**　**2001—2010 年全国城市、农村小学、初中生均体育运动场（馆）面积情况**

3. 东部生均体育运动场（馆）面积最大，西部最小，中部小学减幅最大，东部初中增幅最大

从图 1.3.12 可以看出，除西部地区外，初中生均体育运动场（馆）面积高于小学。分地区来看，2010 年东部地区生均体育运动场（馆）面积最高，小学、初中分别为 7.91 平方米、8.89 平方米，分别高出全国平均值 1.03 平方米和 1.66 平方米；西部地区最低，小学、初中分别为 5.68 平方米、5.36 平方米，分别比全国平均值低 1.20 平方米、1.87 平方米。

（平方米）

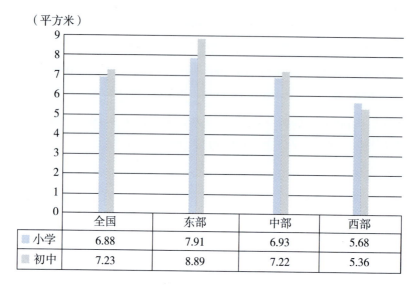

| | 全国 | 东部 | 中部 | 西部 |
|---|---|---|---|---|
| 小学 | 6.88 | 7.91 | 6.93 | 5.68 |
| 初中 | 7.23 | 8.89 | 7.22 | 5.36 |

**图 1.3.12** **2010 年东中西部地区小学、初中生均体育运动场（馆）面积情况**

2003—2010 年，各地区小学生均体育运动场（馆）面积总体呈下降趋势。中部地区小学减幅最大，2010 年中部地区小学生均体育运动场（馆）面积为 6.93 平方米，比 2003 年减少 1.53 平方米，减少了 18.05％。各地区初中生均体育运动场（馆）面积总体呈增加趋势，2003—2005 年逐年增加，到2006 年有所减少，之后继续逐年增加。其中东部地区初中增幅最大，2010 年东部地区初中为 8.89 平方米，比 2003 年增加了 1.83 平方米，增长了25.89％；西部地区初中增加最少，2010 年比 2003 年仅增加了 0.56 平方米（见图 1.3.13）。

从地区差距来看，小学东中比总体上逐渐扩大，从 2003 年的 1.00∶1扩大到 2010 年的 1.14∶1；东西比先扩大后缩小；中西比明显缩小，从2003 年的 1.40∶1，之后逐年扩大，到 2006 年最高为 1.45∶1，之后逐年缩小，到 2010 年为 1.22∶1。初中地区差距变化起伏不定，总体上差距是在扩大，东中比从 2003 年的 1.19∶1 扩大为 2010 年的 1.23∶1；东西比从 2003年的 1.47∶1，到 2009 年扩大为 1.68∶1，到 2010 年又略降为1.66∶1；中西比从 2003 年的 1.24∶1，到 2010 年扩大为 1.35∶1（见图 1.3.14）。

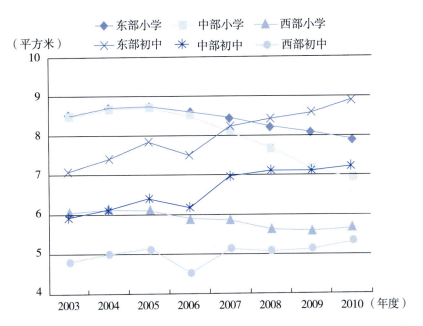

**图 1. 3. 13 2003—2010 年东中西部地区小学、初中生均体育运动场（馆）面积变化情况**

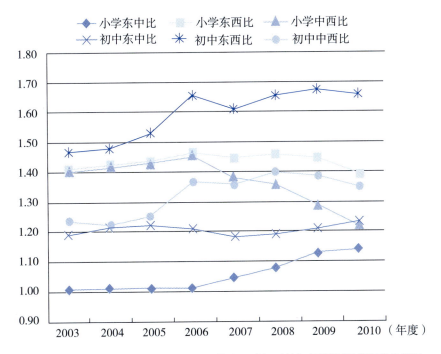

**图 1. 3. 14 2003—2010 年小学、初中生均体育运动场（馆）面积地区差距变化情况**

## 二、仪器设备与图书

在中央和各级地方政府的积极努力下，我国义务教育投入增长，生均仪器设备值和生均图书不断增长。2002—2010 年全国义务教育阶段学校生均仪器设备值和生均图书整体呈现逐渐增加的趋势，城乡差距总体缩小。

### （一）生均仪器设备值

*1. 小学、初中生均仪器设备值总体逐渐上升，初中增长更为明显*

从图 1.3.15 可以看出，除 2001 年①外，全国义务教育学校生均仪器设备值处于平缓的上升过程。2003 年小学生均仪器设备值最低，为 264.98 元，到 2010 年增长为 384.35 元，共增加了 119.37 元，较 2003 年增长了 45.05%；2002 年初中生均仪器设备值最低，为 287.47 元，到 2010 年增长为 603.36 元，共增加了 315.89 元，增长了 1.10 倍。

分城乡看，农村小学生均仪器设备值近十年间增幅更大，而城市初中增幅更大。城市小学 2003 年最低，为 663.39 元，到 2009 年达到最高，为 749.76 元，共增加了 86.37 元，而 2010 年较 2002 年仅增长了 21.28 元；而农村小学 2003 年最低，为 192.10 元，到 2010 年达到最高，为 304.75 元，共增加了 112.65 元，2010 年较 2002 年增加了 111.03 元，增长了 57.31%。城市初中 2002 年最低，为 473.96 元，到 2010 年最高，为 902.11 元，共增加了 428.15 元，增长了 90.33%；而农村初中从 2002 年到 2010 年逐年增长，共增加了 270.30 元，增长了 1.05 倍（见图 1.3.16）。

---

① 此年教育事业统计报表进行了改革。

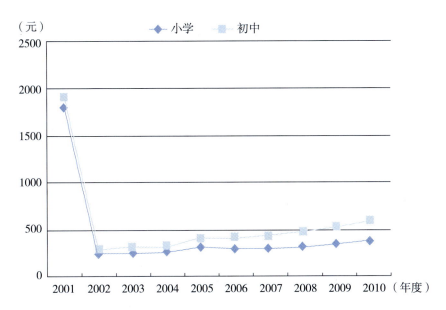

**图 1.3.15　2001—2010 年全国小学、初中生均仪器设备值情况**

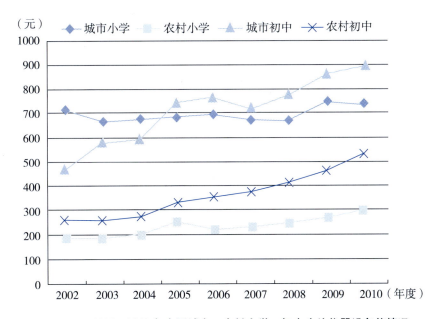

**图 1.3.16　2002—2010 年全国城市、农村小学、初中生均仪器设备值情况**

## 2. 义务教育学校生均仪器设备值城乡差距总体上呈缩小趋势

虽然城市学校校舍指标值要低于农村学校，但城市学校生均固定资产值、生均仪器设备值都要明显高于农村学校，城乡差距更为明显。2010年城市小学生均固定资产值为6939.27元，是农村小学的1.49倍；城市初中生均固定资产值为8691.02元，是农村初中的1.37倍。2010年城市小学生均仪器设备值为739.42元，是农村小学的2.43倍；城市初中生均仪器设备值为902.11元，是农村初中的1.71倍（见图1.3.17）。

2001年小学生均仪器设备值的城乡比为7.32:1，之后呈下降趋势，到2010年降为2.43:1；2001年初中生均仪器设备值的城乡比为6.47:1，其后的2002—2005年间有所起伏，城乡差距急剧下降又回升，2005年以后又逐年下降，到2010年城乡比降为1.71:1（见图1.3.17）。

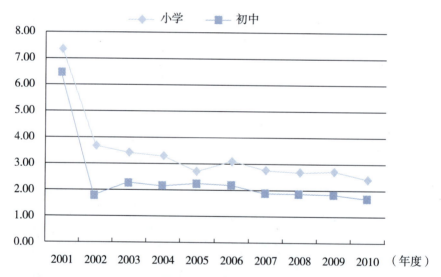

**图1.3.17  2001—2010年全国小学、初中生均仪器设备值城乡比变化情况**

## 3. 东部生均仪器设备值及其增幅明显高于中西部，中部增幅最低

分地区看，东部地区学校生均仪器设备值最高，中部最低。2010年东部地区生均仪器设备值最高，小学、初中分别为633.26元、942.39元；中部最低，小学、初中分别为223.45元、415.58元。与2003年相比，东部地区小学增幅最大，2003年东部地区小学生均仪器设备值为368.51元，

2010 年较 2003 年增加了 264.75 元，增长了 71.84%；2003 年中部地区小学生均仪器设备值为 240.80 元，2010 年反而比 2003 年减少 17.35 元（见图 1.3.18）。

2003 年东部地区初中生均仪器设备值为 445.36 元，2010 年比 2003 年增加了 497.03 元，增长了 1.12 倍。2003 年西部初中生均仪器设备值最低，为 217.59 元，2010 年比 2003 年增加了 202.09 元，增长了 92.88%。2003 年中部初中生均仪器设备值为 257.76 元，2010 年比 2003 年增加了 157.82 元，增长了 61.23%（见图 1.3.18）。

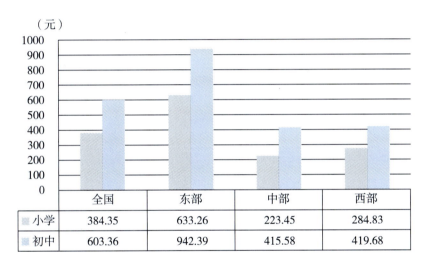

| （元） | 全国 | 东部 | 中部 | 西部 |
|---|---|---|---|---|
| 小学 | 384.35 | 633.26 | 223.45 | 284.83 |
| 初中 | 603.36 | 942.39 | 415.58 | 419.68 |

图 1.3.18　2010 年全国东中西部地区小学、初中生均仪器设备值情况

从地区差距来看，小学生均仪器设备值的差距有所扩大，2003 年小学生均仪器设备值的东中比为 1.53∶1，2004—2005 年期间有起伏，2005 年起，东中比逐年扩大，到 2010 年为 2.83∶1。2003 年东西比为 2.08∶1，之后有起伏，到 2010 年扩大为 2.22∶1。仅就 2010 年与 2003 年相比，初中生均仪器设备值的地区差距有所扩大，东中比从 1.73∶1 扩大为 2.27∶1；东西比从 2.05∶1 扩大到 2.25∶1，其间起伏不定，差距有扩大，也有缩小（见图 1.3.19）。

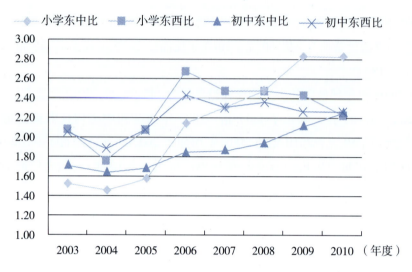

**图 1.3.19** **2003—2010 年全国小学、初中生均仪器设备值地区差距情况**

## (二) 生均图书

**1. 义务教育学校生均图书总体上不断增加，初中增幅更为明显**

全国义务教育学校生均图书总体上呈不断增长的趋势，2001 年小学生均图书最少，为 11.01 册，到 2010 年为 15.16 册，十年间增加了 4.15 册；2002 年初中生均图书最少，为 11.94 册，到 2010 年为 18.71 册，九年间增加了 6.77 册。与城市学校相比，农村学校增幅更大。城市小学 2002 年最少，为 15.51 册，2010 年达到 17.46 册，共增加了 1.95 册；农村小学自 2001 年逐年增长，十年间增加了 4.57 册。城市初中最多的比最少的年份增加了 4.93 册，而农村初中则增加了 7.24 册（见图 1.3.20、图 1.3.21）。

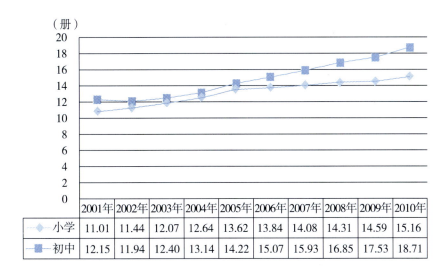

| （册） | 2001年 | 2002年 | 2003年 | 2004年 | 2005年 | 2006年 | 2007年 | 2008年 | 2009年 | 2010年 |
| --- | --- | --- | --- | --- | --- | --- | --- | --- | --- | --- |
| 小学 | 11.01 | 11.44 | 12.07 | 12.64 | 13.62 | 13.84 | 14.08 | 14.31 | 14.59 | 15.16 |
| 初中 | 12.15 | 11.94 | 12.40 | 13.14 | 14.22 | 15.07 | 15.93 | 16.85 | 17.53 | 18.71 |

**图 1.3.20　2001—2010 年全国小学、初中生均图书情况**

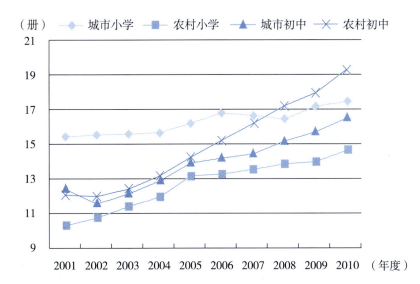

**图 1.3.21　2001—2010 年全国城市、农村小学、初中生均图书情况**

**2. 义务教育学校生均图书城乡差距总体上呈下降趋势**

就生均图书而言，城市小学、农村小学相差不多。2010 年城市小学生均图书为 15.11 册，略高于农村小学的 14.65 册。2010 年农村初中生均图书为 19.24 册，比城市初中多出 2.64 册。从生均图书的城乡差距来看，总体呈现逐年下降的趋势，小学城乡比从 2001 年的 1.50∶1，之后略有起伏，到 2010 年的 1.19∶1；初中城乡比从 2001 年的 1.03∶1，即城市、农村相差不多，2002—2005 年，城乡比一直平稳，之后逐年下降到 2010 年的 0.86∶1，农村初中生均图书增长，反超城市初中（见图 1.3.22）。

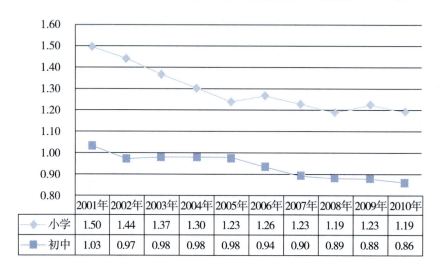

| | 2001年 | 2002年 | 2003年 | 2004年 | 2005年 | 2006年 | 2007年 | 2008年 | 2009年 | 2010年 |
|---|---|---|---|---|---|---|---|---|---|---|
| ◆ 小学 | 1.50 | 1.44 | 1.37 | 1.30 | 1.23 | 1.26 | 1.23 | 1.19 | 1.23 | 1.19 |
| ■ 初中 | 1.03 | 0.97 | 0.98 | 0.98 | 0.98 | 0.94 | 0.90 | 0.89 | 0.88 | 0.86 |

**图 1.3.22　2001—2010 年全国小学、初中生均图书城乡比情况**

### 3. 西部地区生均图书与东中部地区差距总体上不断缩小

就生均图书而言，东部学校最多，西部最少。2010 年东部地区小学生均图书为 19.55 册，西部为 12.46 册；东部初中生均图书为 23.48 册，西部为 14.57 册（见图 1.3.23）。从年度比较看，西部地区学校生均图书增幅最大，西部地区小学生均图书 2003 年为 8.38 册，2010 年是 2003 年的 1.49 倍；西部地区初中 2010 年为 14.57 册，是 2003 年的 1.72 倍。中部地区学校生均图书增幅最小，小学 2003 年为 12.18 册，到 2010 年仅增加了 1 册，增幅为 8.21%；初中 2003 年为 12.49 册，到 2010 年增加了 5.02 册，增幅为 40.19%（见图 1.3.23）。

从地区差距来看，生均图书的东中比总体上不断扩大，而东西比、中西比则明显减小。小学东中比 2003 年为 1.26∶1，到 2010 年扩大到 1.48∶1；初中东中比 2003 年为 1.21∶1，到 2010 年扩大到 1.34∶1。小学东西比 2003 年为

1.83∶1，到 2010 年缩小为 1.57∶1；初中东西比 2003 年为 1.79∶1，到 2010 年缩小为 1.61∶1。小学中西比 2003 年为 1.45∶1，到 2010 年缩小为 1.06∶1；初中中西比 2003 年为 1.48∶1，到 2010 年缩小为 1.20∶1（见图 1.3.24）。

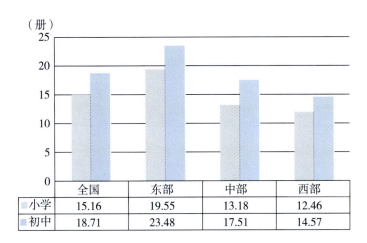

| | 全国 | 东部 | 中部 | 西部 |
|---|---|---|---|---|
| 小学 | 15.16 | 19.55 | 13.18 | 12.46 |
| 初中 | 18.71 | 23.48 | 17.51 | 14.57 |

**图 1.3.23　2010 年全国东中西部地区小学、初中生均图书情况**

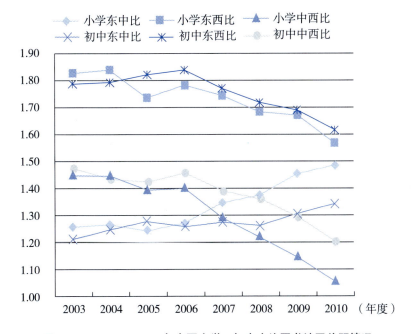

**图 1.3.24　2001—2010 年全国小学、初中生均图书地区差距情况**

### 三、信息化基本情况

作为国民经济和社会信息化的重要组成部分，教育信息化一直受到教育部的特别关注。2000 年 10 月教育部召开全国中小学信息技术教育工作会议，对加速教育信息化进程做了具体部署；"十一五"（2006—2010 年）期间，国家主要提出了"校校通"工程、"农村远程教育"工程、教师教育技术能力提升工程、教育资源建设等。据有关专家称，至 2008 年，教育部在教育信息化建设方面投入经费总额已经达到 1150 亿元。从以下每百名学生拥有计算机台数、建网学校比例以及校均信息技术教师数等指标近十年的进展，我们也确实能够看到我国大力推进教育信息化建设十多年来，无论是硬件设备的发展与更新换代，还是软件资源的开发和使用，都取得了非常好的成绩。

#### （一）每百名学生拥有计算机台数

2002—2008 年，全国小学、初中每百名学生拥有计算机台数都有所增加，农村学校提高幅度很大，城乡差距不断缩小。小学每百名学生拥有计算机台数的东中比、东西比逐年增大；初中地区间差距有所缩小，其间有起伏。

##### 1. 每百名学生拥有计算机台数基本呈逐年增长趋势，初中增幅更大

从图 1.3.25 可以看出，初中每百名学生拥有计算机台数明显高于小学。2010 年小学每百名学生拥有计算机台数为 4.14 台，初中每百名学生拥有计算机台数为 6.35 台。2002—2008 年，全国小学、初中每百名学生拥有计算机台数呈逐年增长趋势，到 2009 年略有下降，2010 年又有所增长。小学 2002 年最低，每百名学生拥有计算机为 1.80 台，到 2008 年最高，为 4.28 台，共增长了 2.48 台；初中 2002 年最低，为 2.52 台，到 2008 年最高，为 6.53 台，共增长了 4.01 台。

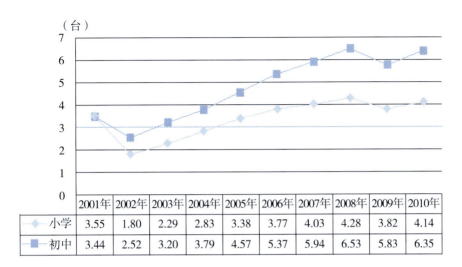

（台）

| | 2001年 | 2002年 | 2003年 | 2004年 | 2005年 | 2006年 | 2007年 | 2008年 | 2009年 | 2010年 |
|---|---|---|---|---|---|---|---|---|---|---|
| 小学 | 3.55 | 1.80 | 2.29 | 2.83 | 3.38 | 3.77 | 4.03 | 4.28 | 3.82 | 4.14 |
| 初中 | 3.44 | 2.52 | 3.20 | 3.79 | 4.57 | 5.37 | 5.94 | 6.53 | 5.83 | 6.35 |

**图 1.3.25　2001—2010 年全国小学、初中每百名学生拥有计算机台数情况**

**2. 每百名学生拥有计算机台数城乡差距明显缩小**

从历年数据来看，城市学校计算机条件明显好于农村学校，小学的城乡差距更大。2010 年全国城市小学每百名学生拥有计算机台数为 7.19 台，农村小学为 3.45 台，城乡比为 2.08：1；全国城市初中该项指标为 7.79 台，农村初中为 5.99 台，城乡比为 1.30：1（见表 1.3.1）。

**表 1.3.1　2010 年全国城市、农村小学、初中每百名学生拥有计算机台数情况**

| | | 合计（台） | 城市（台） | 农村（台） | 城乡比 |
|---|---|---|---|---|---|
| 小学 | 全国 | 4.14 | 7.19 | 3.45 | 2.08 |
| | 东部 | 6.76 | 8.86 | 5.87 | 1.51 |
| | 中部 | 2.57 | 4.75 | 2.17 | 2.19 |
| | 西部 | 2.93 | 4.98 | 2.55 | 1.95 |
| 初中 | 全国 | 6.35 | 7.79 | 5.99 | 1.30 |
| | 东部 | 8.78 | 10.64 | 8.10 | 1.31 |
| | 中部 | 5.17 | 5.45 | 5.10 | 1.07 |
| | 西部 | 4.86 | 4.94 | 4.84 | 1.02 |

与城市学校相比，农村学校 2002—2008 年每百名学生拥有计算机台数

的增幅更大。城市小学 2002 年最低，为 4.54 台，到 2008 年最高为 7.96 台，共增加 3.42 台，增长了 75.33%；农村小学 2002 年每百名学生拥有计算机台数仅为 1.34 台，到 2008 年最高，为 3.50 台，共增加 2.16 台，增长了 1.61 倍，是城市小学同期增幅的 2.14 倍（见图 1.3.26）。每百名学生拥有计算机台数小学城乡比相应由 2002 年的 3.39：1 缩小为 2010 年的 2.08：1（见图 1.3.27）。

城市初中 2002 年为 4.18 台，到 2008 年最高，为 8.62 台，共增加 4.44 台，增长了 1.06 倍；农村初中 2002 年最低，为 2.18 台，到 2008 年最高，为 6.04 台，共增加 3.86 台，增长了 1.77 倍，是城市初中同期增幅的 1.67 倍（见图 1.3.26）。初中城乡比相应由 2002 年的 1.92：1 缩小为 2010 年的 1.30：1（见图 1.3.27）。

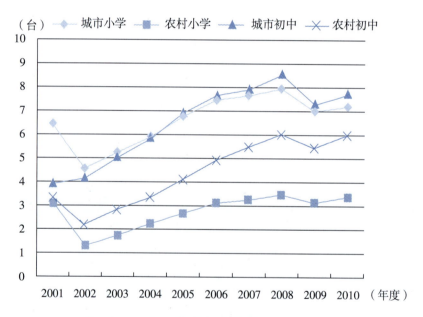

**图 1.3.26　2001—2010 年全国城市、农村小学、**

**初中每百名学生拥有计算机台数情况**

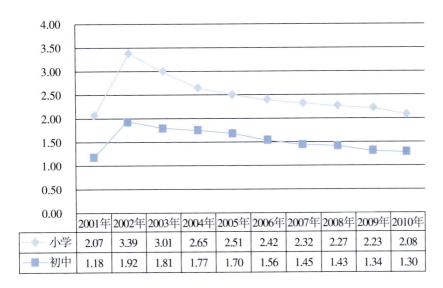

| | 2001年 | 2002年 | 2003年 | 2004年 | 2005年 | 2006年 | 2007年 | 2008年 | 2009年 | 2010年 |
|---|---|---|---|---|---|---|---|---|---|---|
| 小学 | 2.07 | 3.39 | 3.01 | 2.65 | 2.51 | 2.42 | 2.32 | 2.27 | 2.23 | 2.08 |
| 初中 | 1.18 | 1.92 | 1.81 | 1.77 | 1.70 | 1.56 | 1.45 | 1.43 | 1.34 | 1.30 |

**图1.3.27** 2001—2010年全国小学、初中每百名学生拥有计算机台数城乡比情况

### 3. 东部地区学校每百名学生拥有计算机台数最多，增幅最大

总体上看，东部地区学校每百名学生拥有计算机台数最多，增幅也最大；中部小学、西部初中最少，增幅也最小。2010年，东部地区小学每百名学生拥有计算机台数为6.76台，中、西部地区分别为2.57台和2.93台；东部地区初中每百名学生拥有计算机台数为8.78台，中、西部地区分别为5.17台和4.86台（见表1.3.1）。

小学每百名学生拥有计算机台数的地区差距明显大于初中。2010年小学每百名学生拥有计算机台数的东中比为2.63∶1，东西比为2.30∶1，中西比为0.88∶1；初中东中比为1.70∶1，东西比为1.81∶1，中西比为1.06∶1。2003—2010年，东部地区小学增幅最大，2010年是2003年的2.01倍；中部地区小学增幅最小，2010年是2003年的1.45倍。东部地区初中增幅最大，2010年是2003年的2.11倍；西部初中增幅最小，2010年是2003年的1.90倍（见图1.3.28）。

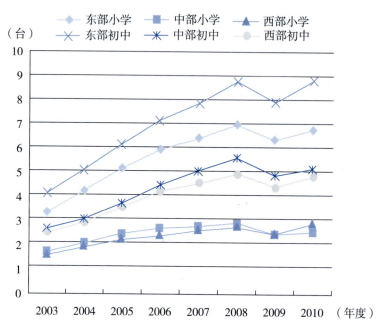

（台）

图例：东部小学　中部小学　西部小学　东部初中　中部初中　西部初中

**图 1.3.28**　**2003—2010 年全国东中西部地区小学、**
**初中每百名学生拥有计算机台数情况**

### 4. 每百名学生拥有计算机台数东部与中西部差距拉大

由图 1.3.29 可以看出，2003—2010 年小学每百名学生拥有计算机台数东中比、东西比有所增大，中西比有所缩小；初中地区间差距总体有所扩大，其间略有起伏。2003 年小学每百名学生拥有计算机台数的东中比为1.90：1，到 2010 年扩大为 2.63：1；2003 年东西比为 2.02：1，到 2009年扩大为 2.55：1，2010 年又略有缩小，为 2.30：1。而小学中西比 2003年为 1.07：1，随着西部地区信息化条件的加强，到 2010 年西部地区小学每百名学生拥有计算机台数反超中部小学，中西比也缩小为 0.88：1。

2001 年初中每百名学生拥有计算机台数的东中比为 1.56：1，2003—2005 年逐年扩大，而 2005—2007 年，东中比又逐年缩小，而后继续逐年扩大，到 2010 年为 1.70：1；2004 年东西比为 1.63：1，之后平缓扩大，到 2010 年为 1.81：1；中部和西部地区初中每百名学生拥有计算机台数相当，中部略高于西部，中西比年度变化不大，2003 年为 1.05：1，之后变化起伏，到 2010 年仍为 1.06∶1（见图 1.3.29）。

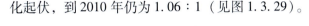
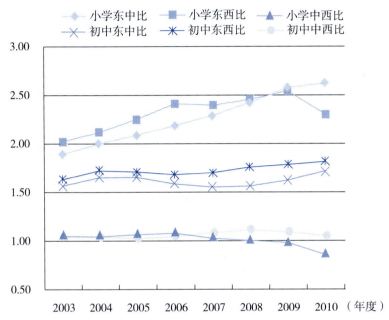

**图 1.3.29**　**2003—2010 年全国小学、初中每百名学生
拥有计算机台数地区差距变化情况**

### （二）建网比例

为加快在中小学普及信息技术教育的步伐，2000 年教育部下发了《关于在中小学实施"校校通"工程的通知》，决定在中小学实施"校校通"工程，目标是：用 5—10 年时间，使全国 90％左右的独立建制的中小学校能够上网，使中小学师生都能共享网上教育资源，提高中小学的教育教学质量。"校校通"的目标并不是要每所学校都建起庞大的校园网，而是让 90％以上的中小学校采用多种手段和形式，用较低的成本获得丰富而优质的教学资源和课程，最终实现资源共享。经过十多年的努力，全国义务教育阶段建网学校比例逐年增长，但城乡差距却逐年扩大，数字鸿沟问题值得关注。

#### 1. 初中建网学校比例接近五成，小学不足两成

全国初中建网学校比例明显高于小学。2010 年，全国初中建网学校为

25241 所，建网比例达到 46.42%；小学建网学校为 41005 所，建网比例达到 15.93%（见图 1.3.30）。小学建网学校比例的城乡差距远大于初中，农村小学、初中建网比例分别为 12.61% 和 42.58%，分别比城市低 52.11 个和 28.94 个百分点。

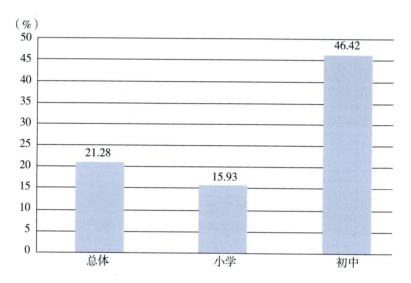

**图 1.3.30　2010 年全国小学、初中建网学校比例**

## 2. 建网学校比例逐年增长，城乡差距逐年扩大

2001—2010 年，建网学校比例逐年增长。小学建网比例从 2001 年的 1.48% 逐年增长，到 2010 年为 15.93%，共增加了 14.45 个百分点；初中建网比例从 2003 年的 15.90% 增长到 2010 年的 46.42%，共增加了 30.52 个百分点（见图 1.3.31）。但建网学校比例的城乡差距却在逐年扩大，小学建网学校比例的城乡差距从 2001 年的 9.74 个百分点扩大到 2010 年的 52.11 个百分点，初中城乡差距从 2003 年的 23.20 个百分点扩大到 2010 年的 28.94 个百分点（见表 1.3.2）。

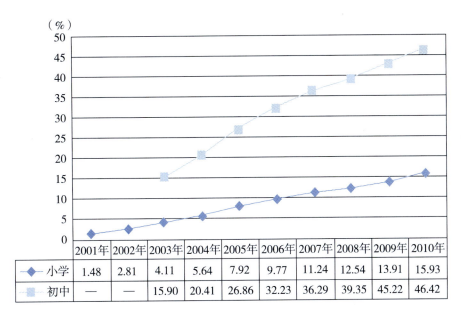

| （%） | 2001年 | 2002年 | 2003年 | 2004年 | 2005年 | 2006年 | 2007年 | 2008年 | 2009年 | 2010年 |
|---|---|---|---|---|---|---|---|---|---|---|
| 小学 | 1.48 | 2.81 | 4.11 | 5.64 | 7.92 | 9.77 | 11.24 | 12.54 | 13.91 | 15.93 |
| 初中 | — | — | 15.90 | 20.41 | 26.86 | 32.23 | 36.29 | 39.35 | 45.22 | 46.42 |

**图 1.3.31  2001—2010 年全国小学、初中建网学校比例**

**表 1.3.2  2001—2010 年全国城市、农村小学、初中建网比例**

| 年度 | 小学 | | | 初中 | | |
|---|---|---|---|---|---|---|
| | 城市（%） | 农村（%） | 城乡差距（百分点） | 城市（%） | 农村（%） | 城乡差距（百分点） |
| 2001 | 10.70 | 0.96 | 9.74 | — | — | — |
| 2002 | 17.39 | 1.93 | 15.46 | — | — | — |
| 2003 | 24.32 | 2.82 | 21.50 | 35.83 | 12.63 | 23.20 |
| 2004 | 32.16 | 3.97 | 28.19 | 42.93 | 16.79 | 26.14 |
| 2005 | 42.55 | 5.89 | 36.66 | 52.00 | 23.04 | 28.96 |
| 2006 | 51.09 | 7.61 | 43.48 | 58.34 | 28.71 | 29.63 |
| 2007 | 55.27 | 8.68 | 46.59 | 62.33 | 32.45 | 29.88 |
| 2008 | 58.04 | 9.76 | 48.28 | 65.82 | 35.34 | 30.48 |
| 2009 | 63.11 | 10.85 | 52.26 | 68.76 | 39.38 | 29.38 |
| 2010 | 64.72 | 12.61 | 52.11 | 71.52 | 42.58 | 28.94 |

### （三）校均信息技术教师数

2000 年"全国中小学信息技术教育工作会议"上印发了《关于在中小学普及信息技术教育的通知》《关于在中小学实施"校校通"工程的通知》和《中小学信息技术课程指导纲要（试行）》三个重要文件，指出了当前信息技术教育工作的指导方针，而且明确地制定了在中小学开设信息技术必修课的阶段目标。开设信息技术课程，必然需要配备信息技术教师。即便作为必修课，由于是新兴领域，信息技术教师至今仍处于不足状态，其中初中配备情况明显好于小学。

#### 1. 初中信息技术教师配备明显好于小学，小学校均不足 1 人

初中信息技术教师配备情况明显好于小学。2010 年，全国初中校均信息技术教师为 1.61 人，比上年略增 0.05 人，其中农村初中为 1.46 人，比城市初中少 1.1 人；全国小学校均信息技术教师为 0.42 人，比上年略增 0.04 人，不足初中的 1/3（见图 1.3.32）。

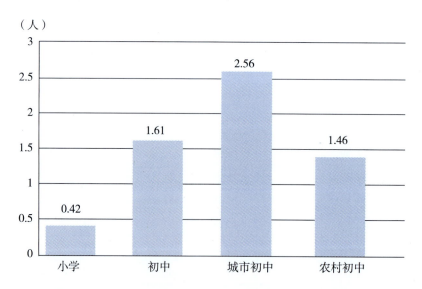

**图 1.3.32　2010 年全国小学、初中校均信息技术教师配备情况**

#### 2. 校均信息技术教师数呈增长趋势

从年度发展来看，全国小学、初中校均拥有信息技术教师数都呈增长

趋势。2003 年小学校均信息技术教师数为 0.15 人，即近七所学校配置一名信息技术教师，之后逐年增长，到 2010 年为 0.42 人，即每两所学校配置约一名信息技术教师。2003 年初中校均信息技术教师数为 1.10 人，即每所学校能够配置一名信息技术教师，到 2010 年，增长为 1.61 人，平均两所学校能够配置三名信息技术教师（见图 1.3.33）。

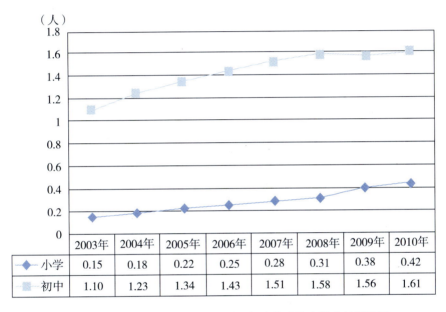

| （人） | 2003年 | 2004年 | 2005年 | 2006年 | 2007年 | 2008年 | 2009年 | 2010年 |
| --- | --- | --- | --- | --- | --- | --- | --- | --- |
| 小学 | 0.15 | 0.18 | 0.22 | 0.25 | 0.28 | 0.31 | 0.38 | 0.42 |
| 初中 | 1.10 | 1.23 | 1.34 | 1.43 | 1.51 | 1.58 | 1.56 | 1.61 |

**图 1.3.33　2003—2010 年全国小学、初中校均信息技术教师数量**

## 第四节　教育经费发展状况

为适应农村税费改革，2001 年国务院发布了《关于基础教育改革与发展的决定》，决定实行"在国务院领导下，由地方政府负责、分级管理、以县为主的教育管理体制"，管理责任主体从县、乡级政府以及村提升到县级政府。随着农业税的全面免除，我国于 2006 年开始实施中央和地方分项目、按比例分担的农村义务教育保障新机制。2006 年全国人大常委会通过新修订的《义务教育法》，规定实施免费义务教育，将义务教育经费全面纳入财政保障范围。义务教育经费投入实行国务院和地方各级人民政府根据职责共同负担，省、自治区、直辖市人民政府负责统筹落实的体制。为进一步完善义务教育公共服务体系的运行机制，2009 年中央出台农村义务教育阶段中小学公用经费基准定额，同年全国义务教育学校实施绩效工资，进一步提高了教师工资。十年间我国义务教育财政体制进行了实质性的改革，本节将从义务教育经费投入①总量、投入构成、经费分配和使用等方面来分析 2001—2010 年我国义务教育经费发展水平与均衡程度。

## 一、教育经费投入

在义务教育经费投入上，2001—2010 年，我国财政预算内拨款大幅增加，以国家投入为主的义务教育财政体制逐渐加强。2006 年实施义务教育保障机制后，义务教育经费投入大幅增加，2007 年义务教育经费总投入及财政预算内义务教育拨款增长比例达到十年最高。近十年，教育财政改革的主要成果之一是西部地区、农村义务教育经费投入快速增长。但是，地区间义务教育经费投入差距仍然明显。

### （一）义务教育经费投入总量

1. 近十年，义务教育财政预算内经费拨款大幅增加

义务教育经费总投入年平均增长率为 17.91%，预算内义务教育拨款年平均增长率为 21.45%。义务教育总投入从 2001 年的 1883.95 亿元增加到 2010 年的 8300.22 亿元，增加了 3.41 倍。财政预算内义务教育拨款从 2001 年的 1274.23 亿元增加到 2010 年的 7326.51 亿元，增加了 4.75 倍。

2. 2007 年义务教育经费总投入及财政预算内拨款增长比例达到十年最高

义务教育经费总投入 2007 年比 2006 年增加了 1256.80 亿元，增幅达到 33.55%。从 2007 年以后，义务教育经费投入平均每年增加 1099.07 亿元。2007 年，财政预算内义务教育拨款环比增幅达到最高，为 41.04%。从 2007 年以后，预算内义务教育拨款平均每年增加 1069.11 亿元。主要原

---

① 本报告中的义务教育经费投入仅包含普通小学和普通初中教育经费投入，如没有特别说明，相关表与图中的数据均来源于历年《中国教育经费统计年鉴》，下文同。

因是从 2006 年起，全部免除西部农村义务教育学生学杂费，2007 年这一政策的覆盖面扩大到中东部农村，2008 年我国又全面免除城市义务教育学生学杂费，国家对义务教育的投入也越来越多。

3. 近十年，以国家投入为主的义务教育财政体制逐渐加强

财政预算内义务教育拨款占义务教育经费总投入的比例从 2001 年的 67.64% 增长到 2010 年的 88.27%，增加了 20.63 个百分点，表明以国家投入为主的义务教育财政体制逐渐加强（见图 1.4.1）。

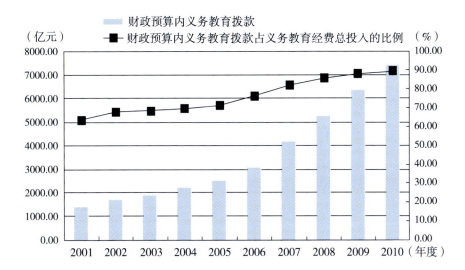

**图 1.4.1**　**2001—2010 年财政预算内义务教育拨款及占义务教育经费总投入的比例**

## （二）城乡义务教育经费投入差异状况

近十年，我国义务教育预算内拨款用于农村的比例始终保持在六成以上，不到四成的拨款用于城市义务教育。义务教育预算内拨款用于农村小学的比例有所下降，用于农村初中的比例有所上升。

1. 农村义务教育公共财政预算内拨款占义务教育公共财政预算内拨款六成以上

近十年，我国保持四成左右义务教育公共财政预算内拨款用于农村小学，两成左右用于农村初中；仅两成左右用于城市小学，仅一成多用于城市初中。2010 年，农村义务教育公共财政预算内拨款达到 4669.70 亿元，

比 2009 年增长了 14.04%，占义务教育公共财政预算内投入的比例达到 63.74%。可见，我国义务教育预算内投入较多用于农村教育。

### 2. 农村义务教育公共财政预算内拨款增长高于城市

2001—2010 年，农村义务教育公共财政预算内拨款年平均增长率为 22.07%，城市年平均增长率为 20.43%，农村高出城市 1.64 个百分点。其中，农村小学公共财政预算内教育拨款年平均增长率为 20.88%，城市小学年平均增长率为 18.89%，农村高出城市 1.99 个百分点；农村初中公共财政预算内教育拨款年平均增长率为 24.38%，城市初中年平均增长率为 22.65%，农村高出城市 1.73 个百分点（见图 1.4.2）。

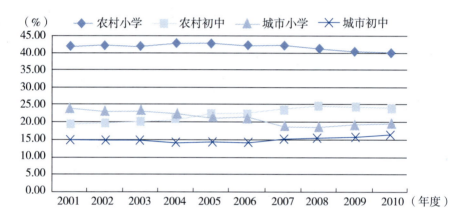

**图 1.4.2** **2001—2010 年分城乡小学和初中义务教育预算内拨款投入结构**

### （三）地区义务教育经费投入差异状况

### 1. 西部地区义务教育经费投入增长速度高于东中部

近十年，中央财政不断加大对西部地区的转移支付力度，西部地区义务教育经费增长速度高于中东部。东部地区义务教育预算内经费投入年均增长率为 19.23%，中部地区为 20.78%，西部地区为 22.09%。

### 2. 地区间义务教育经费投入差距明显

2010 年，东部地区义务教育经费总投入为 3720.66 亿元，中部地区为 2135.42 亿元，西部地区为 2444.14 亿元。东部地区预算内教育经费拨款为 3132.80 亿元，中部地区为 1933.08 亿元，西部地区为 2260.63 亿元。

　　3. 西部地区民办学校举办者投入、中部地区社会捐赠经费分别仅为东部地区的 1/4 和 1/6

　　2010 年，东部地区民办学校中举办者投入为 14.28 亿元，中部地区为 9.61 亿元，西部地区为 3.67 亿元。东部地区社会捐赠经费是 29.99 亿元，中部地区为 4.91 亿元，西部地区为 13.56 亿元。西部地区民办学校举办者投入、中部地区社会捐赠经费偏低，仅分别为东部地区的 25.70%、16.37%（见表 1.4.1）。

表 1.4.1　2010 年分地区义务教育经费投入（亿元）

| 地区 | 总投入 | 国家财政性教育经费拨款 | 预算内教育经费 | 各级政府征收用于教育的税费 | 非国家财政性教育经费拨款 | 民办学校中举办者投入 | 社会捐赠经费 | 事业收入 | 事业收入中学费和杂费 | 其他教育经费 |
|------|--------|--------|--------|--------|--------|--------|--------|--------|--------|--------|
| 东部 | 3720.66 | 3410.25 | 3132.80 | 275.53 | 310.41 | 14.28 | 29.99 | 203.04 | 124.04 | 63.11 |
| 中部 | 2135.42 | 2030.77 | 1933.08 | 84.63 | 104.64 | 9.61 | 4.91 | 74.13 | 42.45 | 16.00 |
| 西部 | 2444.14 | 2353.95 | 2260.63 | 89.20 | 90.19 | 3.67 | 13.56 | 56.10 | 22.80 | 16.87 |

## 二、教育经费投入来源构成

　　在义务教育经费投入来源构成上，非国家财政性经费占总投入比例整体呈下降趋势。其中，民办学校举办者投入、社会捐赠经费比例整体呈下降趋势，西部地区民办学校举办者投入比例尤其偏低。非国家财政性经费比例下降凸显了国家在义务教育经费投入中的主体地位。但是，社会捐赠经费是义务教育经费投入的重要补充渠道之一，在非国家财政性教育经费里，应鼓励增加社会捐赠经费，以促进义务教育更快更好地发展。

### （一）义务教育经费投入来源构成

1. 义务教育非国家财政性经费占总投入比例大幅下降

　　2010 年，非国家财政性经费占总投入的比例为 6.09%，比 2001 年下降了 14.15 个百分点。2010 年事业收入的比例为 4.02%，比 2001 年下降了 10.43 个百分点；学杂费占比为 2.28%，比 2001 年下降了 7.40 个百分点。2006 年是个拐点，是十年中学杂费比例下降最多的一年，从 2005 年的 8.05% 下降到 4.47%，下降了 3.58 个百分点。主要是因为 2006 年实施免费义务教育政策，免除了西部地区农村学生的学费和杂费。2010 年其他教育经费的比例为 1.16%，比 2001 年下降了 1.67 个百分点（见表1.4.2）。

表 1.4.2　2001—2010 年义务经费投入来源构成比例（%）

| 年度 | 国家财政性教育经费拨款 | 预算内教育经费 | 非国家财政性教育经费拨款 | 民办学校中举办者投入 | 社会捐赠经费 | 事业收入 | 事业收入中学费和杂费 | 其他教育经费 |
|---|---|---|---|---|---|---|---|---|
| 2001 | 79.76 | 67.64 | 20.24 | — | 2.96 | 14.45 | 9.68 | 2.83 |
| 2002 | 80.84 | 72.23 | 19.16 | — | 2.42 | 14.00 | 9.34 | 2.74 |
| 2003 | 81.29 | 73.53 | 18.71 | — | 1.78 | 14.23 | 9.52 | 2.70 |
| 2004 | 82.31 | 74.53 | 17.69 | — | 1.47 | 13.60 | 9.38 | 2.61 |
| 2005 | 79.59 | 72.87 | 20.41 | 3.89 | 1.27 | 12.55 | 8.05 | 2.69 |
| 2006 | 84.39 | 77.96 | 15.61 | 3.81 | 1.10 | 8.38 | 4.47 | 2.33 |
| 2007 | 88.21 | 82.33 | 11.79 | 0.52 | 0.90 | 8.36 | 4.61 | 2.02 |
| 2008 | 91.37 | 85.65 | 8.63 | 0.35 | 0.79 | 5.99 | 2.67 | 1.49 |
| 2009 | 92.97 | 87.72 | 7.03 | 0.31 | 0.88 | 4.53 | 2.30 | 1.32 |
| 2010 | 93.91 | 88.27 | 6.09 | 0.33 | 0.58 | 4.02 | 2.28 | 1.16 |

注：2007 年前"民办学校中举办者投入"的统计口径是"社会团体和公民个人办学经费"。

**2. 义务教育社会捐赠经费偏少，占义务教育经费总投入的比例明显下降**

社会捐赠经费相对偏少，十年来占总投入比例明显下降。2010 年，社会捐赠经费占总投入的比例仅为 0.58%，比 2001 年的 2.96% 下降了 2.38 个百分点。2010 年义务教育社会捐赠收入为 48.45 亿元，比 2001 年的 55.77 亿元少 7.32 亿元（见图 1.4.3）。社会捐赠经费是义务教育经费投入的有益渠道，在非国家财政性教育经费里，应鼓励增加捐赠经费。

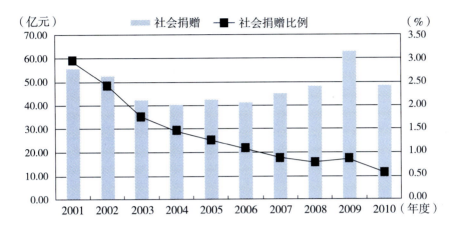

图 1.4.3　**2001—2010 年社会捐赠经费及占义务教育经费总投入的比例**

### （二）地区义务教育经费投入来源构成差异

**1. 中西部地区国家财政性教育经费拨款占总投入比例略高于东部地区**

东部地区国家财政性教育经费拨款比例为 91.66%，比中部地区低 3.44 个百分点，比西部地区低 4.65 个百分点（见表 1.4.3）。

**2. 西部地区预算内教育经费拨款占总投入比例高出东部 8.29 个百分点**

东部地区预算内教育经费拨款比例为 84.20%，中部地区为 90.52%，西部地区为 92.49%（见表 1.4.3）。东部地区该项比例低于中、西部地区。

东部地区各级政府征收用于教育的税费对义务教育经费投入的贡献较大，东部地区该项比例为 7.41%，中部地区为 3.96%，西部地区为 3.65%（见表 1.4.3）。表明东部地区国家财政性教育经费拨款里，各级政府征收用于教育的税费贡献较大。

**3. 中西部地区民办学校中举办者投入、社会捐赠经费占总投入比例偏低**

东部地区非国家财政性教育经费占总投入比例为 8.34%，中部地区为 4.90%，西部地区为 3.69%（见表 1.4.3）。东部地区该项比例高于中西部地区，体现了东部地区义务教育经费投入渠道的多样性。

东部、中部地区民办学校中举办者投入比例分别为 0.38%、0.45%，略高于西部地区。这可能与两个地区经济、文化、传统关系密切，东部经济发达，中部地区一些省份一直都有民间举办者投资办学的传统。西部地区为 0.15%，比例最低（见表 1.4.3）。

东部地区社会捐赠经费比例为 0.81%，中部地区为 0.23%，西部地区为 0.55%（见表 1.4.3）。可以看出，中部地区该项投入比例最低，亟待加强，以多渠道充实中部地区义务教育经费投入。

表 1.4.3　2010 年分地区义务教育经费投入来源构成（%）

| 地区 | 国家财政性教育经费拨款 | 预算内教育经费 | 各级政府征收用于教育的税费 | 非国家财政性教育经费拨款 | 民办学校中举办者投入 | 社会捐赠经费 | 事业收入中学费和杂费 | 其他教育经费 |
|------|------|------|------|------|------|------|------|------|
| 东部地区 | 91.66 | 84.20 | 7.41 | 8.34 | 0.38 | 0.81 | 3.33 | 1.70 |
| 中部地区 | 95.10 | 90.52 | 3.96 | 4.90 | 0.45 | 0.23 | 1.99 | 0.75 |
| 西部地区 | 96.31 | 92.49 | 3.65 | 3.69 | 0.15 | 0.55 | 0.93 | 0.69 |

### 三、教育经费使用和分配

在义务教育经费使用、分配上，我国预算内公用经费大幅增加，义务教育经费充足程度大大得到提高。义务教育预算内事业经费分配的城乡差异逐渐消失，农村预算内事业经费支出结构趋于合理。农村义务教育生均预算内事业经费支出、生均预算内公用经费支出逐年增长，增长比例高于全国平均水平；其中，农村小学生均预算内公用经费支出十年增长了29.66 倍，全国农村初中生均预算内公用经费支出十年增长了 29.00 倍。中部、西部地区预算内拨款优先保障义务教育，分别约有四、六成财政预算内教育拨款用于保障小学和初中。

### （一）义务教育经费使用与分配

教育经费的投入总量是反映一个国家教育经费充足程度的重要指标，但单纯考虑总量难以反映一个国家教育经费使用的真实情况。所以还要考虑到教育投入在不同教育层级中的分配情况，判断国家对不同层级教育的重视程度。同时，还要考量教育经费支出中人员经费和公用经费的分配比例，从而分析教育经费的充足程度。最后，考量生均教育经费支出，分析教育经费分配到每一位学生的使用情况。

近十年，国家财政预算内教育经费拨款中义务教育占一半以上，小学比例逐年下降，初中比例逐年上升。2001—2010 年，义务教育预算内事业经费中公用经费的比例增加了 17.07 个百分点。小学预算内事业经费中公用经费的比例低于初中，而且差距有所扩大。

全国小学和初中的生均预算内事业经费支出和生均预算内公用经费支出逐年增长。2001—2010 年全国小学生均预算内事业经费支出增加了 5.22 倍，生均预算内公用经费支出增加了 19.58 倍；全国初中生均预算内事业经费支出增加了 5.38 倍，生均预算内公用经费支出增加了 15.96 倍。

**1. 国家财政预算内教育经费拨款中义务教育占一半以上，小学占比整体下降，初中占比上升**

近十年，财政预算内教育经费拨款用于各级学校的比例出现了两升两降的特征。从整体看，2001—2010 年，财政预算内教育经费拨款用于小学比例有所下降，中学比例有所上升，尤其初中上升幅度较大，高等学校比例有所下降，其他教育经费投入上升，包括中等职业教育、幼儿教育和成人教育等（见表1.4.4）。表明我国近年来教育经费投入对中等教育的倾斜。

国家财政预算内教育经费拨款中义务教育占一半以上，小学比例逐年下降，初中比例逐年上升。小学财政预算内教育经费拨款比例从 2001 年的 34.24% 下降到 2010 年的 32.54%，下降了 1.70 个百分点；初中财政预算内教育经费拨款比例从 2001 年的 17.72% 增长到 2010 年的 21.77%，增加了 4.05 个百分点（见表1.4.4）。

表1.4.4　**2001—2010 年财政预算内教育经费拨款在各级教育中的分配（%）**

| 年度 | 小学 | 中学 | 其中：普通初中 | 高等学校 | 其他 |
|------|------|------|------|------|------|
| 2001 | 34.24 | 28.41 | 17.72 | 22.85 | 14.51 |
| 2002 | 34.63 | 29.04 | 18.37 | 22.89 | 13.43 |

续表

| 年度 | 小学 | 中学 | 其中：普通初中 | 高等学校 | 其他 |
|------|------|------|------|------|------|
| 2003 | 34.58 | 29.71 | 18.63 | 22.94 | 12.76 |
| 2004 | 34.51 | 30.14 | 18.73 | 22.85 | 12.49 |
| 2005 | 33.09 | 30.79 | 18.89 | 23.15 | 12.96 |
| 2006 | 31.99 | 29.98 | 18.40 | 21.51 | 16.51 |
| 2007 | 32.89 | 29.96 | 20.92 | 20.90 | 16.25 |
| 2008 | 32.13 | 30.24 | 21.56 | 20.64 | 16.99 |
| 2009 | 33.01 | 30.96 | 22.31 | 19.70 | 16.33 |
| 2010 | 32.54 | 30.51 | 21.77 | 20.59 | 16.35 |

### 2. 义务教育经费充足程度大大得到提高

教育事业费包括人员经费和公用经费。人员经费主要用于支付教师的工资、补助和福利保障以及学生的奖贷助学金；公用经费包括公务费、业务费、设备购置费、修缮费以及其他属于公用性质的经费支出，公用经费的多少及其在教育事业费中的比例高低可以反映教育事业费的分配是否合理，以及教育经费的充裕程度。教育事业费中人员经费比例较大，公用经费比例较小，说明一个国家和地区教育经费主要用于支付教师工资和资助学生，而用于改善办学条件、增加教学设施的资金相对较少。一般来说，世界各国教育事业费的内部分配，人员经费高于公用经费比例，两者之间的比例在7：3左右，或者2.33：1左右[①]。

2010年我国义务教育预算内事业经费支出为6416.90亿元，比2001年增加了5214.07亿元，增加了4.33倍。其中，预算内公用经费为1599.01亿元，比2001年增加了1504.55亿元，增加了15.93倍，增长尤其明显。预算内人员经费为4817.89亿元，比2001年增加了3709.53亿元，增加了3.35倍。

---

① 陈鸣，朱自峰. 中国教育经费论纲［M］. 北京：中央编译出版社，2008：280.

　　近十年，义务教育预算内事业经费中公用经费所占的比例由 2001 年的 7.85% 增长到 2010 年的 24.92%，增加了 17.07 个百分点。预算内人员经费比例由 2001 年的 92.15% 减少到 2010 年的 75.08%，减少了 17.07 个百分点（见表 1.4.5）。人员经费和公用经费之比由 2001 年的 11.74∶1 下降到 2010 年的 3.01∶1。公用经费比例大幅度增加，表明我国政府除了开支必要的人员经费，还有越来越多的经费用于义务教育公共部分的开支，这有助于进一步提高义务教育质量。

表 1.4.5　2001—2010 年义务教育人员经费和公用经费在预算内事业经费中的比例

| 年度 | 预算内事业经费（亿元） | 预算内公用经费（亿元） | 预算内人员经费（亿元） | 预算内公用经费比例（%） | 预算内人员经费比例（%） |
|---|---|---|---|---|---|
| 2001 | 1202.83 | 94.47 | 1108.36 | 7.85 | 92.15 |
| 2002 | 1472.34 | 124.47 | 1347.88 | 8.45 | 91.55 |
| 2003 | 1634.68 | 162.25 | 1472.43 | 9.93 | 90.07 |
| 2004 | 1911.40 | 215.49 | 1695.91 | 11.27 | 88.73 |
| 2005 | 2204.31 | 299.19 | 1905.12 | 13.57 | 86.43 |
| 2006 | 2663.49 | 474.99 | 2188.50 | 17.83 | 82.17 |
| 2007 | 3719.77 | 773.54 | 2946.23 | 20.80 | 79.20 |
| 2008 | 4624.47 | 1114.98 | 3509.49 | 24.11 | 75.89 |
| 2009 | 5488.10 | 1324.84 | 4163.26 | 24.14 | 75.86 |
| 2010 | 6416.90 | 1599.01 | 4817.89 | 24.92 | 75.08 |

　　近十年，小学预算内事业经费中公用经费的比例低于初中。小学预算内事业经费中公用经费所占的比例由 2001 年的 7.00% 增长到 2010 年的 23.32%，增加了 16.32 个百分点。初中预算内事业经费中公用经费所占的比例由 2001 年的 19.47% 增长到 2010 年的 27.29%，增加了 17.82 个百分点。小学预算内人员经费和预算内公用经费之比由 2001 年的 13.29∶1 减少到 2010 年的 3.29∶1，初中由 2001 年的 9.56∶1 下降到 2010 年的 2.66∶1（见图 1.4.4）。

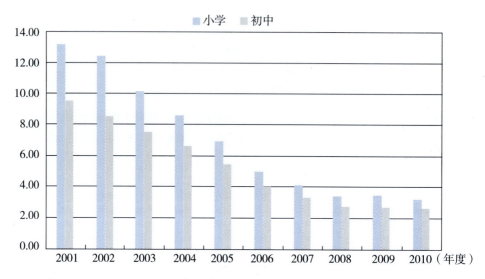

图 1.4.4　**2001—2010 年小学、初中预算内人员经费和公用经费之比**

### 3. 义务教育生均预算内公用经费支出大幅增加

全国小学生均预算内事业经费支出从 2001 年的 645.28 元增长到 2010 年的 4012.51 元，年平均增长率为 22.51%，增加了 5.22 倍。全国小学生均预算内公用经费支出从 2001 年的 45.18 元增长到 2010 年的 929.89 元，年平均增长率为 39.94%，增加了 19.58 倍。全国初中生均预算内事业经费支出从 2001 年的 817.02 元增长到 2010 年的 5213.91 元，年平均增长率为 22.87%，增加了 5.38 倍。全国初中生均预算内公用经费支出从 2001 年的 83.40 元增长到 2010 年的 1414.33 元，年平均增长率为 36.96%，增加了 15.96 倍（见表 1.4.6）。

表 1.4.6　**2001—2010 年全国小学、初中生均预算内事业经费支出（元）**

| | 小学 | | 初中 | |
| --- | --- | --- | --- | --- |
| | 生均预算内事业经费支出 | 生均预算内公用经费支出 | 生均预算内事业经费支出 | 生均预算内公用经费支出 |
| 2001 年 | 645.28 | 45.18 | 817.02 | 83.40 |
| 2002 年 | 813.13 | 60.21 | 960.51 | 104.21 |
| 2003 年 | 931.54 | 83.49 | 1052.00 | 127.31 |

续表

|  | 小学 | | 初中 | |
|---|---|---|---|---|
|  | 生均预算内事业经费支出 | 生均预算内公用经费支出 | 生均预算内事业经费支出 | 生均预算内公用经费支出 |
| 2004 年 | 1129.11 | 116.51 | 1246.07 | 164.55 |
| 2005 年 | 1327.24 | 166.52 | 1498.25 | 232.88 |
| 2006 年 | 1633.51 | 270.94 | 1896.56 | 378.42 |
| 2007 年 | 2207.04 | 425.00 | 2679.42 | 614.47 |
| 2008 年 | 2757.53 | 616.28 | 3543.25 | 936.38 |
| 2009 年 | 3357.92 | 743.70 | 4331.62 | 1161.98 |
| 2010 年 | 4012.51 | 929.89 | 5213.91 | 1414.33 |
| 年平均增长率（%） | 22.51 | 39.94 | 22.87 | 36.96 |

### （二）城乡义务教育经费使用与分配

#### 1. 义务教育预算内事业经费分配的城乡差异缩小

2010 年，我国农村义务教育预算内事业经费支出为 4116.78 亿元，比 2001 年的 738.68 亿元增加了 4.57 倍；2010 年，农村义务教育预算内公用经费支出为 1012.89 亿元，比 2001 年的 41.83 亿元增加了 23.21 倍。

近十年，农村义务教育预算内公用经费占预算内事业经费的比例增幅高出城市 4.80 个百分点。2010 年农村预算内公用经费占预算内事业经费的比例为 24.60%，比 2001 年的 5.66% 增加了 18.94 个百分点；同年，城市预算内公用经费占预算内事业经费的比例为 25.48%，比 2001 年的 11.34% 增加了 14.14 个百分点。可以看出，十年来，我国政府做出巨大努力发展农村教育，农村义务教育预算内公用经费比例增长速度很快。

近十年，义务教育预算内事业经费分配的城乡差异逐渐消失。2001 年，农村预算内公用经费占预算内事业经费的比例仅为 5.66%，低于城市 5.68 个百分点，表明与城市比较而言，农村义务教育预算内公用经费不充足，农村经费支出主要用于人员经费，事业经费支出结构不合理。经过十年发展，2010 年农村公用经费占预算内事业经费支出的比例为 24.60%，仅低于城市 0.88 个百分点，预算内事业经费支出结构趋于合理（见表 1.4.7）。

近十年，农村初中预算内教育事业经费中公用经费比例增长快于农村小学。农村小学预算内事业经费中公用经费比例由 2001 年的 5.10% 增长到 2010 年的 22.77%，增加了 17.67 个百分点；农村初中预算内事业经费中公用经费比例由 2001 年的 6.85% 增长到 2010 年的 27.62%，增加了 20.77 个百分点（见图 1.4.5）。

2005 年以后，农村初中预算内事业经费中公用经费所占比例高于城市初中比例，表明农村初中经费充足程度较高。除了 2007 年，农村小学预算内公用经费比例略高于城市，其他九年里都是城市小学比例高于农村。2001—2005 年，城市初中公用经费比例高于农村，然而，2006—2010 年，农村初中公用经费比例高于城市，表明农村事业经费支出里相对更多经费用于公用经费支出，这是我国财政政策倾斜于投入农村的显著成果（见图 1.4.5）。

表 1.4.7　2001—2010 年城市、农村义务教育预算内公用经费占预算内事业经费的比例

| 年度 | 农村预算内事业经费（亿元） | 农村预算内公用经费（亿元） | 农村预算内公用经费占预算内事业经费的比例（%） | 城市预算内公用经费占预算内事业经费的比例（%） | 城乡公用经费占预算内事业经费的比例差异（城市减农村）（百分点） |
|---|---|---|---|---|---|
| 2001 | 738.68 | 41.83 | 5.66 | 11.34 | 5.68 |
| 2002 | 920.35 | 62.51 | 6.79 | 11.22 | 4.43 |
| 2003 | 1017.98 | 84.02 | 8.25 | 12.68 | 4.43 |
| 2004 | 1226.20 | 124.58 | 10.16 | 13.27 | 3.11 |
| 2005 | 1442.12 | 184.56 | 12.80 | 15.04 | 2.24 |
| 2006 | 1735.65 | 308.72 | 17.79 | 17.92 | 0.13 |
| 2007 | 2474.15 | 518.23 | 20.95 | 20.50 | -0.45 |
| 2008 | 3055.21 | 736.21 | 24.10 | 24.14 | 0.04 |
| 2009 | 3570.16 | 856.56 | 23.94 | 24.42 | 0.42 |
| 2010 | 4116.78 | 1012.89 | 24.60 | 25.48 | 0.88 |

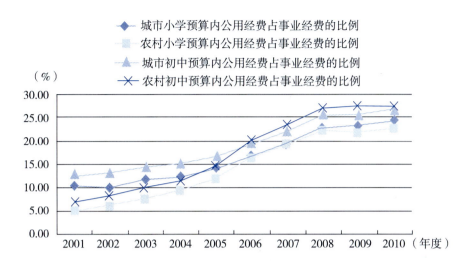

**图 1.4.5　2001—2010 年小学和初中城乡预算内公用经费占事业经费的比例**

### 2. 农村小学、农村初中生均预算内经费支出增幅高于全国平均水平

农村小学生均预算内事业经费支出从 2001 年的 550.96 元增长到 2010 年的 3802.91 元，增加了 5.90 倍，年平均增长率为 23.94%，比全国小学年平均增长率高 1.43 个百分点。农村小学生均预算内公用经费支出从 2001 年的 28.12 元增长到 2010 年的 862.08 元，增加了 29.66 倍，年平均增长率为 46.28%，比全国小学年平均增长率高 6.34 个百分点（见表 1.4.8）。

农村初中生均预算内事业经费支出从 2001 年的 656.18 元增长到 2010 年的 4896.38 元，增加了 6.46 倍，年平均增长率为 25.02%，比全国初中年平均增长率高 2.15 个百分点。农村初中生均预算内公用经费支出从 2001 年的 44.95 元增长到 2010 年的 1348.43 元，增加了 29.00 倍，年平均增长率为 45.92%，比全国初中年平均增长率高 8.96 个百分点（见表 1.4.8）。

**表 1.4.8　2001—2010 年农村小学、初中生均预算内事业经费支出（元）**

| | 农村小学 | | 农村初中 | |
|---|---|---|---|---|
| | 生均预算内事业经费支出 | 生均预算内公用经费支出 | 生均预算内事业经费支出 | 生均预算内公用经费支出 |
| 2001 年 | 550.96 | 28.12 | 656.18 | 44.95 |

续表

| | 农村小学 | | 农村初中 | |
|---|---|---|---|---|
| | 生均预算内事业经费支出 | 生均预算内公用经费支出 | 生均预算内事业经费支出 | 生均预算内公用经费支出 |
| 2002 年 | 708.39 | 42.73 | 795.84 | 66.58 |
| 2003 年 | 810.07 | 60.91 | 871.79 | 85.01 |
| 2004 年 | 1013.80 | 95.13 | 1073.68 | 125.52 |
| 2005 年 | 1204.88 | 142.25 | 1314.64 | 192.75 |
| 2006 年 | 1505.51 | 248.53 | 1717.22 | 346.04 |
| 2007 年 | 2084.28 | 403.76 | 2433.28 | 573.44 |
| 2008 年 | 2617.59 | 581.88 | 3303.16 | 892.09 |
| 2009 年 | 3178.08 | 690.56 | 4065.63 | 1121.12 |
| 2010 年 | 3802.91 | 862.08 | 4896.38 | 1348.43 |
| 年平均增长率（％） | 23.94 | 46.28 | 25.02 | 45.92 |

### （三）各地区义务教育经费的使用与分配

**1. 中西部地区财政预算内教育拨款主要用于保障义务教育**

中部地区财政预算内教育拨款 35.88％用于小学，24.38％用于初中，18.88％用于高等学校。西部地区 37.89％的财政预算内教育拨款用于小学，23.75％用于初中，仅 15.67％用于高等学校（见图 1.4.6）。表明中西部地区优先保障义务教育投入，其次是其他阶段教育的投入。

**2. 东部地区财政预算内拨款用于义务阶段后教育投入比例高于中西部地区**

东部地区 29.23％的财政预算内教育拨款用于小学，20.31％用于初中，25.26％用于高等学校；其中，高等学校投入比例分别高出中部、西部地区 6.38 个、9.59 个百分点；而且，义务阶段后的其他教育投入比例都高于中西部地区，这表明东部地区在义务教育经费充足的前提下，将更多经费投入用于义务阶段后教育（见图 1.4.6）。

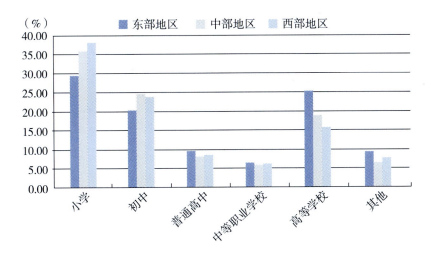

图 **1.4.6** **2010 年分地区义务教育预算内经费分配结构**

# 第二章

# 各省份义务教育发展状况

## 第一节　各省份普及程度与发展规模

从全国来看，小学普及程度已经达到发达国家的水平，但存在省际不均衡的情况，个别省份仍需付出更多努力：一是稳定入学率，降低入学率年度间的波动；二是掌握普及工作在新时期的新特点，关注男童入学率从而提高总体入学率。各省份义务教育总规模变化趋势则因人口流动方向不同而存在差异。人口大省以及西部省份义务教育在校生占人口比例仍较高，其中贵州、河南和宁夏超过15%。由于城镇化水平的提高以及学校布局调整，多数省份的小学在校生规模的城乡构成虽仍以农村为主但占比下降，初中则由农村为主转变为县镇为主。同时，城镇的校均规模发生增长，绝大部分省份的城市和县镇初中校均规模超过1000人，一半省份的城市初中校均规模超过国家最高标准（1500人/校），其中重庆和四川城市校均规模超过2000人。班额过大的问题在分省份数据中表现得更清晰，三成省份的城市和县镇小学以及七成省份的初中班额均超过50人。

## 一、普及程度①

### （一）大部分省份小学净入学率接近100%，个别省份净入学率下降

东部各省份除了海南②，2006年以来净入学率均在99%以上，到2010年达到99.7%及以上，浙江、上海、北京部分年份达到100%；净入学率没有大幅度变化，天津、河北、广东和江苏净入学率略有起伏，但2009年和2010年总体趋势都是上升的（见图2.1.1）。中部省份小学净入学率均在98%以上，但没有达到100%，大部分省份在小幅波动中上升。黑龙江2006年和2007年净入学率不到99%，虽然在随后3年上升到99%，但净入学率仍旧是中部省份中最低的。山西省从2009年的99.88%下降到2010年的99.03%，下降幅度较大（见图2.1.2）。西部大部分省份的净入学率也是在小幅波动中逐渐上升，2010年除了贵州均达到99%以上。青海和四

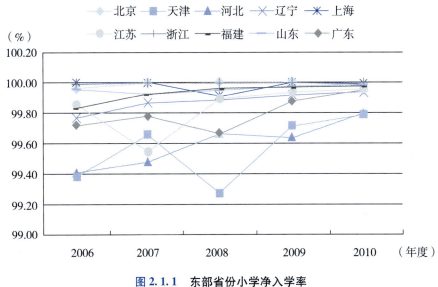

**图 2.1.1　东部省份小学净入学率**

---

①　由于数据来源限制，本部分不做分省份初中毛入学率分析，小学分省份净入学率分析起始时间为2006年。九年义务教育完成率由于人口流动的关系无法分省份计算。因此，本部分只讨论小学净入学率。

②　海南省入学率2009年数据相比其他年份极端异常，本书不予采信。

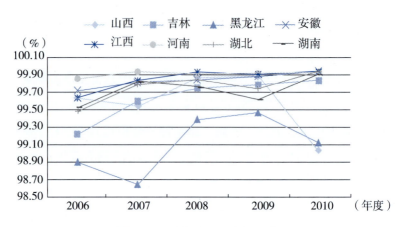

**图 2.1.2　中部省份小学净入学率**

川 2007 年上升幅度比较大，比 2006 年的 97% 上升了 1 个百分点，随后的几年稳步上升。云南和西藏 2006 年分别为 96.57% 和 96.54%，处于当时全国最低水平，云南在随后的几年稳步上升，2010 年达到 99.71%，西藏则大起大落，2007 年上升到 99.87%，2008 年又下降到 96.59%，2009 年上升到 98.77%，2010 年为 99.17%。贵州是唯一一个处于下降趋势的省份，2006 年为 98.62%，2007 年为 98.57%，2008 年为 97.24%，2009 年为 98.35%，2010 年为 97.89%，处于全国最低水平（见图 2.1.3）。

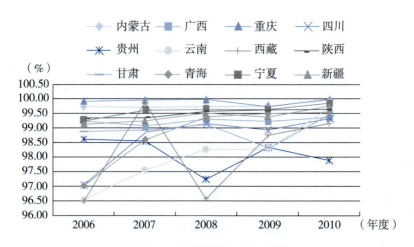

**图 2.1.3　西部省份小学净入学率**

**（二）多数省份净入学率性别差异缩小，个别省份亟待关注男童净入学率**

小学净入学率存在性别差异，并且在地区之间存在不同特征。东部地区自 2006 年以来女童净入学率高于男童的省份比较多，入学率名列前茅的上海、山东和浙江则几乎没有性别差异，仅个别年份相差 0.01 个百分点（见图 2.1.4）。中部省份性别差异比较多样，部分省份性别差异很小，部分省份女童净入学率较高，部分省份男童净入学率较高，大部分省份总体趋势是性别差异逐渐缩小。黑龙江不仅是总体净入学率较低的省份，性别差异也较大，2006 年女童净入学率高于男童 0.14 个百分点，随后两年逐渐缩小，但是 2009 年和 2010 年性别差异突然大幅增加，女童净入学率分别高于男童 0.2 个和 0.25 个百分点，所以黑龙江省提高净入学率的工作重点在于提高男童的净入学率（见图 2.1.5）。西部 12 个省份中，2006 年至 2009 年女童净入学率各年只有三分之一到六分之一的省份等于或者高于男童净入学率，2010 年性别差异总体上来讲有所缩小，7 个省份女童净入学率等于或者高于男童。青海净入学率性别差异缩小幅度较大并大致表现为逐年缩小趋势，2006 年女童净入学率为 96.70%，低于男童 0.67 个百分点，2007 年至 2009 年差距分别为 0.39 个、0.07 个、0.14 个百分点，2010 年女童净入学率首超男童，高出 0.01 个百分点。甘肃几年来女童净入学率

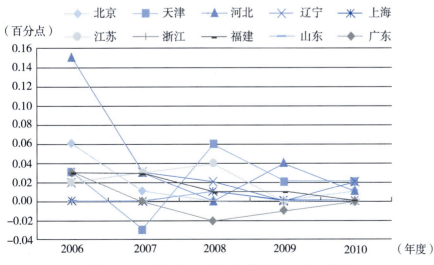

**图 2.1.4  东部省份净入学率性别差异（女童－男童）**

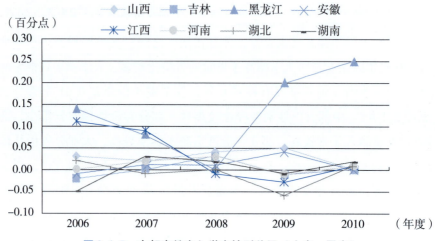

图 **2.1.5** 中部省份净入学率性别差异（女童－男童）

一直低于男童，2006 年女童净入学率为 98.75%，低于男童 0.27 个百分点，2007 年至 2010 年，分别低了 0.18 个、0.29 个、0.15 个和 0.17 个百分点。贵州省是唯一一个性别差异超过 1 个百分点的省份，并且是在西部省份中较少出现的女童净入学率高于男童。2006 年女童净入学率为 99.35%，男童为 97.96%，二者相差 1.39 个百分点，随后几年分别相差 1.92 个、2.10 个、1.88 个和 1.41 个百分点。巨大的性别差异降低了贵州总体净入学率，成为 2010 年全国最低的一个省份（见图 2.1.6）。

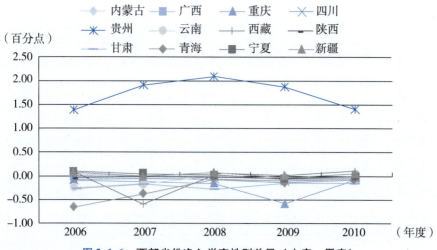

图 **2.1.6** 西部省份净入学率性别差异（女童－男童）

## 二、发展规模

### (一) 招生规模

#### 1. 人口大省招生规模位居前列

2010 年小学招生规模前 3 位省份河南、广东和山东超过了 100 万人，分别为 187.76 万、135.92 万和 111.30 万人（见图 2.1.7）。初中招生规模超过百万的有 4 个省份，分别是广东（166.37 万人）、河南（158.81 万人）、四川（111.63 万人）和山东（111.30 万人）（见图 2.1.8）。这几个省份也是我国的人口大省，2010 年第六次全国人口普查的结果显示，广东总人口突破 1 亿人，成为全国第一人口大省，河南省 9402 万人排在第三位，因此，河南的招生数与人口数量之比高于广东。

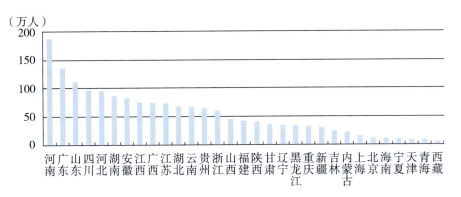

**图 2.1.7　2010 年各省份小学招生规模**

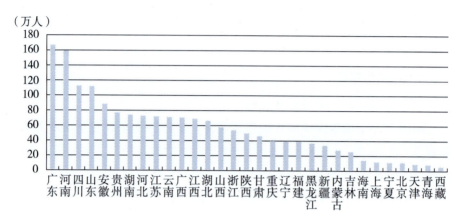

图 **2.1.8** 2010 年各省份初中招生规模

**2. 东中部省份近年小学招生规模出现增长，多数省份初中招生规模下降**

　　自 2001 年至 2010 年，各省份小学招生规模呈现不同变化趋势：逐渐增长、逐渐降低，或者稳定中略有波动。东部地区广东小学招生人数在 2004 年至 2009 年间呈现明显的下降趋势，但 2010 年又开始上扬。辽宁和福建的招生人数呈现微幅下降趋势；河北和江苏先经历下降，自 2005 年左右又开始上升；山东则表现出比较稳定的态势（见图 2.1.9）。中部地区人口大省河南自 2003 年以来一直处于上升趋势；安徽 2001 年至 2005 年呈现大幅度下降，此后趋势平稳；山西 2002 年至 2009 年呈现明显的下降趋势，2010 年略有上升（见图 2.1.10）。西部地区四川、甘肃和陕西招生人数下降幅度较大；贵州、内蒙古和重庆也呈现缓慢下降的趋势；西部地区省份 10 年来招生总体数量没有增长（见图 2.1.11）。

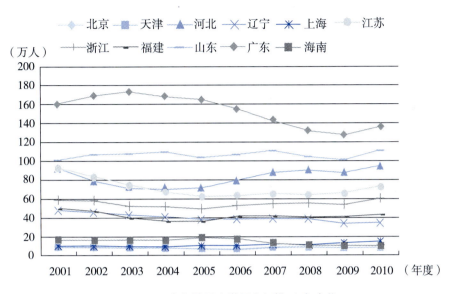

图 2.1.9　东部地区小学招生规模 10 年变化

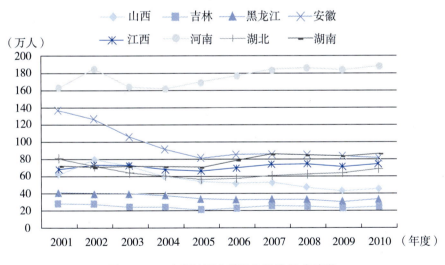

图 2.1.10　中部地区小学招生规模 10 年变化

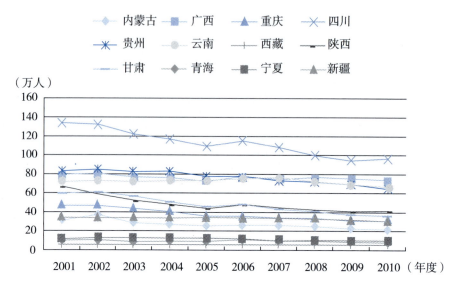

图 2.1.11 西部地区小学招生规模 10 年变化

10 年来江苏和河北初中招生人数大幅下降，山东经历下降趋势到 2006 年开始平稳上升；广东经历持续上升到 2008 年达到高峰，随后逐渐下降。福建、辽宁持续缓慢下降（见图 2.1.12）。广东、山东、河北和江苏在 2002 年招生人数曾经十分接近，经过 8 年时间，差距逐渐拉大。2010 年广东招生人数分别比河北、江苏、山东高出 94.21 万、95.32 万和 55.07 万人（见图 2.1.13）。中部地区各省份总体来说都呈现出或大或小不同程度的下降趋势，河南持续下降且下降幅度比较大，湖南早期阶段降幅较大，2005 年以后平稳，湖北 2003 年以后持续下降（见图 2.1.14）。西部地区大部分省份初中招生规模逐渐下降，四川、广西、陕西、新疆、内蒙古等省份下降幅度较大，重庆和甘肃近几年也出现下降趋势；贵州和云南则是波动中增长，宁夏、西藏和青海招生规模较平稳，略有增长（见图 2.1.15）。

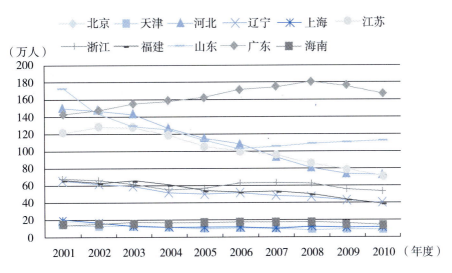

图 2.1.12　东部地区初中招生规模 10 年变化

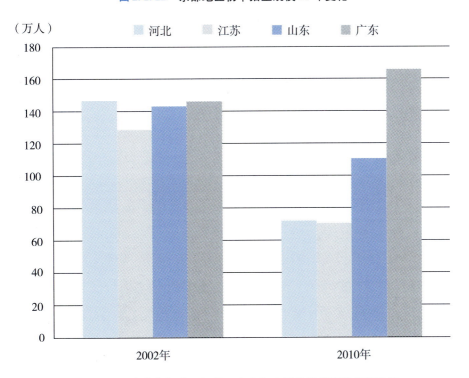

图 2.1.13　广东与河北、江苏、山东初中招生规模变化趋势比较

159

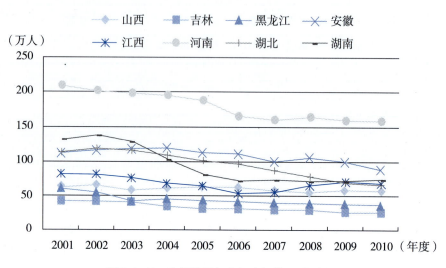

**图 2.1.14   中部地区初中招生规模 10 年变化**

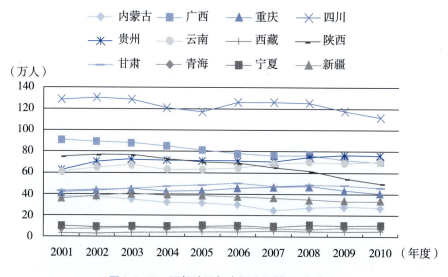

**图 2.1.15   西部地区初中招生规模 10 年变化**

**3. 29 个省份农村学校招生数占城乡总招生数比例下降，个别省份上升**

2001 年 28 个省份的农村小学招生数占城乡小学总招生数的比例超过 30%，其中 25 个省份超过 50%，甘肃、贵州、安徽和云南的农村小学招生数比例超过 80%；2001 年除了浙江所有省份的县镇招生比例未超过 50%，但 25 个省份的县镇招生比例在 30% 以下。到 2010 年，25 个省份的农村小学招生比例超过 30%，其中 18 个省份超过 50%，农村新招学生比例最高的两个省份河南和云南，比例分别为 72.16% 和 70.68%（见图 2.1.16）。

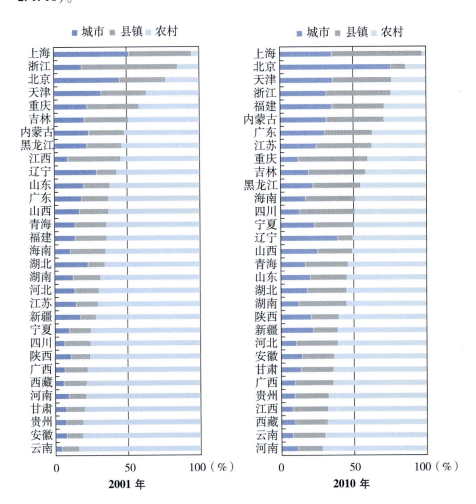

**图 2.1.16　与 2001 年相比 2010 年各省份小学新招学生城乡构成比例**

10 年间 29 个省份的农村小学新招学生比例缩减，19 个省份的缩减比例超过 10%，福建和江苏降幅高达 35.42% 和 32.93%。江西和浙江农村学生比例有所增长，增长比例分别为 13.74% 和 9.33%。27 个省份的县镇新招学生所占比例增长，13 个省份的增长比例超过 10%，其中江苏增长幅度最大，超过了 20%，比例为 22.89%；浙江、北京、江西和辽宁县镇新招学生比例下降，浙江、北京下降比例达到 21%。23 个省份的城市在校生比例增大，但增幅比县镇小，只有 6 个省份增幅超过 10%，增幅最大的 2 个省份是北京和福建，增幅分别为 30.42% 和 21.23%。8 个省份的城市在校生比例发生下降，降幅最大的 2 个省份是上海和重庆，降幅分别为 16.09% 和 10.71%（见表 2.1.1）。

表 2.1.1　2001—2010 年小学招生城乡构成比例增减情况（%）

| 省份 | 城市 | 县镇 | 农村 |
|------|------|------|------|
| 北京 | 30.42 | −21.27 | −9.15 |
| 天津 | 3.38 | 8.98 | −12.36 |
| 河北 | −3.46 | 11.90 | −8.44 |
| 山西 | 7.88 | 4.42 | −12.30 |
| 内蒙古 | 7.32 | 15.39 | −22.71 |
| 辽宁 | 9.98 | −3.26 | −6.72 |
| 吉林 | −1.60 | 8.74 | −7.14 |
| 黑龙江 | −0.23 | 8.61 | −8.38 |
| 上海 | −16.09 | 18.95 | −2.86 |
| 江苏 | 10.04 | 22.89 | −32.93 |
| 浙江 | 12.54 | −21.86 | 9.33 |
| 安徽 | 6.41 | 10.92 | −17.33 |
| 福建 | 21.23 | 14.19 | −35.42 |
| 江西 | −1.43 | −12.31 | 13.74 |
| 山东 | 0.08 | 7.08 | −7.16 |
| 河南 | 2.27 | 4.50 | −6.78 |
| 湖北 | −4.64 | 15.07 | −10.43 |
| 湖南 | −0.40 | 13.97 | −13.57 |
| 广东 | 11.53 | 14.07 | −25.59 |
| 广西 | 3.14 | 9.76 | −12.90 |

续表

| 省份 | 城市 | 县镇 | 农村 |
|------|------|------|------|
| 海南 | 6.69 | 9.33 | −16.02 |
| 重庆 | −10.71 | 11.88 | −1.17 |
| 四川 | 6.70 | 19.94 | −26.64 |
| 贵州 | 1.83 | 11.05 | −12.88 |
| 云南 | 3.67 | 9.67 | −13.34 |
| 西藏 | 3.78 | 5.85 | −9.63 |
| 陕西 | 9.92 | 5.35 | −15.26 |
| 甘肃 | 5.78 | 9.66 | −15.45 |
| 青海 | 2.64 | 7.45 | −10.09 |
| 宁夏 | 13.53 | 11.94 | −25.47 |
| 新疆 | 4.72 | 5.82 | −10.54 |

2001 年大部分省份初中招生以农村学校为主体，25 个省份的农村初中新招学生占城乡新招学生比例超过 30%，其中 14 个省份超过 50%；到 2010 年，只有 15 个省份的农村新招学生超过 30%，3 个省份超过 50% ——陕西、新疆和江西农村新招初中学生占比分别为 54.83%、52.02% 和 50.65%。2001 年 19 个省份的县镇招生比例超过 30%，4 个省份超过 50%；到 2010 年，27 个省份的县镇招生比例超过 30%，12 个省份超过 50%。10 年间农村学校招生比例逐渐减小，县镇学校成为招生主力（见图 2.1.17）。

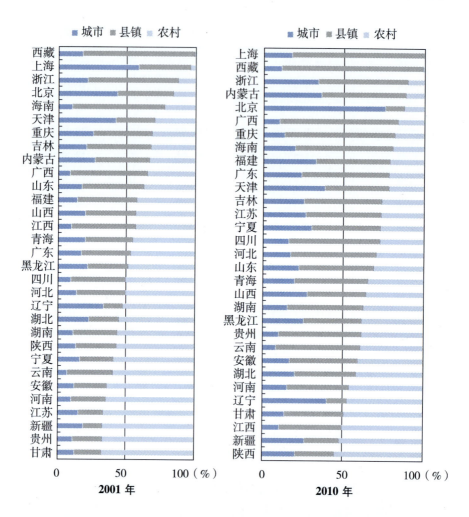

**图 2.1.17　与 2001 年相比 2010 年各省份初中新招学生城乡构成比例**

29 个省份的农村初中新招学生占城乡初中新招学生总数的比例减小，到 2010 年，18 个省份的缩减比例超过 10%，其中江苏和宁夏的降幅分别达到 39.52% 和 31.80%。西藏和江西微幅增长，江西农村在校生构成比例增长了 7.71%。24 个省份的县镇新招学生所占比例增长，18 个省份的增长比例超过 10%，其中重庆、江苏和贵州的增长比例超过 20%，分别为 24.97%、27.81% 和 29.63%。7 个省份县镇新招学生比例下降，其中只有浙江和北京的降幅超过 10%，降幅分别为 10.70%、29.19%。24 个省份的城市新招学生比例增大，但增幅比县镇小，除了北京以外，仅江苏、浙江、宁夏和福建的增幅超过10%，在11%—19%之间。7个省份的城市新招学生比例发生下降，降幅最大的2个省份是重庆和上海，降幅分别为12.66%和11.34%（见表2.1.2）。

表2.1.2　2001—2010年初中招生城乡构成比例增减情况（%）

| 省份 | 城市 | 县镇 | 农村 |
|---|---|---|---|
| 北京 | 32.28 | −29.19 | −3.09 |
| 天津 | −4.01 | 11.19 | −7.18 |
| 河北 | 3.64 | 17.40 | −21.04 |
| 山西 | 7.54 | −0.23 | −7.31 |
| 内蒙古 | 8.75 | 12.24 | −20.98 |
| 辽宁 | 6.26 | −1.70 | −4.56 |
| 吉林 | 4.67 | 0.53 | −5.20 |
| 黑龙江 | 3.62 | 6.30 | −9.91 |
| 上海 | −11.34 | 14.46 | −3.12 |
| 江苏 | 11.71 | 27.81 | −39.52 |
| 浙江 | 12.51 | −10.70 | −1.81 |
| 安徽 | 4.50 | 18.28 | −22.78 |
| 福建 | 18.70 | 2.22 | −20.92 |
| 江西 | 0.52 | −8.23 | 7.71 |
| 山东 | 5.47 | 0.33 | −5.80 |
| 河南 | 5.41 | 13.10 | −18.51 |
| 湖北 | −2.70 | 16.06 | −13.36 |
| 湖南 | 4.01 | 14.70 | −18.71 |
| 广东 | 6.84 | 17.73 | −24.56 |
| 广西 | 1.26 | 16.29 | −17.56 |
| 海南 | 9.65 | −6.84 | −2.80 |
| 重庆 | −12.66 | 24.97 | −12.30 |
| 四川 | 6.69 | 16.59 | −23.28 |
| 贵州 | −1.18 | 29.63 | −28.45 |

续表

| 省份 | 城市 | 县镇 | 农村 |
|------|------|------|------|
| 云南 | 1.15 | 18.73 | −19.88 |
| 西藏 | −6.72 | 6.26 | 0.45 |
| 陕西 | 7.29 | −5.42 | −1.87 |
| 甘肃 | 1.17 | 16.87 | −18.03 |
| 青海 | −0.37 | 11.28 | −10.92 |
| 宁夏 | 14.16 | 17.65 | −31.80 |
| 新疆 | 7.35 | 7.53 | −14.87 |

### （二）在校生规模

**1. 中西部省份的在校生规模占人口比重较高**

小学在校生规模排在全国前5位的省份分别是河南（1070.53万人）、广东（848.55万人）、山东（629.25万人）、四川（592.11万人）和河北（511.6万人）（见图2.1.18）；初中在校生规模排前5位的省份分别是广东（500.1万人）、河南（469.4万人）、山东（348.56万人）、四川（343.86万人）和安徽（278.99万人），河北排第7位，在校生规模为221.23万人（见图2.1.19）。

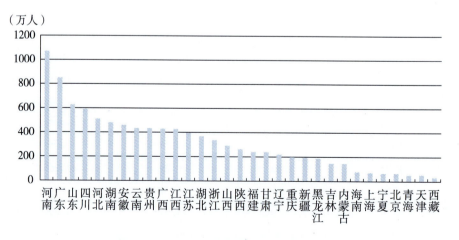

**图 2.1.18　2010 年各省份小学在校生规模**

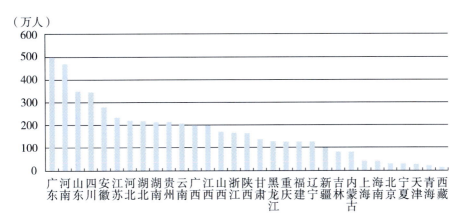

（万人）

**图 2.1.19　2010 年各省份初中在校生规模**

计算 2010 年小学和初中在校生总量占总人口数的比例，结果显示，比例低于 10% 的 10 个省份中大部分是东部省份，只有内蒙古、黑龙江和吉林是中西部省份。东部省份中只有海南、广东和山东占比超过 10%。义务教育学生数占人口总量比例最高的前 5 个省份分别是贵州、河南、宁夏、甘肃和西藏。贵州人口在全国排第 19 位，义务教育在校生的比例为 18.62%，几乎每 5 个人中就有一个义务教育在校生。河南的人口总量排在全国第三，仅次于广东和山东，义务教育在校生比例为 16.38%（见表 2.1.3）。

**表 2.1.3　2010 年义务教育学生数占总人口的比例（%）**

| 省份 | 比例 | 省份 | 比例 |
|---|---|---|---|
| 贵州 | 18.62 | 重庆 | 11.37 |
| 河南 | 16.38 | 湖南 | 10.57 |
| 宁夏 | 15.24 | 山东 | 10.21 |
| 甘肃 | 14.68 | 河北 | 10.20 |
| 西藏 | 14.61 | 湖北 | 10.20 |
| 江西 | 14.05 | 福建 | 9.93 |
| 云南 | 13.98 | 浙江 | 9.19 |
| 海南 | 13.87 | 内蒙古 | 9.09 |

续表

| 省份 | 比例 | 省份 | 比例 |
|------|------|------|------|
| 广西 | 13.70 | 黑龙江 | 8.28 |
| 新疆 | 13.48 | 吉林 | 8.24 |
| 青海 | 13.12 | 江苏 | 8.03 |
| 山西 | 12.95 | 辽宁 | 7.90 |
| 广东 | 12.93 | 天津 | 6.02 |
| 安徽 | 12.43 | 北京 | 4.91 |
| 四川 | 11.64 | 上海 | 4.90 |
| 陕西 | 11.39 | | |

**2. 东中部大部分省份小学和初中在校生规模下降，西部多数省份初中在校生增多**

东部地区江苏、福建、辽宁小学在校生规模10年来持续下降，江苏降幅最高，2008年以后趋于平缓。广东在校生规模自2001年上升，至2005年到高峰后逐渐下降，仍旧远远高于东部地区其他省份。河北2007年前降幅基本与江苏一致，2007年开始上升（见图2.1.20）。中部地区河南和湖南历经小幅下降，2005年后则持续增长，河南2010年小学在校生规模比人口相当的山东多441.28万人（见图2.1.21）。西部地区的四川和陕西10年来在校生规模持续下降，下降幅度较为明显（见图2.1.22）。与2001年相比，2010年小学在校生规模增长的省份有江西、青海和宁夏，分别增长了5.06%、3.44%和0.4%。降幅超过30%的省份有陕西（43.45%）、江苏（41.91%）、湖北（41.80%）、吉林（34.64%）、安徽（33.45%）、福建（32.63%）、辽宁（32.44%）和河北（31.57%）（见图2.1.23）。

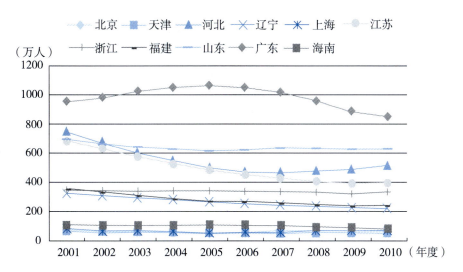

**图 2.1.20**　东部地区小学在校生规模 10 年变化

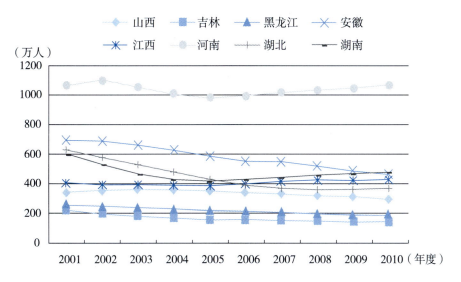

**图 2.1.21**　中部地区小学在校生规模 10 年变化

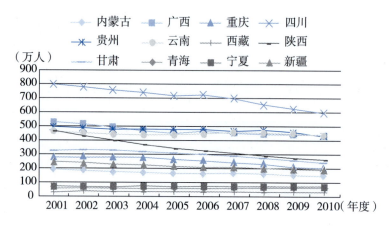

图 **2.1.22** 西部地区小学在校生规模 10 年变化

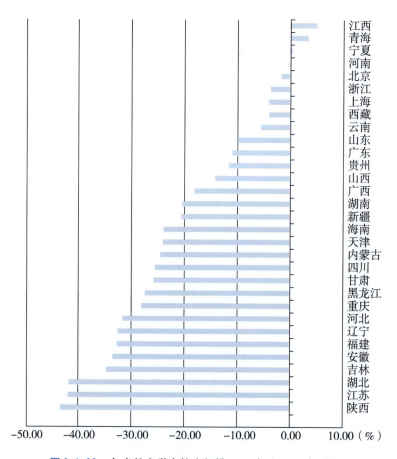

图 **2.1.23** 各省份小学在校生规模 2010 年比 2001 年增幅

　　至于初中在校生规模，东部地区只有广东 10 年来保持着较大幅度的上升趋势，山东 2001 年在校生规模比广东多 172.64 万人，处于东部省份第 1 位，2004 年两个省份持平，2010 年山东在校生规模比广东少 151.55 万人。河北省 2001—2003 年初中在校生规模与广东相当，随后持续下降，两个省份在校生规模 2010 年相差 278.87 万人。江苏经历小幅上升后 2005 年开始大幅下降，其他东部省份在校生规模平稳中略有下降（见图 2.1.24）。中部地区河南初中在校生规模经过长期下降，仅从 2001 年的全国第 1 位下降到 2010 年的第 2 位，2010 年初中在校生规模为 469.4 万人，比总人口规模相近的山东多 120.85 万人。湖南和江西经历下降后从 2008 年起略有上升（见图 2.1.25）。除了广东、海南，东部和中部各省份 2010 年的在校生规模都小于 2001 年。海南初中在校生规模由于"两基"攻坚计划的实施变化趋势表现出逐渐上升然后平稳的态势。广东初中在校生规模 2010 年比 2001 年增加了 23.36%，同为外来人口流入大省的江苏下降了 28.24%。有 9 个省份降幅超过 30%：河北（47.50%）、北京（41.06%）、黑龙江（40.19%）、山东（39.70%）、天津（39.37%）、湖南（38.65%）、福建（34.33%）、吉林（31.99%）和辽宁（31.59%）（参见图 2.1.27）。

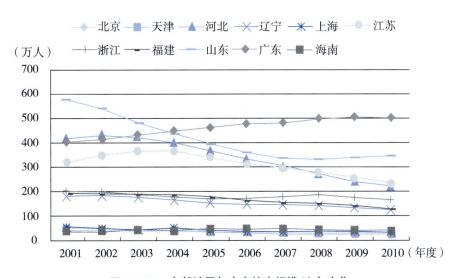

**图 2.1.24　东部地区初中在校生规模 10 年变化**

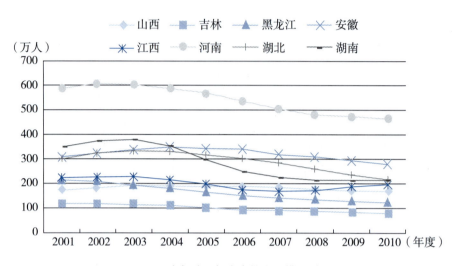

**图 2.1.25　中部地区初中在校生规模 10 年变化**

　　西部地区大部分省份的初中在校生规模相比 2001 年有所增长，这与义务教育普及程度的提高有一定关系，2007 年、2008 年以前增长幅度较大，"两基"攻坚计划将尽可能多的适龄儿童招收到学校就读之后，学生数量必然随着出生率的下降也呈现出下降趋势。西藏和贵州是增长幅度最大的两个省份。西藏 2010 年的初中在校生规模为 13.9 万人，是 2001 年的 2.47 倍；贵州 2010 年初中在校生规模为 213.66 万人，比 2001 年增加了 33.42%（见图 2.1.26、图 2.1.27）。

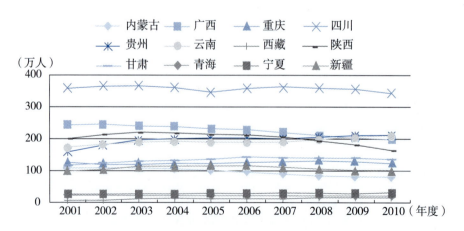

**图 2.1.26　西部地区初中在校生规模 10 年变化**

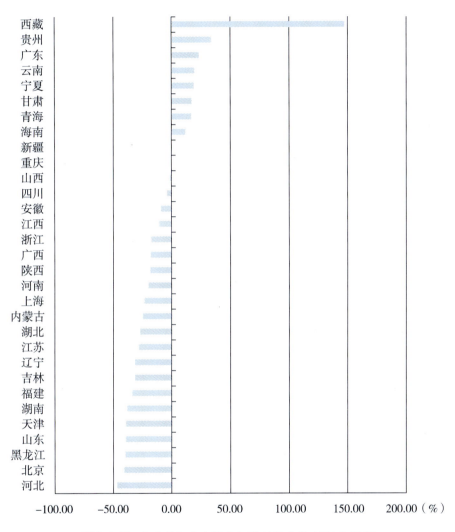

**图 2.1.27　各省份初中在校生规模 2010 年比 2001 年增幅**

### 3. 绝大部分省份的农村在校生占比降低，县镇占比大幅增加

2001 年 28 个省份的农村小学在校生比例超过 30%，其中 26 个省份超过 50%，3 个省份超过 80%；到 2010 年，25 个省份的农村小学在校生比例超过 30%，其中 18 个省份超过 50%，没有 1 个省份超过 80%。10 年间 29 个省份的农村小学在校生占全体在校生的比例减小，25 个省份的缩减比例超过 10%，福建和江苏降幅高达 37.14% 和 36.45%。江西和浙江农

村学生比例有所增长，增长比例分别为10.89%和9.56%。27个省份的县镇在校生所占比例增长，17个省份的增长比例超过10%，其中江苏增长幅度最大，超过了20%，比例为23.94%，浙江、北京、江西和辽宁县镇在校生比例下降，浙江、北京下降比例超过20%。27个省份的城市在校生比例增大，但增幅比县镇小，只有7个省份增幅超过10%，增幅最大的2个省份是北京和福建，增幅分别为31.91%和21.23%。4个省份的城市在校生比例发生下降，降幅最大的2个省份是上海和重庆，降幅分别为16.46%和11.42%（见表2.1.4、图2.1.28）。

表 2.1.4　与 2001 年相比 2010 年各省份小学在校生城乡构成比例变化（%）

| 省份 | 城市 | 县镇 | 农村 |
|------|------|------|------|
| 北京 | 31.91 | −21.48 | −10.43 |
| 天津 | −0.92 | 13.01 | −12.09 |
| 河北 | 0.67 | 12.16 | −12.83 |
| 山西 | 6.77 | 5.29 | −12.05 |
| 内蒙古 | 10.62 | 17.03 | −27.65 |
| 辽宁 | 9.27 | −2.88 | −6.39 |
| 吉林 | 3.58 | 10.60 | −14.18 |
| 黑龙江 | 0.81 | 9.57 | −10.37 |
| 上海 | −16.46 | 19.60 | −3.14 |
| 江苏 | 12.50 | 23.94 | −36.45 |
| 浙江 | 12.36 | −21.93 | 9.56 |
| 安徽 | 5.29 | 12.31 | −17.60 |
| 福建 | 21.23 | 15.91 | −37.14 |
| 江西 | 0.14 | −11.03 | 10.89 |
| 山东 | 3.24 | 7.78 | −11.01 |
| 河南 | 3.38 | 7.31 | −10.69 |
| 湖北 | −0.81 | 16.42 | −15.61 |
| 湖南 | 2.11 | 15.13 | −17.25 |
| 广东 | 10.05 | 13.39 | −23.44 |
| 广西 | 2.58 | 10.39 | −12.98 |
| 海南 | 6.92 | 11.34 | −18.26 |
| 重庆 | −11.42 | 11.85 | −0.43 |
| 四川 | 7.12 | 19.89 | −27.01 |

续表

| 省份 | 城市 | 县镇 | 农村 |
|------|------|------|------|
| 贵州 | 1.66 | 12.19 | −13.84 |
| 云南 | 3.06 | 9.34 | −12.40 |
| 西藏 | 2.25 | 6.95 | −9.21 |
| 陕西 | 9.90 | 5.48 | −15.38 |
| 甘肃 | 4.31 | 9.75 | −14.06 |
| 青海 | 0.81 | 9.21 | −10.01 |
| 宁夏 | 11.14 | 11.10 | −22.24 |
| 新疆 | 6.95 | 6.27 | −13.22 |

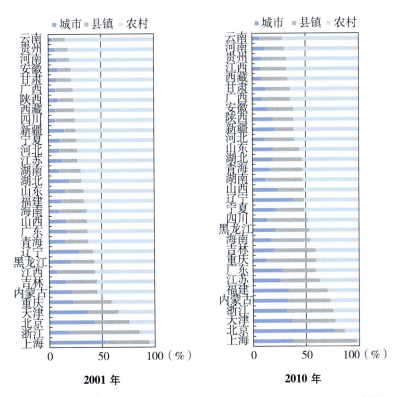

**图2.1.28　与2001年相比2010年各省份小学在校生城乡构成比例变化**

2001年大部分省份初中在校生以农村学生为主体，26个省份的农村初中在校生比例超过30%，其中12个省份超过50%；到2010年，只有16个省份的农村初中在校生比例超过30%，其中3个省份超过50%。28个省份的农村初中在校生占全体在校生的比例逐渐减小，到2010年，18个省份的缩减比例超过10%，其中江苏和宁夏的降幅分别达到37.30%和30.85%；3个省份增长，其中西藏和陕西增长比例很小，分别为0.53%和2.03%，江西增长比例较大，为9.12%。23个省份的县镇在校生所占比例增长，17个省份的增长比例超过10%，其中重庆、江苏和贵州的增长比例接近30%，分别为27.64%、28.13%和29.37%；8个省份县镇在校生比例发生下降，其中7个省份的降幅均未达到10%，仅北京发生比较大的变化，降幅为27.32%。23个省份的城市在校生比例增大，但是增大比例比县镇小，除了北京以外，仅浙江、宁夏和福建的增幅超过10%，分别为12.37%、14.40%和16.91%；8个省份的城市在校生比例发生下降，降幅最大的2个省份是重庆和上海，下降比例分别为15.94%和11.22%（见表2.1.5、图2.1.29）。

表2.1.5　与2001年相比2010年各省份初中在校生城乡构成比例变化（%）

| 省份 | 城市 | 县镇 | 农村 |
|------|------|------|------|
| 北京 | 30.16 | −27.32 | −2.83 |
| 天津 | −4.98 | 9.86 | −4.88 |
| 河北 | 2.82 | 17.71 | −20.54 |
| 山西 | 7.04 | −0.53 | −6.51 |
| 内蒙古 | 7.89 | 12.24 | −20.13 |
| 辽宁 | 3.87 | −1.91 | −1.97 |
| 吉林 | 4.17 | −0.19 | −3.98 |
| 黑龙江 | 5.72 | 3.16 | −8.88 |
| 上海 | −11.22 | 14.15 | −2.93 |
| 江苏 | 9.17 | 28.13 | −37.30 |
| 浙江 | 12.37 | −10.04 | −2.33 |
| 安徽 | 4.04 | 16.25 | −20.30 |
| 福建 | 16.91 | 2.82 | −19.73 |
| 江西 | 0.40 | −9.52 | 9.12 |

续表

| 省份 | 城市 | 县镇 | 农村 |
|------|------|------|------|
| 山东 | 5.78 | 0.06 | −5.84 |
| 河南 | 4.77 | 12.34 | −17.11 |
| 湖北 | −5.33 | 16.12 | −10.78 |
| 湖南 | 3.29 | 15.02 | −18.32 |
| 广东 | 6.68 | 17.83 | −24.51 |
| 广西 | 0.88 | 15.09 | −15.96 |
| 海南 | 9.20 | −7.83 | −1.38 |
| 重庆 | −15.94 | 27.64 | −11.71 |
| 四川 | 5.37 | 17.31 | −22.68 |
| 贵州 | −1.87 | 29.37 | −27.50 |
| 云南 | 0.66 | 18.98 | −19.63 |
| 西藏 | −9.89 | 9.36 | 0.53 |
| 陕西 | 4.68 | −6.71 | 2.03 |
| 甘肃 | −0.18 | 17.09 | −16.91 |
| 青海 | −0.70 | 12.75 | −12.04 |
| 宁夏 | 14.40 | 16.45 | −30.85 |
| 新疆 | 6.93 | 6.88 | −13.80 |

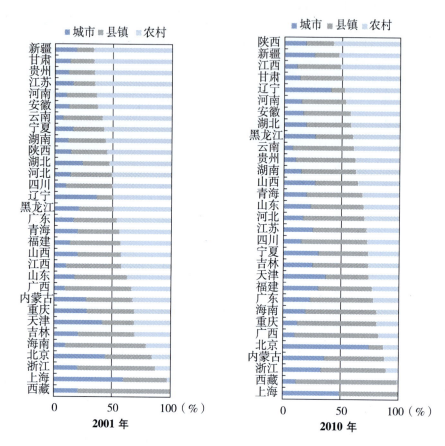

**图 2.1.29  与 2001 年相比 2010 年各省份初中在校生城乡构成比例变化**

### （三）校均规模

#### 1. 2010 年各省份城市小学和初中校均规模普遍超过千人

三分之一省份小学校均规模在 400 人以上，主要集中于东部和西部地区，中部仅湖北校均规模超过 400 人。小学校均规模排在全国前 5 位的省份是上海（915.90 人）、江苏（886.58 人）、浙江（835.62 人）、四川（637.91 人）和北京（591.72 人）（见图 2.1.30）。9 个省份的初中在校生规模超过千人，集中于西部和东部地区。排前 5 位的省份是广东（1511.80 人）、西藏（1494.54 人）、重庆（1275.35 人）、云南（1197.17人）和宁夏（1148.90 人）（见图 2.1.31）。除了上海初中校均规模略小于小学，其他省份初中校均规模均大于小学，广东和西藏初中和小学校均规模之差超过千人。上海初中校均规模小于小学，或与其未放开非沪籍学生中考有关，外来人口子女为了参加中考必须回原籍读初中，因而降低了初中的校均规模。西藏初中校均规模较大与寄宿制学校的建设有关；广东10年间初中在校生数量增长了23.36%，学校数量却下降了15.52%，从而造成校均规模的扩大。

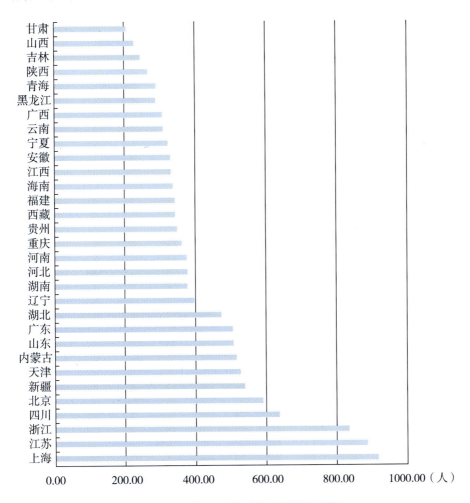

图2.1.30 2010年各省份小学校均规模

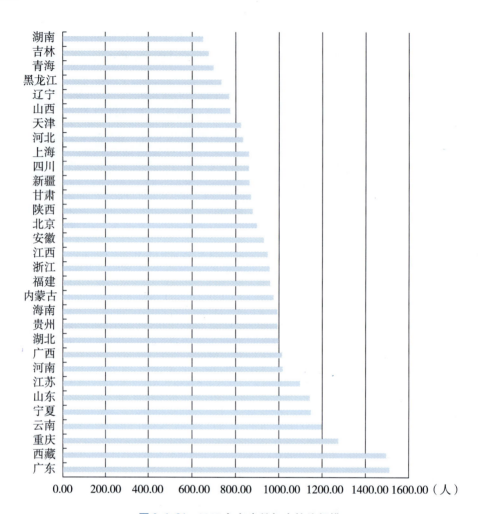

图 2.1.31    2010 年各省份初中校均规模

　　24 个省份的城市小学校均规模超过 1000 人，13 个省份的县镇小学校均规模超过 1000 人，31 个省份的农村小学都在 600 人以下（见表 2.1.6）。30 个省份的城市初中校均规模超过 1000 人，其中重庆和四川超过 2000 人，25 个省份的县镇初中校均规模超过 1000 人，农村初中校均规模超过 1000 人的只有西藏和广东（见表 2.1.7）。

表 2.1.6　**2010 年各省份小学分城乡校均规模（人）**

| 省份 | 城市 | 省份 | 县镇 | 省份 | 农村 |
|------|------|------|------|------|------|
| 新疆 | 1630.77 | 江苏 | 1321.48 | 江苏 | 577.74 |
| 江西 | 1559.69 | 江西 | 1294.62 | 上海 | 542.24 |
| 四川 | 1505.11 | 四川 | 1219.57 | 浙江 | 441.61 |
| 海南 | 1458.75 | 新疆 | 1212.21 | 四川 | 412.81 |
| 浙江 | 1329.49 | 辽宁 | 1160.40 | 新疆 | 387.42 |
| 湖南 | 1264.20 | 上海 | 1098.52 | 山东 | 367.47 |
| 广东 | 1249.45 | 浙江 | 1079.93 | 湖北 | 321.20 |
| 江苏 | 1246.84 | 广东 | 1066.20 | 天津 | 295.53 |
| 河南 | 1242.57 | 湖北 | 1039.51 | 河南 | 292.70 |
| 青海 | 1236.30 | 重庆 | 1039.26 | 河北 | 279.50 |
| 西藏 | 1232.86 | 宁夏 | 1020.68 | 广东 | 276.89 |
| 山东 | 1188.59 | 黑龙江 | 1015.77 | 贵州 | 269.95 |
| 内蒙古 | 1187.04 | 海南 | 1001.79 | 西藏 | 269.55 |
| 甘肃 | 1178.45 | 河南 | 965.95 | 北京 | 267.05 |
| 山西 | 1177.62 | 陕西 | 938.37 | 辽宁 | 257.42 |
| 宁夏 | 1169.28 | 青海 | 933.24 | 云南 | 249.19 |
| 云南 | 1165.80 | 吉林 | 932.06 | 湖南 | 247.55 |
| 重庆 | 1101.69 | 内蒙古 | 924.71 | 江西 | 245.87 |
| 贵州 | 1094.56 | 山东 | 871.55 | 安徽 | 237.22 |
| 吉林 | 1049.56 | 贵州 | 863.08 | 广西 | 230.40 |
| 广西 | 1049.34 | 山西 | 851.95 | 内蒙古 | 221.48 |
| 湖北 | 1041.59 | 湖南 | 844.07 | 宁夏 | 194.57 |
| 河北 | 1023.55 | 安徽 | 843.12 | 陕西 | 185.10 |
| 陕西 | 1014.03 | 河北 | 751.15 | 海南 | 184.87 |
| 安徽 | 899.75 | 云南 | 737.36 | 重庆 | 184.12 |
| 辽宁 | 891.82 | 广西 | 734.64 | 青海 | 177.39 |

续表

| 省份 | 城市 | 省份 | 县镇 | 省份 | 农村 |
|---|---|---|---|---|---|
| 黑龙江 | 825.89 | 西藏 | 669.28 | 福建 | 166.35 |
| 福建 | 784.31 | 天津 | 620.96 | 黑龙江 | 162.78 |
| 天津 | 781.44 | 甘肃 | 534.10 | 甘肃 | 148.78 |
| 北京 | 780.36 | 北京 | 533.11 | 山西 | 132.99 |
| 上海 | 751.89 | 福建 | 519.69 | 吉林 | 118.84 |

表 2.1.7  **2010 年各省份初中分城乡校均规模（人）**

| 省份 | 城市 | 省份 | 县镇 | 省份 | 农村 |
|---|---|---|---|---|---|
| 重庆 | 2139.78 | 广东 | 1751.00 | 西藏 | 1406.00 |
| 四川 | 2020.54 | 江西 | 1720.87 | 广东 | 1183.92 |
| 宁夏 | 1981.19 | 宁夏 | 1684.58 | 云南 | 860.67 |
| 河北 | 1915.17 | 新疆 | 1638.18 | 山东 | 840.75 |
| 甘肃 | 1914.05 | 云南 | 1608.54 | 湖北 | 797.60 |
| 陕西 | 1889.12 | 陕西 | 1602.26 | 河南 | 792.39 |
| 江西 | 1843.65 | 重庆 | 1582.44 | 江苏 | 783.11 |
| 湖南 | 1843.12 | 甘肃 | 1528.32 | 贵州 | 674.11 |
| 福建 | 1762.89 | 西藏 | 1506.84 | 江西 | 662.70 |
| 山西 | 1705.41 | 贵州 | 1470.57 | 重庆 | 654.41 |
| 山东 | 1603.72 | 安徽 | 1464.85 | 陕西 | 645.50 |
| 云南 | 1595.89 | 河南 | 1316.44 | 安徽 | 620.06 |
| 海南 | 1554.46 | 海南 | 1266.33 | 新疆 | 619.95 |
| 安徽 | 1551.84 | 湖北 | 1265.23 | 甘肃 | 591.53 |
| 青海 | 1533.39 | 山东 | 1260.77 | 辽宁 | 589.88 |
| 内蒙古 | 1532.49 | 广西 | 1233.97 | 宁夏 | 579.17 |
| 新疆 | 1486.30 | 江苏 | 1232.64 | 广西 | 563.35 |
| 河南 | 1462.14 | 四川 | 1224.78 | 天津 | 525.66 |

续表

| 省份 | 城市 | 省份 | 县镇 | 省份 | 农村 |
|------|------|------|------|------|------|
| 江苏 | 1453.20 | 福建 | 1206.33 | 黑龙江 | 497.36 |
| 广东 | 1426.71 | 青海 | 1179.82 | 浙江 | 489.90 |
| 西藏 | 1412.00 | 山西 | 1164.08 | 海南 | 486.01 |
| 吉林 | 1374.73 | 内蒙古 | 1140.18 | 河北 | 482.14 |
| 浙江 | 1336.89 | 河北 | 1099.37 | 福建 | 480.02 |
| 北京 | 1302.52 | 黑龙江 | 1098.65 | 四川 | 443.47 |
| 天津 | 1219.37 | 辽宁 | 1056.72 | 山西 | 442.06 |
| 贵州 | 1171.19 | 浙江 | 971.43 | 北京 | 404.85 |
| 湖北 | 1143.45 | 湖南 | 916.36 | 湖南 | 400.47 |
| 广西 | 1125.57 | 天津 | 890.92 | 内蒙古 | 362.45 |
| 黑龙江 | 1061.72 | 吉林 | 884.29 | 青海 | 357.08 |
| 辽宁 | 1056.34 | 上海 | 868.18 | 吉林 | 352.03 |
| 上海 | 851.93 | 北京 | 571.78 | 上海 | — |

注：上海 2010 年没有农村初中。

**2. 西部地区初中校均规模增大，东中部省份普遍下降；小学普遍上升**

东部地区各省份小学的校均规模总体趋势是增大。浙江和江苏是增长速度最快的两个省份，2001 年浙江和江苏校均规模分别为 345.65 人和 435.76 人，2010 年分别增长到 835.62 人和 886.58 人，分别增长了 141.75% 和 103.46%。这与两省份大规模撤并学校有关，浙江和江苏小学学校数量 2010 年比 2001 年分别减少了 60.18% 和 71.45%，在校生数量相对学校数量减少幅度较小，分别为 3.74% 和 41.91%（见图 2.1.32）。中部各省份小学在校生规模虽然小于东部省份，但是上升也较快。山西的校均规模仍旧是中部地区最小的，但是上升幅度最大，2001 年校均规模为 97.56 人，2010 年为 227.82 人，上升了 133.52%。湖北的校均规模在 2001 年即处于中部地区的高位，到 2010 年校均规模为 471.74 人，是山西的 2 倍多。吉林经历校均规模的下降和上升，2001 年和 2010 年的规模持平（见图2.1.33）。西部地区各省份小学校均规模变化趋势各异，持续大幅度上升的省份有内蒙古、四川、青海、陕西和重庆，这几个省份的上升幅度超过70%，其中内蒙古和四川超过150%；宁夏、云南和新疆小幅上升，上升了不到50%；贵州和甘肃10年来校均规模变化微小；广西和西藏则略有下降，校均规模减少了不到20人，这两个省份也是全国仅有的两个校均规模有缩小趋势的省份（见图2.1.34）。

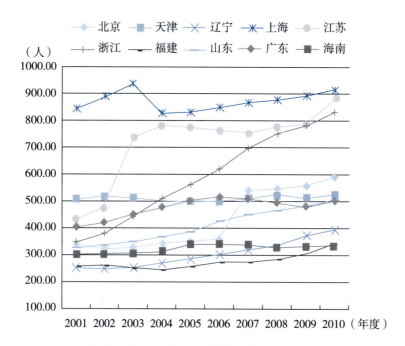

**图 2.1.32　东部地区小学校均规模 10 年变化**

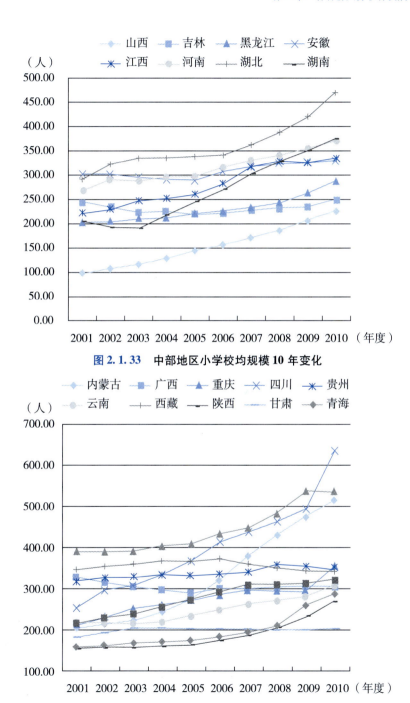

图 **2.1.33**　中部地区小学校均规模 **10** 年变化

图 **2.1.34**　西部地区小学校均规模 **10** 年变化

初中各省份校均规模变化表现出与小学较大的不同，小学各省份以上升趋势为主流态势，而初中呈下降趋势的省份数量以及下降幅度远远高于小学。东部地区省份初中校均规模自 2004 年左右以来以下降为主，中部地区省份变化趋势多样，西部地区省份持续上升。

东部地区各省份由于学校布局调整政策在 2003 年、2004 年左右校均规模有明显上升，达到峰值，之后一直呈下降趋势。其中表现最为明显是江苏，其 2001 年校均规模为 967.27 人，2003 年校均规模增加 604.00 人，增长了 62.44%；2004 年达到峰值后开始下降，2010 年为 1097.28 人。广东和海南在 2003 年和 2004 年大幅上升后一直持续上升，其中广东成为全国校均规模最大的省份。山东一直下降，到 2007 年开始上升。浙江和北京的校均规模在波动起伏中上升（见图 2.1.35）。中部地区各省份校均规模的变化特征与东部类似，经历 2001 年到 2003 年或者 2004 年快速增长后持

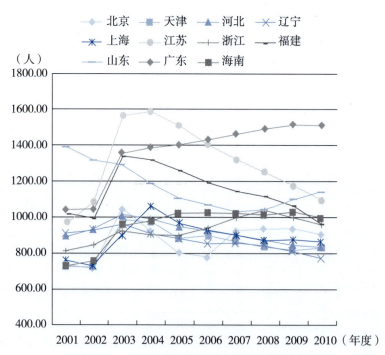

**图 2.1.35　东部地区初中校均规模 10 年变化**

续下降，个别省份如湖南和江西与北京类似，到 2007 年下降到最低点然后再次上升，只有山西保持了持续上升的趋势（见图 2.1.36）。西部地区初中校均规模经历了 2003 年的大幅增长，随后大部分省份持续小幅增长，个别省份稳定在 2003 年的水平，只有陕西在 2007 年后出现下降趋势。西部地区各省份没有像东部和中部在 2003 年或者 2004 年后出现大幅度下降的趋势，这与西部地区开展"两基"攻坚计划有关，其一方面让更多学生入学或者返回校园，另一方面通过持续合并学校、建设寄宿制学校进一步增大了校均规模（见图 2.1.37）。

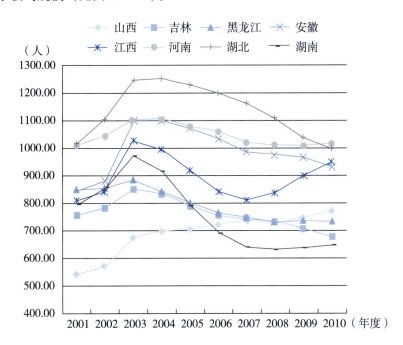

**图 2.1.36　中部地区初中校均规模 10 年变化**

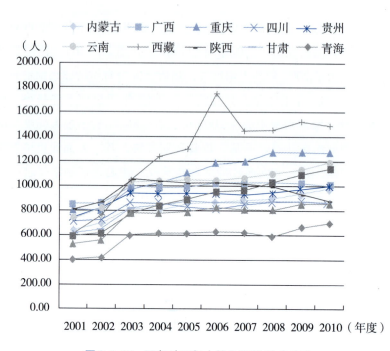

**图 2.1.37** 西部地区初中校均规模 10 年变化

**3. 城市和县镇校均规模普遍增长，近七成的省份农村初中规模缩小**

与 2001 年相比，除了上海的城市小学和福建的县镇小学校均规模出现了缩小，所有省份的城市和县镇小学校均规模都发生了增长，部分省份增长了 1—3 倍，只有辽宁和黑龙江的城市小学校均规模增长比例低于 20%，上海的县镇小学校均规模仅增长 1.33%。农村小学校均规模变化各省份趋势有所不同，10 个省份发生下降，只有浙江和四川出现翻倍。浙江的城乡小学校均规模均翻倍增长，重庆的城市和县镇小学校均规模增长了 3 倍，但农村校均规模增长比例仅为 6.99%（见表 2.1.8）。与 2001 年相比，辽宁的城市初中，北京、山东、湖南和辽宁的县镇初中校均规模出现缩小情况，其他省份的城市和县镇初中校均规模均出现大规模的增长。城市初中校均规模增长幅度在多数省份大于县镇，14 个省份的城市初中校均规模翻倍，县镇初中校均规模只有西部 4 个省份发生了翻倍现象。10 个省份的农村初中校均规模缩小，规模增长的省份其增长比例也低于城市和县镇，只有西藏的农村初中校均规模翻倍增长（见表 2.1.9）。

表 2.1.8 **2001—2010 年各省份小学分城乡校均规模变化**

| | 城市 | | 县镇 | | 农村 | |
|---|---|---|---|---|---|---|
| | 人数（人） | 比例（%） | 人数（人） | 比例（%） | 人数（人） | 比例（%） |
| 全国 | 471.19 | 73.76 | 456.78 | 98.66 | 46.94 | 22.71 |
| 北京 | 254.73 | 48.46 | 181.99 | 51.83 | 64.99 | 32.16 |
| 天津 | 183.49 | 30.69 | 118.99 | 23.70 | -147.77 | -33.33 |
| 河北 | 357.91 | 53.77 | 340.73 | 83.02 | 79.50 | 39.75 |
| 山西 | 493.90 | 72.24 | 561.81 | 193.64 | 64.59 | 94.41 |
| 内蒙古 | 360.06 | 43.54 | 460.62 | 99.25 | 89.64 | 68.00 |
| 辽宁 | 138.49 | 18.38 | 554.66 | 91.57 | 83.41 | 47.93 |
| 吉林 | 281.14 | 36.59 | 316.88 | 51.51 | -42.48 | -26.33 |
| 黑龙江 | 97.06 | 13.32 | 438.14 | 75.85 | 27.10 | 19.97 |
| 上海 | -97.90 | -11.52 | 14.40 | 1.33 | 215.75 | 66.08 |
| 江苏 | 635.20 | 103.85 | 496.90 | 60.26 | 194.72 | 50.84 |
| 浙江 | 671.09 | 101.93 | 720.85 | 200.75 | 247.93 | 128.02 |
| 安徽 | 185.82 | 26.03 | 289.01 | 52.16 | -28.12 | -10.60 |
| 福建 | 153.68 | 24.37 | -70.20 | -11.90 | -35.93 | -17.76 |
| 江西 | 760.89 | 95.25 | 1020.32 | 371.97 | 64.89 | 35.85 |
| 山东 | 621.27 | 109.51 | 369.16 | 73.48 | 91.76 | 33.28 |
| 河南 | 527.45 | 73.76 | 408.75 | 73.36 | 56.04 | 23.68 |
| 湖北 | 528.31 | 102.93 | 294.35 | 39.50 | 81.20 | 33.83 |
| 湖南 | 648.42 | 105.30 | 416.66 | 97.49 | 82.58 | 50.06 |
| 广东 | 437.62 | 53.90 | 291.43 | 37.61 | -39.04 | -12.36 |
| 广西 | 449.70 | 75.00 | 131.10 | 21.72 | -57.83 | -20.06 |
| 海南 | 621.03 | 74.13 | 277.58 | 38.33 | -40.77 | -18.07 |
| 重庆 | 839.00 | 319.39 | 790.89 | 318.43 | 12.02 | 6.99 |
| 四川 | 661.15 | 78.34 | 439.31 | 56.30 | 206.89 | 100.47 |
| 贵州 | 523.82 | 91.78 | 435.60 | 101.90 | -27.88 | -9.36 |

续表

| | 城市 | | 县镇 | | 农村 | |
|---|---|---|---|---|---|---|
| | 人数（人） | 比例（%） | 人数（人） | 比例（%） | 人数（人） | 比例（%） |
| 云南 | 454.15 | 63.82 | 253.81 | 52.49 | 54.58 | 28.04 |
| 西藏 | 309.86 | 33.57 | 186.15 | 38.53 | −42.07 | −13.50 |
| 陕西 | 269.67 | 36.23 | 520.41 | 124.51 | 54.98 | 42.25 |
| 甘肃 | 415.28 | 54.42 | 173.44 | 48.09 | −8.44 | −5.37 |
| 青海 | 228.46 | 22.67 | 644.54 | 223.26 | 60.73 | 52.05 |
| 宁夏 | 271.87 | 30.30 | 350.75 | 52.36 | 21.84 | 12.64 |
| 新疆 | 688.18 | 73.01 | 560.69 | 86.06 | 53.54 | 16.04 |

**表 2.1.9　2001—2010 年各省份初中分城乡校均规模变化**

| | 城市 | | 县镇 | | 农村 | |
|---|---|---|---|---|---|---|
| | 人数（人） | 比例（%） | 人数（人） | 比例（%） | 人数（人） | 比例（%） |
| 全国 | 614.82 | 73.19 | 279.68 | 27.72 | −151.56 | −19.58 |
| 北京 | 614.36 | 89.28 | −273.59 | −32.36 | −188.02 | −31.71 |
| 天津 | 651.64 | 114.78 | 37.96 | 4.45 | −377.31 | −41.79 |
| 河北 | 1039.38 | 118.68 | 25.91 | 2.41 | −320.58 | −39.94 |
| 山西 | 1014.46 | 146.82 | 407.88 | 53.94 | 38.47 | 9.53 |
| 内蒙古 | 688.51 | 81.58 | 350.39 | 44.36 | −87.66 | −19.48 |
| 辽宁 | −47.14 | −4.27 | −39.25 | −3.58 | −173.34 | −22.71 |
| 吉林 | 401.44 | 41.25 | 12.89 | 1.48 | −203.04 | −36.58 |
| 黑龙江 | 169.41 | 18.99 | 83.69 | 8.25 | −265.11 | −34.77 |
| 上海 | 72.37 | 9.28 | 125.72 | 16.93 | — | — |
| 江苏 | 563.20 | 63.28 | 173.49 | 16.38 | −181.19 | −18.79 |
| 浙江 | 394.87 | 41.92 | 81.87 | 9.20 | 6.22 | 1.28 |
| 安徽 | 762.85 | 96.69 | 483.88 | 49.33 | −188.17 | −23.28 |

续表

| | 城市 | | 县镇 | | 农村 | |
|---|---|---|---|---|---|---|
| | 人数（人） | 比例（%） | 人数（人） | 比例（%） | 人数（人） | 比例（%） |
| 福建 | 836.35 | 90.27 | 20.65 | 1.74 | −425.72 | −47.00 |
| 江西 | 1151.71 | 166.45 | 744.50 | 76.25 | −40.16 | −5.71 |
| 山东 | 335.29 | 26.43 | −373.79 | −22.87 | −374.95 | −30.84 |
| 河南 | 610.13 | 71.61 | 73.01 | 5.87 | −173.40 | −17.95 |
| 湖北 | 276.78 | 31.94 | 63.46 | 5.28 | −233.72 | −22.66 |
| 湖南 | 1109.27 | 151.16 | −41.94 | −4.38 | −336.33 | −45.65 |
| 广东 | 496.17 | 53.32 | 655.55 | 59.84 | 151.85 | 14.71 |
| 广西 | 305.48 | 37.25 | 230.70 | 23.00 | −110.20 | −16.36 |
| 海南 | 816.01 | 110.50 | 302.36 | 31.37 | 94.34 | 24.09 |
| 重庆 | 1436.59 | 204.30 | 649.00 | 69.53 | −109.00 | −14.28 |
| 四川 | 1258.19 | 165.04 | 373.68 | 43.90 | −170.74 | −27.80 |
| 贵州 | 580.09 | 98.14 | 715.03 | 94.64 | −94.91 | −12.34 |
| 云南 | 875.48 | 121.52 | 797.40 | 98.31 | 149.09 | 20.95 |
| 西藏 | 564.21 | 66.55 | 932.79 | 162.49 | 1133.00 | 415.02 |
| 陕西 | 1146.98 | 154.55 | 642.61 | 66.96 | −116.99 | −15.34 |
| 甘肃 | 1243.59 | 185.48 | 725.93 | 90.47 | 32.82 | 5.87 |
| 青海 | 926.66 | 152.73 | 770.01 | 187.89 | 17.64 | 5.20 |
| 宁夏 | 1357.80 | 217.81 | 844.44 | 100.51 | 57.44 | 11.01 |
| 新疆 | 913.25 | 159.36 | 1026.44 | 167.79 | 112.01 | 22.05 |

## （四）班额

### 1. 三成省份的城市和县镇小学以及七成省份的初中班额均超过50人

小学各省份平均班额都较大，除了甘肃和吉林，其他省份均超过30人，湖北等7个省份平均班额超过40人（见图2.1.38）。初中由于村级学校少见，平均班额更大。除了北京、上海和天津，各省份平均班额都在40人以上，超过50人的省份有19个，其中河南平均班额超过60人（见图

2.1.39）。全省（区、市）性的班额过大往往是由于地方政府过于追求规模效益、减少教育投入造成的。

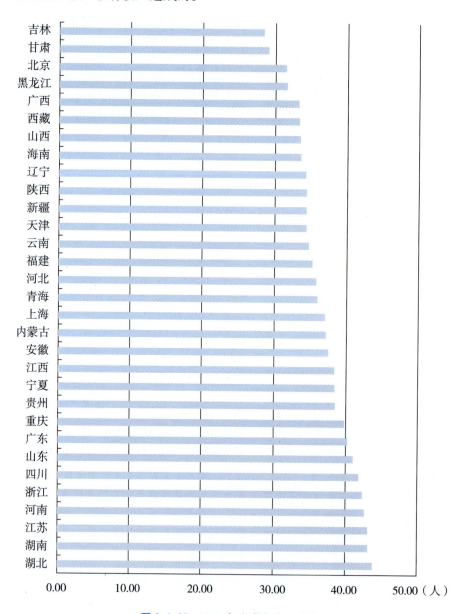

**图 2.1.38　2010 年小学各省份班额**

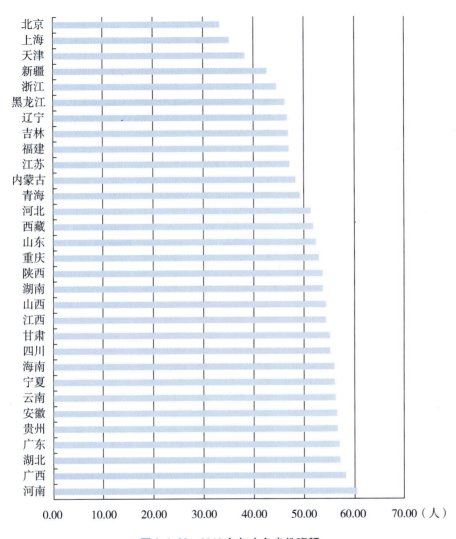

**图 2.1.39 2010 年初中各省份班额**

24 个省份的城市、23 个省份的县镇小学班额超过 45 人，其中 14 个省份的城市、9 个省份的县镇超过 50 人。河南的城市、县镇和农村的班额均较大，都排在全国前 5 位，湖南、贵州和江西的城乡班额均排在前 10 位。除了上海，小学阶段全国各省份城市班额远远大于农村班额，20 个省份的城市班额是农村班额的 1.5 倍以上，其中达到 2 倍及以上的省份有吉林、甘肃、海南、山西、福建。18 个省份的县镇班额是农村班额的 1.5 倍以上,其中吉林、海南和黑龙江超过 2 倍(见表 2.1.10)。小学班额的城乡差异更多与教育资源配置以及人口流动有关。人们为了就业或者追求更好的教育质量向城镇集中,而农村小学由于小学生的年龄较小不适宜采取初中的集中政策,造成班额相对于城市来说较小。

初中班额城乡差异没有小学突出,但是大班额现象普遍严重,21 个省份的城市、22 个省份的县镇和 16 个省份的农村班额超过 50 人,其中有 4 个省份的县镇班额超过 60 人,分别是河南、广西、湖北和陕西。各省份县镇班额普遍大于城市,全国只有 8 个省份的县镇初中班额小于城市。7 个省份的城市、15 个省份的县镇、3 个省份的农村班额超过 55 人。河南的城市、县镇和农村班额普遍较大,3 类地区的班额均排在全国前 5 名,安徽和贵州的城乡班额均排在前 10 名,相比班额最小的 3 个省份北京、上海和天津,其城乡班额均不到 40 人。河南、安徽和贵州等地城乡均存在大班额现象说明其教育投入不足(见表 2.1.11)。

表 2.1.10　2010 年各省份小学分城乡班额(人)

| 省份 | 城市 | 省份 | 县镇 | 省份 | 农村 |
|---|---|---|---|---|---|
| 河南 | 57.48 | 河南 | 56.40 | 上海 | 46.67 |
| 湖南 | 56.45 | 湖北 | 55.74 | 江苏 | 39.51 |
| 宁夏 | 55.83 | 陕西 | 54.36 | 河南 | 38.51 |
| 贵州 | 55.05 | 江西 | 54.28 | 湖北 | 38.38 |
| 甘肃 | 54.61 | 湖南 | 54.14 | 浙江 | 37.44 |
| 青海 | 54.50 | 宁夏 | 53.39 | 山东 | 36.84 |
| 云南 | 54.29 | 贵州 | 52.87 | 湖南 | 36.32 |
| 江西 | 53.02 | 四川 | 52.66 | 四川 | 34.26 |
| 山西 | 52.81 | 安徽 | 52.04 | 贵州 | 33.95 |
| 海南 | 52.04 | 海南 | 49.71 | 江西 | 33.73 |
| 四川 | 51.68 | 山西 | 49.36 | 广东 | 32.68 |
| 陕西 | 51.62 | 重庆 | 48.59 | 安徽 | 32.12 |
| 河北 | 51.34 | 青海 | 48.43 | 重庆 | 31.93 |

续表

| 省份 | 城市 | 省份 | 县镇 | 省份 | 农村 |
|------|------|------|------|------|------|
| 安徽 | 50.16 | 广东 | 48.11 | 云南 | 31.28 |
| 广西 | 49.48 | 黑龙江 | 47.68 | 河北 | 30.55 |
| 山东 | 48.92 | 河北 | 47.64 | 宁夏 | 30.03 |
| 内蒙古 | 48.75 | 辽宁 | 47.42 | 新疆 | 29.88 |
| 西藏 | 48.69 | 江苏 | 47.41 | 西藏 | 29.78 |
| 湖北 | 48.17 | 广西 | 47.37 | 天津 | 29.74 |
| 新疆 | 47.61 | 山东 | 47.03 | 辽宁 | 28.77 |
| 福建 | 47.56 | 云南 | 46.38 | 青海 | 28.70 |
| 广东 | 47.24 | 甘肃 | 44.54 | 广西 | 28.49 |
| 重庆 | 45.21 | 浙江 | 44.46 | 陕西 | 28.21 |
| 吉林 | 45.08 | 吉林 | 43.56 | 北京 | 26.17 |
| 浙江 | 44.08 | 内蒙古 | 43.47 | 山西 | 25.39 |
| 黑龙江 | 43.45 | 新疆 | 42.89 | 内蒙古 | 24.80 |
| 江苏 | 43.12 | 西藏 | 42.25 | 海南 | 24.10 |
| 辽宁 | 42.51 | 福建 | 41.62 | 甘肃 | 23.91 |
| 天津 | 33.99 | 上海 | 40.82 | 福建 | 23.76 |
| 北京 | 32.70 | 天津 | 38.18 | 黑龙江 | 23.39 |
| 上海 | 31.96 | 北京 | 31.34 | 吉林 | 18.67 |

**表 2.1.11　2010 年各省份初中分城乡班额（人）**

| 省份 | 城市 | 省份 | 县镇 | 省份 | 农村 |
|------|------|------|------|------|------|
| 宁夏 | 59.92 | 河南 | 62.92 | 广东 | 59.79 |
| 山西 | 58.56 | 广西 | 60.93 | 河南 | 59.54 |
| 河南 | 57.49 | 湖北 | 60.31 | 湖北 | 56.92 |
| 贵州 | 57.49 | 陕西 | 60.12 | 云南 | 54.99 |
| 甘肃 | 56.45 | 安徽 | 59.44 | 安徽 | 54.52 |

续表

| 省份 | 城市 | 省份 | 县镇 | 省份 | 农村 |
|------|------|------|------|------|------|
| 云南 | 55.98 | 海南 | 59.31 | 贵州 | 54.18 |
| 湖南 | 55.70 | 广东 | 59.06 | 甘肃 | 53.40 |
| 安徽 | 54.95 | 贵州 | 58.51 | 江西 | 52.80 |
| 四川 | 54.87 | 宁夏 | 57.40 | 广西 | 52.42 |
| 海南 | 54.76 | 山西 | 57.27 | 四川 | 52.16 |
| 陕西 | 54.33 | 云南 | 57.27 | 西藏 | 52.07 |
| 河北 | 53.55 | 甘肃 | 57.24 | 重庆 | 51.28 |
| 内蒙古 | 53.19 | 江西 | 57.02 | 陕西 | 51.19 |
| 吉林 | 53.12 | 四川 | 56.86 | 山东 | 51.16 |
| 江西 | 53.08 | 湖南 | 56.30 | 宁夏 | 50.67 |
| 山东 | 53.07 | 河北 | 54.32 | 湖南 | 50.17 |
| 青海 | 52.04 | 重庆 | 54.18 | 山西 | 49.09 |
| 湖北 | 51.96 | 山东 | 53.08 | 海南 | 48.46 |
| 广西 | 51.53 | 西藏 | 51.92 | 江苏 | 46.92 |
| 西藏 | 51.26 | 辽宁 | 51.82 | 河北 | 46.10 |
| 广东 | 50.77 | 青海 | 50.71 | 青海 | 45.74 |
| 重庆 | 49.47 | 黑龙江 | 50.31 | 辽宁 | 45.65 |
| 新疆 | 49.07 | 吉林 | 48.92 | 福建 | 44.94 |
| 黑龙江 | 48.42 | 江苏 | 48.48 | 黑龙江 | 42.32 |
| 福建 | 47.20 | 内蒙古 | 48.08 | 浙江 | 41.43 |
| 辽宁 | 46.58 | 福建 | 48.05 | 吉林 | 39.73 |
| 浙江 | 45.50 | 新疆 | 45.81 | 新疆 | 39.18 |
| 江苏 | 45.08 | 浙江 | 44.78 | 内蒙古 | 38.89 |
| 天津 | 37.31 | 天津 | 40.64 | 天津 | 36.50 |
| 北京 | 34.43 | 上海 | 36.66 | 上海 | 36.33 |
| 上海 | 33.88 | 北京 | 31.92 | 北京 | 29.51 |

2. 中西部省份小学班额普遍增大，东中部初中班额下降但多数省份班额仍过大

小学班额东部各省份变化趋势多样但以上升为主。浙江、山东、河北、辽宁、福建等省份保持较稳定的上升趋势；广东和海南的特点是先经历上升，2006 年达到峰值后逐渐下降；北京 2006 年小学班额大幅度下降，2007年再度大幅度上升，2 年间班额相差 9 人左右，此后班额稳定在 31—32 人之间；江苏班额一直保持在 40 人以上。中部地区除了安徽有下降趋势外，其他省份全部呈现上升趋势。西部地区的四川、重庆和贵州经历上升后 2007 年开始逐渐下降；甘肃则是西部地区唯一一个持续下降的省份；内蒙古等其他5 个省份一直保持上升的趋势（见图 2.1.40、图 2.1.41、图 2.1.42）。

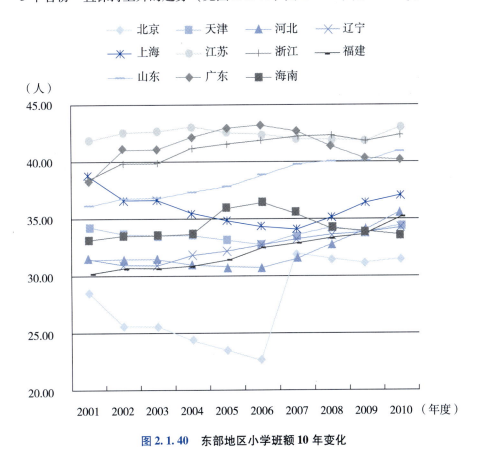

**图 2.1.40　东部地区小学班额 10 年变化**

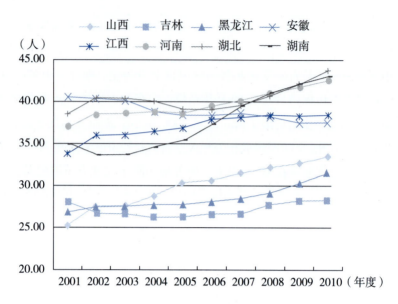

**图 2.1.41　中部地区小学班额 10 年变化**

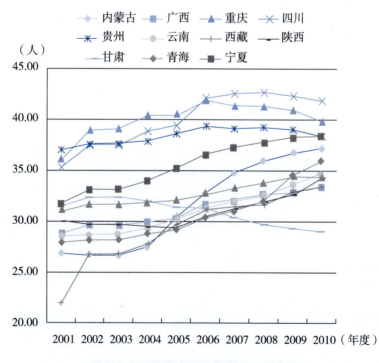

**图 2.1.42　西部地区小学班额 10 年变化**

初中班额在东中西三个地区之间也表现出不同态势。东部地区总体上表现出明显的下降趋势，只有广东经历小幅上升，但其在 2010 年也出现了下降的态势。北京初中规模与小学情况相近，在 2006 年下降到低谷，2007 年出现跳跃增长，随后再次出现下降趋势，班额的下降与出生率下降有关，而增长往往与地方政府合并学校的行为有关。2006 年、2007 年两年北京实施了较大规模的学校布局调整政策，例如六个郊区县调整撤并了 20 多所中学。中部地区的各省份除了山西到 2004 年上升到顶点后基本保持在 54 人左右的平稳水平上，其他各省份几乎都在 2003 年、2004 年达到顶点后开始下降。西部地区各省份的班额大趋势上表现比较平稳，在经历小幅上升后略有下降（见图 2.1.43、图 2.1.44、图 2.1.45）。

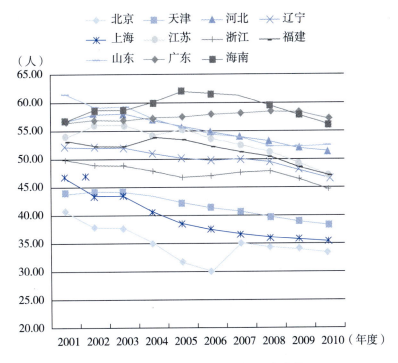

**图 2.1.43 东部地区初中班额 10 年变化**

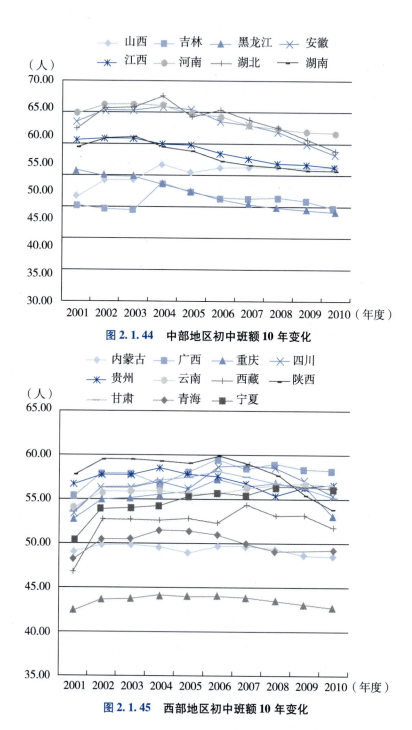

图 2.1.44　中部地区初中班额 10 年变化

图 2.1.45　西部地区初中班额 10 年变化

### 3. 中西部省份县镇小学班额增长明显，东部省份城乡初中班额减幅最大

与 2001 年相比，东部各省份小学城乡班额有增有减。河北城市学校班额增幅最大，从 2001 年的 31.38 人增加到 2010 年的 51.34 人，增幅比例为 63.61%；其次是山东和福建的增幅比例较高，分别为 25.61% 和 24.45%。天津、上海和辽宁的城市班额相比 2001 年缩减比例较大，分别为 14.01%、13.41% 和 5.14%。县镇班额增长比例最大的也是河北，从 2001 年的 39.60 人增长到 2010 年的 47.64 人，增长比例为 20.30%；其次为天津和浙江，增长幅度分别为 16.78% 和 13.57%；只有上海、江苏和广东的县镇班额有小幅缩减，最高比例不超过 4%。农村班额增长比例最大的是上海，从 2001 年的 34.35 人增加到 2010 年的 46.67 人，增长比例为 35.87%。其他省份都是农村班额最小，而上海出现倒挂，农村班额最大。上海的农村学校和班级数量全国最少，2010 年仅有 34 所学校 395 个班，学校数量占当地学校数量的 4.44%，班级数量占比仅 2.09%，缩小农村学校班额应该不是很困难。浙江和辽宁的农村班额增长幅度也较大，比例分别为 19.94% 和 10.62%。5 个省份农村班额发生了缩减，其中缩减比例超过 10% 的两个省份是海南和福建，比例分别为 15.56% 和 11.91%（见图 2.1.46、表 2.1.12）。

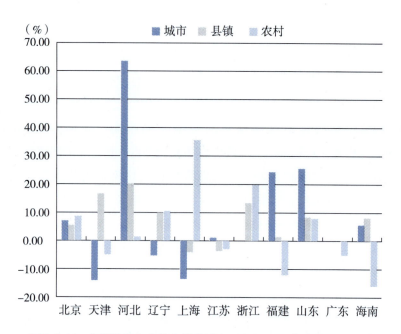

**图 2.1.46　东部地区各省份小学分城乡 2001—2010 年班额增减比例**

　　与 2001 年相比，2010 年中部地区大部分省份的城市、县镇和农村小学班额发生了增长，大多数省份县镇班额增长幅度最大。江西县镇班额增幅最大，从 2001 年的 35.20 人增长到 2010 年的 54.28 人，增长比例为 54.20%；其次是山西，县镇班额增长比例为 44.79%；湖北的县镇班额增长幅度排第三位，增长比例为 33.67%；增长比例超过 10% 的省份还有黑龙江和湖南。城市增长比例最高的也是山西，达到 23.96%；除了安徽下降外其他省份城市班额均有所增长，增幅超过 10%。山西和湖南的农村班额比例增长超过 10%，分别为 19.60% 和 14.56%；仅吉林和安徽农村班额下降，降幅分别为 17.93% 和 16.66%（见图 2.1.47、表 2.1.12）。

　　与 2001 年相比，除个别省份的农村外，西部各省份小学城乡班额均增长，有的省份城市增长幅度较大，有的省份县镇增长幅度较大。青海县镇增长比例最高，为 43.96%；其次为西藏、山西和贵州，增长比例为 30% 左右；贵州、重庆和广西等 5 个省份城市班额增长在 20%—25% 之间（西藏 2001 年教育事业统计数据的城市小学班级数量条目可能有误，此处不参与计算）。西藏农村班额增长比例达到 30%，青海和内蒙古的增长比例在

20%—21%之间。甘肃、贵州和重庆的农村班额下降，其中甘肃的下降比例为18.54%（见图2.1.48、表2.1.12）。

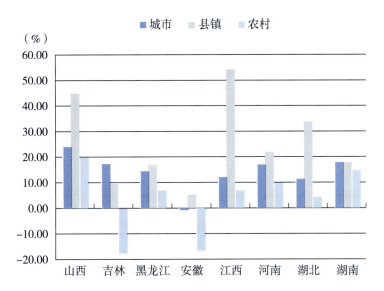

**图 2.1.47** 中部地区各省份小学分城乡2001—2010年班额增减比例

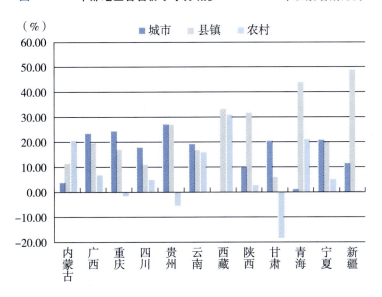

**图 2.1.48** 西部地区各省份小学分城乡2001—2010年班额增减比例

表 2.1.12 2001—2010 年各省份小学班额增减情况

| | 城市 | | 县镇 | | 农村 | |
|---|---|---|---|---|---|---|
| | 人数（人） | 比例（%） | 人数（人） | 比例（%） | 人数（人） | 比例（%） |
| 全国 | 5.56 | 13.18 | 7.33 | 17.65 | 0.95 | 3.04 |
| 北京 | 2.14 | 7.01 | 1.64 | 5.51 | 2.09 | 8.70 |
| 天津 | −5.54 | −14.01 | 5.49 | 16.78 | −1.51 | −4.82 |
| 河北 | 19.96 | 63.6 | 8.04 | 20.32 | 0.43 | 1.43 |
| 山西 | 10.21 | 23.96 | 15.27 | 44.79 | 4.16 | 19.60 |
| 内蒙古 | 1.71 | 3.64 | 4.43 | 11.34 | 4.21 | 20.43 |
| 辽宁 | −2.3 | −5.14 | 4.33 | 10.05 | 2.76 | 10.62 |
| 吉林 | 6.57 | 17.08 | 3.78 | 9.49 | −4.08 | −17.93 |
| 黑龙江 | 5.45 | 14.33 | 6.89 | 16.89 | 1.50 | 6.84 |
| 上海 | −4.95 | −13.41 | −1.68 | −3.95 | 12.32 | 35.86 |
| 江苏 | 0.58 | 1.35 | −1.71 | −3.48 | −1.14 | −2.81 |
| 浙江 | −0.02 | −0.04 | 5.31 | 13.57 | 6.22 | 19.94 |
| 安徽 | −0.52 | −1.03 | 2.57 | 5.20 | −6.42 | −16.66 |
| 福建 | 9.34 | 24.45 | 0.66 | 1.61 | −3.21 | −11.91 |
| 江西 | 5.69 | 12.03 | 19.07 | 54.18 | 2.11 | 6.68 |
| 山东 | 9.97 | 25.61 | 3.69 | 8.52 | 2.75 | 8.06 |
| 河南 | 8.26 | 16.79 | 10.10 | 21.81 | 3.40 | 9.69 |
| 湖北 | 4.85 | 11.18 | 14.04 | 33.67 | 1.57 | 4.26 |
| 湖南 | 8.53 | 17.79 | 8.19 | 17.82 | 4.62 | 14.56 |
| 广东 | −0.13 | −0.27 | −0.09 | −0.19 | −1.73 | −5.02 |
| 广西 | 9.37 | 23.36 | 7.79 | 19.70 | 1.82 | 6.83 |
| 海南 | 2.85 | 5.80 | 3.82 | 8.32 | −4.44 | −15.56 |
| 重庆 | 8.81 | 24.19 | 7.08 | 17.05 | −0.58 | −1.80 |
| 四川 | 7.77 | 17.68 | 5.21 | 10.98 | 1.58 | 4.83 |
| 贵州 | 11.71 | 27.03 | 11.26 | 27.07 | −1.96 | −5.45 |

续表

| | 城市 | | 县镇 | | 农村 | |
|---|---|---|---|---|---|---|
| | 人数（人） | 比例（%） | 人数（人） | 比例（%） | 人数（人） | 比例（%） |
| 云南 | 8.69 | 19.05 | 6.67 | 16.81 | 4.27 | 15.80 |
| 西藏 | 38.62 | 383.53 | 10.53 | 33.21 | 7.03 | 30.88 |
| 陕西 | 4.76 | 10.16 | 13.07 | 31.65 | 0.78 | 2.83 |
| 甘肃 | 9.19 | 20.23 | 2.54 | 6.05 | −5.44 | −18.54 |
| 青海 | 0.66 | 1.23 | 14.79 | 43.96 | 4.98 | 21.00 |
| 宁夏 | 9.55 | 20.64 | 8.82 | 19.78 | 1.44 | 5.03 |
| 新疆 | 4.92 | 11.51 | 14.07 | 0.49 | 0.13 | 0.45 |

　　初中班额与 2001 年相比，2010 年东部大部分省份城乡班额均大幅度下降，尤其农村班额下降幅度在多数省份都最高，8 个省份的农村班额缩减比例在 10%—30% 之间。只有河北和海南的城市、广东的县镇和农村初中班额发生了小幅度的增长。与东部省份相比，中部各省份初中班额也是农村学校下降趋势明显，但是缩减比例较小，仅黑龙江超过了 20%。在各省份普遍下降的趋势中，吉林和山西的班额则大幅增长，比例分别为47.84% 和 37.92%。除了内蒙古和重庆的县镇，西部各省份城市和县镇班额普遍增长，有 4 个省份的城市班额增幅超过了 10%，其中宁夏最高，达到 22.19%。县镇班额增幅稍小，只有西藏和青海达到 10%。而农村班额在大部分西部省份均发生了下降，内蒙古和陕西的班额缩减比例超过10%；西藏、云南和宁夏发生增长，其中西藏农村增幅达到 33.52%（见图 2.1.49、图 2.1.50、图 2.1.51、表 2.1.13）。

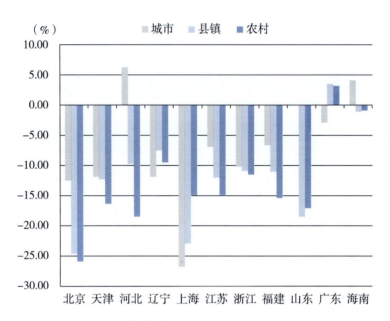

**图 2.1.49　东部地区各省份初中分城乡 2001—2010 年班额增减比例**

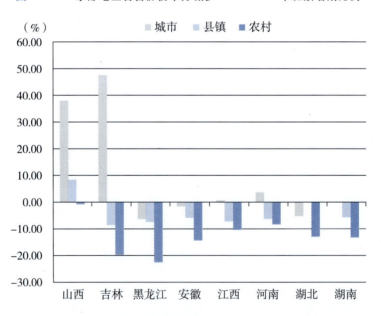

**图 2.1.50　中部地区各省份初中分城乡 2001—2010 年班额增减比例**

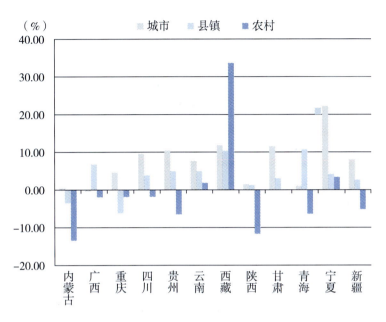

**图 2.1.51  西部地区各省份初中分城乡 2001—2010 年班额增减比例**

**表 2.1.13  2001—2010 年各省份初中班额增减情况**

| | 城市 | | 县镇 | | 农村 | |
|---|---|---|---|---|---|---|
| | 人数（人） | 比例（%） | 人数（人） | 比例（%） | 人数（人） | 比例（%） |
| 全国 | 0.14 | 0.29 | -2.17 | -3.78 | -5.25 | -9.27 |
| 北京 | -4.89 | -12.44 | -10.41 | -24.58 | -10.30 | -25.87 |
| 天津 | -5.02 | -11.86 | -5.67 | -12.24 | -7.11 | -16.31 |
| 河北 | 3.16 | 6.28 | -5.84 | -9.71 | -10.44 | -18.47 |
| 山西 | 16.10 | 37.92 | 4.47 | 8.46 | -0.34 | -0.68 |
| 内蒙古 | 0.11 | 0.21 | -1.76 | -3.52 | -6.06 | -13.48 |
| 辽宁 | -6.29 | -11.90 | -4.22 | -7.53 | -4.80 | -9.52 |
| 吉林 | 17.19 | 47.84 | -4.47 | -8.38 | -9.59 | -19.45 |

| | 城市 | | 县镇 | | 农村 | |
|---|---|---|---|---|---|---|
| | 人数（人） | 比例（％） | 人数（人） | 比例（％） | 人数（人） | 比例（％） |
| 黑龙江 | −3.24 | −6.27 | −4.01 | −7.39 | −12.04 | −22.15 |
| 上海 | −12.39 | −26.78 | −10.85 | −22.84 | −6.35 | −14.87 |
| 江苏 | −3.35 | −6.91 | −6.59 | −11.97 | −8.32 | −15.06 |
| 浙江 | −5.17 | −10.21 | −5.49 | −10.93 | −5.35 | −11.44 |
| 安徽 | −0.79 | −1.41 | −3.64 | −5.77 | −8.97 | −14.13 |
| 福建 | −3.37 | −6.66 | −5.91 | −10.95 | −8.14 | −15.33 |
| 江西 | 0.37 | 0.69 | −4.38 | −7.14 | −5.96 | −10.14 |
| 山东 | −0.05 | −0.10 | −11.98 | −18.41 | −10.52 | −17.06 |
| 河南 | 2.14 | 3.87 | −4.17 | −6.21 | −5.24 | −8.08 |
| 湖北 | −2.82 | −5.14 | −0.11 | −0.19 | −8.32 | −12.76 |
| 湖南 | 0.02 | 0.03 | −3.24 | −5.44 | −7.48 | −12.98 |
| 广东 | −1.49 | −2.85 | 1.98 | 3.47 | 1.86 | 3.21 |
| 广西 | −0.08 | −0.15 | 3.82 | 6.70 | −1.04 | −1.95 |
| 海南 | 2.17 | 4.12 | −0.62 | −1.04 | −0.41 | −0.84 |
| 重庆 | 2.18 | 4.61 | −3.58 | −6.20 | −0.95 | −1.82 |
| 四川 | 4.81 | 9.61 | 2.09 | 3.81 | −0.92 | −1.73 |
| 贵州 | 5.44 | 10.46 | 2.76 | 4.94 | −3.72 | −6.42 |
| 云南 | 3.99 | 7.68 | 2.66 | 4.87 | 0.97 | 1.80 |
| 西藏 | 5.43 | 11.86 | 4.84 | 10.29 | 13.07 | 33.52 |
| 陕西 | 0.85 | 1.58 | 0.72 | 1.21 | −6.72 | −11.60 |

| | 城市 | | 县镇 | | 农村 | |
|---|---|---|---|---|---|---|
| | 人数（人） | 比例（%） | 人数（人） | 比例（%） | 人数（人） | 比例（%） |
| 甘肃 | 5.80 | 11.45 | 1.61 | 2.90 | 0.06 | 0.11 |
| 青海 | 0.53 | 1.02 | 4.86 | 10.61 | -3.07 | -6.28 |
| 宁夏 | 10.88 | 22.19 | 2.30 | 4.18 | 1.65 | 3.36 |
| 新疆 | 3.61 | 7.95 | 1.17 | 0.03 | -2.14 | -5.19 |

# 第二节　各省份教师队伍发展状况

本部分从教师队伍的数量、结构两方面，分析了近十年来各省份小学和初中教师队伍的发展变化、各省份教师队伍发展的城乡差距等。

## 一、教师队伍的数量

### （一）教职工数

1. 河南小学教职工规模最大，超过 50 万人；西藏教职工规模最小，不足 2 万人

2010 年，河南小学教职工规模最大，达到 51.82 万人，其次是广东（48.78 万人）、山东（41.75 万人），教职工数最多的河南、广东和山东 3 个省份教职工数占全国教职工总数的 23.30%；西藏的小学教职工规模最小，仅 1.93 万人，教职工数最少的西藏、青海和宁夏 3 个省份教职工数仅占全国教职工总数的 1.32%（见图 2.2.1）。

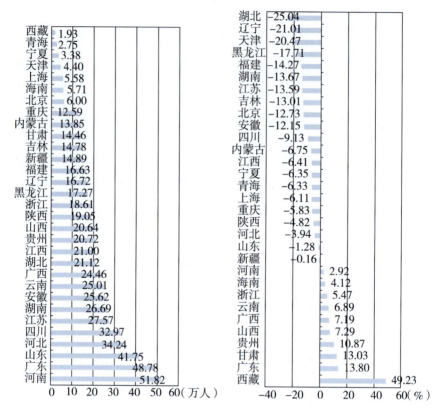

图 2.2.1　2010年各省份小学教职工数　　图 2.2.2　2001—2010年各省份小学

教职工增幅

### 2. 小学教职工数湖北减幅最大，西藏增幅最大

2001—2010 年，21 个省份的小学教职工数有所减少，其中，湖北、辽宁、天津 3 个省份的小学教职工数减幅均超过 20%，湖北的减幅最大，达到 25.04%，黑龙江等 7 个省份的小学教职工数减幅在 10%—20% 之间；10 个省份的小学教职工数有所增加，其中 4 个省份的增幅超过 10%，西藏的增幅最大，达到 49.23%（见图 2.2.2）。

### 3. 各省份城乡小学教职工数变化幅度差距较大

分城乡看，2001—2010 年部分省份的小学教职工数增减幅度甚至超过 50%，特别是县镇教职工数变化幅度较大，这与近年来我国城镇化进程加快以及学龄人口在城乡之间的流动有关。城市小学教职工数重庆减幅最大，达到 62.39%，4 个省份增幅超过 50%，宁夏增幅最大，达到 76.25%；县镇小学教职工数北京减幅最大，达到 65.48%，9 个省份增幅超过 50%，江苏增幅最大，达到 110.58%；农村小学教职工数上海减幅最大，达到 67.50%，2 个省份增幅超过 50%，浙江增幅最大，达到 62.56%（见表 2.2.1）。

表 2.2.1　各省份小学教职工数及 2001—2010 年变化幅度

| 省份 | 2010 年教职工数（万人） | 2001 年教职工数（万人） | 教职工总数变化幅度（%） | 城市教职工数变化幅度（%） | 县镇教职工数变化幅度（%） | 农村教职工数变化幅度（%） |
|---|---|---|---|---|---|---|
| 北京 | 6.00 | 6.88 | -12.73 | 39.35 | -65.48 | -36.62 |
| 天津 | 4.40 | 5.53 | -20.47 | -24.36 | -1.28 | -34.65 |
| 河北 | 34.24 | 35.64 | -3.94 | -29.25 | 45.94 | -11.15 |
| 山西 | 20.64 | 19.24 | 7.29 | 14.21 | 15.46 | 2.64 |
| 内蒙古 | 13.85 | 14.85 | -6.75 | 5.06 | 45.21 | -31.36 |
| 辽宁 | 16.72 | 21.17 | -21.01 | -0.59 | -46.27 | -25.16 |
| 吉林 | 14.78 | 16.99 | -13.01 | -15.69 | -4.27 | -16.83 |
| 黑龙江 | 17.27 | 20.99 | -17.71 | -15.51 | -7.77 | -21.92 |
| 上海 | 5.58 | 5.95 | -6.11 | -19.43 | 18.35 | -67.50 |
| 江苏 | 27.57 | 31.90 | -13.59 | 20.88 | 110.58 | -49.10 |
| 浙江 | 18.61 | 17.64 | 5.47 | 61.92 | -27.06 | 62.56 |
| 安徽 | 25.62 | 29.16 | -12.15 | 4.11 | 52.86 | -25.46 |
| 福建 | 16.63 | 19.40 | -14.27 | 69.08 | 40.32 | -49.10 |
| 江西 | 21.00 | 22.43 | -6.41 | -8.84 | -41.68 | 15.62 |
| 山东 | 41.75 | 42.29 | -1.28 | -6.93 | 29.73 | -8.73 |
| 河南 | 51.82 | 50.35 | 2.92 | 16.84 | 43.70 | -5.89 |
| 湖北 | 21.12 | 28.18 | -25.04 | -39.96 | 52.26 | -33.72 |
| 湖南 | 26.69 | 30.91 | -13.67 | -16.34 | 46.19 | -30.65 |
| 广东 | 48.78 | 42.86 | 13.80 | 56.93 | 88.47 | -23.03 |

续表

| 省份 | 2010年教职工数（万人） | 2001年教职工数（万人） | 教职工总数变化幅度（%） | 城市教职工数变化幅度（%） | 县镇教职工数变化幅度（%） | 农村教职工数变化幅度（%） |
|---|---|---|---|---|---|---|
| 广西 | 24.46 | 22.82 | 7.19 | −1.58 | 35.45 | −0.36 |
| 海南 | 5.71 | 5.48 | 4.12 | 31.63 | 26.23 | −9.42 |
| 重庆 | 12.59 | 13.36 | −5.83 | −62.39 | 19.83 | 17.50 |
| 四川 | 32.97 | 36.28 | −9.13 | 44.80 | 68.27 | −38.44 |
| 贵州 | 20.72 | 18.69 | 10.87 | −11.68 | 74.83 | 1.12 |
| 云南 | 25.01 | 23.40 | 6.89 | 32.63 | 65.19 | −4.80 |
| 西藏 | 1.93 | 1.29 | 49.23 | 12.04 | 53.70 | 54.96 |
| 陕西 | 19.05 | 20.02 | −4.82 | 5.77 | −8.91 | −5.87 |
| 甘肃 | 14.46 | 12.79 | 13.03 | 1.08 | 66.60 | 4.28 |
| 青海 | 2.75 | 2.94 | −6.33 | −0.20 | 15.11 | −15.86 |
| 宁夏 | 3.38 | 3.61 | −6.35 | 76.25 | 41.02 | −29.96 |
| 新疆 | 14.89 | 14.91 | −0.16 | 7.53 | 24.61 | −5.87 |

### （二）专任教师数

**1. 河南小学和初中专任教师规模近 80 万人，西藏不足 3 万人**

2010 年，河南小学和初中专任教师规模最大，达到 76.71 万人，其次是广东（69.72 万人）、山东（64.81 万人），专任教师数最多的河南、广东和山东 3 个省份专任教师数占全国专任教师总数的 23.11%；西藏的小学和初中专任教师规模最小，仅 2.78 万人，专任教师数最少的西藏、青海和宁夏 3 个省份专任教师数仅占全国专任教师总数的 1.32%（见图 2.2.3、图 2.2.4）。

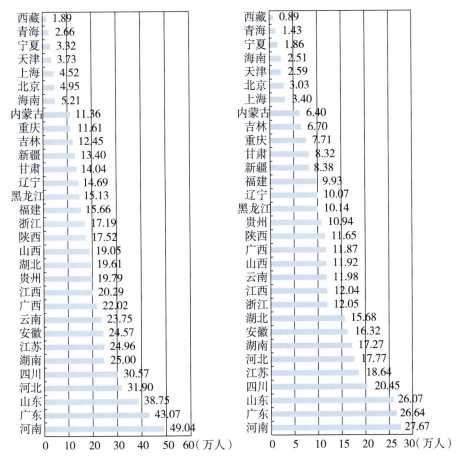

**图 2.2.3　2010 年各省份小学专任教师数**　　**图 2.2.4　2010 年各省份初中专任教师数**

### 2. 湖北的小学和河北的初中专任教师数减幅最大，西藏增幅最大

2001—2010 年，19 个省份的小学专任教师数有所减少，其中湖北减幅最大，达到 24.07%，辽宁等 9 个省份的小学专任教师数减幅在 10%—20% 之间；12 个省份的小学专任教师数有所增加，其中西藏等 4 个省份的增幅超过 10%，西藏增幅最大，达到 57.57%。12 个省份的初中专任教师数有所减少，其中 6 个省份的减幅超过 10%，河北减幅最大，达到 19.59%；19 个省份的初中专任教师数有所增加，其中 5 个省份的增幅超过 30%，西藏增幅最大，达到 127.51%（见图 2.2.5、图 2.2.6）。

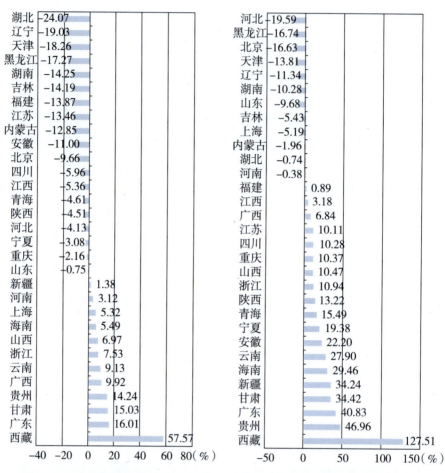

图 2.2.5　2001—2010 年各省份小学专任教师增幅

图 2.2.6　2001—2010 年各省份初中专任教师增幅

### 3. 各省份县镇专任教师变化幅度较大

分城乡看，2001—2010 年部分省份的专任教师增减幅度甚至超过 50%，特别是县镇专任教师数变化幅度较大（见表 2.2.2、表 2.2.3）。教师队伍数量变化幅度如此之大，给教师队伍的管理带来巨大挑战。

城市专任教师数重庆减幅最大，小学和初中分别达到 60.77% 和 51.36%；6 个省份小学专任教师增幅超过 50%，宁夏增幅最大，达到 85.18%；5 个省份初中专任教师增幅超过 50%，海南增幅最大，达到

99.30％。城市专任教师增幅较大的省份以东部省份为主。县镇专任教师数北京减幅最大，小学和初中分别达到67.07％和67.85％；9个省份小学专任教师增幅超过50％，江苏增幅最大，达到116.70％；12个省份初中专任教师增幅超过50％，贵州增幅最大，达到210.48％。县镇专任教师增幅较大的省份以西部省份为主。农村专任教师数上海减幅最大，小学和初中分别达到70.84％和95.19％，江苏的小学和内蒙古的初中专任教师减幅也超过50％；2个省份小学专任教师增幅超过50％，浙江增幅最大，达到66.94％；西藏初中专任教师增幅超过50％，达到190.00％。

表2.2.2 各省份小学专任教师数及2001—2010年变化幅度

| 省份 | 2010年专任教师数（万人） | 2001年专任教师数（万人） | 专任教师总数变化幅度（％） | 城市专任教师数变化幅度（％） | 县镇专任教师数变化幅度（％） | 农村专任教师数变化幅度（％） |
|---|---|---|---|---|---|---|
| 北京 | 4.95 | 5.48 | −9.66 | 51.66 | −67.07 | −41.14 |
| 天津 | 3.73 | 4.57 | −18.26 | −20.47 | 1.45 | −34.81 |
| 河北 | 31.90 | 33.28 | −4.13 | −27.33 | 45.57 | −11.52 |
| 山西 | 19.05 | 17.81 | 6.97 | 17.65 | 14.26 | 1.83 |
| 内蒙古 | 11.36 | 13.03 | −12.85 | 11.53 | 45.26 | −41.09 |
| 辽宁 | 14.69 | 18.14 | −19.03 | 1.33 | −45.87 | −22.38 |
| 吉林 | 12.45 | 14.51 | −14.19 | −12.59 | −3.98 | −19.23 |
| 黑龙江 | 15.13 | 18.29 | −17.27 | −12.06 | −5.11 | −22.70 |
| 上海 | 4.52 | 4.30 | 5.32 | −11.61 | 38.65 | −70.84 |
| 江苏 | 24.96 | 28.84 | −13.46 | 26.72 | 116.70 | −50.02 |
| 浙江 | 17.19 | 15.99 | 7.53 | 66.67 | −26.02 | 66.94 |
| 安徽 | 24.57 | 27.61 | −11.00 | 6.28 | 56.61 | −24.35 |
| 福建 | 15.66 | 18.18 | −13.87 | 72.58 | 45.43 | −48.99 |
| 江西 | 20.29 | 21.44 | −5.36 | −7.72 | −41.83 | 17.09 |
| 山东 | 38.75 | 39.04 | −0.75 | −4.61 | 34.07 | −9.26 |
| 河南 | 49.04 | 47.56 | 3.12 | 21.38 | 42.58 | −5.50 |

续表

| 省份 | 2010年专任教师数（万人） | 2001年专任教师数（万人） | 专任教师总数变化幅度(%) | 城市专任教师数变化幅度(%) | 县镇专任教师数变化幅度(%) | 农村专任教师数变化幅度（%） |
|---|---|---|---|---|---|---|
| 湖北 | 19.61 | 25.82 | -24.07 | -38.62 | 57.89 | -33.48 |
| 湖南 | 25.00 | 29.16 | -14.25 | -15.87 | 46.38 | -31.01 |
| 广东 | 43.07 | 37.13 | 16.01 | 60.74 | 90.80 | -20.59 |
| 广西 | 22.02 | 20.03 | 9.92 | 0.55 | 36.15 | 3.05 |
| 海南 | 5.21 | 4.93 | 5.49 | 32.41 | 25.70 | -6.49 |
| 重庆 | 11.61 | 11.86 | -2.16 | -60.77 | 23.28 | 21.88 |
| 四川 | 30.57 | 32.51 | -5.96 | 50.42 | 80.80 | -36.45 |
| 贵州 | 19.79 | 17.32 | 14.24 | -6.70 | 80.16 | 3.98 |
| 云南 | 23.75 | 21.77 | 9.13 | 34.85 | 72.00 | -2.66 |
| 西藏 | 1.89 | 1.20 | 57.57 | 13.95 | 66.56 | 62.78 |
| 陕西 | 17.52 | 18.35 | -4.51 | 8.70 | -7.15 | -6.20 |
| 甘肃 | 14.04 | 12.20 | 15.03 | 5.71 | 69.78 | 5.85 |
| 青海 | 2.66 | 2.79 | -4.61 | 5.51 | 16.37 | -14.67 |
| 宁夏 | 3.32 | 3.43 | -3.08 | 85.18 | 47.60 | -27.77 |
| 新疆 | 13.40 | 13.21 | 1.38 | 9.94 | 26.55 | -4.64 |

**表 2.2.3　各省份初中专任教师数及 2001—2010 年变化幅度**

| 省份 | 2010年专任教师数（万人） | 2001年专任教师数（万人） | 专任教师总数变化幅度（%） | 城市专任教师数变化幅度（%） | 县镇专任教师数变化幅度（%） | 农村专任教师数变化幅度（%） |
|---|---|---|---|---|---|---|
| 北京 | 3.03 | 3.63 | -16.63 | 27.36 | -67.85 | -19.02 |
| 天津 | 2.59 | 3.00 | -13.81 | -25.40 | 10.52 | -18.59 |
| 河北 | 17.77 | 22.10 | -19.59 | -23.56 | 13.29 | -41.74 |
| 山西 | 11.92 | 10.79 | 10.47 | 27.03 | 6.19 | 5.96 |
| 内蒙古 | 6.40 | 6.53 | -1.96 | 8.56 | 34.77 | -51.71 |

续表

| 省份 | 2010年专任教师数（万人） | 2001年专任教师数（万人） | 专任教师总数变化幅度（%） | 城市专任教师数变化幅度（%） | 县镇专任教师数变化幅度（%） | 农村专任教师数变化幅度（%） |
|---|---|---|---|---|---|---|
| 辽宁 | 10.07 | 11.36 | −11.34 | −0.61 | −32.28 | −12.99 |
| 吉林 | 6.70 | 7.09 | −5.43 | −10.14 | −10.00 | 6.03 |
| 黑龙江 | 10.14 | 12.18 | −16.74 | −2.76 | −22.64 | −19.96 |
| 上海 | 3.40 | 3.59 | −5.19 | −24.26 | 36.66 | −95.19 |
| 江苏 | 18.64 | 16.93 | 10.11 | 41.66 | 170.40 | −47.57 |
| 浙江 | 12.05 | 10.86 | 10.94 | 61.82 | −3.62 | −0.89 |
| 安徽 | 16.32 | 13.35 | 22.20 | 28.82 | 85.40 | −6.34 |
| 福建 | 9.93 | 9.85 | 0.89 | 76.16 | 5.97 | −33.79 |
| 江西 | 12.04 | 11.67 | 3.18 | −10.51 | −23.93 | 37.66 |
| 山东 | 26.07 | 28.86 | −9.68 | −8.24 | −5.90 | −15.27 |
| 河南 | 27.67 | 27.77 | −0.38 | 19.09 | 40.75 | −21.87 |
| 湖北 | 15.68 | 15.80 | −0.74 | −30.58 | 61.34 | −13.16 |
| 湖南 | 17.27 | 19.25 | −10.28 | −15.68 | 27.37 | −30.76 |
| 广东 | 26.64 | 18.92 | 40.83 | 88.87 | 100.37 | −33.57 |
| 广西 | 11.87 | 11.11 | 6.84 | 1.28 | 34.77 | −38.01 |
| 海南 | 2.51 | 1.94 | 29.46 | 99.30 | 15.68 | 33.03 |
| 重庆 | 7.71 | 6.98 | 10.37 | −51.36 | 94.07 | −26.40 |
| 四川 | 20.46 | 18.56 | 10.28 | 41.55 | 56.07 | −34.96 |
| 贵州 | 10.94 | 7.45 | 46.96 | 2.14 | 210.48 | −5.85 |
| 云南 | 11.98 | 9.37 | 27.90 | 20.55 | 95.48 | −11.72 |
| 西藏 | 0.89 | 0.39 | 127.51 | 19.01 | 163.15 | 190.00 |
| 陕西 | 11.65 | 10.29 | 13.22 | 13.71 | −23.00 | 32.27 |
| 甘肃 | 8.32 | 6.19 | 34.42 | 16.34 | 134.74 | 5.88 |
| 青海 | 1.43 | 1.24 | 15.49 | 20.91 | 27.17 | 2.04 |

| 省份 | 2010年专任教师数（万人） | 2001年专任教师数（万人） | 专任教师总数变化幅度（%） | 城市专任教师数变化幅度（%） | 县镇专任教师数变化幅度（%） | 农村专任教师数变化幅度（%） |
|---|---|---|---|---|---|---|
| 宁夏 | 1.86 | 1.56 | 19.38 | 94.28 | 87.12 | −33.02 |
| 新疆 | 8.38 | 6.24 | 34.24 | 41.53 | 81.83 | 20.89 |

**4. 绝大多数省份的小学和约三分之一省份的初中农村专任教师占比最高，约三分之二省份的初中县镇专任教师占比最高**

2010年，全国有27个省份小学专任教师中农村教师占比最高。其中云南、河南、陕西、江西的小学农村专任教师占比超过70%，8个省份的小学农村专任教师占比在60%—70%之间，上海的小学农村专任教师占比最低，仅为1.79%。上海和浙江的小学县镇专任教师占比最高，北京和天津的小学城市专任教师占比最高（见图2.2.7）。

2010年，全国有19个省份初中专任教师中县镇教师占比最高。其中西藏的初中县镇专任教师占比最高，达到86.35%，10个省份的初中县镇专任教师占比在50%—80%之间。10个省份的初中农村专任教师占比最高。其中4个省份的初中农村专任教师占比超过50%。北京和天津的初中城市专任教师占比最高（见图2.2.8）。

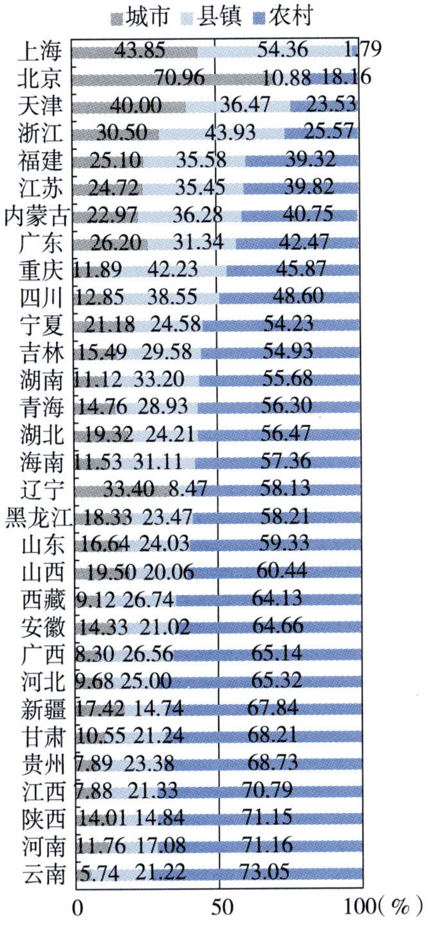

城市 县镇 农村

| 省份 | 城市 | 县镇 | 农村 |
|---|---|---|---|
| 上海 | 43.85 | 54.36 | 1.79 |
| 北京 | 70.96 | 10.88 | 18.16 |
| 天津 | 40.00 | 36.47 | 23.53 |
| 浙江 | 30.50 | 43.93 | 25.57 |
| 福建 | 25.10 | 35.58 | 39.32 |
| 江苏 | 24.72 | 35.45 | 39.82 |
| 内蒙古 | 22.97 | 36.28 | 40.75 |
| 广东 | 26.20 | 31.34 | 42.47 |
| 重庆 | 11.89 | 42.23 | 45.87 |
| 四川 | 12.85 | 38.55 | 48.60 |
| 宁夏 | 21.18 | 24.58 | 54.23 |
| 吉林 | 15.49 | 29.58 | 54.93 |
| 湖南 | 11.12 | 33.20 | 55.68 |
| 青海 | 14.76 | 28.93 | 56.30 |
| 湖北 | 19.32 | 24.21 | 56.47 |
| 海南 | 11.53 | 31.11 | 57.36 |
| 辽宁 | 33.40 | 8.47 | 58.13 |
| 黑龙江 | 18.33 | 23.47 | 58.21 |
| 山东 | 16.64 | 24.03 | 59.33 |
| 山西 | 19.50 | 20.06 | 60.44 |
| 西藏 | 9.12 | 26.74 | 64.13 |
| 安徽 | 14.33 | 21.02 | 64.66 |
| 广西 | 8.30 | 26.56 | 65.14 |
| 河北 | 9.68 | 25.00 | 65.32 |
| 新疆 | 17.42 | 14.74 | 67.84 |
| 甘肃 | 10.55 | 21.24 | 68.21 |
| 贵州 | 7.89 | 23.38 | 68.73 |
| 江西 | 7.88 | 21.33 | 70.79 |
| 陕西 | 14.01 | 14.84 | 71.15 |
| 河南 | 11.76 | 17.08 | 71.16 |
| 云南 | 5.74 | 21.22 | 73.05 |

0    50    100（%）

图 2.2.7　2010 年各省份小学专任教师城乡分布

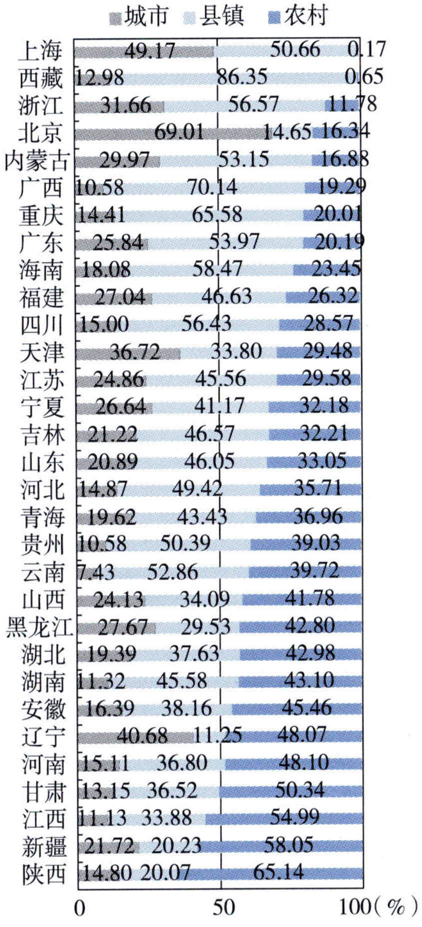

城市 县镇 农村

| 省份 | 城市 | 县镇 | 农村 |
|---|---|---|---|
| 上海 | 49.17 | 50.66 | 0.17 |
| 西藏 | 12.98 | 86.35 | 0.65 |
| 浙江 | 31.66 | 56.57 | 11.78 |
| 北京 | 69.01 | 14.65 | 16.34 |
| 内蒙古 | 29.97 | 53.15 | 16.88 |
| 广西 | 10.58 | 70.14 | 19.29 |
| 重庆 | 14.41 | 65.58 | 20.01 |
| 广东 | 25.84 | 53.97 | 20.19 |
| 海南 | 18.08 | 58.47 | 23.45 |
| 福建 | 27.04 | 46.63 | 26.32 |
| 四川 | 15.00 | 56.43 | 28.57 |
| 天津 | 36.72 | 33.80 | 29.48 |
| 江苏 | 24.86 | 45.56 | 29.58 |
| 宁夏 | 26.64 | 41.17 | 32.18 |
| 吉林 | 21.22 | 46.57 | 32.21 |
| 山东 | 20.89 | 46.05 | 33.05 |
| 河北 | 14.87 | 49.42 | 35.71 |
| 青海 | 19.62 | 43.43 | 36.96 |
| 贵州 | 10.58 | 50.39 | 39.03 |
| 云南 | 7.43 | 52.86 | 39.72 |
| 山西 | 24.13 | 34.09 | 41.78 |
| 黑龙江 | 27.67 | 29.53 | 42.80 |
| 湖北 | 19.39 | 37.63 | 42.98 |
| 湖南 | 11.32 | 45.58 | 43.10 |
| 安徽 | 16.39 | 38.16 | 45.46 |
| 辽宁 | 40.68 | 11.25 | 48.07 |
| 河南 | 15.11 | 36.80 | 48.10 |
| 甘肃 | 13.15 | 36.52 | 50.34 |
| 江西 | 11.13 | 33.88 | 54.99 |
| 新疆 | 21.72 | 20.23 | 58.05 |
| 陕西 | 14.80 | 20.07 | 65.14 |

0    50    100（%）

图 2.2.8　2010 年各省份初中专任教师城乡分布

## （三）专任教师生师比

### 1. 部分省份义务教育学校专任教师数量不足，生师比偏高

如果以调整后的专任教师生师比标准小学 20.88∶1、初中 15.88∶1 为参照，2010 年，贵州、河南和江西 3 个省份的小学，贵州、广东和云南等 12 个省份的初中专任教师生师比偏高，这些省份主要集中在中西部，其中贵州的小学和初中专任教师生师比均最高，分别达到 21.90∶1 和 19.52∶1；吉林的小学专任教师生师比最低，仅为 11.60∶1，北京的初中专任教师生

师比最低，仅为10.24：1（见图2.2.9、图2.2.10）。

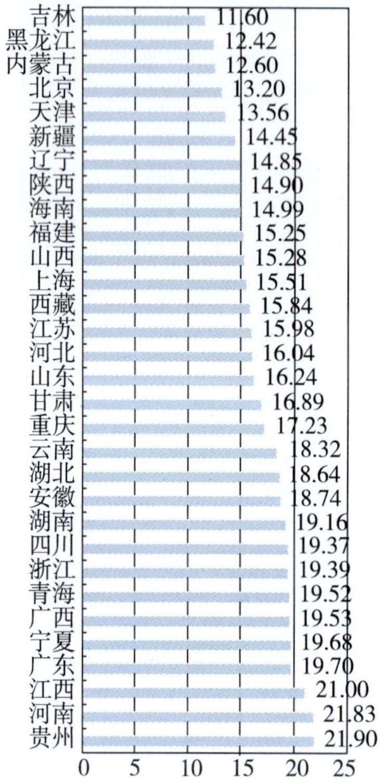

图2.2.9（小学）数据（生师比）：

| 省份 | 生师比 |
|------|------|
| 吉林 | 11.60 |
| 黑龙江 | 12.42 |
| 内蒙古 | 12.60 |
| 北京 | 13.20 |
| 天津 | 13.56 |
| 新疆 | 14.45 |
| 辽宁 | 14.85 |
| 陕西 | 14.90 |
| 海南 | 14.99 |
| 福建 | 15.25 |
| 山西 | 15.28 |
| 上海 | 15.51 |
| 西藏 | 15.84 |
| 江苏 | 15.98 |
| 河北 | 16.04 |
| 山东 | 16.24 |
| 甘肃 | 16.89 |
| 重庆 | 17.23 |
| 云南 | 18.32 |
| 湖北 | 18.64 |
| 安徽 | 18.74 |
| 湖南 | 19.16 |
| 四川 | 19.37 |
| 浙江 | 19.39 |
| 青海 | 19.52 |
| 广西 | 19.53 |
| 宁夏 | 19.68 |
| 广东 | 19.70 |
| 江西 | 21.00 |
| 河南 | 21.83 |
| 贵州 | 21.90 |

**图2.2.9** 2010年各省份小学专任教师生师比

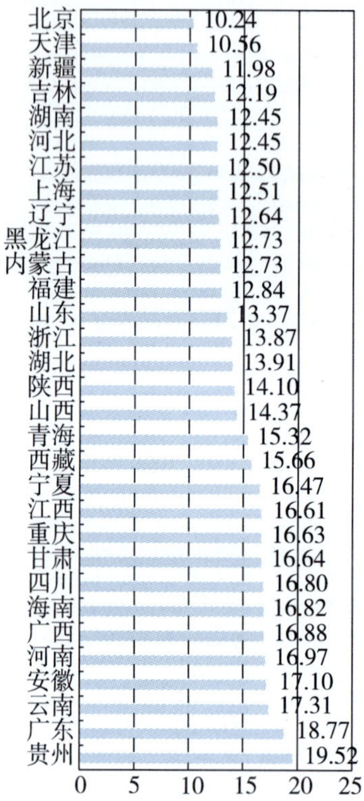

图2.2.10（初中）数据（生师比）：

| 省份 | 生师比 |
|------|------|
| 北京 | 10.24 |
| 天津 | 10.56 |
| 新疆 | 11.98 |
| 吉林 | 12.19 |
| 湖南 | 12.45 |
| 河北 | 12.45 |
| 江苏 | 12.50 |
| 上海 | 12.51 |
| 辽宁 | 12.64 |
| 黑龙江 | 12.73 |
| 内蒙古 | 12.73 |
| 福建 | 12.84 |
| 山东 | 13.37 |
| 浙江 | 13.87 |
| 湖北 | 13.91 |
| 陕西 | 14.10 |
| 山西 | 14.37 |
| 青海 | 15.32 |
| 西藏 | 15.66 |
| 宁夏 | 16.47 |
| 江西 | 16.61 |
| 重庆 | 16.63 |
| 甘肃 | 16.64 |
| 四川 | 16.80 |
| 海南 | 16.82 |
| 广西 | 16.88 |
| 河南 | 16.97 |
| 安徽 | 17.10 |
| 云南 | 17.31 |
| 广东 | 18.77 |
| 贵州 | 19.52 |

**图2.2.10** 2010年各省份初中专任教师生师比

### 2. 绝大多数省份专任教师生师比呈现下降趋势

2001—2010年，27个省份的小学专任教师生师比有所下降，其中13个省份的生师比下降5以上，陕西下降最多，达到10.26；4个省份的小学专任教师生师比有所提高，其中江西提高最多，为2.09。29个省份的初中专任教师生师比有所下降，其中9个省份的生师比下降5以上，福建下降最多，达到6.89；2个省份的初中专任教师生师比有所提高，其中西藏提高最多，为1.21（见表2.2.4、表2.2.5）。

表 2.2.4　各省份小学专任教师生师比及 2001—2010 年变化

| 省份 | 2010 年全省(区、市)生师比 | 2010 年城市生师比 | 2010 年县镇生师比 | 2010 年农村生师比 | 全省(区、市)生师比变化 | 城市生师比变化 | 县镇生师比变化 | 农村生师比变化 |
|------|------|------|------|------|------|------|------|------|
| 北京 | 13.20 | 14.09 | 12.28 | 10.28 | 1.07 | 1.51 | −0.56 | −0.41 |
| 天津 | 13.56 | 12.35 | 15.24 | 12.99 | −1.02 | −0.90 | 1.36 | −4.13 |
| 河北 | 16.04 | 18.97 | 17.96 | 14.87 | −6.43 | 0.01 | −3.66 | −8.43 |
| 山西 | 15.28 | 18.82 | 18.32 | 13.12 | −3.75 | 0.29 | −0.70 | −6.05 |
| 内蒙古 | 12.60 | 18.07 | 13.87 | 8.38 | −1.93 | 0.00 | −1.43 | −4.82 |
| 辽宁 | 14.85 | 17.14 | 16.78 | 13.26 | −2.95 | −2.38 | −0.71 | −3.85 |
| 吉林 | 11.60 | 15.24 | 15.26 | 8.61 | −3.63 | −1.55 | −1.05 | −5.73 |
| 黑龙江 | 12.42 | 14.98 | 16.42 | 10.00 | −1.72 | −2.49 | 1.59 | −3.00 |
| 上海 | 15.51 | 13.23 | 17.11 | 22.82 | −1.50 | −4.30 | 0.48 | 7.62 |
| 江苏 | 15.98 | 16.75 | 16.76 | 14.80 | −7.82 | −2.17 | −5.49 | −10.52 |
| 浙江 | 19.39 | 20.06 | 19.48 | 18.44 | −2.27 | −1.06 | −2.93 | −0.97 |
| 安徽 | 18.74 | 19.73 | 20.81 | 17.84 | −6.32 | −0.72 | −2.34 | −8.24 |
| 福建 | 15.25 | 20.54 | 15.65 | 11.53 | −4.25 | 0.99 | −3.41 | −8.11 |
| 江西 | 21.00 | 21.96 | 23.51 | 20.13 | 2.09 | 3.01 | 4.48 | 1.29 |
| 山东 | 16.24 | 18.94 | 16.54 | 15.36 | −1.67 | 2.22 | −0.27 | −3.17 |
| 河南 | 21.83 | 21.96 | 23.39 | 21.43 | −0.69 | 2.91 | 3.36 | −1.93 |
| 湖北 | 18.64 | 18.84 | 20.51 | 17.77 | −5.68 | −1.85 | −0.85 | −8.43 |
| 湖南 | 19.16 | 22.04 | 19.72 | 18.26 | −1.46 | 2.62 | −0.45 | −2.68 |
| 广东 | 19.70 | 21.08 | 19.82 | 18.76 | −5.97 | −3.33 | −4.61 | −7.67 |
| 广西 | 19.53 | 22.22 | 19.22 | 19.32 | −6.69 | 2.40 | −0.03 | −9.89 |
| 海南 | 14.99 | 22.61 | 17.75 | 11.97 | −5.79 | −1.05 | −2.54 | −8.59 |
| 重庆 | 17.23 | 17.96 | 19.15 | 15.27 | −6.19 | −0.85 | −5.36 | −10.86 |
| 四川 | 19.37 | 20.76 | 19.21 | 19.13 | −5.08 | 0.51 | −3.15 | −6.37 |
| 贵州 | 21.90 | 24.62 | 21.77 | 21.64 | −6.39 | 3.50 | 0.68 | −8.99 |

续表

| 省份 | 2010年全省(区、市)生师比 | 2010年城市生师比 | 2010年县镇生师比 | 2010年农村生师比 | 全省(区、市)生师比变化 | 城市生师比变化 | 县镇生师比变化 | 农村生师比变化 |
|---|---|---|---|---|---|---|---|---|
| 云南 | 18.32 | 23.43 | 17.91 | 18.04 | -2.84 | 3.93 | 0.00 | -3.75 |
| 西藏 | 15.84 | 15.73 | 14.30 | 16.50 | -10.17 | 1.70 | -3.37 | -15.34 |
| 陕西 | 14.90 | 21.12 | 18.66 | 12.89 | -10.26 | 0.77 | -2.93 | -13.84 |
| 甘肃 | 16.89 | 20.69 | 17.65 | 16.06 | -9.25 | 1.08 | -4.96 | -11.77 |
| 青海 | 19.52 | 22.05 | 20.38 | 18.42 | 1.52 | 0.65 | 4.44 | 0.36 |
| 宁夏 | 19.68 | 21.11 | 20.50 | 18.75 | 0.68 | 1.27 | 3.42 | -0.55 |
| 新疆 | 14.45 | 18.45 | 15.90 | 13.11 | -3.98 | 0.91 | 0.36 | -6.00 |

表 2.2.5　各省份初中专任教师生师比及 2001—2010 年变化

| 省份 | 2010年全省(区、市)生师比 | 2010年城市生师比 | 2010年县镇生师比 | 2010年农村生师比 | 全省(区、市)生师比变化 | 城市生师比变化 | 县镇生师比变化 | 农村生师比变化 |
|---|---|---|---|---|---|---|---|---|
| 北京 | 10.24 | 11.04 | 8.77 | 8.19 | -4.25 | -3.15 | -6.43 | -5.50 |
| 天津 | 10.56 | 10.51 | 11.70 | 9.29 | -4.45 | -4.19 | -4.02 | -5.54 |
| 河北 | 12.45 | 13.99 | 13.36 | 10.55 | -6.62 | -2.93 | -5.83 | -9.11 |
| 山西 | 14.37 | 16.19 | 15.49 | 12.42 | -1.76 | 0.72 | -1.46 | -3.35 |
| 内蒙古 | 12.73 | 15.18 | 12.51 | 9.09 | -3.90 | -1.92 | -4.67 | -6.53 |
| 辽宁 | 12.64 | 12.48 | 13.80 | 12.49 | -3.74 | -3.91 | -1.99 | -4.06 |
| 吉林 | 12.19 | 14.50 | 12.69 | 9.96 | -4.77 | -1.48 | -4.17 | -7.92 |
| 黑龙江 | 12.73 | 12.48 | 14.05 | 11.97 | -4.99 | -3.53 | -2.36 | -7.58 |
| 上海 | 12.51 | 12.43 | 12.60 | 9.56 | -3.04 | -2.75 | -3.71 | -4.86 |
| 江苏 | 12.50 | 12.70 | 12.77 | 11.90 | -6.68 | -3.27 | -6.28 | -8.31 |
| 浙江 | 13.87 | 14.47 | 13.81 | 12.53 | -4.80 | -3.31 | -5.22 | -5.84 |
| 安徽 | 17.10 | 17.01 | 18.37 | 16.06 | -5.99 | -1.20 | -4.36 | -8.47 |
| 福建 | 12.84 | 14.37 | 12.81 | 11.33 | -6.89 | -2.64 | -6.61 | -9.79 |

| 省份 | 2010 年全省(区、市)生师比 | 2010 年城市生师比 | 2010 年县镇生师比 | 2010 年农村生师比 | 全省(区、市)生师比变化 | 城市生师比变化 | 县镇生师比变化 | 农村生师比变化 |
|---|---|---|---|---|---|---|---|---|
| 江西 | 16.61 | 15.96 | 18.60 | 15.51 | −2.63 | 0.53 | −1.28 | −4.21 |
| 山东 | 13.37 | 15.02 | 13.24 | 12.51 | −6.66 | −2.20 | −7.40 | −8.39 |
| 河南 | 16.97 | 16.69 | 17.69 | 16.50 | −4.23 | −0.23 | −3.49 | −5.58 |
| 湖北 | 13.91 | 13.61 | 14.39 | 13.62 | −5.06 | −3.03 | −4.30 | −6.80 |
| 湖南 | 12.45 | 16.31 | 12.95 | 10.90 | −5.75 | −1.13 | −5.41 | −7.37 |
| 广东 | 18.77 | 16.97 | 19.02 | 20.40 | −2.66 | −1.59 | −1.80 | −2.86 |
| 广西 | 16.88 | 16.14 | 17.47 | 15.13 | −5.18 | −2.12 | −5.35 | −6.93 |
| 海南 | 16.82 | 17.84 | 17.72 | 13.81 | −2.70 | 1.28 | −2.98 | −3.84 |
| 重庆 | 16.63 | 14.26 | 17.34 | 15.99 | −1.77 | −1.66 | −2.76 | −2.98 |
| 四川 | 16.80 | 17.18 | 17.07 | 16.09 | −2.53 | 0.70 | −2.32 | −3.88 |
| 贵州 | 19.52 | 18.41 | 20.03 | 19.18 | −1.99 | 1.67 | −0.09 | −4.06 |
| 云南 | 17.31 | 17.93 | 17.30 | 17.20 | −1.26 | 1.34 | −0.88 | −1.88 |
| 西藏 | 15.66 | 13.48 | 15.93 | 24.24 | 1.21 | 1.22 | 0.75 | 10.59 |
| 陕西 | 14.10 | 17.86 | 16.86 | 12.40 | −5.49 | −0.84 | −3.52 | −7.01 |
| 甘肃 | 16.64 | 16.98 | 17.06 | 16.25 | −2.48 | −0.14 | −1.55 | −3.52 |
| 青海 | 15.32 | 15.28 | 17.07 | 13.29 | 0.12 | −1.17 | 3.33 | −2.74 |
| 宁夏 | 16.47 | 18.77 | 17.14 | 13.72 | −0.06 | 2.66 | 0.53 | −2.90 |
| 新疆 | 11.98 | 14.21 | 12.66 | 10.90 | −4.10 | −0.50 | −2.96 | −5.72 |

**3. 城市和农村小学、城市和县镇初中专任教师生师比不达标的省份较多**

11 个省份的城市小学、3 个省份的县镇小学专任教师生师比高于 20.88∶1 的参考标准，18 个省份的农村小学专任教师生师比高于 14.88∶1 的参考标准。小学专任教师生师比，城市贵州最高，达到 24.62∶1；县镇江西最高，达到 23.51∶1；农村上海最高，达到 22.82∶1。尽管 2001—2010 年很多省份的农村小学专任教师生师比出现大幅下降，17 个省份的生师比下降 5 以上，西藏等 5 个省份的生师比下降甚至超过 10，但在很多省份农村专任教师仍然不足。值得关注的是，上海农村小学的专任教师生师比出现了大幅提高，2010 年平均每个教师比 2001 年多教 7.62 个学生（见表 2.2.4、表 2.2.5）。

14 个省份的城市初中、15 个省份的县镇初中和 9 个省份的农村初中专任教师生师比高于 15.88：1 的参考标准。初中专任教师生师比，城市宁夏最高，达到 18.77：1；县镇贵州最高，达到 20.03：1；农村西藏最高，达到 24.24：1。2001—2010 年农村初中专任教师生师比出现大幅变化的省份较多，17 个省份的生师比下降 5 以上，福建农村初中专任教师生师比降幅最大，2010 年平均每个教师比 2001 年少教 9.79 个学生。值得关注的是，西藏农村初中的专任教师生师比出现大幅提高，2010 年平均每个教师比 2001 年多教 10.59 个学生（见表 2.2.4、表 2.2.5）。

**4. 按照调整后的教师配置标准，专任教师缺额较大的省份主要集中在中西部**

按照调整后的专任教师配置标准，9 个省份小学专任教师缺编超过万人，小学教师缺编是由于农村小学专任教师不足。缺编最多的 3 个省份是河南、广西、贵州，分别缺 8.27 万人、6.27 万人和 5.56 万人。6 个省份初中专任教师缺编超过万人，初中教师缺编是由于县镇初中专任教师不足。缺编最多的 3 个省份是广东、贵州、河南，分别缺 4.84 万人、2.51 万人和 1.89 万人。专任教师缺额较大的省份主要集中在中西部（见表 2.2.6、表 2.2.7）。

表 2.2.6　调整生师比标准后各省份城乡小学教师缺超编情况（人）

| 省份 | 全省（区、市） | | 城　市 | | 县　镇 | | 农　村 | |
|---|---|---|---|---|---|---|---|---|
| | 实有 | 缺超编 | 实有 | 缺超编 | 实有 | 缺超编 | 实有 | 缺超编 |
| 北京 | 49480 | 15008 | 35109 | 11413 | 5385 | 2219 | 8986 | 1376 |
| 天津 | 37317 | 10283 | 14927 | 6094 | 13611 | 3678 | 8779 | 511 |
| 河北 | 319037 | 3844 | 30869 | 2828 | 79766 | 11160 | 208402 | −10144 |
| 山西 | 190538 | −4741 | 37162 | 3659 | 38220 | 4679 | 115156 | −13080 |

续表

| 省份 | 全省（区、市） | | 城 市 | | 县 镇 | | 农 村 | |
|---|---|---|---|---|---|---|---|---|
| | 实有 | 缺超编 | 实有 | 缺超编 | 实有 | 缺超编 | 实有 | 缺超编 |
| 内蒙古 | 113564 | 29906 | 26082 | 3511 | 41200 | 13830 | 46282 | 12565 |
| 辽宁 | 146922 | 11798 | 49077 | 8798 | 12444 | 2440 | 85401 | 559 |
| 吉林 | 124502 | 15536 | 19282 | 5207 | 36832 | 9914 | 68388 | 415 |
| 黑龙江 | 151344 | 22316 | 27736 | 7839 | 35518 | 7593 | 88090 | 6884 |
| 上海 | 45239 | 11637 | 19838 | 7270 | 24593 | 4442 | 808 | −75 |
| 江苏 | 249586 | 48805 | 61706 | 12201 | 88486 | 17473 | 99394 | 19132 |
| 浙江 | 171908 | 4420 | 52424 | 2057 | 75521 | 5075 | 43963 | −2711 |
| 安徽 | 245726 | −29262 | 35205 | 1937 | 51646 | 160 | 158875 | −31359 |
| 福建 | 156601 | 11784 | 39301 | 647 | 55717 | 13951 | 61583 | −2814 |
| 江西 | 202897 | −47407 | 15984 | −824 | 43279 | −5457 | 143634 | −41126 |
| 山东 | 387453 | 48615 | 64461 | 5997 | 93119 | 19360 | 229873 | 23259 |
| 河南 | 490413 | −82685 | 57654 | −2989 | 83758 | −10065 | 349001 | −69630 |
| 湖北 | 196078 | 4731 | 37873 | 3701 | 47480 | 830 | 110725 | 201 |
| 湖南 | 250039 | −8527 | 27816 | −1550 | 83005 | 4618 | 139218 | −11594 |
| 广东 | 430735 | −37621 | 112835 | −1105 | 134978 | 6855 | 182922 | −43372 |
| 广西 | 220183 | −62667 | 18280 | −1170 | 58471 | 4637 | 143432 | −66135 |
| 海南 | 52056 | −175 | 6001 | −497 | 16197 | 2427 | 29858 | −2105 |
| 重庆 | 116057 | 4348 | 13804 | 1932 | 49013 | 4066 | 53240 | −1650 |
| 四川 | 305741 | −20523 | 39300 | 229 | 117854 | 9444 | 148587 | −30196 |
| 贵州 | 197913 | −55589 | 15607 | −2794 | 46271 | −1970 | 136035 | −50826 |
| 云南 | 237537 | −36687 | 13635 | −1664 | 50393 | 7167 | 173509 | −42189 |
| 西藏 | 18901 | −335 | 1724 | 425 | 5055 | 1593 | 12122 | −2353 |
| 陕西 | 175184 | 4370 | 24537 | −281 | 26005 | 2770 | 124642 | 1881 |
| 甘肃 | 140381 | −38134 | 14808 | 133 | 29813 | 4616 | 95760 | −42884 |
| 青海 | 26584 | −5771 | 3925 | −220 | 7692 | 183 | 14967 | −5734 |

续表

| 省份 | 全省（区、市） | | 城　市 | | 县　镇 | | 农　村 | |
|---|---|---|---|---|---|---|---|---|
| | 实有 | 缺超编 | 实有 | 缺超编 | 实有 | 缺超编 | 实有 | 缺超编 |
| 宁夏 | 33212 | −6162 | 7035 | −77 | 8165 | 148 | 18012 | −6233 |
| 新疆 | 133963 | 12387 | 23340 | 2720 | 19741 | 4704 | 90882 | 4963 |

表 2.2.7　调整生师比标准后各省份城乡初中教师缺超编情况（人）

| 省份 | 全省（区、市） | | 城　市 | | 县　镇 | | 农　村 | |
|---|---|---|---|---|---|---|---|---|
| | 实有 | 缺超编 | 实有 | 缺超编 | 实有 | 缺超编 | 实有 | 缺超编 |
| 北京 | 30255 | 10742 | 20878 | 6362 | 4433 | 1985 | 4944 | 2395 |
| 天津 | 25899 | 8684 | 9510 | 3214 | 8754 | 2303 | 7635 | 3167 |
| 河北 | 177693 | 38397 | 26424 | 3151 | 87812 | 13955 | 63457 | 21292 |
| 山西 | 119221 | 11316 | 28763 | −551 | 40646 | 994 | 49812 | 10873 |
| 内蒙古 | 63983 | 12688 | 19178 | 845 | 34005 | 7228 | 10800 | 4615 |
| 辽宁 | 100674 | 20567 | 40951 | 8760 | 11329 | 1482 | 48394 | 10325 |
| 吉林 | 67038 | 15568 | 14226 | 1242 | 31217 | 6273 | 21595 | 8052 |
| 黑龙江 | 101430 | 20152 | 28065 | 6005 | 29954 | 3460 | 43411 | 10687 |
| 上海 | 34012 | 7224 | 16725 | 3637 | 17230 | 3564 | 57 | 23 |
| 江苏 | 186397 | 39724 | 46340 | 9283 | 84923 | 16625 | 55134 | 13815 |
| 浙江 | 120521 | 15292 | 38156 | 3392 | 68173 | 8905 | 14192 | 2995 |
| 安徽 | 163173 | −12485 | 26738 | −1891 | 62262 | −9771 | 74173 | −824 |
| 福建 | 99333 | 19007 | 26862 | 2554 | 46322 | 8953 | 26149 | 7501 |
| 江西 | 120425 | −5498 | 13404 | −61 | 40794 | −6989 | 66227 | 1553 |
| 山东 | 260681 | 41219 | 54467 | 2970 | 120046 | 19945 | 86168 | 18304 |
| 河南 | 276650 | −18901 | 41792 | −2121 | 101799 | −11590 | 133059 | −5190 |
| 湖北 | 156836 | 19518 | 30409 | 4347 | 59014 | 5561 | 67413 | 9610 |
| 湖南 | 172664 | 37344 | 19546 | −530 | 78695 | 14536 | 74423 | 23338 |
| 广东 | 266445 | −48435 | 68851 | −4720 | 143803 | −28405 | 53791 | −15311 |

续表

| 省份 | 全省（区、市） | | 城　市 | | 县　镇 | | 农　村 | |
|---|---|---|---|---|---|---|---|---|
| | 实有 | 缺超编 | 实有 | 缺超编 | 实有 | 缺超编 | 实有 | 缺超编 |
| 广西 | 118720 | -7452 | 12555 | -201 | 83265 | -8336 | 22900 | 1086 |
| 海南 | 25061 | -1484 | 4532 | -557 | 14653 | -1692 | 5876 | 766 |
| 重庆 | 77089 | -3612 | 11106 | 1136 | 50554 | -4644 | 15429 | -105 |
| 四川 | 204644 | -11863 | 30702 | -2502 | 115474 | -8606 | 58468 | -755 |
| 贵州 | 109436 | -25091 | 11581 | -1840 | 55144 | -14392 | 42711 | -8859 |
| 云南 | 119818 | -10736 | 8899 | -1149 | 63330 | -5641 | 47589 | -3946 |
| 西藏 | 8873 | 122 | 1152 | 174 | 7663 | -22 | 58 | -31 |
| 陕西 | 116532 | 13070 | 17243 | -2145 | 23385 | -1432 | 75904 | 16647 |
| 甘肃 | 83172 | -3970 | 10935 | -755 | 30371 | -2250 | 41866 | -966 |
| 青海 | 14325 | 507 | 2810 | 107 | 6221 | -465 | 5294 | 865 |
| 宁夏 | 18623 | -691 | 4962 | -901 | 7668 | -605 | 5993 | 815 |
| 新疆 | 83759 | 20590 | 18194 | 1911 | 16945 | 3433 | 48620 | 15246 |

## （四）代课人员数

### 1.8 个省份的小学代课人员数超过万人，仅浙江没有代课人员

2010 年，8 个省份的小学代课人员数超过万人，这些省份主要集中在中西部。广东代课人员数最多，达到 20179 人，其次是山西（17251 人）、四川（16482 人）；浙江没有代课人员，6 个省份的小学代课人员数不足千人，这些省份主要集中在东部（见图 2.2.11）。

值得注意的是，代课人员数较多的省份可以分为两类：一类是广东、河南、广西等专任教师生师比较高的省份，这些省份代课人员多主要是由于专任教师的绝对数量不足；一类是山西、河北、甘肃等专任教师生师比并不高的省份，这些省份代课人员多可能是由于现有专任教师的结构不合理，导致教师结构性缺编，也可能是由于专任教师退出机制不完善，部分不能胜任教学任务的教师仍在占用专任教师岗位编制，导致不能及时引进新教师，只能聘用代课人员。

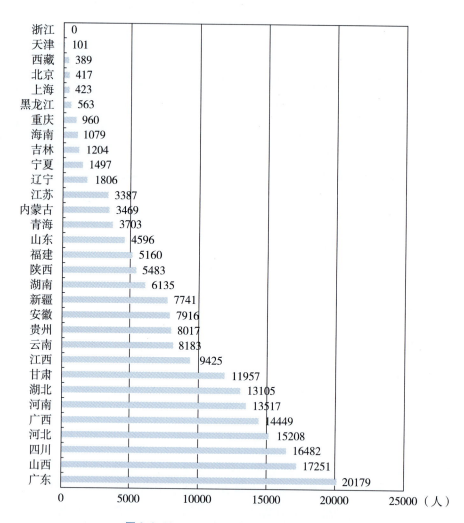

**图 2.2.11  2010 年各省份小学代课人员数**

### 2. 绝大多数省份的小学代课人员数大幅减少

2001—2010 年, 27 个省份的小学代课人员数大幅减少, 其中西藏的减幅最大, 达到 92.16%, 19 个省份的小学代课人员数减幅超过 50%; 浙江的小学始终没有代课人员; 3 个省份的小学代课人员数有所增加, 其中青海的增幅最大, 达到 189.98% (见表 2.2.8)。

表 2.2.8　各省份小学代课人员数及 2001—2010 年变化幅度

| 省份 | 2010 年代课人员数（人） | 2001 年代课人员数（人） | 代课人员总数变化幅度（%） | 城市代课人员数变化幅度（%） | 县镇代课人员数变化幅度（%） | 农村代课人员数变化幅度（%） |
|---|---|---|---|---|---|---|
| 北京 | 417 | 415 | 0.48 | 347.62 | −99.47 | −71.83 |
| 天津 | 101 | 1195 | −91.55 | −92.48 | −87.88 | −93.28 |
| 河北 | 15208 | 33443 | −54.53 | 51.60 | −35.40 | −60.05 |
| 山西 | 17251 | 27063 | −36.26 | 70.61 | 10.90 | −48.92 |
| 内蒙古 | 3469 | 7343 | −52.76 | 239.05 | 71.71 | −78.76 |
| 辽宁 | 1806 | 6190 | −70.82 | 69.91 | −15.11 | −74.81 |
| 吉林 | 1204 | 7392 | −83.71 | −12.53 | −74.92 | −90.24 |
| 黑龙江 | 563 | 4413 | −87.24 | −7.87 | −35.14 | −93.92 |
| 上海 | 423 | 395 | 7.09 | −32.13 | 220.00 | −60.53 |
| 江苏 | 3387 | 19235 | −82.39 | −9.31 | 102.05 | −93.40 |
| 浙江 | 0 | 0 | 0.00 | 0.00 | 0.00 | 0.00 |
| 安徽 | 7916 | 12095 | −34.55 | 29.77 | 67.19 | −47.90 |
| 福建 | 5160 | 8101 | −36.30 | 633.23 | 92.53 | −75.36 |
| 江西 | 9425 | 15284 | −38.33 | 173.91 | −71.32 | −28.78 |
| 山东 | 4596 | 11279 | −59.25 | 12.76 | −8.91 | −69.59 |
| 河南 | 13517 | 33025 | −59.07 | 155.96 | 142.57 | −73.51 |
| 湖北 | 13105 | 45565 | −71.24 | −45.62 | 23.72 | −77.30 |
| 湖南 | 6135 | 8697 | −29.46 | 361.37 | 50.00 | −50.13 |
| 广东 | 20179 | 40749 | −50.48 | −27.06 | −29.86 | −58.02 |
| 广西 | 14449 | 84337 | −82.87 | −69.64 | −78.76 | −83.36 |
| 海南 | 1079 | 3023 | −64.31 | 5.97 | −34.42 | −70.39 |
| 重庆 | 960 | 11755 | −91.83 | −93.61 | −90.83 | −91.74 |
| 四川 | 16482 | 31939 | −48.40 | 197.42 | 62.42 | −58.17 |
| 贵州 | 8017 | 33448 | −76.03 | −45.34 | −70.19 | −76.82 |
| 云南 | 8183 | 35525 | −76.97 | −88.52 | −61.84 | −77.31 |
| 西藏 | 389 | 4961 | −92.16 | −100.00 | −89.27 | −92.29 |
| 陕西 | 5483 | 52959 | −89.65 | −9.35 | −87.01 | −91.47 |
| 甘肃 | 11957 | 27095 | −55.87 | −15.97 | −58.70 | −56.00 |
| 青海 | 3703 | 1277 | 189.98 | 905.45 | 356.46 | 130.60 |
| 宁夏 | 1497 | 1810 | −17.29 | 1223.53 | 186.57 | −37.43 |
| 新疆 | 7741 | 10806 | −28.36 | 150.27 | 110.19 | −44.94 |

**3. 部分省份农村代课人员数大幅减少的同时城市和县镇代课人员数大幅增加**

分城乡看，2001—2010 年绝大多数省份的农村小学代课人员数大幅减少，但是约半数省份的城市和县镇小学代课人员数有所增加。也就是说，部分省份在农村代课人员数大幅减少的同时，城市和县镇的代课人员数却大幅增加。这与近年来越来越多的农村学生流入城市和县镇有关，相关教育行政部门应对生源的情况进行监测、分析，对生源的变化进行预测，并据此加强城乡统筹，及时调整教师资源的配置，避免城市和县镇由于教师不足而聘用代课人员。

城市代课人员数，14 个省份有所减少，其中 5 个省份的减幅超过 50%，西藏减幅最大，达到 100%；16 个省份有所增加，其中 13 个省份的增幅超过 50%，宁夏增幅最大，达到 1223.53%（见表 2.2.8）。

县镇代课人员数，17 个省份有所减少，其中 11 个省份的减幅超过 50%，北京减幅最大，达到 99.47%；13 个省份有所增加，其中 11 个省份的增幅超过 50%，青海增幅最大，达到 356.46%（见表 2.2.8）。

农村代课人员数，29 个省份有所减少，其中 24 个省份的减幅超过 50%，黑龙江减幅最大，达到 93.92%；青海的代课人员数大幅增加，增幅达到 130.60%（见表 2.2.8）。

## 二、教师队伍的结构

### （一）教职工的岗位结构

**1. 超过三分之一的省份小学专任教师占教职工比例未达到国家标准要求**

2010 年，11 个省份的小学专任教师占教职工比例未达到国家标准要求，这些省份主要集中在东部（见图 2.2.12）。上海、内蒙古、北京 3 个省份的专任教师占教职工比例最低，分别为 81.01%、82.01% 和 82.41%；7 个省的小学专任教师占教职工比例超过 95%，这些省份全部在中西部。宁夏、西藏、甘肃 3 个省份的专任教师占比最高，分别为 98.12%、97.99% 和 97.10%。专任教师占比较高可能与这些省份专任教师数量不足有关。

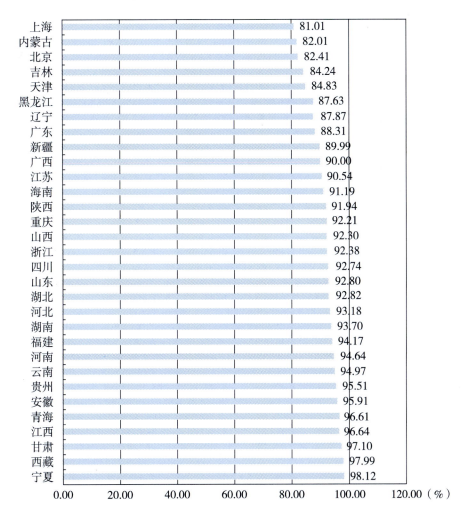

**图 2.2.12　2010 年各省份小学教职工中专任教师占比**

部分省份小学行政人员占教职工比例偏高，这些省份主要集中在东部（见表 2.2.9）。6 个省份行政人员占比高于 7%，其中辽宁的行政人员占比最高，达到 10.60%。

部分省份教辅人员占教职工比例偏低，这些省份主要集中在西部（见表 2.2.9）。11 个省份教辅人员占比低于 1%，其中西藏的教辅人员占比最低，仅为 0.12%。这可能与西部省份小学规模比较小，教辅人员的工作由专任教师兼任有关，但在这些省份仍需加强实验室、图书室、计算机房、卫生保健室等的建设。

部分省份工勤人员占教职工比例偏高（见表2.2.9）。4个省份工勤人员占比高于5%，内蒙古的工勤人员占比最高，达到7.20%。这些省份需要尽快提高后勤服务工作的社会化水平，使有限的教职工编制中能有更多的人为教育教学中心工作服务。

表2.2.9 **2010年各省份小学教职工岗位结构（%）**

| 省份 | 专任教师 | 行政人员 | 教辅人员 | 工勤人员 | 工厂农场职工 |
|------|---------|---------|---------|---------|-------------|
| 北京 | 82.41 | 8.87 | 5.16 | 3.53 | 0.01 |
| 天津 | 84.83 | 9.58 | 2.61 | 2.93 | 0.05 |
| 河北 | 93.18 | 3.45 | 1.64 | 1.72 | 0.01 |
| 山西 | 92.30 | 2.50 | 2.07 | 3.11 | 0.02 |
| 内蒙古 | 82.01 | 4.61 | 5.77 | 7.20 | 0.41 |
| 辽宁 | 87.87 | 10.60 | 0.57 | 0.93 | 0.03 |
| 吉林 | 84.24 | 7.55 | 5.55 | 2.66 | 0.00 |
| 黑龙江 | 87.63 | 5.51 | 3.41 | 3.42 | 0.02 |
| 上海 | 81.01 | 7.27 | 5.75 | 5.82 | 0.14 |
| 江苏 | 90.54 | 3.00 | 3.91 | 2.52 | 0.04 |
| 浙江 | 92.38 | 3.11 | 1.56 | 2.92 | 0.03 |
| 安徽 | 95.91 | 2.05 | 0.59 | 1.46 | 0.00 |
| 福建 | 94.17 | 3.38 | 1.11 | 1.34 | 0.00 |
| 江西 | 96.64 | 1.17 | 0.78 | 1.38 | 0.03 |
| 山东 | 92.80 | 2.57 | 2.53 | 2.08 | 0.02 |
| 河南 | 94.64 | 2.11 | 1.04 | 2.20 | 0.01 |
| 湖北 | 92.82 | 2.45 | 1.87 | 2.81 | 0.05 |
| 湖南 | 93.70 | 2.17 | 1.60 | 2.51 | 0.01 |
| 广东 | 88.31 | 7.01 | 1.05 | 3.57 | 0.06 |
| 广西 | 90.00 | 6.49 | 1.38 | 2.10 | 0.03 |
| 海南 | 91.19 | 2.35 | 1.15 | 5.25 | 0.06 |
| 重庆 | 92.21 | 4.63 | 0.73 | 2.41 | 0.02 |

续表

| 省份 | 专任教师 | 行政人员 | 教辅人员 | 工勤人员 | 工厂农场职工 |
|------|---------|---------|---------|---------|-------------|
| 四川 | 92.74 | 3.18 | 0.92 | 3.16 | 0.01 |
| 贵州 | 95.51 | 3.04 | 0.58 | 0.86 | 0.00 |
| 云南 | 94.97 | 1.77 | 0.92 | 2.33 | 0.00 |
| 西藏 | 97.99 | 0.60 | 0.12 | 1.30 | 0.00 |
| 陕西 | 91.94 | 4.14 | 1.67 | 2.23 | 0.01 |
| 甘肃 | 97.10 | 1.35 | 0.44 | 1.10 | 0.01 |
| 青海 | 96.61 | 0.68 | 0.39 | 2.27 | 0.05 |
| 宁夏 | 98.12 | 0.56 | 0.56 | 0.75 | 0.00 |
| 新疆 | 89.99 | 2.06 | 2.61 | 5.34 | 0.01 |

### 2. 少数省份小学专任教师占教职工的比例有所下降

2001—2010 年，26 个省份的小学专任教师占教职工的比例有所提高，其中 2 个省份的专任教师占比提高 5 个百分点以上，上海提高幅度最大，达到 8.79 个百分点；5 个省份的小学专任教师占教职工比例有所下降，其中内蒙古下降幅度最大，达到 5.75 个百分点。值得关注的是，部分专任教师占比较低的省份，2001—2010 年专任教师占比提高幅度不大，如辽宁、北京、天津等省份仅提高 2 个多百分点，内蒙古和吉林的专任教师占比甚至有所下降（见表 2.2.10）。专任教师占比偏低的省份需要切实采取措施，在教职工编制有限的情况下，提高用人效益。

**表 2.2.10** **2010 年各省份小学分城乡专任教师占比及 2001—2010 年变化幅度**

| 省份 | 全省（区、市） | | 城 市 | | 县 镇 | | 农 村 | |
|------|------|------|------|------|------|------|------|------|
| | 2010 年占比(%) | 变化幅度(百分点) | 2010 年占比(%) | 变化幅度(百分点) | 2010 年占比(%) | 变化幅度(百分点) | 2010 年占比(%) | 变化幅度(百分点) |
| 北京 | 82.41 | 2.80 | 84.90 | 6.89 | 73.71 | −3.56 | 78.96 | −6.06 |
| 天津 | 84.83 | 2.29 | 81.83 | 4.01 | 85.80 | 2.31 | 88.82 | −0.22 |
| 河北 | 93.18 | −0.19 | 90.38 | 2.39 | 90.65 | −0.23 | 94.63 | −0.39 |
| 山西 | 92.30 | −0.28 | 88.83 | 2.60 | 90.08 | −0.94 | 94.27 | −0.75 |

续表

| 省份 | 全省（区、市） | | 城　市 | | 县　镇 | | 农　村 | |
|---|---|---|---|---|---|---|---|---|
| | 2010年占比(%) | 变化幅度(百分点) | 2010年占比(%) | 变化幅度(百分点) | 2010年占比(%) | 变化幅度(百分点) | 2010年占比(%) | 变化幅度(百分点) |
| 内蒙古 | 82.01 | -5.75 | 89.09 | 5.17 | 82.30 | 0.03 | 78.26 | -12.93 |
| 辽宁 | 87.87 | 2.16 | 84.49 | 1.60 | 87.59 | 0.64 | 89.99 | 3.23 |
| 吉林 | 84.24 | -1.16 | 85.64 | 3.03 | 78.16 | 0.23 | 87.50 | -2.61 |
| 黑龙江 | 87.63 | 0.47 | 84.73 | 3.34 | 85.92 | 2.42 | 89.31 | -0.91 |
| 上海 | 81.01 | 8.79 | 80.38 | 7.11 | 81.88 | 11.99 | 71.76 | -8.21 |
| 江苏 | 90.54 | 0.14 | 92.74 | 4.27 | 89.75 | 2.54 | 89.91 | -1.66 |
| 浙江 | 92.38 | 1.77 | 91.43 | 2.61 | 92.33 | 1.30 | 93.64 | 2.45 |
| 安徽 | 95.91 | 1.24 | 94.28 | 1.92 | 93.83 | 2.25 | 96.98 | 1.43 |
| 福建 | 94.17 | 0.43 | 93.67 | 1.90 | 92.86 | 3.27 | 95.73 | 0.21 |
| 江西 | 96.64 | 1.06 | 93.89 | 1.13 | 94.84 | -0.23 | 97.52 | 1.22 |
| 山东 | 92.80 | 0.49 | 89.89 | 2.18 | 91.65 | 2.96 | 94.14 | -0.55 |
| 河南 | 94.64 | 0.19 | 90.75 | 3.40 | 90.37 | -0.71 | 96.42 | 0.40 |
| 湖北 | 92.82 | 1.19 | 89.96 | 1.96 | 92.99 | 3.31 | 93.76 | 0.33 |
| 湖南 | 93.70 | -0.63 | 89.81 | 0.50 | 92.44 | 0.11 | 95.30 | -0.49 |
| 广东 | 88.31 | 1.69 | 84.90 | 2.01 | 88.58 | 1.08 | 90.33 | 2.77 |
| 广西 | 90.00 | 2.23 | 88.75 | 1.88 | 88.33 | 0.46 | 90.86 | 3.00 |
| 海南 | 91.19 | 1.19 | 81.51 | 0.48 | 89.19 | -0.37 | 94.60 | 2.97 |
| 重庆 | 92.21 | 3.45 | 91.01 | 3.77 | 91.47 | 2.56 | 93.22 | 3.34 |
| 四川 | 92.74 | 3.13 | 89.06 | 3.32 | 92.31 | 6.39 | 94.10 | 2.94 |
| 贵州 | 95.51 | 2.81 | 93.14 | 4.97 | 94.41 | 2.79 | 96.18 | 2.65 |
| 云南 | 94.97 | 1.95 | 90.95 | 1.50 | 92.36 | 3.66 | 96.10 | 2.11 |
| 西藏 | 97.99 | 5.19 | 94.52 | 1.58 | 96.99 | 7.49 | 98.93 | 4.75 |
| 陕西 | 91.94 | 0.29 | 88.18 | 2.38 | 90.98 | 1.72 | 92.92 | -0.33 |
| 甘肃 | 97.10 | 1.69 | 94.01 | 4.12 | 95.42 | 1.79 | 98.14 | 1.45 |
| 青海 | 96.61 | 1.74 | 96.82 | 5.24 | 95.70 | 1.04 | 97.04 | 1.36 |
| 宁夏 | 98.12 | 3.31 | 98.24 | 4.74 | 97.41 | 4.34 | 98.39 | 2.98 |
| 新疆 | 89.99 | 1.37 | 91.58 | 2.01 | 90.53 | 1.39 | 89.47 | 1.14 |

### 3. 部分省份农村小学教辅和工勤人员占比提高，专任教师占比下降

19 个省份的城市小学、16 个省份的县镇小学和 11 个省份的农村小学专任教师占教职工的比例达不到国家标准要求。小学专任教师占教职工的比例，城市上海最低，为 80.38%，县镇北京最低，为 73.71%，农村上海最低，为 71.76%（见表 2.2.10）。

2001—2010 年，所有省份的城市小学、25 个省份的县镇小学和 19 个省份的农村小学专任教师占教职工的比例均有所提高。4 个省份的城市小学专任教师占比提高 5 个百分点以上，上海提高幅度最大，达到 7.11 个百分点；3 个省份的县镇小学专任教师占比提高 5 个百分点以上，上海提高幅度最大，达到 11.99 个百分点。内蒙古、上海、北京 3 个省份的农村小学专任教师占比下降 5 个百分点以上，内蒙古下降幅度最大，达到 12.93 个百分点（表 2.2.10）。农村小学专任教师占比的降低主要是由于教辅人员和工勤人员占比的提高。这可能与农村学校实验室、图书室等的配套完善以及近年来布局调整后寄宿制学校增多有关。

### （二）代课人员占岗位教师的比例

#### 1. 部分中西部省份小学代课人员占岗位教师的比例偏高

2010 年，7 个省份的小学代课人员占岗位教师的比例超过 5%，这些省份全部集中在中西部（见图 2.2.13），青海代课人员占比最高，达到 12.23%；7 个省份的小学代课人员占岗位教师的比例不足 1%，这些省份主要集中在中东部，浙江没有代课人员。

城市、县镇和农村小学代课人员占岗位教师的比例超过 5% 的省份分别有 6 个、2 个和 12 个，青海的城市、县镇和农村小学代课人员占岗位教师的比例都是最高的，分别达到 12.35%、8.02% 和 14.21%（见表 2.2.11）。

代课人员占岗位教师的比例较高的省份中，青海、广西、四川等省份专任教师生师比较高，可能存在专任教师不足的问题，需要及时补充新教师，而新疆、山西等省份专任教师生师比并不高，却聘用很多的代课人员，在这些省份需要调整专任教师结构，让不能胜任工作的专任教师转岗、分流，清理被挤占、挪用和截留的专任教师编制，严禁"有编不补"而聘用代课人员。

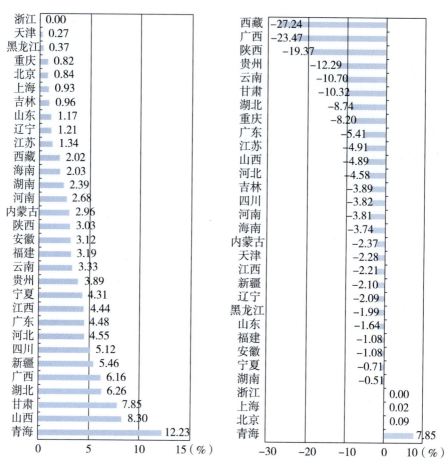

**图 2.2.13** **2010 年各省份小学代课人员占比**

**图 2.2.14** **2001—2010 年各省份小学代课人员占比变化**

### 2. 代课人员占比较高的西部省份其比例大幅下降

2001—2010 年，27 个省份的小学代课人员占岗位教师的比例有所下降，代课人员占比降幅超过 10 个百分点的 6 个省份，全部是 2001 年代课人员占比较高的西部省份，其中西藏降幅最大，达到 27.24 个百分点；3 个省份的小学代课人员占比有所提高，青海增幅最大，达到 7.85 个百分点（见图 2.2.14）。

13 个省份的城市小学代课人员占比出现下降，其中广西降幅最大，达到 5.14 个百分点；20 个省份的县镇小学代课人员占比出现下降，其中 5

个省份的降幅超过 5 个百分点，甘肃降幅最大，达到 8.25 个百分点；28 个省份的农村小学代课人员占比出现下降，其中 14 个省份的降幅超过 5 个百分点，西藏的降幅最大，达到 35.52 个百分点。青海的城市、县镇和农村小学代课人员占比增幅都是最大的，分别达到 10.89 个、5.84 个和 8.44 个百分点（见表 2.2.11）。

表 2.2.11　**2010 年各省份城乡小学代课人员占岗位
教师比例及 2001—2010 年变化幅度**

| 省份 | 全省（区、市） | | 城　市 | | 县　镇 | | 农　村 | |
|---|---|---|---|---|---|---|---|---|
| | 2010 年占比(%) | 变化幅度(百分点) | 2010 年占比(%) | 变化幅度(百分点) | 2010 年占比(%) | 变化幅度(百分点) | 2010 年占比(%) | 变化幅度(百分点) |
| 北京 | 0.84 | 0.09 | 1.06 | 0.70 | 0.02 | −1.12 | 0.44 | −0.48 |
| 天津 | 0.27 | −2.28 | 0.18 | −1.70 | 0.29 | −2.11 | 0.39 | −3.23 |
| 河北 | 4.55 | −4.58 | 4.12 | 2.10 | 2.77 | −3.27 | 5.27 | −5.71 |
| 山西 | 8.30 | −4.89 | 6.46 | 1.91 | 7.33 | −0.21 | 9.20 | −7.60 |
| 内蒙古 | 2.96 | −2.37 | 4.21 | 2.79 | 2.26 | 0.34 | 2.88 | −4.71 |
| 辽宁 | 1.21 | −2.09 | 0.39 | 0.16 | 0.94 | 0.34 | 1.72 | −3.40 |
| 吉林 | 0.96 | −3.89 | 1.92 | 0.00 | 0.65 | −1.80 | 0.85 | −5.76 |
| 黑龙江 | 0.37 | −1.99 | 0.71 | 0.03 | 0.34 | −0.15 | 0.28 | −3.12 |
| 上海 | 0.93 | 0.02 | 0.84 | −0.26 | 0.90 | 0.51 | 3.58 | 0.91 |
| 江苏 | 1.34 | −4.91 | 1.51 | −0.59 | 1.43 | −0.10 | 1.15 | −6.96 |
| 浙江 | 0.00 | 0.00 | 0.00 | 0.00 | 0.00 | 0.00 | 0.00 | 0.00 |
| 安徽 | 3.12 | −1.08 | 3.40 | 0.60 | 2.40 | 0.15 | 3.29 | −1.42 |
| 福建 | 3.19 | −1.08 | 5.47 | 4.13 | 1.95 | 0.47 | 2.81 | −2.83 |
| 江西 | 4.44 | −2.21 | 2.31 | 1.52 | 2.64 | −2.57 | 5.20 | −3.07 |
| 山东 | 1.17 | −1.64 | 0.99 | 0.15 | 1.11 | −0.51 | 1.25 | −2.39 |
| 河南 | 2.68 | −3.81 | 3.21 | 1.66 | 3.93 | 1.58 | 2.29 | −5.42 |
| 湖北 | 6.26 | −8.74 | 5.19 | −0.63 | 3.86 | −1.01 | 7.62 | −11.84 |
| 湖南 | 2.39 | −0.51 | 5.06 | 4.10 | 0.85 | 0.02 | 2.75 | −1.02 |
| 广东 | 4.48 | −5.41 | 4.27 | −4.68 | 1.70 | −2.79 | 6.55 | −5.15 |

续表

| 省份 | 全省（区、市） | | 城 市 | | 县 镇 | | 农 村 | |
|---|---|---|---|---|---|---|---|---|
| | 2010 年占比（%） | 变化幅度（百分点） | 2010 年占比（%） | 变化幅度（百分点） | 2010 年占比（%） | 变化幅度（百分点） | 2010 年占比（%） | 变化幅度（百分点） |
| 广西 | 6.16 | −23.47 | 2.40 | −5.14 | 1.62 | −7.94 | 8.33 | −27.68 |
| 海南 | 2.03 | −3.74 | 1.17 | −0.29 | 1.47 | −1.31 | 2.50 | −4.99 |
| 重庆 | 0.82 | −8.20 | 0.90 | −4.37 | 0.53 | −6.10 | 1.07 | −12.70 |
| 四川 | 5.12 | −3.82 | 3.41 | 1.66 | 2.16 | −0.24 | 7.76 | −3.57 |
| 贵州 | 3.89 | −12.29 | 1.99 | −1.36 | 0.78 | −3.76 | 5.12 | −14.36 |
| 云南 | 3.33 | −10.70 | 0.05 | −0.55 | 0.62 | −2.13 | 4.33 | −11.94 |
| 西藏 | 2.02 | −27.24 | 0.00 | −2.01 | 0.61 | −8.08 | 2.87 | −35.52 |
| 陕西 | 3.03 | −19.37 | 3.66 | −0.69 | 1.36 | −7.62 | 3.25 | −23.76 |
| 甘肃 | 7.85 | −10.32 | 1.33 | −0.34 | 2.99 | −8.25 | 10.17 | −11.23 |
| 青海 | 12.23 | 7.85 | 12.35 | 10.89 | 8.02 | 5.84 | 14.21 | 8.44 |
| 宁夏 | 4.31 | −0.71 | 3.10 | 2.65 | 2.30 | 1.10 | 5.66 | −0.81 |
| 新疆 | 5.46 | −2.10 | 7.48 | 4.05 | 2.15 | 0.85 | 5.63 | −3.73 |

### （三）专任教师的学历结构

#### 1. 京津沪等省份中小学教师学历层次明显高于其他省份

2010 年，北京、上海、天津、浙江等省份的中小学专任教师学历层次明显高于其他省份，这些省份的小学和初中专任教师学历均以本科为主，小学本科及以上学历教师比例分别达到 75.25%、57.70%、49.70% 和47.11%，初中本科及以上学历教师比例分别达到 94.31%、94.49%、85.04% 和 83.80%（见表2.2.12、表2.2.13）。中小学专任教师学历层次较低的省份主要集中在中西部，海南、贵州、江西、安徽等省份的小学专任教师学历层次较低，高于规定学历教师比例分别为 73.48%、73.50%、65.82% 和 71.19%；河南、贵州、湖北、江西等省份的初中专任教师学历层次较低，高于规定学历教师比例分别为 50.75%、53.20%、53.60% 和53.69%（见图2.2.15、图2.2.16）。

表 2.2.12　**2010 年各省份小学专任教师学历结构（％）**

| 省份 | 研究生 | 本科 | 专科 | 高中 | 高中以下 |
|------|--------|------|------|------|----------|
| 北京 | 0.86 | 74.39 | 19.99 | 4.64 | 0.12 |
| 天津 | 0.32 | 49.38 | 35.20 | 14.88 | 0.22 |
| 河北 | 0.05 | 23.76 | 58.46 | 17.56 | 0.16 |
| 山西 | 0.04 | 22.00 | 59.25 | 18.42 | 0.29 |
| 内蒙古 | 0.08 | 34.59 | 50.72 | 14.27 | 0.34 |
| 辽宁 | 0.23 | 27.15 | 54.38 | 18.04 | 0.21 |
| 吉林 | 0.30 | 37.05 | 48.13 | 14.19 | 0.33 |
| 黑龙江 | 0.03 | 24.80 | 56.54 | 18.26 | 0.36 |
| 上海 | 0.71 | 56.99 | 35.66 | 6.44 | 0.20 |
| 江苏 | 0.19 | 39.33 | 44.82 | 15.47 | 0.19 |
| 浙江 | 0.18 | 46.93 | 39.74 | 12.93 | 0.22 |
| 安徽 | 0.04 | 16.90 | 54.26 | 28.70 | 0.11 |
| 福建 | 0.04 | 18.46 | 55.66 | 25.36 | 0.48 |
| 江西 | 0.04 | 17.33 | 48.44 | 33.17 | 1.01 |
| 山东 | 0.16 | 31.53 | 44.00 | 24.11 | 0.20 |
| 河南 | 0.09 | 16.81 | 59.01 | 23.73 | 0.36 |
| 湖北 | 0.13 | 19.51 | 53.85 | 25.87 | 0.65 |
| 湖南 | 0.07 | 17.47 | 56.66 | 25.39 | 0.40 |
| 广东 | 0.17 | 23.29 | 60.05 | 16.22 | 0.26 |
| 广西 | 0.06 | 14.49 | 59.19 | 25.41 | 0.84 |
| 海南 | 0.07 | 8.99 | 64.42 | 26.01 | 0.51 |
| 重庆 | 0.08 | 22.51 | 59.12 | 17.83 | 0.45 |
| 四川 | 0.06 | 16.18 | 61.03 | 22.35 | 0.37 |
| 贵州 | 0.02 | 10.30 | 63.18 | 24.55 | 1.96 |
| 云南 | 0.05 | 17.38 | 58.93 | 22.28 | 1.36 |
| 西藏 | 0.09 | 11.12 | 71.97 | 15.24 | 1.58 |
| 陕西 | 0.16 | 24.23 | 56.53 | 18.62 | 0.45 |
| 甘肃 | 0.06 | 20.66 | 50.52 | 27.65 | 1.10 |
| 青海 | 0.24 | 27.32 | 58.92 | 13.15 | 0.36 |
| 宁夏 | 0.04 | 24.57 | 51.89 | 22.95 | 0.55 |
| 新疆 | 0.04 | 22.04 | 58.87 | 18.75 | 0.30 |

表 2.2.13    2010 年各省份初中专任教师学历结构（%）

| 省份 | 研究生 | 本科 | 专科 | 高中 | 高中以下 |
|------|--------|------|------|------|----------|
| 北京 | 5.27 | 89.03 | 5.46 | 0.22 | 0.01 |
| 天津 | 2.22 | 82.83 | 13.19 | 1.73 | 0.03 |
| 河北 | 0.34 | 65.34 | 33.25 | 1.05 | 0.02 |
| 山西 | 0.35 | 56.30 | 41.86 | 1.47 | 0.02 |
| 内蒙古 | 0.64 | 69.28 | 28.92 | 1.14 | 0.02 |
| 辽宁 | 0.86 | 68.60 | 29.59 | 0.88 | 0.08 |
| 吉林 | 1.35 | 74.35 | 23.74 | 0.55 | 0.01 |
| 黑龙江 | 0.23 | 67.08 | 31.37 | 1.28 | 0.04 |
| 上海 | 2.84 | 91.65 | 5.41 | 0.09 | 0.01 |
| 江苏 | 0.92 | 75.42 | 22.72 | 0.92 | 0.02 |
| 浙江 | 0.79 | 83.01 | 15.64 | 0.56 | 0.00 |
| 安徽 | 0.41 | 60.18 | 38.30 | 1.10 | 0.02 |
| 福建 | 0.51 | 74.19 | 24.36 | 0.92 | 0.02 |
| 江西 | 0.41 | 53.28 | 44.33 | 1.94 | 0.03 |
| 山东 | 0.72 | 70.00 | 28.20 | 1.06 | 0.02 |
| 河南 | 0.43 | 50.31 | 47.90 | 1.34 | 0.01 |
| 湖北 | 0.65 | 52.94 | 43.39 | 2.97 | 0.05 |
| 湖南 | 0.42 | 56.14 | 41.69 | 1.72 | 0.04 |
| 广东 | 1.07 | 59.80 | 37.83 | 1.26 | 0.04 |
| 广西 | 0.49 | 61.41 | 36.45 | 1.62 | 0.02 |
| 海南 | 0.23 | 58.59 | 39.72 | 1.45 | 0.01 |
| 重庆 | 0.43 | 72.73 | 25.63 | 1.19 | 0.02 |
| 四川 | 0.33 | 59.20 | 38.78 | 1.66 | 0.04 |
| 贵州 | 0.20 | 53.00 | 45.59 | 1.18 | 0.03 |
| 云南 | 0.26 | 65.94 | 32.53 | 1.24 | 0.04 |
| 西藏 | 0.65 | 75.13 | 22.56 | 1.54 | 0.11 |
| 陕西 | 0.98 | 63.63 | 33.75 | 1.60 | 0.04 |
| 甘肃 | 0.33 | 58.07 | 39.13 | 2.44 | 0.03 |

续表

| 省份 | 研究生 | 本科 | 专科 | 高中 | 高中以下 |
|------|--------|------|------|------|----------|
| 青海 | 1.14 | 62.85 | 34.95 | 1.05 | 0.01 |
| 宁夏 | 0.60 | 78.52 | 20.06 | 0.82 | 0.00 |
| 新疆 | 0.21 | 57.13 | 41.98 | 0.65 | 0.02 |

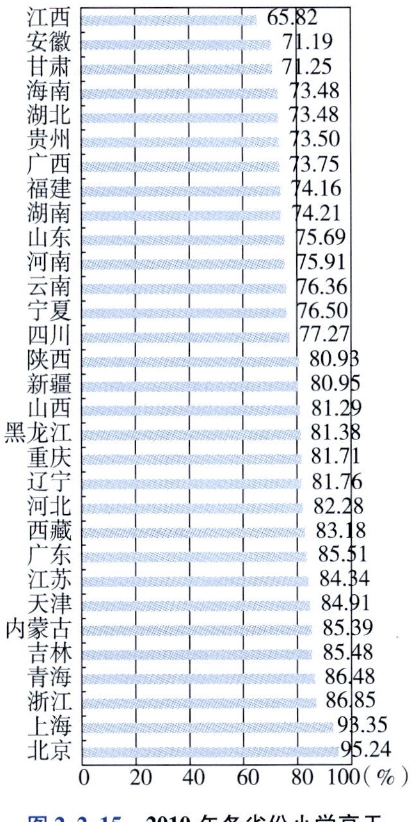

图 2.2.15　2010 年各省份小学高于规定学历教师比例

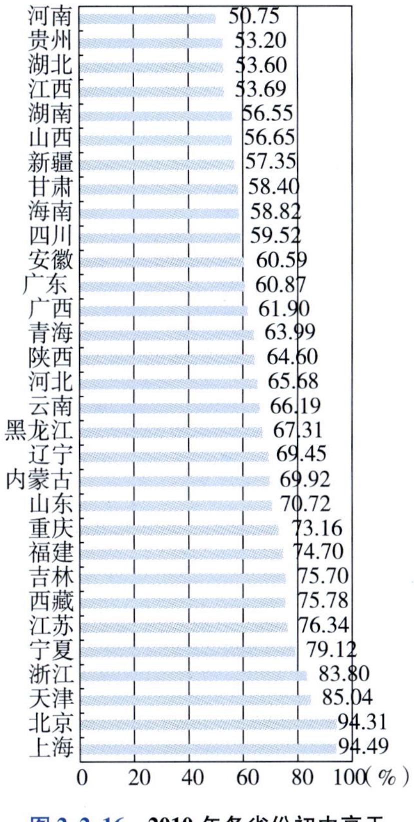

图 2.2.16　2010 年各省份初中高于规定学历教师比例

## 2. 各省份中小学教师学历层次明显提高，省域间差距缩小

2003—2010 年，所有省份中小学教师的学历层次均有明显提高。随着教师学历层次的提高，省域间教师学历的差距明显缩小。高于规定学历教师比例最高和最低省份之间的差距，小学从 2003 年的 55.58 个百分点，缩

小到 2010 年的 29.42 个百分点，初中从 2003 年的 61.60 个百分点，缩小到 2010 年的 43.74 个百分点。

西藏、贵州、云南 3 个省份的小学和福建、天津、广西 3 个省份的初中高于规定学历教师比例提高幅度超过 50 个百分点，11 个省份的小学和 13 个省份的初中高于规定学历教师比例提高幅度在 40—50 个百分点之间，13 个省份的小学和 11 个省份的初中高于规定学历教师比例提高幅度在 30—40 个百分点之间，吉林、北京、上海、湖北 4 个省份的小学和上海、湖北、吉林、海南 4 个省份的初中高于规定学历教师比例提高幅度不超过 30 个百分点（见图 2.2.17、图 2.2.18）。

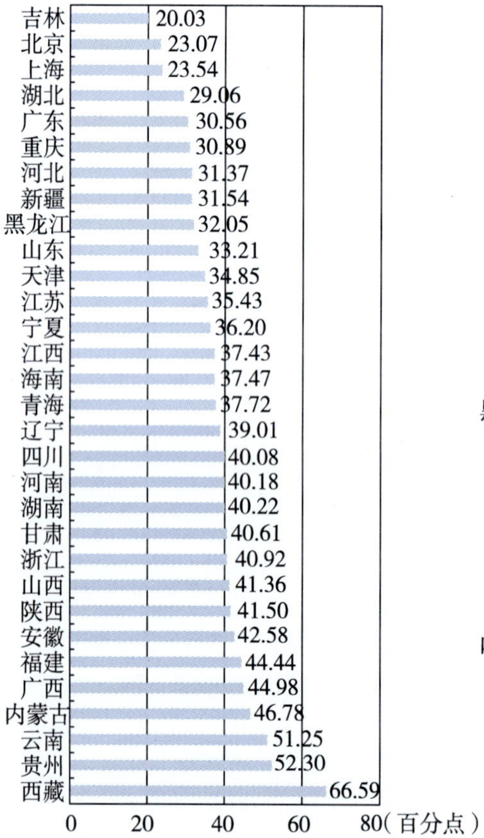

| 省份 | 小学 |
|---|---|
| 吉林 | 20.03 |
| 北京 | 23.07 |
| 上海 | 23.54 |
| 湖北 | 29.06 |
| 广东 | 30.56 |
| 重庆 | 30.89 |
| 河北 | 31.37 |
| 新疆 | 31.54 |
| 黑龙江 | 32.05 |
| 山东 | 33.21 |
| 天津 | 34.85 |
| 江苏 | 35.43 |
| 宁夏 | 36.20 |
| 江西 | 37.43 |
| 海南 | 37.47 |
| 青海 | 37.72 |
| 辽宁 | 39.01 |
| 四川 | 40.08 |
| 河南 | 40.18 |
| 湖南 | 40.22 |
| 甘肃 | 40.61 |
| 浙江 | 40.92 |
| 山西 | 41.36 |
| 陕西 | 41.50 |
| 安徽 | 42.58 |
| 福建 | 44.44 |
| 广西 | 44.98 |
| 内蒙古 | 46.78 |
| 云南 | 51.25 |
| 贵州 | 52.30 |
| 西藏 | 66.59 |

图 2.2.17　2003—2010 年各省份小学高于规定学历教师比例变化

| 省份 | 初中 |
|---|---|
| 上海 | 22.96 |
| 湖北 | 27.49 |
| 吉林 | 28.05 |
| 海南 | 29.38 |
| 新疆 | 30.61 |
| 河南 | 31.89 |
| 江西 | 33.72 |
| 广东 | 34.47 |
| 安徽 | 35.61 |
| 西藏 | 35.76 |
| 北京 | 36.09 |
| 山西 | 37.65 |
| 湖南 | 38.48 |
| 青海 | 39.50 |
| 贵州 | 39.66 |
| 黑龙江 | 40.56 |
| 四川 | 40.68 |
| 辽宁 | 41.75 |
| 重庆 | 42.76 |
| 浙江 | 44.02 |
| 甘肃 | 45.10 |
| 江苏 | 45.24 |
| 河北 | 45.33 |
| 山东 | 45.48 |
| 内蒙古 | 48.38 |
| 陕西 | 48.55 |
| 宁夏 | 49.09 |
| 云南 | 49.35 |
| 广西 | 51.97 |
| 天津 | 52.03 |
| 福建 | 58.98 |

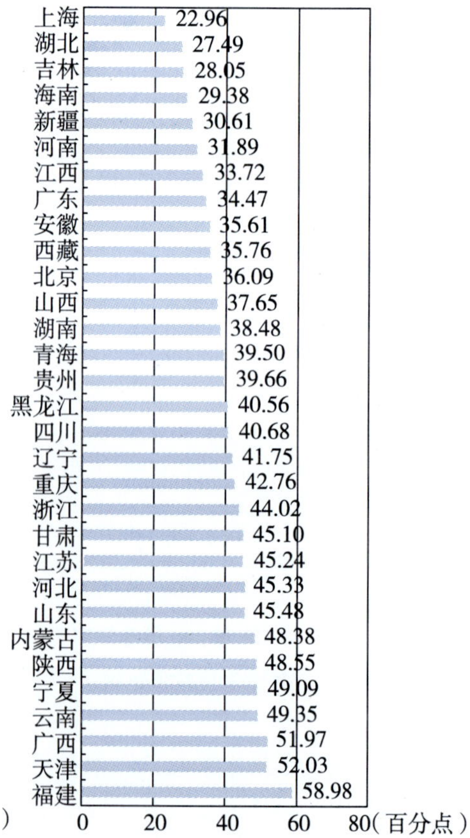

图 2.2.18　2003—2010 年各省份初中高于规定学历教师比例变化

### 3. 多数省份教师学历城乡差距不断缩小

2003—2010 年，多数省份农村中小学教师学历层次的提高幅度大于县镇，县镇大于城市，这使得多数省份教师学历的城乡差距不断缩小。青海、北京、西藏 3 个省份的小学和北京、西藏、天津 3 个省份的初中高于规定学历教师比例的城乡差距在 10 个百分点以内，教师学历水平呈现出发展水平高、城乡差距小的高位均衡状态。

城市、县镇和农村小学分别有 0 个、1 个和 5 个省份高于规定学历教师比例提高幅度超过 50 个百分点，分别有 1 个、8 个和 9 个省份高于规定学历教师比例提高幅度在 40—50 个百分点之间；城市、县镇和农村初中分别有 0 个、5 个和 8 个省份高于规定学历教师比例提高幅度超过 50 个百分点，分别有 7 个、11 个和 10 个省份高于规定学历教师比例提高幅度在 40—50 个百分点之间。高于规定学历教师比例的城乡差距，西藏的小学缩小幅度最大，达到 24.49 个百分点；北京的初中缩小幅度最大，达到 33.38 个百分点（见表 2.2.14、表 2.2.15）。

提高教师学历水平重点在农村和县镇中小学。农村和县镇教师学历水平的大幅提高不但可以使全省（区、市）专任教师的学历水平大幅提高，而且可以明显缩小教师学历水平的城乡差距，西藏、贵州、云南、内蒙古等省份的小学，北京、天津、浙江、福建等省份的初中就属于这种情况。如果没有重点补齐农村和县镇的短板，农村和县镇教师学历水平提高幅度小，该省份教师学历水平在全国的排名就可能出现大幅下滑，湖北、海南、山东、新疆的小学就属于这种情况；如果农村和县镇教师学历水平提高幅度低于城市，还会进一步扩大教师学历水平的城乡差距，广东、江西、河南、新疆、湖北的初中就属于这种情况（见表 2.2.14、表 2.2.15）。

表 2.2.14　**2010 年各省份城乡小学高于规定学历教师比例及 2003—2010 年变化幅度**

| 省份 | 全省（区、市） | | 城　市 | | 县　镇 | | 农　村 | |
|---|---|---|---|---|---|---|---|---|
| | 2010 年比例（%） | 变化幅度（百分点） | 2010 年比例（%） | 变化幅度（百分点） | 2010 年比例（%） | 变化幅度（百分点） | 2010 年比例（%） | 变化幅度（百分点） |
| 北京 | 95.24 | 23.07 | 96.49 | 17.65 | 93.69 | 27.13 | 91.26 | 23.56 |
| 天津 | 84.91 | 34.85 | 90.05 | 29.82 | 84.06 | 39.83 | 77.47 | 36.15 |
| 河北 | 82.28 | 31.37 | 92.57 | 22.77 | 88.27 | 27.21 | 78.46 | 33.63 |
| 山西 | 81.29 | 41.36 | 92.05 | 29.13 | 88.61 | 34.98 | 75.39 | 44.01 |
| 内蒙古 | 85.39 | 46.78 | 93.35 | 29.88 | 88.18 | 40.95 | 78.43 | 51.21 |
| 辽宁 | 81.76 | 39.01 | 92.81 | 24.20 | 83.63 | 33.21 | 75.13 | 46.14 |
| 吉林 | 85.48 | 20.03 | 94.34 | 13.95 | 88.55 | 17.91 | 81.33 | 21.65 |
| 黑龙江 | 81.38 | 32.05 | 92.64 | 22.12 | 87.52 | 28.13 | 75.36 | 34.32 |
| 上海 | 93.35 | 23.54 | 95.75 | 25.57 | 91.79 | 21.61 | 82.30 | 21.20 |
| 江苏 | 84.34 | 35.43 | 91.92 | 28.59 | 87.63 | 21.87 | 76.71 | 35.93 |
| 浙江 | 86.85 | 40.92 | 93.10 | 31.38 | 86.60 | 44.07 | 79.84 | 50.54 |
| 安徽 | 71.19 | 42.58 | 87.07 | 32.22 | 80.33 | 38.98 | 64.71 | 42.97 |
| 福建 | 74.16 | 44.44 | 87.75 | 36.46 | 78.07 | 43.45 | 61.96 | 39.71 |
| 江西 | 65.82 | 37.43 | 89.73 | 34.73 | 82.59 | 48.92 | 58.11 | 36.50 |
| 山东 | 75.69 | 33.21 | 93.89 | 26.79 | 83.19 | 28.91 | 67.55 | 35.98 |
| 河南 | 75.91 | 40.18 | 93.79 | 29.12 | 87.26 | 36.87 | 70.24 | 40.90 |
| 湖北 | 73.48 | 29.06 | 90.02 | 27.75 | 80.55 | 21.19 | 64.80 | 30.28 |
| 湖南 | 74.21 | 40.22 | 92.84 | 31.72 | 81.05 | 39.62 | 66.41 | 39.73 |
| 广东 | 83.51 | 30.56 | 95.14 | 28.56 | 86.72 | 29.91 | 73.98 | 28.64 |
| 广西 | 73.75 | 44.98 | 90.12 | 36.27 | 83.89 | 44.80 | 67.52 | 46.10 |
| 海南 | 73.48 | 37.47 | 92.75 | 24.63 | 79.85 | 37.95 | 66.14 | 38.75 |
| 重庆 | 81.71 | 30.89 | 93.81 | 32.68 | 86.35 | 30.64 | 74.31 | 34.30 |
| 四川 | 77.27 | 40.08 | 91.77 | 28.18 | 80.62 | 31.88 | 70.78 | 40.46 |
| 贵州 | 73.50 | 52.30 | 86.20 | 37.62 | 79.92 | 48.42 | 69.85 | 54.86 |

续表

| 省份 | 全省（区、市） | | 城 市 | | 县 镇 | | 农 村 | |
|---|---|---|---|---|---|---|---|---|
| | 2010 年比例（%） | 变化幅度（百分点） | 2010 年比例（%） | 变化幅度（百分点） | 2010 年比例（%） | 变化幅度（百分点） | 2010 年比例（%） | 变化幅度（百分点） |
| 云南 | 76.36 | 51.25 | 89.15 | 29.18 | 83.47 | 45.39 | 73.29 | 52.56 |
| 西藏 | 83.18 | 66.59 | 88.11 | 46.19 | 83.03 | 66.99 | 82.54 | 70.68 |
| 陕西 | 80.93 | 41.50 | 93.62 | 23.97 | 89.38 | 38.21 | 76.66 | 44.61 |
| 甘肃 | 71.25 | 40.61 | 90.82 | 26.97 | 80.38 | 44.54 | 65.38 | 41.24 |
| 青海 | 86.48 | 37.72 | 86.57 | 25.40 | 91.06 | 35.48 | 84.11 | 40.94 |
| 宁夏 | 76.50 | 36.20 | 90.83 | 27.14 | 85.87 | 33.89 | 66.66 | 35.55 |
| 新疆 | 80.95 | 31.54 | 92.36 | 21.84 | 86.86 | 26.78 | 76.74 | 34.23 |

**表 2.2.15 2010 年各省份城乡初中高于规定学历教师比例及 2003—2010 年变化幅度**

| 省份 | 全省（区、市） | | 城 市 | | 县 镇 | | 农 村 | |
|---|---|---|---|---|---|---|---|---|
| | 2010 年比例（%） | 变化幅度（百分点） | 2010 年比例（%） | 变化幅度（百分点） | 2010 年比例（%） | 变化幅度（百分点） | 2010 年比例（%） | 变化幅度（百分点） |
| 北京 | 94.31 | 36.09 | 94.31 | 19.77 | 94.23 | 47.32 | 94.36 | 53.15 |
| 天津 | 85.04 | 52.03 | 88.99 | 36.90 | 84.53 | 58.77 | 80.71 | 68.08 |
| 河北 | 65.68 | 45.33 | 84.92 | 41.13 | 64.33 | 44.76 | 59.55 | 46.54 |
| 山西 | 56.65 | 37.65 | 75.64 | 31.11 | 53.22 | 36.62 | 48.49 | 38.39 |
| 内蒙古 | 69.92 | 48.38 | 77.59 | 40.00 | 68.33 | 49.16 | 61.29 | 50.38 |
| 辽宁 | 69.45 | 41.75 | 82.85 | 31.86 | 62.59 | 41.23 | 59.72 | 48.44 |
| 吉林 | 75.70 | 28.05 | 88.82 | 19.25 | 73.60 | 28.18 | 70.10 | 34.71 |
| 黑龙江 | 67.31 | 40.56 | 80.84 | 32.15 | 63.81 | 37.00 | 60.97 | 45.30 |
| 上海 | 94.49 | 22.96 | 94.95 | 22.39 | 94.10 | 22.37 | 77.19 | 29.20 |
| 江苏 | 76.34 | 45.24 | 87.02 | 34.51 | 75.71 | 33.40 | 68.34 | 47.75 |
| 浙江 | 83.8 | 44.02 | 88.81 | 31.97 | 82.06 | 47.33 | 78.66 | 56.80 |
| 安徽 | 60.59 | 35.61 | 72.91 | 30.02 | 60.76 | 33.26 | 56.00 | 37.16 |

续表

| 省份 | 全省（区、市）2010 年比例(%) | 变化幅度（百分点） | 城市 2010 年比例(%) | 变化幅度（百分点） | 县镇 2010 年比例(%) | 变化幅度（百分点） | 农村 2010 年比例(%) | 变化幅度（百分点） |
|---|---|---|---|---|---|---|---|---|
| 福建 | 74.70 | 58.98 | 83.92 | 42.43 | 72.61 | 60.57 | 68.93 | 60.38 |
| 江西 | 53.69 | 33.72 | 73.91 | 34.52 | 56.88 | 36.26 | 47.63 | 33.41 |
| 山东 | 70.72 | 45.48 | 87.05 | 38.52 | 67.84 | 47.17 | 64.42 | 48.77 |
| 河南 | 50.75 | 31.89 | 75.83 | 30.84 | 49.99 | 31.98 | 43.45 | 30.19 |
| 湖北 | 53.60 | 27.49 | 78.06 | 33.42 | 48.51 | 26.78 | 47.01 | 28.32 |
| 湖南 | 56.55 | 38.48 | 79.08 | 35.85 | 56.01 | 38.77 | 51.21 | 38.31 |
| 广东 | 60.87 | 34.47 | 84.12 | 33.86 | 55.21 | 35.54 | 46.24 | 28.72 |
| 广西 | 61.90 | 51.97 | 78.05 | 45.29 | 60.83 | 53.13 | 56.95 | 52.20 |
| 海南 | 58.82 | 29.38 | 83.16 | 22.93 | 56.93 | 31.18 | 44.76 | 27.04 |
| 重庆 | 73.16 | 42.76 | 91.37 | 45.49 | 72.95 | 47.50 | 60.76 | 43.96 |
| 四川 | 59.52 | 40.68 | 79.61 | 29.09 | 60.08 | 40.80 | 47.89 | 37.57 |
| 贵州 | 53.20 | 39.66 | 72.98 | 34.43 | 53.56 | 40.63 | 47.37 | 41.27 |
| 云南 | 66.19 | 49.35 | 84.57 | 32.59 | 69.48 | 50.84 | 58.39 | 47.53 |
| 西藏 | 75.78 | 35.76 | 78.21 | 34.73 | 75.43 | 36.54 | 74.14 | 17.47 |
| 陕西 | 64.60 | 48.55 | 83.96 | 36.04 | 67.83 | 52.62 | 59.21 | 51.02 |
| 甘肃 | 58.40 | 45.10 | 77.56 | 41.02 | 58.81 | 45.59 | 53.11 | 45.42 |
| 青海 | 63.99 | 39.50 | 76.37 | 31.13 | 62.45 | 39.54 | 59.22 | 42.81 |
| 宁夏 | 79.12 | 49.09 | 85.91 | 40.43 | 79.29 | 46.90 | 73.29 | 51.90 |
| 新疆 | 57.35 | 30.61 | 79.72 | 32.74 | 60.13 | 33.30 | 48.00 | 28.07 |

**4. 超过四成的省份农村初中专任教师学历不合格比例超过2%**

2010 年，5 个省份的小学专任教师学历合格率低于99%，主要分布在西部。这些省份专任教师学历合格率低主要是由于农村的教师学历合格率低。贵州的教师学历合格率最低，为98.04%，该省农村的教师学历合格率只有97.39%。所有省份的城市小学教师学历合格率均超过99%、县镇和农村分别有 1 个和 7 个省份的小学教师合格率低于 99％（见表 2.2.16）。

2010 年，22 个省份的初中专任教师学历合格率低于 99％，主要分布在中西部。这些省份专任教师学历合格率低主要是由于县镇和农村的教师学历合格率低。湖北的教师学历合格率最低，为 96.98％，该省农村的教师合格率只有 96.12％。城市、县镇和农村分别有 2 个、22 个和 26 个省份的初中教师合格率低于 99％，其中农村有 13 个省份的初中教师学历合格率低于 98％（见表 2.2.17）。

学历合格是专任教师任职资格的最基本要求。专任教师学历合格率较低的省份应继续加大高学历新教师的补充力度，制定各种措施吸引优秀教师到中西部农村中小学从教，同时安排学历不合格的老教师转岗分流，为提高义务教育质量提供师资保障。

**表 2.2.16　2010 年各省份城乡小学专任教师学历合格率及 2003—2010 年变化幅度**

| 省份 | 全省（区、市） | | 城　市 | | 县　镇 | | 农　村 | |
|---|---|---|---|---|---|---|---|---|
| | 2010 年合格率(％) | 变化幅度(百分点) | 2010 年合格率(％) | 变化幅度(百分点) | 2010 年合格率(％) | 变化幅度(百分点) | 2010 年合格率(％) | 变化幅度(百分点) |
| 北京 | 99.88 | 0.48 | 99.92 | 0.30 | 99.70 | 0.43 | 99.83 | 0.63 |
| 天津 | 99.78 | 0.75 | 99.77 | 0.30 | 99.82 | 0.95 | 99.74 | 1.23 |
| 河北 | 99.84 | 0.24 | 99.91 | 0.15 | 99.93 | 0.20 | 99.79 | 0.25 |
| 山西 | 99.71 | 1.02 | 99.95 | 0.45 | 99.96 | 0.49 | 99.55 | 1.22 |
| 内蒙古 | 99.66 | 2.09 | 99.94 | 0.79 | 99.61 | 0.94 | 99.55 | 2.92 |
| 辽宁 | 99.79 | 1.02 | 99.94 | 0.33 | 99.84 | 0.46 | 99.70 | 1.45 |
| 吉林 | 99.67 | 0.50 | 99.97 | 0.29 | 99.80 | 0.13 | 99.52 | 0.68 |
| 黑龙江 | 99.64 | 1.15 | 99.94 | 0.42 | 99.87 | 0.88 | 99.46 | 1.38 |
| 上海 | 99.80 | 0.80 | 99.98 | 0.28 | 99.69 | 1.38 | 98.64 | 1.02 |
| 江苏 | 99.81 | 1.38 | 99.92 | 0.68 | 99.94 | 0.56 | 99.62 | 1.65 |
| 浙江 | 99.78 | 1.68 | 99.95 | 0.48 | 99.74 | 1.76 | 99.66 | 3.98 |
| 安徽 | 99.89 | 0.98 | 99.95 | 0.41 | 99.93 | 0.40 | 99.87 | 1.18 |
| 福建 | 99.52 | 1.50 | 99.84 | 0.47 | 99.82 | 1.01 | 99.04 | 1.71 |

续表

| 省份 | 全省（区、市） | | 城 市 | | 县 镇 | | 农 村 | |
|---|---|---|---|---|---|---|---|---|
| | 2010 年合格率(%) | 变化幅度（百分点） | 2010 年合格率(%) | 变化幅度（百分点） | 2010 年合格率(%) | 变化幅度（百分点） | 2010 年合格率(%) | 变化幅度（百分点） |
| 江西 | 98.99 | 2.67 | 99.82 | 1.18 | 99.81 | 2.71 | 98.65 | 3.09 |
| 山东 | 99.80 | 0.83 | 99.91 | 0.30 | 99.89 | 0.59 | 99.74 | 1.06 |
| 河南 | 99.64 | 1.05 | 99.96 | 0.45 | 99.91 | 0.55 | 99.53 | 1.20 |
| 湖北 | 99.35 | 2.14 | 99.78 | 1.24 | 99.67 | 1.06 | 99.07 | 2.66 |
| 湖南 | 99.60 | 1.25 | 99.93 | 0.44 | 99.77 | 0.82 | 99.43 | 1.47 |
| 广东 | 99.74 | 0.54 | 99.95 | 0.63 | 99.81 | 0.33 | 99.55 | 0.50 |
| 广西 | 99.16 | 2.60 | 99.74 | 0.98 | 99.81 | 0.85 | 98.82 | 3.37 |
| 海南 | 99.49 | 1.15 | 99.80 | 0.51 | 99.51 | 0.43 | 99.42 | 1.54 |
| 重庆 | 99.55 | 2.14 | 99.91 | 1.58 | 99.83 | 1.25 | 99.18 | 3.19 |
| 四川 | 99.63 | 2.27 | 99.90 | 0.88 | 99.81 | 0.94 | 99.41 | 2.71 |
| 贵州 | 98.04 | 5.84 | 99.40 | 1.93 | 99.52 | 2.27 | 97.39 | 7.17 |
| 云南 | 98.64 | 4.27 | 99.90 | 1.38 | 99.52 | 2.01 | 98.29 | 4.73 |
| 西藏 | 98.42 | 6.42 | 99.25 | 4.54 | 98.85 | 6.13 | 98.13 | 6.94 |
| 陕西 | 99.55 | 2.69 | 99.96 | 0.67 | 99.88 | 1.32 | 99.40 | 3.28 |
| 甘肃 | 98.90 | 3.85 | 99.81 | 1.52 | 99.65 | 2.43 | 98.53 | 4.51 |
| 青海 | 99.64 | 2.64 | 99.64 | 1.89 | 99.87 | 1.43 | 99.51 | 3.28 |
| 宁夏 | 99.45 | 1.76 | 99.93 | 1.43 | 99.95 | 1.33 | 99.03 | 1.82 |
| 新疆 | 99.70 | 1.45 | 99.90 | 0.81 | 99.81 | 0.34 | 99.62 | 1.78 |

表 2.2.17　**2010 年各省份城乡初中专任教师学历合格率及 2003—2010 年变化幅度**

| 省份 | 全省（区、市） | | 城 市 | | 县 镇 | | 农 村 | |
|---|---|---|---|---|---|---|---|---|
| | 2010 年合格率(%) | 变化幅度（百分点） | 2010 年合格率(%) | 变化幅度（百分点） | 2010 年合格率(%) | 变化幅度（百分点） | 2010 年合格率(%) | 变化幅度（百分点） |
| 北京 | 99.77 | 2.31 | 99.80 | 1.63 | 99.75 | 2.82 | 99.64 | 2.78 |

续表

| 省份 | 全省（区、市） | | 城　市 | | 县　镇 | | 农　村 | |
|---|---|---|---|---|---|---|---|---|
| | 2010 年合格率(%) | 变化幅度(百分点) | 2010 年合格率(%) | 变化幅度(百分点) | 2010 年合格率(%) | 变化幅度(百分点) | 2010 年合格率(%) | 变化幅度(百分点) |
| 天津 | 98.23 | 9.34 | 99.21 | 2.94 | 98.14 | 12.17 | 97.12 | 15.95 |
| 河北 | 98.93 | 5.51 | 99.71 | 1.97 | 98.99 | 5.26 | 98.53 | 6.82 |
| 山西 | 98.51 | 9.66 | 99.49 | 2.41 | 98.82 | 6.84 | 97.69 | 13.62 |
| 内蒙古 | 98.84 | 9.16 | 99.64 | 3.20 | 98.76 | 6.77 | 97.67 | 16.47 |
| 辽宁 | 99.04 | 4.99 | 99.68 | 1.82 | 98.99 | 3.78 | 98.51 | 7.84 |
| 吉林 | 99.45 | 2.21 | 99.92 | 1.21 | 99.44 | 1.82 | 99.14 | 3.38 |
| 黑龙江 | 98.68 | 5.87 | 99.63 | 2.14 | 98.79 | 3.26 | 97.99 | 8.78 |
| 上海 | 99.90 | 1.13 | 99.98 | 0.54 | 99.83 | 1.82 | 98.25 | 2.27 |
| 江苏 | 99.06 | 6.02 | 99.38 | 3.04 | 99.02 | 1.67 | 98.86 | 8.27 |
| 浙江 | 99.44 | 2.61 | 99.73 | 1.22 | 99.35 | 2.66 | 99.08 | 6.69 |
| 安徽 | 98.89 | 6.06 | 99.41 | 1.99 | 99.03 | 4.25 | 98.58 | 7.89 |
| 福建 | 99.06 | 2.56 | 99.55 | 1.17 | 98.99 | 2.36 | 98.70 | 3.22 |
| 江西 | 98.02 | 8.29 | 99.05 | 3.33 | 98.45 | 7.20 | 97.55 | 10.79 |
| 山东 | 98.92 | 5.85 | 99.62 | 2.03 | 98.80 | 5.94 | 98.66 | 8.44 |
| 河南 | 98.65 | 6.88 | 99.59 | 1.55 | 98.76 | 5.14 | 98.27 | 8.84 |
| 湖北 | 96.98 | 7.15 | 98.66 | 3.59 | 97.11 | 6.16 | 96.12 | 9.33 |
| 湖南 | 98.24 | 6.54 | 99.58 | 2.18 | 98.80 | 5.59 | 97.30 | 7.80 |
| 广东 | 98.70 | 6.67 | 99.68 | 4.56 | 98.62 | 6.70 | 97.68 | 7.54 |
| 广西 | 98.35 | 7.84 | 99.62 | 2.53 | 98.31 | 8.15 | 97.81 | 9.31 |
| 海南 | 98.54 | 4.22 | 99.54 | 0.97 | 98.55 | 3.64 | 97.75 | 7.36 |
| 重庆 | 98.79 | 5.43 | 99.59 | 4.69 | 98.82 | 4.25 | 98.11 | 9.17 |
| 四川 | 98.30 | 8.66 | 99.27 | 2.62 | 98.39 | 6.06 | 97.62 | 11.99 |
| 贵州 | 98.79 | 9.30 | 99.11 | 2.67 | 98.94 | 6.23 | 98.50 | 14.03 |
| 云南 | 98.73 | 6.39 | 99.61 | 1.32 | 98.90 | 4.65 | 98.33 | 8.08 |

续表

| 省份 | 全省（区、市） | | 城 市 | | 县 镇 | | 农 村 | |
|---|---|---|---|---|---|---|---|---|
| | 2010年合格率(%) | 变化幅度(百分点) | 2010年合格率(%) | 变化幅度(百分点) | 2010年合格率(%) | 变化幅度(百分点) | 2010年合格率(%) | 变化幅度(百分点) |
| 西藏 | 98.34 | 5.84 | 98.35 | 4.60 | 98.33 | 6.22 | 100.00 | 3.33 |
| 陕西 | 98.35 | 12.76 | 99.69 | 2.60 | 98.77 | 7.76 | 97.93 | 17.64 |
| 甘肃 | 97.53 | 9.95 | 99.46 | 2.67 | 98.16 | 7.67 | 96.57 | 12.37 |
| 青海 | 98.94 | 7.34 | 99.00 | 1.99 | 99.00 | 6.04 | 98.83 | 10.84 |
| 宁夏 | 99.18 | 4.58 | 99.56 | 1.80 | 99.47 | 3.22 | 98.51 | 6.40 |
| 新疆 | 99.33 | 5.72 | 99.73 | 1.69 | 99.49 | 3.27 | 99.13 | 7.67 |

**5. 2003 年专任教师学历合格率较低的省份农村学校学历不合格教师比例已明显降低**

2003—2010 年，2 个省份的小学专任教师学历合格率提高幅度超过 5 个百分点，西藏提高幅度最大，达到 6.42 个百分点；23 个省份的初中专任教师学历合格率提高幅度超过 5 个百分点，这些省份主要是中西部县镇和农村教师合格率较低的省份，陕西提高幅度最大，达到 12.76 个百分点。城市、县镇和农村分别有 0 个、17 个和 26 个省份的初中教师学历合格率提高幅度超过 5 个百分点，其中农村有 9 个省份的提高幅度超过 10 个百分点（见表 2.2.16、表 2.2.17）。

**（四）专任教师的职称结构**

**1. 天津、辽宁、湖北中小学中高级职称教师比例最高**

2010 年，天津、辽宁、湖北的中小学中高级职称教师比例排在前三位，小学比例分别达到 80.54%、76.74%、69.74%，初中比例分别达到 76.86%、75.72%、69.42%。小学和初中均有 20 个省份的中高级职称教师比例超过 50%（见图 2.2.19、图 2.2.20）。整体来看，中高级职称教师比例较高的省份主要有三种情况：一是教师队伍素质较高，高学历高职称教师占比较高；二是由于各省份职称评定标准不同，有些省份设定的高级和中级职称教师比例本身就比较高，特别是在一些实行评聘分离的省份，高级职称教师比例较高；三是近年来有些省份新补充教师比较少，老教师占比高，导致中高级职称教师占比较高。

2010 年，西藏、陕西、山西、甘肃、贵州等省份的中小学中高级职称教师比例均低于 40%，中小学中高级职称教师比例较低的省份主要集中在中西部。这些省份近年来新补充教师比较多，初级职称或未评职称的专任教师比例较高（见表 2.2.18、表 2.2.19）。虽然目前这些省份中高级职称教师比例较低，但是新补充教师的学历水平较高，教师队伍的整体素质仍有大幅提升。

**图 2.2.19　2010 年各省份小学中高级职称教师比例**

**图 2.2.20　2010 年各省份初中中高级职称教师比例**

表 2.2.18　2010 年各省份小学专任教师职称结构（%）

| 省份 | 高　级 | 中　级 | 初　级 | 未评职称 |
|------|--------|--------|--------|----------|
| 北京 | 0.57 | 55.79 | 37.33 | 6.31 |
| 天津 | 1.88 | 78.66 | 16.87 | 2.59 |
| 河北 | 0.59 | 51.11 | 43.58 | 4.71 |
| 山西 | 0.31 | 36.57 | 55.30 | 7.82 |
| 内蒙古 | 12.93 | 54.77 | 26.00 | 6.30 |
| 辽宁 | 2.93 | 73.81 | 19.53 | 3.73 |
| 吉林 | 0.87 | 54.58 | 41.68 | 2.87 |
| 黑龙江 | 3.81 | 55.13 | 38.88 | 2.17 |
| 上海 | 1.52 | 54.48 | 32.39 | 11.61 |
| 江苏 | 1.92 | 62.02 | 30.93 | 5.13 |
| 浙江 | 1.60 | 52.94 | 36.70 | 8.76 |
| 安徽 | 0.32 | 59.52 | 34.20 | 5.97 |
| 福建 | 0.56 | 57.33 | 37.71 | 4.39 |
| 江西 | 0.70 | 50.13 | 41.35 | 7.83 |
| 山东 | 1.95 | 54.22 | 38.62 | 5.22 |
| 河南 | 0.85 | 44.70 | 48.08 | 6.37 |
| 湖北 | 1.42 | 68.32 | 27.97 | 2.29 |
| 湖南 | 0.63 | 65.59 | 29.01 | 4.78 |
| 广东 | 0.27 | 59.76 | 25.65 | 14.32 |
| 广西 | 0.31 | 52.55 | 42.63 | 4.51 |
| 海南 | 0.26 | 42.36 | 51.87 | 5.52 |
| 重庆 | 0.36 | 39.30 | 54.31 | 6.04 |
| 四川 | 0.65 | 45.26 | 47.70 | 6.39 |
| 贵州 | 0.10 | 39.20 | 52.26 | 8.43 |
| 云南 | 0.11 | 46.70 | 46.85 | 6.35 |
| 西藏 | 0.44 | 22.07 | 59.61 | 17.88 |

续表

| 省份 | 高　级 | 中　级 | 初　级 | 未评职称 |
|------|--------|--------|--------|----------|
| 陕西 | 0.32 | 33.65 | 60.09 | 5.95 |
| 甘肃 | 0.41 | 37.64 | 52.11 | 9.84 |
| 青海 | 2.16 | 63.06 | 29.71 | 5.07 |
| 宁夏 | 0.76 | 51.87 | 40.12 | 7.25 |
| 新疆 | 0.80 | 39.21 | 50.55 | 9.44 |

表 2.2.19　**2010 年各省份初中专任教师职称结构（%）**

| 省份 | 高　级 | 中　级 | 初　级 | 未评职称 |
|------|--------|--------|--------|----------|
| 北京 | 16.79 | 41.91 | 35.61 | 5.69 |
| 天津 | 28.84 | 48.02 | 21.23 | 1.91 |
| 河北 | 10.74 | 46.03 | 38.20 | 5.03 |
| 山西 | 6.35 | 32.69 | 51.20 | 9.76 |
| 内蒙古 | 23.98 | 41.44 | 28.75 | 5.83 |
| 辽宁 | 35.86 | 39.86 | 19.99 | 4.30 |
| 吉林 | 11.47 | 50.16 | 34.09 | 4.28 |
| 黑龙江 | 19.14 | 47.93 | 30.60 | 2.33 |
| 上海 | 11.16 | 54.57 | 30.41 | 3.86 |
| 江苏 | 14.73 | 48.24 | 32.39 | 4.64 |
| 浙江 | 14.34 | 46.76 | 33.08 | 5.82 |
| 安徽 | 13.77 | 39.30 | 37.54 | 9.39 |
| 福建 | 13.80 | 42.80 | 39.25 | 4.15 |
| 江西 | 19.62 | 37.46 | 35.90 | 7.02 |
| 山东 | 13.28 | 45.15 | 37.38 | 4.18 |
| 河南 | 12.30 | 37.57 | 43.91 | 6.22 |
| 湖北 | 13.92 | 55.49 | 27.82 | 2.77 |
| 湖南 | 8.46 | 54.30 | 32.60 | 4.64 |

| 省份 | 高 级 | 中 级 | 初 级 | 未评职称 |
|------|-------|-------|-------|----------|
| 广东 | 6.49 | 47.51 | 32.00 | 14.00 |
| 广西 | 6.32 | 48.48 | 40.73 | 4.47 |
| 海南 | 11.00 | 35.59 | 42.76 | 10.66 |
| 重庆 | 8.97 | 36.92 | 46.78 | 7.32 |
| 四川 | 10.59 | 38.99 | 44.01 | 6.41 |
| 贵州 | 6.61 | 29.58 | 55.08 | 8.73 |
| 云南 | 11.71 | 36.20 | 45.22 | 6.86 |
| 西藏 | 1.93 | 23.05 | 59.57 | 15.45 |
| 陕西 | 7.42 | 30.03 | 55.05 | 7.50 |
| 甘肃 | 5.11 | 29.91 | 54.54 | 10.44 |
| 青海 | 20.77 | 44.81 | 29.45 | 4.98 |
| 宁夏 | 16.92 | 36.08 | 32.44 | 14.56 |
| 新疆 | 14.16 | 30.06 | 45.96 | 9.82 |

**2. 各省份中小学教师中中高级职称教师比例明显提高，省域间差距略有扩大**

2003—2010 年，所有省份中小学教师的专业技术职务等级均有明显提高，省域间教师职称的差距略有扩大。中高级职称教师比例最高和最低省份之间的差距，小学从 2003 年的 55.94 个百分点，扩大到 2010 年的 58.03 个百分点，初中从 2003 年的 51.23 个百分点，扩大到 2010 年的 51.89 个百分点。

青海、福建的小学和福建的初中中高级职称教师比例提高幅度超过 30 个百分点，6 个省份的小学和 9 个省份的初中中高级职称教师比例提高幅度在 20—30 个百分点之间，19 个省份的小学和 17 个省份的初中中高级职称教师比例提高幅度在 10—20 个百分点之间，上海、山西、四川、甘肃 4 个省份的小学和上海、宁夏、甘肃、山西 4 个省份的初中中高级职称教师比例提高幅度不超过 10 个百分点（见图 2.2.21、图 2.2.22）。

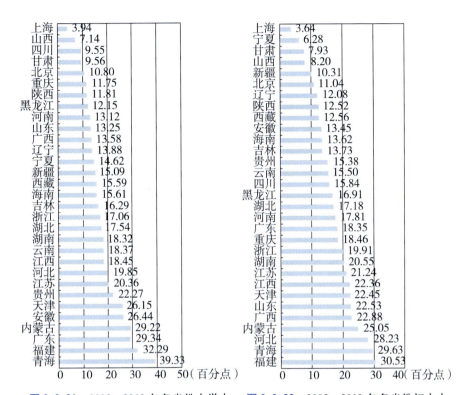

图 2.2.21　2003—2010 年各省份小学中
高级职称教师比例变化

图 2.2.22　2003—2010 年各省份初中中
高级职称教师比例变化

**3. 多数省份中高级职称教师比例城乡差距不断缩小，部分省份教师职称出现城乡高位均衡情况**

2003—2010 年，多数省份农村中小学教师专业技术职务等级的提高幅度大于县镇，县镇大于城市，这使得多数省份中高级职称教师比例的城乡差距不断缩小。中高级职称教师比例的城乡差距，青海的小学和初中缩小幅度最大，分别达到 24.35 个和 30.06 个百分点。

22 个省份的小学和 12 个省份的初中中高级职称教师比例的城乡差距在 10 个百分点以内，天津、辽宁、湖北、内蒙古、湖南、青海等省份的中小学教师职称呈现出发展水平高、城乡差距小的状态（见表 2.2.20、表 2.2.21）。

表 2.2.20　2010 年各省份城乡小学中高级职称教师比例及 2003—2010 年变化幅度

| 省份 | 全省（区、市） | | 城　市 | | 县　镇 | | 农　村 | |
|---|---|---|---|---|---|---|---|---|
| | 2010 年比例（%） | 变化幅度（百分点） | 2010 年比例（%） | 变化幅度（百分点） | 2010 年比例（%） | 变化幅度（百分点） | 2010 年比例（%） | 变化幅度（百分点） |
| 北京 | 56.36 | 10.80 | 56.97 | 4.30 | 54.71 | 13.19 | 54.96 | 16.72 |
| 天津 | 80.54 | 26.15 | 80.54 | 17.94 | 79.39 | 30.76 | 82.33 | 33.47 |
| 河北 | 51.71 | 19.85 | 59.97 | 15.96 | 55.00 | 16.93 | 49.23 | 21.20 |
| 山西 | 36.88 | 7.14 | 41.66 | 3.84 | 35.98 | 3.15 | 35.63 | 8.56 |
| 内蒙古 | 67.70 | 29.22 | 64.86 | 23.17 | 67.39 | 24.56 | 69.58 | 33.82 |
| 辽宁 | 76.74 | 13.88 | 75.62 | 17.46 | 77.42 | 14.66 | 77.29 | 12.21 |
| 吉林 | 55.45 | 16.29 | 57.25 | 11.80 | 56.39 | 12.07 | 54.44 | 18.84 |
| 黑龙江 | 58.94 | 12.15 | 66.12 | 12.05 | 61.46 | 11.13 | 55.67 | 11.76 |
| 上海 | 56.00 | 3.94 | 63.77 | 13.62 | 50.98 | -3.55 | 17.95 | -31.33 |
| 江苏 | 63.94 | 20.36 | 66.15 | 18.99 | 64.73 | 19.09 | 61.85 | 19.79 |
| 浙江 | 54.54 | 17.06 | 55.21 | 12.37 | 56.63 | 20.30 | 50.13 | 18.34 |
| 安徽 | 59.83 | 26.44 | 62.72 | 14.46 | 60.34 | 17.85 | 59.03 | 29.86 |
| 福建 | 57.89 | 32.29 | 56.87 | 22.36 | 59.74 | 28.50 | 56.87 | 36.09 |
| 江西 | 50.82 | 18.45 | 50.09 | 0.42 | 55.10 | 20.11 | 49.62 | 21.22 |
| 山东 | 56.16 | 13.25 | 52.93 | 11.08 | 52.43 | 11.81 | 58.59 | 14.70 |
| 河南 | 45.55 | 13.12 | 52.64 | 13.93 | 42.30 | 8.15 | 45.16 | 13.87 |
| 湖北 | 69.74 | 17.54 | 69.62 | 18.23 | 71.15 | 14.14 | 69.17 | 17.54 |
| 湖南 | 66.22 | 18.32 | 67.14 | 8.62 | 65.73 | 13.27 | 66.32 | 21.79 |
| 广东 | 60.03 | 29.34 | 55.52 | 20.90 | 63.72 | 26.72 | 60.08 | 33.45 |
| 广西 | 52.86 | 13.58 | 61.42 | 18.99 | 63.65 | 15.26 | 47.38 | 11.56 |
| 海南 | 42.61 | 15.61 | 38.96 | 6.79 | 47.07 | 14.06 | 40.93 | 17.24 |
| 重庆 | 39.65 | 11.75 | 44.94 | 10.36 | 43.14 | 13.75 | 35.08 | 13.15 |
| 四川 | 45.91 | 9.55 | 50.98 | 3.61 | 49.90 | 8.11 | 41.40 | 8.09 |
| 贵州 | 39.31 | 22.27 | 45.90 | 13.17 | 51.97 | 23.36 | 34.25 | 22.24 |

续表

| 省份 | 全省（区、市） | | 城　市 | | 县　镇 | | 农　村 | |
|---|---|---|---|---|---|---|---|---|
| | 2010年比例(%) | 变化幅度(百分点) | 2010年比例(%) | 变化幅度(百分点) | 2010年比例(%) | 变化幅度(百分点) | 2010年比例(%) | 变化幅度(百分点) |
| 云南 | 46.81 | 18.37 | 50.11 | 2.31 | 60.13 | 18.81 | 42.68 | 17.70 |
| 西藏 | 22.51 | 15.59 | 46.17 | 25.71 | 35.47 | 22.33 | 13.74 | 11.85 |
| 陕西 | 33.96 | 11.81 | 46.00 | 11.06 | 34.94 | 9.43 | 31.39 | 12.07 |
| 甘肃 | 38.06 | 9.56 | 53.88 | 10.80 | 39.73 | 11.27 | 35.09 | 8.88 |
| 青海 | 65.22 | 39.33 | 67.34 | 19.29 | 69.55 | 38.31 | 62.44 | 43.64 |
| 宁夏 | 52.63 | 14.62 | 59.99 | 9.24 | 51.73 | 12.21 | 50.16 | 15.65 |
| 新疆 | 40.01 | 15.09 | 53.18 | 12.19 | 49.50 | 15.84 | 34.57 | 15.01 |

**表 2.2.21　2010 年各省份城乡初中中高级职称教师比例及 2003—2010 年变化幅度**

| 省份 | 全省（区、市） | | 城　市 | | 县　镇 | | 农　村 | |
|---|---|---|---|---|---|---|---|---|
| | 2010年比例(%) | 变化幅度(百分点) | 2010年比例(%) | 变化幅度(百分点) | 2010年比例(%) | 变化幅度(百分点) | 2010年比例(%) | 变化幅度(百分点) |
| 北京 | 58.69 | 11.04 | 61.21 | 1.15 | 53.12 | 13.67 | 53.07 | 19.39 |
| 天津 | 76.86 | 22.45 | 76.25 | 11.69 | 77.47 | 25.28 | 76.92 | 35.48 |
| 河北 | 56.76 | 28.23 | 68.25 | 16.95 | 57.33 | 28.80 | 51.20 | 30.40 |
| 山西 | 39.04 | 8.20 | 51.53 | 2.12 | 38.24 | 7.55 | 32.49 | 8.91 |
| 内蒙古 | 65.42 | 25.05 | 68.62 | 15.56 | 64.72 | 23.68 | 61.94 | 33.05 |
| 辽宁 | 75.72 | 12.08 | 77.08 | 15.50 | 76.26 | 7.60 | 74.43 | 10.76 |
| 吉林 | 61.63 | 13.73 | 68.27 | 6.69 | 61.97 | 12.20 | 56.76 | 20.55 |
| 黑龙江 | 67.06 | 16.91 | 73.16 | 12.07 | 70.01 | 11.03 | 61.09 | 20.48 |
| 上海 | 65.73 | 3.64 | 71.32 | 7.63 | 60.26 | 0.36 | 80.70 | 20.02 |
| 江苏 | 62.97 | 21.24 | 68.25 | 16.37 | 63.29 | 14.44 | 58.03 | 21.85 |
| 浙江 | 61.10 | 19.91 | 67.40 | 12.52 | 59.57 | 22.49 | 51.52 | 24.20 |
| 安徽 | 53.06 | 13.45 | 58.35 | 3.05 | 53.62 | 11.55 | 50.69 | 16.57 |

续表

| 省份 | 全省（区、市） | | 城　市 | | 县　镇 | | 农　村 | |
|---|---|---|---|---|---|---|---|---|
| | 2010 年比例(%) | 变化幅度（百分点） | 2010 年比例(%) | 变化幅度（百分点） | 2010 年比例(%) | 变化幅度（百分点） | 2010 年比例(%) | 变化幅度（百分点） |
| 福建 | 56.60 | 30.53 | 60.26 | 17.49 | 56.84 | 30.89 | 52.41 | 33.83 |
| 江西 | 57.08 | 22.36 | 67.20 | 8.68 | 61.61 | 25.42 | 52.24 | 25.18 |
| 山东 | 58.43 | 22.53 | 63.51 | 17.50 | 57.88 | 24.41 | 56.00 | 23.58 |
| 河南 | 49.86 | 17.81 | 62.17 | 9.90 | 49.12 | 15.53 | 46.57 | 19.93 |
| 湖北 | 69.42 | 17.18 | 74.73 | 13.76 | 70.34 | 11.26 | 66.21 | 21.05 |
| 湖南 | 62.76 | 20.55 | 70.62 | 7.61 | 62.25 | 18.48 | 61.25 | 24.67 |
| 广东 | 54.00 | 18.35 | 58.88 | 12.01 | 54.93 | 19.71 | 45.26 | 16.47 |
| 广西 | 54.80 | 22.88 | 66.28 | 15.60 | 54.50 | 22.19 | 49.60 | 25.85 |
| 海南 | 46.59 | 13.62 | 54.10 | 8.65 | 44.82 | 13.66 | 45.20 | 16.31 |
| 重庆 | 45.90 | 18.46 | 57.92 | 22.06 | 46.09 | 19.82 | 36.61 | 19.33 |
| 四川 | 49.58 | 15.84 | 60.95 | 6.97 | 50.87 | 15.11 | 41.07 | 14.20 |
| 贵州 | 36.19 | 15.38 | 55.57 | 11.35 | 38.36 | 17.21 | 28.14 | 15.08 |
| 云南 | 47.92 | 15.50 | 63.30 | 5.17 | 53.00 | 14.81 | 38.27 | 13.20 |
| 西藏 | 24.97 | 12.56 | 53.73 | 22.39 | 20.72 | 13.66 | 15.52 | 15.52 |
| 陕西 | 37.45 | 12.52 | 54.40 | 6.38 | 41.94 | 16.15 | 32.21 | 13.61 |
| 甘肃 | 35.02 | 7.93 | 58.45 | 5.86 | 35.04 | 7.57 | 28.88 | 8.13 |
| 青海 | 65.58 | 29.63 | 69.11 | 8.44 | 66.74 | 29.71 | 62.33 | 38.50 |
| 宁夏 | 53.00 | 6.28 | 71.64 | 3.95 | 51.42 | 4.44 | 39.60 | 2.79 |
| 新疆 | 44.21 | 10.31 | 58.84 | 4.82 | 52.41 | 11.14 | 35.88 | 10.60 |

## （五）专任教师的性别结构

### 1. 三成多的省份小学和初中男女教师比例基本相当

2010 年，12 个省份的小学和 11 个省份的初中男女教师比例基本相当，占比相差在 10 个百分点之内（见图 2.2.23、图 2.2.24）。

6 个省份的小学女教师占比超过 70%，上海的女教师占比最高，达到

79.03%；7个省份的女教师占比不到50%，安徽的女教师占比最低，为43.58%。2个省份的初中女教师占比超过70%，北京的女教师占比最高，达到74.57%；5个省份的女教师占比不到40%，安徽的女教师占比最低，为34.33%。整体来看，女教师占比较高的省份主要在东部，占比较低的省份主要在中西部（见图2.2.23、图2.2.24）。

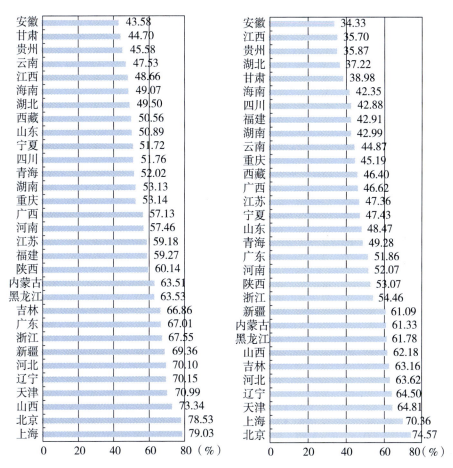

图2.2.23　2010年各省份小学女教师占比　图2.2.24　2010年各省份初中女教师占比

### 2. 各省份女教师占比呈现上升趋势

2003—2010年，所有省份女教师占比都处于上升趋势，10个省份的小学和16个省份的初中女教师占比提高5个百分点以上，江苏的小学女教师占比提高幅度最大，达到 7.38 个百分点，西藏的初中女教师占比提高幅度最大，达到 9.00 个百分点（见表 2.2.22、表 2.2.23）。

### 3. 部分省份城市中小学教师性别比例严重失衡

2010 年，14 个省份的城市小学和 4 个省份的县镇小学女教师占比超过 80%，其中上海的城市小学女教师占比达到 87.95%；10 个省份的城市初中女教师占比超过 70%，其中北京的城市初中女教师占比达到 78.18%（见表 2.2.22、表 2.2.23）。

部分省份城市中小学女教师占比明显偏高，教师性别比例严重失衡，这可能会导致中小学生的思维方式、行为习惯等呈现出更多女性化的特征，使学生的性别角色社会化过程受到影响，从而影响到学生良好个性品质的培养。因此，需要不断提高中小学教师的地位和待遇，增加教师职业的吸引力，吸引更多的男生报考师范院校，加入教师队伍。

**表 2.2.22** **2010 年各省份城乡小学女教师占专任教师比例及 2003—2010 年变化幅度**

| 省份 | 全省（区、市） | | 城　市 | | 县　镇 | | 农　村 | |
|---|---|---|---|---|---|---|---|---|
| | 2010 年占比（%） | 变化幅度（百分点） | 2010 年占比（%） | 变化幅度（百分点） | 2010 年占比（%） | 变化幅度（百分点） | 2010 年占比（%） | 变化幅度（百分点） |
| 北京 | 78.53 | 0.50 | 83.37 | -2.57 | 71.98 | -3.52 | 63.53 | -3.71 |
| 天津 | 70.99 | 0.57 | 82.68 | -1.09 | 70.86 | 2.95 | 51.34 | -0.25 |
| 河北 | 70.10 | 1.83 | 85.44 | 0.55 | 81.18 | 1.72 | 63.58 | 1.21 |
| 山西 | 73.34 | 4.87 | 86.43 | 0.71 | 85.80 | 0.94 | 64.98 | 4.14 |
| 内蒙古 | 63.51 | 6.49 | 80.65 | -0.33 | 70.39 | -2.67 | 47.72 | 4.66 |
| 辽宁 | 70.15 | 3.44 | 83.73 | 0.87 | 75.51 | -3.33 | 61.57 | 4.99 |
| 吉林 | 66.86 | 2.61 | 85.82 | 0.76 | 77.06 | -1.91 | 56.02 | 2.68 |
| 黑龙江 | 63.53 | 1.72 | 81.86 | -1.19 | 77.50 | -4.01 | 52.13 | 1.14 |
| 上海 | 79.03 | 2.49 | 87.95 | 1.44 | 72.39 | 6.24 | 61.88 | -1.28 |
| 江苏 | 59.18 | 7.38 | 75.95 | 2.89 | 63.33 | -3.84 | 45.07 | 2.99 |
| 浙江 | 67.55 | 6.18 | 77.64 | 3.22 | 66.70 | 8.10 | 56.98 | 9.65 |
| 安徽 | 43.58 | 4.09 | 69.16 | 0.05 | 58.11 | -0.64 | 33.19 | 2.29 |

| 省份 | 全省（区、市） | | 城　市 | | 县　镇 | | 农　村 | |
|---|---|---|---|---|---|---|---|---|
| | 2010 年占比（%） | 变化幅度（百分点） | 2010 年占比（%） | 变化幅度（百分点） | 2010 年占比（%） | 变化幅度（百分点） | 2010 年占比（%） | 变化幅度（百分点） |
| 福建 | 59.27 | 4.42 | 77.70 | 0.89 | 64.39 | 2.75 | 42.87 | -3.50 |
| 江西 | 48.66 | 7.15 | 78.54 | 0.93 | 69.49 | 21.39 | 39.05 | 6.43 |
| 山东 | 50.89 | 4.62 | 76.28 | 3.78 | 61.88 | 0.72 | 39.31 | 5.33 |
| 河南 | 57.46 | 4.41 | 81.80 | 2.17 | 77.34 | 2.46 | 48.67 | 2.88 |
| 湖北 | 49.50 | 3.38 | 75.63 | 7.37 | 61.27 | -1.35 | 35.51 | 1.29 |
| 湖南 | 53.13 | 2.34 | 80.39 | 0.55 | 63.82 | -1.36 | 41.31 | 0.34 |
| 广东 | 67.01 | 5.52 | 77.43 | 2.08 | 71.52 | 0.42 | 57.26 | 5.54 |
| 广西 | 57.13 | 6.30 | 81.76 | 4.75 | 73.37 | 0.10 | 47.36 | 7.78 |
| 海南 | 49.07 | 5.40 | 72.90 | 5.97 | 57.51 | 3.56 | 39.69 | 4.55 |
| 重庆 | 53.14 | 3.50 | 76.45 | 17.30 | 60.39 | 1.73 | 40.42 | 3.59 |
| 四川 | 51.76 | 4.56 | 75.46 | 0.25 | 58.01 | -4.90 | 40.53 | 1.66 |
| 贵州 | 45.58 | 3.99 | 78.64 | 3.58 | 62.68 | -1.96 | 35.97 | 4.68 |
| 云南 | 47.53 | 4.46 | 76.66 | -0.32 | 66.05 | -0.05 | 39.87 | 2.96 |
| 西藏 | 50.56 | 5.40 | 66.94 | 1.52 | 59.07 | 5.29 | 44.68 | 6.80 |
| 陕西 | 60.14 | 5.89 | 81.31 | 1.09 | 81.94 | 9.17 | 51.42 | 5.09 |
| 甘肃 | 44.70 | 6.97 | 76.02 | -0.19 | 62.44 | 8.30 | 34.34 | 6.63 |
| 青海 | 52.02 | 4.60 | 77.07 | 0.21 | 65.38 | 3.96 | 38.58 | 3.51 |
| 宁夏 | 51.72 | 3.13 | 78.61 | -0.94 | 67.58 | 2.94 | 34.03 | -2.21 |
| 新疆 | 69.36 | 3.25 | 84.15 | 1.03 | 80.86 | 0.33 | 63.07 | 3.52 |

表 2.2.23　**2010 年各省份城乡初中女教师占专任教师比例及 2003—2010 年变化幅度**

| 省份 | 全省（区、市） | | 城　市 | | 县　镇 | | 农　村 | |
|---|---|---|---|---|---|---|---|---|
| | 2010 年占比（%） | 变化幅度（百分点） | 2010 年占比（%） | 变化幅度（百分点） | 2010 年占比（%） | 变化幅度（百分点） | 2010 年占比（%） | 变化幅度（百分点） |
| 北京 | 74.57 | 3.23 | 78.18 | 0.17 | 69.12 | 1.45 | 64.20 | 2.26 |

| 省份 | 全省（区、市） | | 城　市 | | 县　镇 | | 农　村 | |
|---|---|---|---|---|---|---|---|---|
| | 2010 年占比（%） | 变化幅度（百分点） | 2010 年占比（%） | 变化幅度（百分点） | 2010 年占比（%） | 变化幅度（百分点） | 2010 年占比（%） | 变化幅度（百分点） |
| 天津 | 64.81 | 3.17 | 76.99 | 4.15 | 64.42 | 5.65 | 50.09 | 2.25 |
| 河北 | 63.62 | 3.38 | 73.63 | 2.39 | 65.00 | 2.66 | 57.54 | 2.66 |
| 山西 | 62.18 | 6.57 | 70.60 | 1.63 | 63.24 | 6.02 | 56.45 | 6.90 |
| 内蒙古 | 61.33 | 4.77 | 70.30 | 2.91 | 59.71 | 2.31 | 50.50 | 4.06 |
| 辽宁 | 64.50 | 4.54 | 75.33 | 1.60 | 64.35 | -0.73 | 55.37 | 7.92 |
| 吉林 | 63.16 | 2.01 | 75.26 | 0.90 | 64.47 | 0.97 | 53.29 | 4.11 |
| 黑龙江 | 61.78 | 2.43 | 72.66 | -0.36 | 66.01 | -1.19 | 51.82 | 2.94 |
| 上海 | 70.36 | 7.36 | 74.53 | 6.42 | 66.41 | 9.41 | 42.11 | -2.68 |
| 江苏 | 47.36 | 6.25 | 60.33 | 3.81 | 44.25 | -2.40 | 41.23 | 6.87 |
| 浙江 | 54.46 | 5.47 | 62.28 | 2.99 | 51.14 | 5.27 | 49.37 | 10.68 |
| 安徽 | 34.33 | 5.53 | 48.53 | 2.14 | 34.92 | 4.60 | 28.71 | 5.51 |
| 福建 | 42.91 | 5.29 | 58.24 | 2.90 | 39.72 | 2.52 | 32.82 | 2.78 |
| 江西 | 35.70 | 5.50 | 56.55 | 4.55 | 39.41 | 8.76 | 29.19 | 5.19 |
| 山东 | 48.47 | 4.00 | 63.45 | 4.18 | 46.83 | 4.77 | 41.29 | 3.63 |
| 河南 | 52.07 | 5.30 | 63.59 | 3.45 | 54.54 | 4.21 | 46.55 | 4.57 |
| 湖北 | 37.22 | 2.84 | 52.82 | 6.76 | 35.25 | 0.84 | 31.92 | 3.34 |
| 湖南 | 42.99 | 2.32 | 59.85 | 2.31 | 43.52 | 2.31 | 38.00 | 1.47 |
| 广东 | 51.86 | 6.90 | 61.43 | 3.04 | 48.17 | 5.51 | 49.47 | 10.96 |
| 广西 | 46.62 | 3.83 | 63.30 | 4.55 | 46.59 | 3.84 | 37.61 | 1.13 |
| 海南 | 42.35 | 7.92 | 60.48 | 7.92 | 39.34 | 7.46 | 35.86 | 7.57 |
| 重庆 | 45.19 | 5.12 | 63.55 | 15.53 | 43.20 | 4.87 | 38.50 | 6.83 |
| 四川 | 42.88 | 5.23 | 58.17 | 2.19 | 42.15 | 2.67 | 36.31 | 4.87 |
| 贵州 | 35.87 | 4.09 | 59.42 | 4.35 | 34.71 | 2.35 | 30.98 | 7.11 |
| 云南 | 44.87 | 4.16 | 63.50 | 3.24 | 45.87 | 2.10 | 40.07 | 4.06 |
| 西藏 | 46.40 | 9.00 | 54.51 | 6.50 | 45.28 | 10.77 | 32.76 | 16.09 |
| 陕西 | 53.07 | 5.58 | 66.33 | 3.52 | 60.61 | 13.37 | 47.74 | 4.10 |

续表

| 省份 | 全省（区、市） | | 城　市 | | 县　镇 | | 农　村 | |
|---|---|---|---|---|---|---|---|---|
| | 2010年占比(%) | 变化幅度(百分点) | 2010年占比(%) | 变化幅度(百分点) | 2010年占比(%) | 变化幅度(百分点) | 2010年占比(%) | 变化幅度(百分点) |
| 甘肃 | 38.98 | 7.02 | 56.78 | 3.53 | 41.58 | 6.36 | 32.45 | 6.93 |
| 青海 | 49.28 | 3.68 | 64.80 | 0.49 | 50.97 | 2.57 | 39.04 | 4.30 |
| 宁夏 | 47.43 | 5.91 | 60.98 | 0.49 | 46.22 | 1.75 | 37.74 | 6.87 |
| 新疆 | 61.09 | 4.91 | 71.55 | 3.19 | 65.03 | 1.77 | 55.81 | 5.52 |

# 第三节　各省份办学条件发展状况

同前面全国义务教育学校办学条件分析的维度基本一致，本节分别从校舍基本情况、仪器设备与图书情况、信息化基本情况三方面，分析了全国31个省份的生均占地面积、生均校舍建筑面积、生均教学及辅助用房面积和生均体育运动场（馆）面积、生均仪器设备值和生均图书、每百名学生拥有计算机数等八项指标，将从各省份办学条件基本情况、分城乡来描述现状和八年（2003—2010年）① 发展趋势。

## 一、校舍与运动场地

### （一）生均占地面积

#### 1. 生均占地面积省域间差距较大

从学校生均占地面积来看，各省份之间差距较大。2010年海南、吉林和西藏小学生均占地面积最大，分别为52.32平方米、47.44平方米和47.44平方米。上海、四川和贵州生均占地面积最小，分别为12.45平方米、14.09平方米和14.34平方米。生均占地面积最大的海南高出最小的

---

① 《中国教育事业统计年鉴》自2003年开始有分省份数据。

上海 39.87 平方米。海南等 18 个省份高于全国平均值，其中海南、西藏、新疆等 5 个省份生均占地面积高出全国平均值 20 平方米以上（见图 2.3.1）。

就初中而言，2010 年内蒙古、西藏和新疆生均占地面积最大，分别为 46.11 平方米、42.16 平方米和 40.42 平方米。由于省域地理地貌的局限，重庆、贵州和四川初中生均占地面积最低，分别为 15.58 平方米、17.06 平方米和 17.47 平方米，面积最大的比最小的高出 30.53 平方米。绝大多数（27 个）省份生均体育运动场（馆）面积较 2009 年有所增加，16 个省份生均占地面积高出全国平均值，其中内蒙古等 6 个省份高出全国平均值 10 平方米以上（见图 2.3.2）。

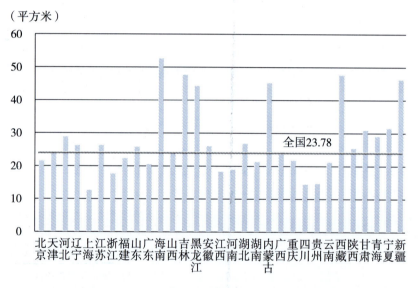

（平方米）

全国23.78

北京 天津 河北 辽宁 上海 江苏 浙江 福建 山东 广东 海南 山西 吉林 黑龙江 安徽 江西 河南 湖北 湖南 内蒙古 广西 重庆 四川 贵州 云南 西藏 陕西 甘肃 青海 宁夏 新疆

**图 2.3.1　2010 年全国 31 个省份小学生均占地面积情况**

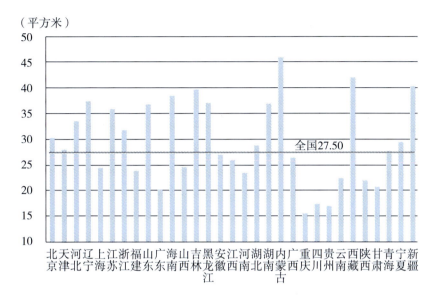

（平方米）

全国27.50

北京 天津 河北 辽宁 上海 江苏 浙江 福建 山东 广东 海南 山西 吉林 黑龙江 安徽 江西 河南 湖北 湖南 内蒙古 广西 重庆 四川 贵州 云南 西藏 陕西 甘肃 青海 宁夏 新疆

**图 2.3.2　2010 年全国 31 个省份初中生均占地面积情况**

### 2. 绝大部分省份初中生均占地面积增幅较大

从年度比较来看，小学东部省份中福建增幅最大，2010 年较 2003 年增加了 3.85 平方米，增长了 20.98%；海南生均占地面积呈现急剧上升态势，从 2003 年到 2010 年，共增加了 8.75 平方米，较 2003 年增长 20.08%。北京、辽宁减少最多，2010 年分别比 2003 年减少 10.40 平方米、8.34 平方米，分别减少了 32.90% 和 24.22%，其余省份变化不大。中部省份中安徽生均占地面积逐年增加，2010 年较 2003 年增加了 6.07 平方米，增长了 30.84%；湖南、黑龙江和吉林生均占地面积逐年减少，2010 年比 2003 年分别减少 5.23 平方米、9.35 平方米和 5.26 平方米，分别减少了 20.06%、17.49% 和 9.98%。西部地区内蒙古生均占地面积呈减少趋势，2010 年比 2003 年减少了 19.53 平方米；重庆、甘肃生均占地面积增加最多，2010 年较 2003 年分别增加了 51.68% 和 35.21%（见图 2.3.3）。

总体上，各省份初中生均占地面积都有所增长，大部分省份增幅较大。东部省份生均占地面积增加最多，从增加绝对值看，11 个省份中 4 个省份 2010 年生均占地面积较 2003 年增长 10 平方米以上，其中江苏增幅最大，2010 年较 2003 年增加了 15.83 平方米，增长了 78.15%。中部省份湖南增幅最大，从 2003 年到 2010 年增加了 15.48 平方米，增长了 71.40%。西部省份基本上也都增加了 3—6 平方米，陕西增幅最大，2010 年比 2003 年增加了 7.28 平方米，增长了 49.27%（见图 2.3.3）。

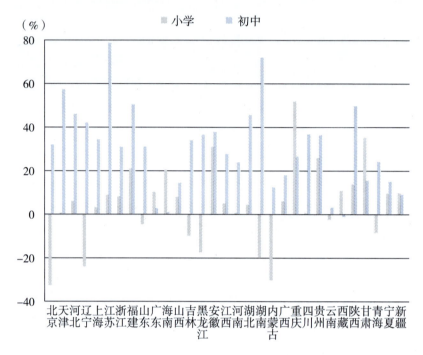

**图 2.3.3** 2003—2010 年各省份小学、初中生均占地面积增减率情况

3. 绝大多数省份的小学、一半省份的初中城市学校生均占地面积不到农村的一半①

从 2010 年数据来看，小学、初中总体生均占地面积越大的省份，其城乡差距相对越大。目前，部分省份由于大量流动人口涌向城市，导致城市学校压力过大，大班额现象严重，城市中小学生均占地面积已经偏低。从年度对比来看，随着农村学生数的减少，农村生均占地面积逐渐增加，城乡差距有所扩大。2003 年小学生均占地面积城乡比超过 1 的只有重庆市，

---

① 与《全国教育事业发展简明统计分析》一致，如无特殊说明，本节中的"农村"均为"大农村"，为"县镇"与"农村"之和。

八年来其城乡比减少最多,到 2010 年城乡比为 0.65 :1。

　　总体上看,绝大多数省份城市小学生均占地面积有所下降,而由于农村学生数的减少,绝大多数省份农村小学生均占地面积有所增加,个别省份增加明显。东部省份中海南城市小学减少最多,2010 年生均占地面积较 2003 年减少了 8.00 平方米,减少了 51.36%,其农村小学增加最多,2010 年较 2003 年增加了 13.79 平方米。上海是东部省份中为数不多的城市小学生均占地面积增加的省份之一,2010 年较 2003 年增加了 2.97 平方米,增长了 33.08%;农村小学生均占地面积减少较多,2010 年较 2003 年减少了 17.53%。福建农村小学生均占地面积增长最多,2010 年较 2003 年增长了 40.55%。中部省份中湖南、湖北城市小学生均占地面积减少相对最多,2010 年较 2003 年分别减少 4.94 平方米和 2.44 平方米,分别减少了 34.54%、34.69%。安徽农村小学生均占地面积增加最多,2010 年较 2003 年增加了 7.60 平方米,增长了 36.96%。西部省份中广西城市小学生均占地面积减少最多,2010 年较 2003 年减少了 8.15 平方米,减少了 45.68%;重庆农村小学生均占地面积增幅最大,2010 年较 2003 年增长了 57.15%;甘肃农村小学生均占地面积增加最多,2010 年较 2003 年增加了 10.25 平方米;值得关注的是,内蒙古人口密度小,其农村小学生均占地面积在全国居于首位,但由于撤点并校,2010 年较 2003 年减少绝对值最多,共减少了 20.38 平方米(见图 2.3.4)。

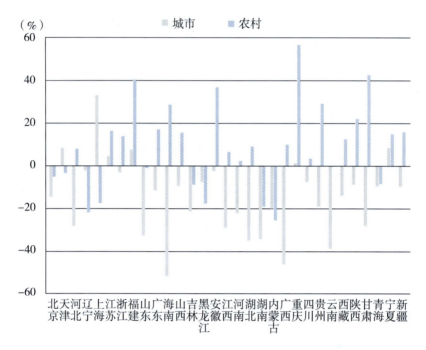

（%）

城市　　农村

北京 天津 河北 辽宁 上海 江苏 浙江 福建 山东 广东 海南 山西 吉林 黑龙江 安徽 江西 河南 湖北 湖南 内蒙古 广西 重庆 四川 贵州 云南 西藏 陕西 甘肃 青海 宁夏 新疆

图2.3.4　2003—2010年各省份城市、农村小学生均占地面积增减率情况

就初中而言，绝大多数省份城市、农村学校生均占地面积都有所增加，农村初中占地面积增幅更大。东部省份中北京初中生均占地面积增加最多，与2003年相比，2010年城市初中、农村初中分别增加了7.76平方米、35.21平方米，分别增长了81.76%、105.57%。中部省份中，安徽城市初中生均占地面积增加最多，2010年较2003年增加了4.05平方米，增长了34.88%；湖南农村初中生均占地面积增加最多，2010年较2003年增加了18.22平方米，增长了80.86%。西部地区一半省份城市初中生均占地面积下降，甘肃、重庆减幅最大，2010年较2003年分别减少了18.52%、15.91%，西藏减少绝对值最多，2010年较2003年减少了5.50平方米；陕西农村初中生均占地面积增加最多，2010年较2003年增加了9.27平方米，增长了58.21%（见图2.3.5）。

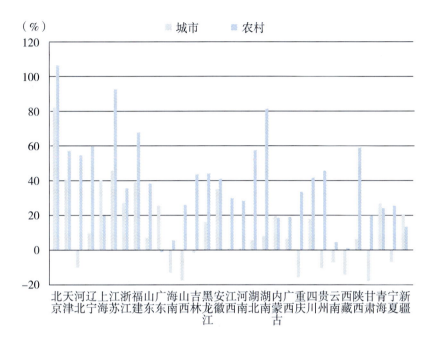

**图 2.3.5 2003—2010 年各省份城市、农村初中生均占地面积增减率情况**

### （二）校舍面积

#### 1. 绝大多数中西部省份生均校舍面积在全国平均值以下

2010 年，北京、福建和重庆 3 个省份小学生均校舍建筑面积最大，分别为 8.67 平方米、8.23 平方米和 8.10 平方米，也是全国超过 8 平方米的仅有的 3 个省份；福建和重庆小学生均教学及辅助用房面积也最大，分别为 4.64 平方米、4.63 平方米。贵州、河南和宁夏生均校舍建筑面积最小，分别为 4.04 平方米、4.53 平方米和 4.79 平方米；与此同时，贵州、河南的生均教学及辅助用房面积也是较小的，分别为 2.75 平方米、2.82 平方米，西藏最小，仅为 2.69 平方米。分别有 16 个省份生均校舍建筑面积、生均教学及辅助用房面积高于全国平均值（见图 2.3.6、图 2.3.7）。

上海、浙江 2 个省份初中生均校舍建筑面积最大，分别为 13.36 平方米、12.93 平方米，同时，这 2 个省份生均教学及辅助用房面积也最大，分别为 6.15 平方米、5.54 平方米。贵州生均校舍建筑面积、生均教学及辅助用房面积都最小，分别为 5.25 平方米和 2.39 平方米。分别有 15 个省

份生均校舍建筑面积、生均教学辅助用房面积高于全国平均值（见图
2.3.8、图2.3.9）。

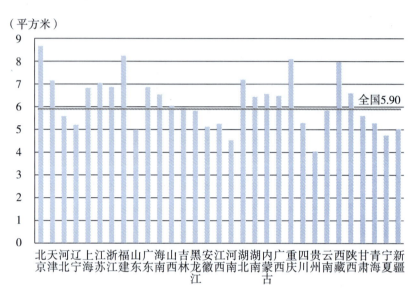

**图 2.3.6    2010 年全国 31 个省份小学生均校舍建筑面积情况**

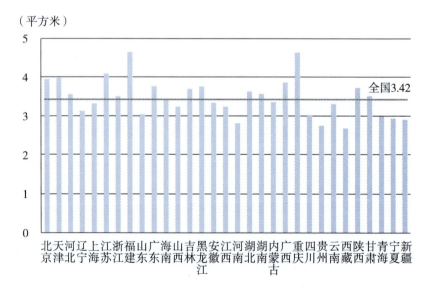

**图 2.3.7    2010 年全国 31 个省份小学生均教学及辅助用房面积情况**

（平方米）

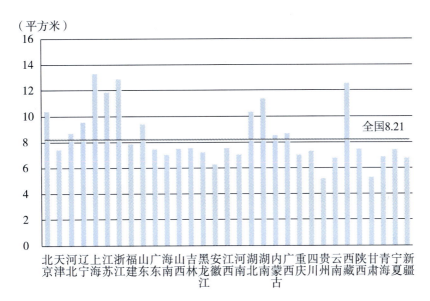

**图2.3.8　2010年全国31个省份初中生均校舍建筑面积情况**

（平方米）

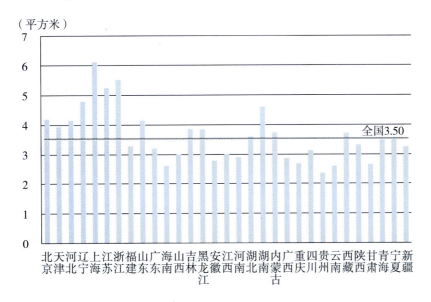

**图2.3.9　2010年全国31个省份初中生均教学及辅助用房面积情况**

**2. 各省份生均校舍面积普遍逐年增加，初中增幅大于小学；中部省份增幅最低**

2003—2010 年间，大部分省份小学生均校舍建筑面积呈现逐年改善的趋势，生均教学及辅助用房面积都略有增加。只有湖南、北京小学的生均校舍指标略有减少。北京八年间小学校舍面积起伏变化较大，2003—2006年逐年改善，2007 年陡然下降，然后继续逐年改善，2010 年较 2003 年共减少 0.56 平方米；生均教学及辅助用房面积 2010 年较 2003 年减少 0.75 平方米。湖南小学生均校舍建筑面积八年间先增后减，2003 年为 7.35 平方米，2010 年为 6.46 平方米，共减少了 0.89 平方米；2003 年生均教学及辅助用房面积为 4.23 平方米，2010 年为 3.58 平方米，共减少了 0.65 平方米。

全国各省份初中生均校舍建筑面积、生均教学及辅助用房面积逐年增加，增幅明显大于小学。东部省份改善最为明显的是江苏，小学生均校舍建筑面积由 2003 年的 4.68 平方米逐年增加到 2010 年的 7.06 平方米，增长了 50.85%；生均教学及辅助用房面积，由 2003 年的 3.01 平方米逐年增加到 2010 年的 4.10 平方米，增长了 36.21%。初中生均校舍建筑面积由 2003 年的 5.10 平方米逐年增加到 2010 年的 11.95 平方米，增长了 134.31%；生均教学及辅助用房面积由 2003 年的 2.45 平方米增加到 2010年的 5.26 平方米，增长了 114.69%（见图 2.3.10、图 2.3.11）。

相对而言，中部省份学校生均校舍建筑面积、生均教学及辅助用房面积增加绝对值最少。其中小学校舍指标增幅最大的为安徽，2010 年生均校舍建筑面积比 2003 年增加 1.52 平方米，增长了 41.85%；2010 年生均教学及辅助用房面积比 2003 年增加 0.89 平方米，增长了 36.16%。初中增幅最大的是湖南，2010 年生均校舍建筑面积较 2003 年增加了 5.78 平方米，增长了 102.24%；2010 年生均教学及辅助用房面积较 2003 年增加了 2.13 平方米，增长了 85.51%（见图 2.3.10、图 2.3.11）。

西部省份基本上都处于逐年增加的趋势，其中小学增幅最大的为重庆，初中增幅最大的为青海。重庆 2010 年小学生均校舍建筑面积比 2003年增加了 3.10 平方米，增长了 62.20%；生均教学及辅助用房面积 2010

年较 2003 年增加了 1.74 平方米，增长了 60.23％。西部省份中内蒙古起伏变化最大，2006 年陡然下降，2007 年又陡然上升，2010 年生均校舍建筑面积、生均教学及辅助用房面积较 2003 年分别增加了 4.03 平方米和 1.53 平方米。青海初中生均校舍建筑面积 2010 年较 2003 年增加了 3.29 平方米，增长了 91.86％；2003 年生均教学及辅助用房面积不足 2 平方米，到 2010 年增加到 3.47 平方米，增幅最大，较 2003 年增加了 88.41％（见图 2.3.10、图 2.3.11）。

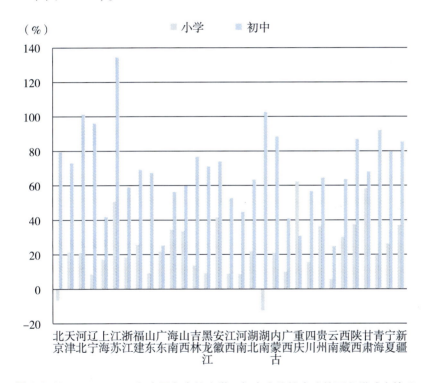

**图 2.3.10**　2003—2010 年全国各省份小学、初中生均校舍建筑面积增减率情况

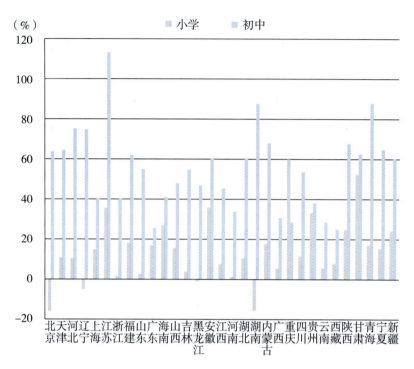

**图 2.3.11** **2003—2010 年全国各省份小学、初中生均教学及辅助用房面积增减率情况**

**3. 五成多省份城市小学生均校舍面积大于农村，初中则绝大多数省份城市小于农村**

2010 年，小学各省份城乡比与 1∶1 更为接近，城乡比最大的省份为 1.25∶1，最小的省份为 0.86∶1。绝大多数省份城市初中生均校舍建筑面积小于农村初中，城乡比有所减小，从 2003 年 16 个省份城乡比大于 1 发展到 2010 年仅有 2 个省份城乡比大于 1。2003 年，分别有 12 个省份的小学、18 个省份的初中生均教学及辅助用房面积的城乡比大于 1，到 2010 年，仅有 5 个省份的小学、10 个省份的初中的城乡比大于 1。随着农村生均校舍建筑面积、教学及辅助用房面积的增加，更多省份城市学校生均校舍面积小于农村学校。

总体上看，几乎所有省份的农村小学校舍指标都有所增加。东部省份中上海城市小学校舍指标增幅最大，2010 年生均校舍建筑面积为 8.71 平方米，较 2003 年的 6.27 平方米增加了 2.44 平方米，增长了 38.92%；生均教学及辅助用房面积 2010 年为 4.11 平方米，较 2003 年增加了 1.11 平方米，增长了 37.00%。北京城市小学校舍指标减幅最大，2010 年生均校舍建筑面积为 8.30 平方米，较 2003 年减少了 1.75 平方米，减少了 17.41%；生均教学及辅助用房面积为 3.73 平方米，较 2003 年减少了 1.02 平方米，减少了 21.47%。江苏农村小学增幅最大，2010 年生均校舍建筑面积为 6.88 平方米，较 2003 年增加 2.38 平方米，增长了 52.89%；生均教学及辅助用房面积为 4.04 平方米，较 2003 年增加了 1.13 平方米，增长了 38.83%（见图 2.3.12、图 2.3.13）。

中部省份中安徽小学校舍指标增幅最大，2010 年城市、农村小学生均校舍建筑面积较 2003 年分别增长了 20.17%、45.39%；2010 年城市、农村小学生均教学及辅助用房面积较 2003 年分别增长了 14.71%、39.82%。湖南城市、农村小学 2010 年生均校舍指标均为减少，减幅也最大，2010 年城市、农村小学生均校舍建筑面积较 2003 年分别减少了 6.85%、12.65%；2010 年城市、农村小学生均教学及辅助用房面积较 2003 年分别减少了 13.59%、15.64%（见图 2.3.12、图 2.3.13）。

西部地区重庆校舍指标增加最多，2010 年城市、农村小学生均校舍建筑面积较 2003 年分别增长了 51.69%、70.48%；城市、农村小学生均教学及辅助用房面积 2010 年较 2003 年分别增加 1.76 平方米、1.82 平方米，分别增长了 53.58% 和 66.39%（见图 2.3.12、图 2.3.13）。

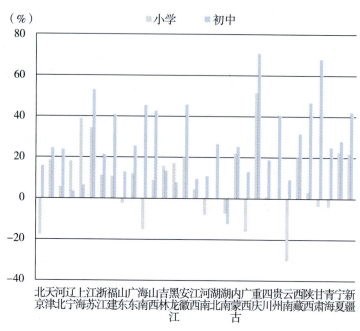

**图 2.3.12** **2003—2010 年全国各省份城市、农村小学生均校舍建筑面积增减率情况**

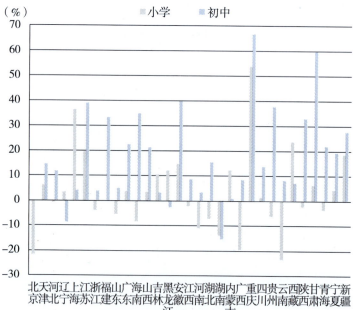

**图 2.3.13** **2003—2010 年全国各省份城市、农村小学生均教学**

**及辅助用房面积增减率情况**

所有省份的城市和农村初中校舍指标有所增加，增幅大于小学。各省份农村初中生均教学及辅助用房面积逐年改善趋势更为明显，城市初中在起伏变化中略有增加。与中西部省份相比，东部省份增幅更大。东部省份中城市、农村初中校舍指标增幅最大的是北京和江苏，北京 2010 年城市、农村初中生均校舍建筑面积较 2003 年分别增长了 63.42%、144.11%；2010 年城市、农村初中生均教学及辅助用房面积较 2003 年分别增长了 61.78%、134.78%。江苏 2010 年城市、农村初中生均校舍建筑面积较 2003 年分别增长了 92.93%、134.3%；2010 年城市、农村初中生均教学及辅助用房面积较 2003 年分别增长了 70.36%、123.22%（见图 2.3.14、图 2.3.15）。

中部省份中安徽城市初中校舍指标增幅最大，湖南农村初中增幅最大。安徽 2010 年城市初中生均校舍建筑面积、生均教学及辅助用房面积较 2003 年分别增长了 70.40%、68.19%；湖南 2010 年农村初中生均校舍建筑面积、生均教学及辅助用房面积较 2003 年分别增长了 99.65%、93.93%（见图 2.3.14、图 2.3.15）。

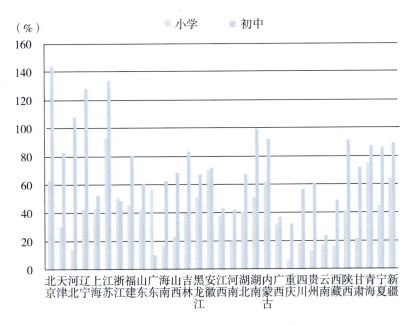

**图 2.3.14** 2003—2010 年全国各省份城市、农村初中生均校舍建筑面积增减率情况

西部省份中青海校舍指标增幅相对较高。青海 2010 年城市初中生均校舍建筑面积、生均教学及辅助用房面积较 2003 年分别增长了 75.43%、96.31%；2010 年农村初中生均校舍建筑面积、生均教学及辅助用房面积较 2003 年分别增长了 87.57%、86.84%（见图 2.3.14、图 2.3.15）。

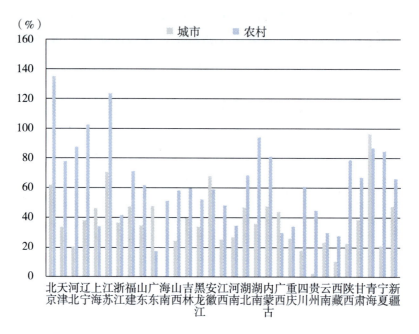

**图 2.3.15** **2003—2010 年全国各省份城市、农村初中生均教学**

**及辅助用房面积增减率情况**

### （三）生均体育运动场（馆）面积

**1. 东北三省生均体育运动场（馆）面积最大，且小学减幅、初中增幅较大；西南省份面积最小**

2010 年黑龙江、吉林小学的生均体育运动场（馆）面积最大，分别为 21.23 平方米和 19.60 平方米，同时东三省（辽宁、黑龙江和吉林）初中的生均体育运动场（馆）面积最大，分别为 15.25 平方米、15.03 平方米和 14.46 平方米。云南、贵州生均体育运动场（馆）面积最小，都不足 4 平方米，小学分别为 3.22 平方米、3.68 平方米，初中分别为 3.65 平方米和 3.67 平方米。黑龙江等一半左右省份的生均体育运动场（馆）面积高于全国平均值（见图 2.3.16、图 2.3.17）。

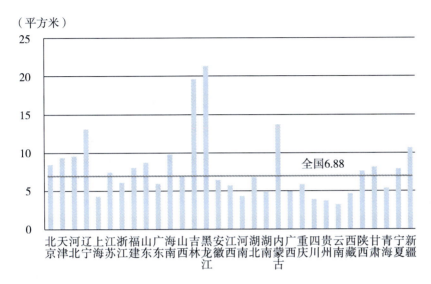

**图 2.3.16**　**2003—2010 年全国各省份小学生均体育运动场（馆）面积情况**

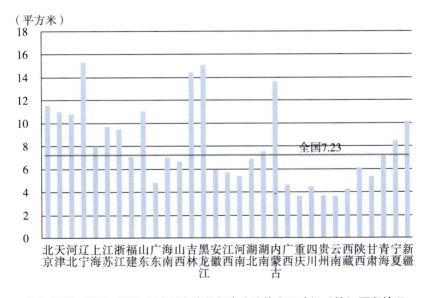

**图 2.3.17**　**2003—2010 年全国各省份初中生均体育运动场（馆）面积情况**

全国绝大部分省份小学生均体育运动场（馆）面积逐年下降，个别省份减幅很大。东部省份中，北京、辽宁减幅最大，从 2003 年的 12.69 平方米、

17.39 平方米减少到 2010 年的 8.45 平方米、13.01 平方米，分别减少了 33.41% 和 25.19%；福建、广东增幅最大，从 2003 年的 7.21 平方米、5.37 平方米增加到 2010 年的 8.02 平方米、5.92 平方米，分别增加了 11.23% 和 10.24%。中部省份中黑龙江减幅最大，从 2003 年的 29.88 平方米减少到 2010 年的 21.23 平方米，减少了 28.95%；安徽增幅最大，从 2003 年的 5.87 平方米增加到 2010 年的 6.45 平方米，增加了 9.88%。西部省份中内蒙古减幅最大，从 2003 年的 23.94 平方米，减少到 2010 年的 13.63 平方米，减少了 43.07%；甘肃增幅最大，从 2003 年的 6.35 增加到 2010 年的 8.08 平方米，增加了 27.24%。整体来看，北京起伏变化较大，2007 年生均体育运动场（馆）面积陡降。中西部地区总体水平较低，中部省份除黑龙江和吉林两省外，西部省份除内蒙古外，均保持在 10 平方米以下，同时年度变化不大，有小增小减，相对平缓；内蒙古不仅生均体育运动场（馆）面积绝对值要明显高于西部其他省份，同时其逐年下降趋势更为明显，2010 年较 2003 年减少了 43.05%（见图 2.3.18、图 2.3.19、图 2.3.20）。

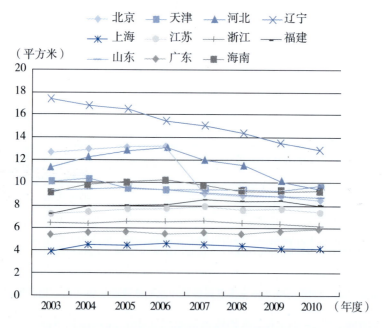

**图 2.3.18** **2003—2010 年全国东部各省份小学生均体育运动场（馆）面积变化情况**

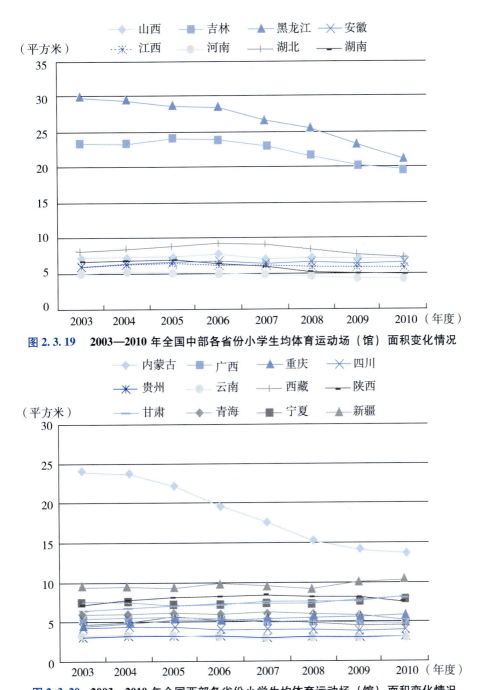

**图 2.3.19**　**2003—2010 年全国中部各省份小学生均体育运动场（馆）面积变化情况**

**图 2.3.20**　**2003—2010 年全国西部各省份小学生均体育运动场（馆）面积变化情况**

绝大多数省份初中生均体育运动场（馆）面积都呈逐年增加趋势。东部省份中，江苏、福建增幅较大，江苏 2010 年较 2003 年增加了 68.82%，福建增加了 66.45%。只有海南、广东两省面积减少，2010 年比 2003 年分别减少了 11.54%、5.19%。中部省份中，黑龙江、吉林的生均体育运动场（馆）明显高于其他省份，并逐年增加；湖南增幅明显大于其他中部省份，从 2003 年的 4.69 平方米增加到 2010 年的 7.55 平方米，增长了 60.98%。除内蒙古外，西部各省份整体水平低，增幅也较低，变化不大。青海相对增幅较大，从 2003 年的 4.74 平方米增加到 2010 年的 7.22 平方米，增加 52.32%；只有云南略有减少（见图 2.3.21、图 2.3.22、图 2.3.23）。

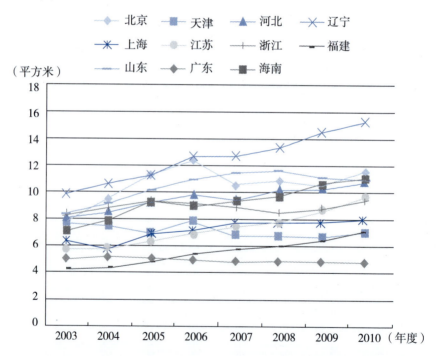

**图 2.3.21** 2003—2010 年全国东部各省份初中生均体育运动场（馆）面积变化情况

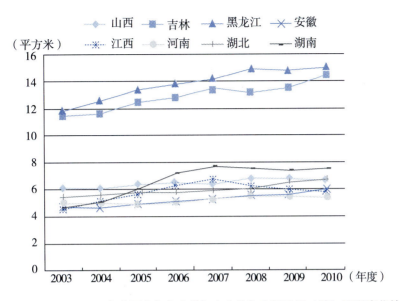

**图 2.3.22　2003—2010 年全国中部各省份初中生均体育运动场（馆）面积变化情况**

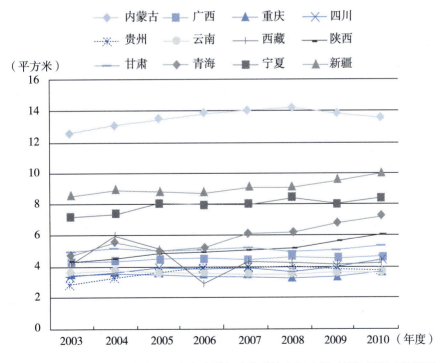

**图 2.3.23　2003—2010 年全国西部各省份初中生均体育运动场（馆）面积变化情况**

### 2. 五成左右省份城市学校生均体育运动场（馆）面积不到农村学校的一半

18 个省份的小学、14 个省份的初中生均体育运动场（馆）面积的城乡比小于 0.50∶1，即城市不到农村的一半。海南城乡比最小，小学、初中分别为 0.17∶1、0.26∶1。上海小学城乡比最大，为 0.85∶1。只有广东城市初中生均体育运动场（馆）面积与农村差不多，城乡比为 1.01∶1。

绝大多数（28 个）省份 2010 年城市小学生均体育运动场（馆）面积较 2003 年有所减少。其中减少最多的是广西，2010 年较 2003 年减少了 3.15 平方米，减少了 51.56%。一半多（18 个）省份 2010 年农村小学生均体育运动场（馆）面积有所减少，其中减少最多的是内蒙古，2010 年较 2003 年减少了 11.90 平方米，减少了 40.15%。各省份城市小学之间生均体育运动场（馆）面积的极差较小，最大的黑龙江为 6.92 平方米，较最小的海南 1.93 平方米多出 4.99 平方米。相反，农村小学之间的极差较大，最大的黑龙江为 25.29 平方米，明显高出最小的云南 21.97 平方米。

近一半（15 个）省份 2010 年城市初中生均体育运动场（馆）面积都有所增加，其中增加最多的是北京，2010 年较 2003 年增加了 4.18 平方米。绝大多数（29 个）省份 2010 年农村初中面积有所增加，其中增加最多的也是北京，2010 年较 2003 年增加了 13.03 平方米。各省份城市初中之间生均体育运动场（馆）面积的极差较小，最大的辽宁为 8.60 平方米，较最小的海南多出 6.46 平方米。各省份农村初中之间的极差较大，最大的北京为 24.28 平方米，较最小的云南多出 20.54 平方米。总的来看，东部省份生均体育运动场（馆）面积明显高于中西部省份，11 个省份中有 9 个省份城市初中生均体育运动场（馆）面积超过 4 平方米，农村初中超过 10 平方米。

分地区来看，东部各省份城市、农村小学生均体育运动场（馆）分布较为均衡。中西部各省份农村生均体育运动场（馆）面积差距较大，其中吉林、黑龙江明显高于其他省份，而西部省份中的内蒙古明显高于其他省份。

东部省份中，海南、河北城市学校减幅最大，2010 年城市小学生均体育运动场（馆）面积比 2003 年分别减少了 1.55 平方米、2.45 平方米，分别减少了 44.52%、39.84%；2010 年城市初中生均体育运动场（馆）面积比 2003 年分别减少了 1.83 平方米、1.51 平方米，分别减少了 46.08% 和 25.88%。辽宁、河北农村小学减幅最大，2010 年较 2003 年分别减少了 22.92% 和 15.06%。北京初中增幅明显，2010 年城市、农村初中生均体育运动场（馆）面积比 2003 年分别增加了 4.18 平方米、13.03 平方米，分别增长了 139.49%、115.84%（见图 2.3.24、图 2.3.25）。

中部省份小学生均体育运动场（馆）面积逐年减少趋势更为明显，其中城市小学减幅最大的为湖北、河南两省，2010 年较 2003 年分别减少了 38.17%、36.48%。黑龙江农村小学减幅最为明显，2010 年较 2003 年减少了 10.39 平方米，减少了 29.13%。仅安徽、山西两个中部省份农村小学略有增加，2010 年较 2003 年分别增加了 0.86 平方米和 0.22 平方米，分别增长了 14.12%、2.83%。湖南农村初中增幅最大，2010 年较 2003 年增加了 3.45 平方米，增长了 71.47%（见图 2.3.24、图 2.3.25）。

西部省份中广西城市小学减幅明显高于其他省份，2010 年较 2003 年减少了 3.15 平方米，减少了 51.56%。甘肃农村小学增幅最大，2010 年较 2003 年增长了 35.38%。青海初中生均体育运动场（馆）面积增幅明显高于其他省份，2010 年城市、农村初中较 2003 年分别增长了 121.51% 和 44.22%；陕西农村初中增幅也不低，2010 年较 2003 年增长了 47.20%（见图 2.3.24、图 2.3.25）。

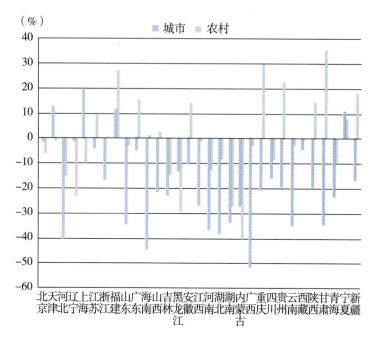

**图 2.3.24** 2003—2010 年全国各省份城市、农村小学生均体育运动场（馆）面积增减率情况

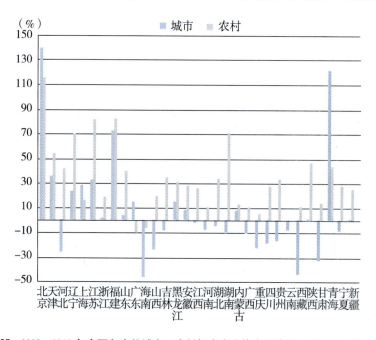

**图 2.3.25** 2003—2010 年全国各省份城市、农村初中生均体育运动场（馆）面积增减率情况

## 二、仪器设备与图书

### （一）生均仪器设备值

*1. 生均仪器设备值省域间差距巨大，京沪两市是中西部最低省份的十倍左右*

经济越发达的省份，其学校的生均仪器设备值相应越高。上海、北京中小学生均仪器设备总值都居全国前两位，远远高出其他省份。2010 年上海、北京小学生均仪器设备值分别为 2450.58 元、1987.92 元。而广西、云南、安徽、贵州、河南、江西等六个省份小学生均仪器设备值则不足 200 元，最低的中部两省河南和江西小学生均仪器设备值仅为 151.27 元和 160.02 元，省域间极差为 2299.31 元。13 个省份（其中东部 9 个省份）小学生均仪器设备值高于全国平均值，最多的上海、北京分别高出全国平均值 2066.23 元、1603.57 元（见图 2.3.26）。

2010 年上海、北京初中生均仪器设备值最高，分别为 4327.73 元和 2405.05 元。安徽、甘肃、江西、云南四个省份生均仪器设备值不足 300 元，最低的江西、云南初中生均仪器设备值仅为 232.73 元和 286.90 元。上海等 15 个省份（其中东部 10 个省份）初中生均仪器设备值高于全国平均值，上海高出 3724.37 元（见图 2.3.27）。

（元）

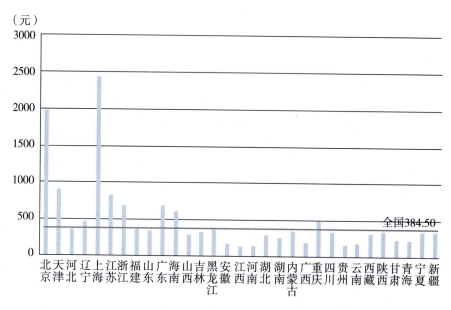

图 2.3.26　2010 年全国各省份小学生均仪器设备值情况

（元）

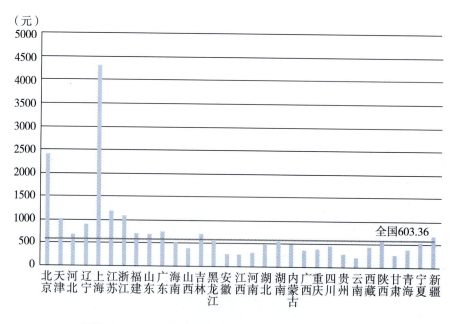

图 2.3.27　2010 年全国各省份初中生均仪器设备值情况

**2. 各省份生均仪器设备值普遍不断增加，东部各省份增加趋势一致，中部部分省份起伏变化较大，西部各省份波动上升**

就全国来看，2003—2010 年间陕西等 10 个省份小学生均仪器设备值增加了 1 倍以上，其中陕西、海南、江苏增幅最大，2010 年较 2003 年分别增加了 1.82、1.48 和 1.47 倍。各省份初中生均仪器设备值增加明显，一半多（17 个）的省份 2010 年生均仪器设备值较 2003 年增加了 1 倍以上，其中江苏、福建、北京增幅最大，分别增加了 4.39、2.83 和 2.57 倍。

东部省份趋势比较一致，基本上呈逐年增加趋势。基础相对薄弱的海南、江苏、广东、天津、上海等省份小学生均仪器设备值增幅较大，2010 年较 2003 年均增长了 1 倍以上。增加最多的是海南和江苏，分别增长了 1.48 和 1.47 倍。中部部分省份起伏变化较大，2010 年较 2003 年有增有减。安徽小学生均仪器设备值基础最差，2003 年生均仪器设备值仅为 82.63 元，到 2010 年增长了 1.08 倍，也仅增加到 171.56 元。2003 年小学生均仪器设备值最高的三个中部省份江西、湖南、吉林减幅最大，2010 年比 2003 年分别减少了 302.17 元、204.37 元和 117.98 元，分别减少了 66.64%、44.16% 和 22.14%。西部省份总体呈现曲折上升趋势。陕西小学生均仪器设备值增幅最大，2003 年为 150.24 元，到 2010 年为 423.86 元，增长了近两倍（见图 2.3.28、图 2.3.29、图 2.3.30）。

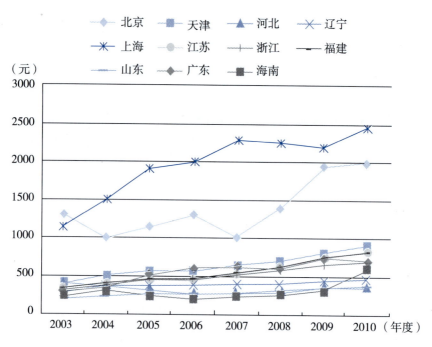

图 2.3.28　2003—2010 年东部省份小学生均仪器设备值变化情况

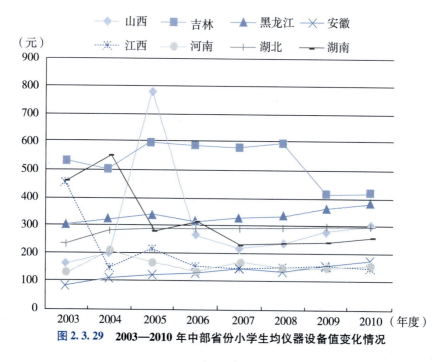

图 2.3.29　2003—2010 年中部省份小学生均仪器设备值变化情况

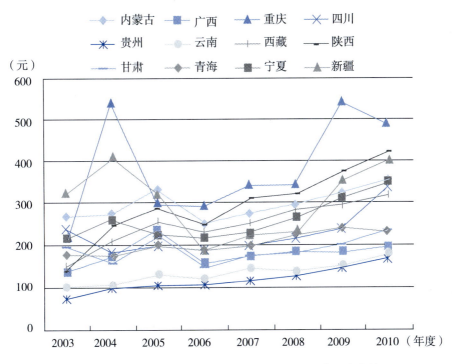

**图 2.3.30**　**2003—2010 年西部省份小学生均仪器设备值变化情况**

初中各地区省份发展趋势与小学一致。北京初中生均仪器设备值增幅远远高于东部其他省份，2010 年生均仪器设备值为 2405.05 元，较 2003 年增加了 1959.32 元，增长了 4.40 倍；河北初中生均仪器设备值增幅最小，2003—2010 年间起伏变化较大，2010 年生均仪器设备值为 692.28 元，较 2003 年仅增加 41.04 元，增幅仅为 6.30%。中部省份中湖南初中生均仪器设备值增幅最大，从 2003 年的 252.32 元逐年增加到 2010 年的 622.84 元，增长了 1.47 倍。西部省份中陕西初中生均仪器设备值增幅最大，2003 年为 225.86 元，到 2010 年为 607.21 元，增长了 1.69 倍。甘肃是初中生均仪器设备值唯一减少的省份，2003 年为 419.59 元，之后波动起伏，到 2010 年为 291.91 元，减少了 30.43%（见图 2.3.31、图 2.3.32、图 2.3.33）。

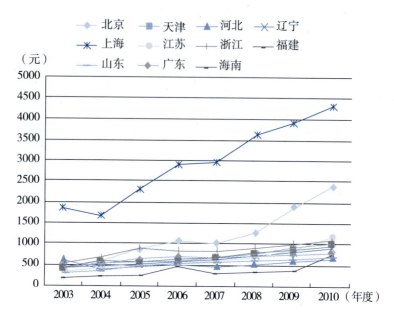

图 2.3.31　2003—2010 年东部省份初中生均仪器设备值变化情况

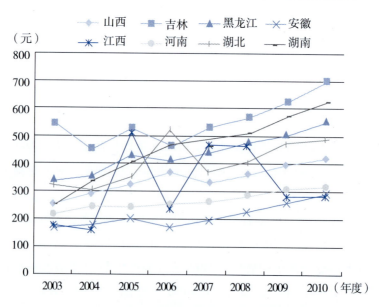

图 2.3.32　2003—2010 年中部省份初中生均仪器设备值变化情况

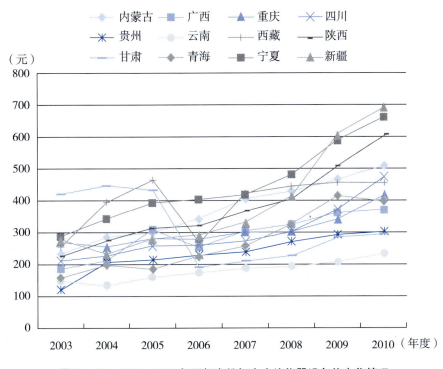

图 **2.3.33** **2003—2010 年西部省份初中生均仪器设备值变化情况**

**3. 绝大多数省份城市学校生均仪器设备值高于农村，城乡差距逐渐缩小**

绝大多数省份生均仪器设备值的城乡比大于1，城乡差距呈现下降趋势。2010 年，有 27 个省份小学生均仪器设备值的城乡比大于1，其中重庆城乡比最大，为 3.14：1，只有内蒙古、海南、新疆和北京 4 个省份的城乡比小于1，最小的北京市城乡比为 0.67：1。19 个省份初中生均仪器设备值的城乡比大于1，广东、重庆城乡比最大，分别为 3.04：1 和 2.29：1，北京城乡比依然最小，为 0.33：1。

绝大多数省份城市、农村学校 2010 年生均仪器设备值较 2003 年都有所增加，初中增幅明显大于小学。就城市小学而言，上海 2010 年生均仪器设备值不仅高居全国首位，也是八年来生均仪器设备值增加最多的省份，小学从 2003 年的 1289.22 元逐年增加到 2010 年的 3558.53 元，共增加 2269.31 元，增长了 1.76 倍；初中从 2003 年的 1867.49 元逐年增加到 2010 年的 4587.44 元，共增加 2719.95 元，增长了 1.46 倍。上海等 5 个东部省份以及重庆 2010 年城市小学生均仪器设备值超过千元，排在前六位；河北、福建和湖南 3 个省份的城市小学生均仪器设备值减少了千元以上，2010 年较 2003 年分别减少了 1339.36 元、1552.12 元和 1072.46 元，分别减少了 71.95%、75.54% 和 66.98%。广西城市小学生均仪器设备值相对来说最为稳定，2010 年等同于 2003 年的水平，仅比 2003 年增加 0.51 元（见图 2.3.34）。

相对而言，东部地区省份农村小学生均仪器设备值增幅最大。北京 2010 年农村小学生均仪器设备值较 2003 年增加绝对值最高，共增加了 1293.36 元；海南、江苏增幅最大，2010 年农村小学生均仪器设备值较 2003 年分别增长了 3.23 倍和 2.05 倍。辽宁农村小学生均仪器设备值绝对值在东部省份中较低，增幅也最小，2010 年较 2003 年仅增加 5.58 元，增长了 1.54%。中部地区江西农村小学生均仪器设备值不增反降，2010 年较 2003 年减少了 332.93 元，减少了 71.04%。西部农村小学基础薄弱，逐年增加趋势更为明显，其中陕西、贵州等省份都增长了 1 倍以上（见图 2.3.34）。

上海等 7 个东部省份初中生均仪器设备值超过千元。北京、青海城市初中生均仪器设备值增幅最大，2010 年较 2003 年分别增长了 3.26、2.65 倍。西藏城市初中生均仪器设备值减幅最大，2010 年较 2003 年减少了 250.12 元，减少了 56.96%。北京、上海、浙江、江苏和天津等 5 个东部省份农村初中 2010 年生均仪器设备值超过千元，其中北京、上海超过 4000 元。同样，北京、上海 2010 年农村初中生均仪器设备值较 2003 年增加绝对值最多，北京从 2003 年的 500.50 元增加到 2010 年的 4774.70 元，上海则从 2003 年的 1819.91 元增加到 2010 年的 4079.63 元，分别增加了 4274.20 元和 2259.72 元。北京增幅远远高于其他省份，2010 年较 2003 年增加了 8.54 倍。河南、云南增加最少，八年来生均仪器设备值增加不足 100 元；河北增幅最低，2010 年较 2003 年仅增加了 27.74%。而西部地区甘肃不增反降，2003 年为 436.28 元，到 2010 年为 285.97 元，减少了 150.31 元（见图 2.3.35）。

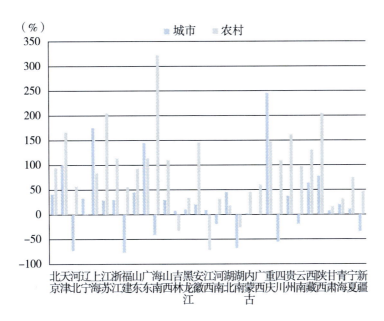

**图 2.3.34　2003—2010 年全国各省份城市、农村小学生均仪器设备值增减率情况**

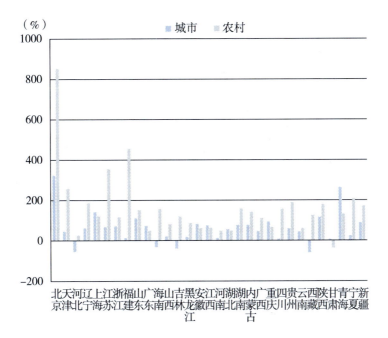

**图 2.3.35　2003—2010 年全国各省份城市、农村初中生均仪器设备值增减率情况**

### （二）生均图书

**1. 北京、浙江、上海生均图书最多，江西、贵州小学最少，重庆初中不足 10 册**

2010 年北京小学生均图书册数居全国首位，为 36.73 册，其次为上海、浙江，小学生均图书分别为 24.89 册和 22.58 册；初中则是上海、浙江、北京生均图书最多，均超过 30 册，最多的上海达到 37.01 册。贵州和江西小学生均图书最少，不足 11 册，分别为 10.11 册和 10.96 册；初中生均图书重庆最少，为 8.99 册。与 2009 年相比，小学除黑龙江、吉林、河北、湖南和湖北 5 个省份（其中 4 个为中部省）有所减少外，其余均有所增加；所有省份初中生均图书都较 2009 年有所增加，最多的江苏 2010 年较 2009 年增加了近 4 册。2010 年北京等 13 个省份小学生均图书高于全国平均值，北京高出 21.57 册，而最少的贵州较全国平均值少 5 册多；上海、浙江、北京、河北等 4 个省份初中生均图书高出全国平均值 10 册以上，最少的重庆初中生均图书比全国平均值少近 10 册（9.72 册）（见图 2.3.36、图 2.3.37）。

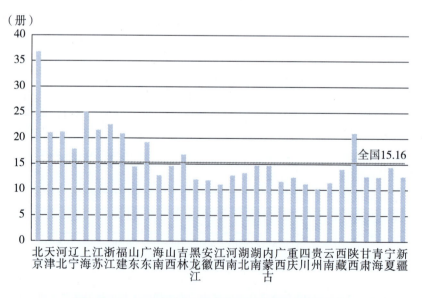

**图 2.3.36　2010 年全国 31 个省份小学生均图书情况**

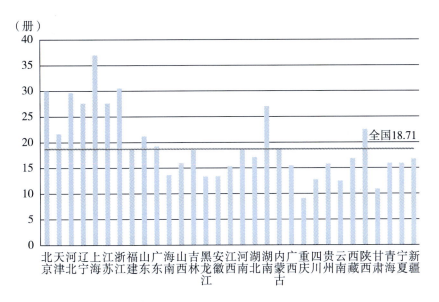

（册）

**图 2.3.37 2010 年全国 31 个省份初中生均图书情况**

### 2. 各省份初中生均图书增加明显，西部地区增幅最大，西藏尤为突出

总体上看，小学、初中生均图书逐年增加，初中增幅更为明显。东部省份小学生均图书略有增加，各省份增幅相差不多，其中增幅最大的为天津和江苏，2010 年生均图书比 2003 年分别增加 5.94 册和 6.04 册，分别增长了 39.36% 和 39.08%。只有北京小学生均图书在减少，2010 年比 2003 年减少了 5.29 册。中部各省份小学生均图书有增有减，其增幅、减幅相对较小。其中山西小学生均图书增幅最大，2010 年生均图书较 2003 年增加了 3.82 册，增长了 34.61%。西部省份逐年增加趋势最为明显，其增幅相对最大。其中西藏、贵州的增幅最大，西藏小学生均图书 2003 年仅 5.70 册，到 2010 年为 13.95 册，增长了 1.45 倍；贵州小学生均图书 2003 年仅 4.60 册，到 2010 年为 10.11 册，增长了 1.20 倍（见图 2.3.38、图 2.3.39、图 2.3.40）。

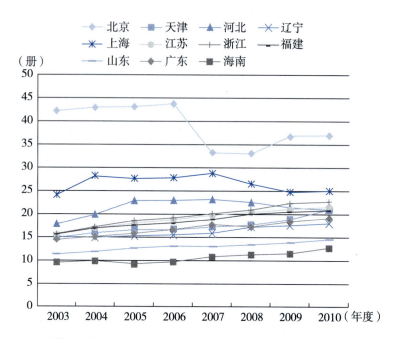

**图 2.3.38   2003—2010 年东部省份小学生均图书变化情况**

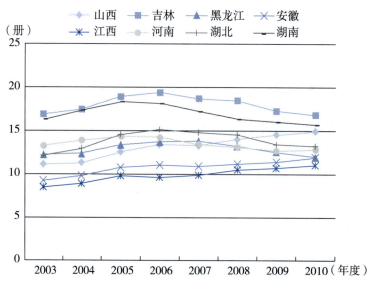

**图 2.3.39   2003—2010 年中部省份小学生均图书变化情况**

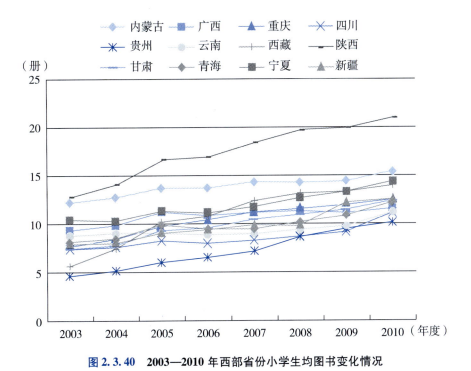

**图 2.3.40　2003—2010 年西部省份小学生均图书变化情况**

　　总体上，各省份初中生均图书增加较为明显，辽宁、江苏、湖南、陕西、浙江、西藏等 5 个省份 2010 年生均图书比 2003 年增加了 10 册以上。辽宁初中生均图书增幅明显高于东部其他省份，2010 年较 2003 年增加了 15.82 册，增长了 1.34 倍；另外，江苏、福建 2010 年初中生均图书较 2003 年也都增长了 1 倍以上，分别为 1.08 倍、1.04 倍。北京生均图书册数呈曲折上升趋势，前四年直线上升，2006—2007 年陡然下降，而后逐年攀升。中部地区湖南生均图书绝对值远远超出其他省份，其增幅也明显高于中部其他省份，从 2003 年的 13.76 册陡然增加到 2010 年的 26.96 册，增加了 13.20 册，增长了 95.93%。西部省份中西藏虽然其间起伏变化较大，但增幅依然最大，从 2003 年的 6.03 册到 2010 年的 16.78 册，增加近两倍（见图 2.3.41、图 2.3.42、图 2.3.43）。

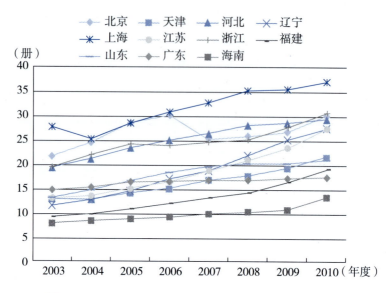

**图 2.3.41** **2003—2010 年东部省份初中生均图书变化情况**

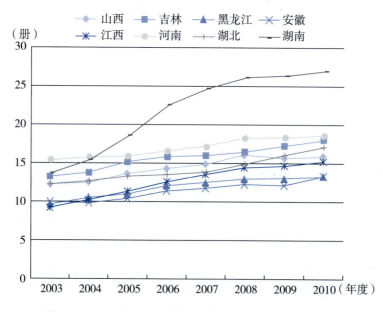

**图 2.3.42** **2003—2010 年中部省份初中生均图书变化情况**

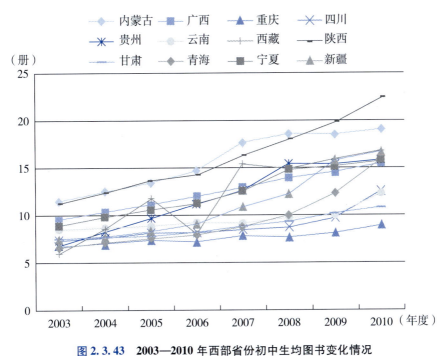

（册）

图 2.3.43　2003—2010 年西部省份初中生均图书变化情况

### 3. 绝大多数省份城市小学生均图书多于农村，城市初中比农村少

就 2010 年的情况看，有 20 个省份小学生均图书的城乡比大于 1，27 个省份初中的城乡比小于 1。其中辽宁小学城乡比最大，为 1.75∶1，西藏最小，为 0.76∶1；湖南初中生均图书城乡比最小，仅为 0.40∶1，广东城乡比最大，为 1.22∶1。

中部地区城市、农村学校生均图书增幅相对最小。8 个中部省份中 5 个省份 2010 年城市小学生均图书较 2003 年有所减少，减少最多的河南 2010 年生均图书较 2003 年减少了 3.14 册，减少了 19.15%；山西农村小学生均图书增幅相对最大，2010 年较 2003 年增长了 40.83%。东部地区中北京城市小学生均图书最多，但与此同时，其减少也最多，从 2003 年的 44.81 册减少到 2010 年的 34.57 册，共减少了 10.24 册，减少了 22.85%；浙江农村小学增加最多，2010 年较 2003 年增加了 8.26 册，增长了 52.86%。西部地区贵州城市小学生均图书增加最多，2010 年较 2003 年生均图书增加 6.36 册，增长了 90.05%。西藏农村小学增幅相对最大，从

2003 年的 5.51 册增加到 2010 年的 14.26 册，增加 8.75 册，增长了 1.59 倍（见图 2.3.44）。

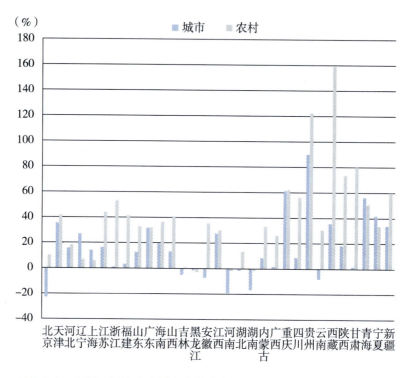

**图 2.3.44** **2003—2010 年全国各省份城市、农村小学生均图书增减率情况**

与小学相比，城市、农村初中生均图书增加更为明显。东部地区辽宁增幅明显高于东部其他省份。2010 年辽宁城市、农村初中分别比 2003 年增加 12.44 册、17.85 册，分别增长了 91.72%、166.34%。城市初中增加最少的为河北，八年间生均图书共增加了不到 1 册（0.69 册）。中部地区江西城市初中增幅最大，2010 年较 2003 年增加了 4.22 册，增长了 67.62%；最少的安徽八年间生均图书仅增加 0.44 册。湖南农村初中增加最多，从 2003 年的 14.28 册增加到 2010 年的 29.61 册，增长了 1.07 倍。西部省份青海城市初中增加最多，从 2003 年的 5.12 册增加到 2010 年的 15.84 册，增长了 2.09 倍。西藏农村初中生均图书增幅明显高于西部其他省份，2010 年农村初中生均图书为 17.62 册，比 2003 年增长了 1.80 倍。城市初中生均图书有所下降的唯一省份是甘肃，2010 年较 2003 年减少了 1.40 册。北京等 7 个东部省份以及湖南、陕西和西藏等 10 个中西部省份 2010 年农村初中生均图书较 2003 年增加了 10 册以上，最多的北京增加了 26.32 册；仅有广东 2010 年较 2003 年增加不到 1 册（0.95 册）（见图 2.3.45）。

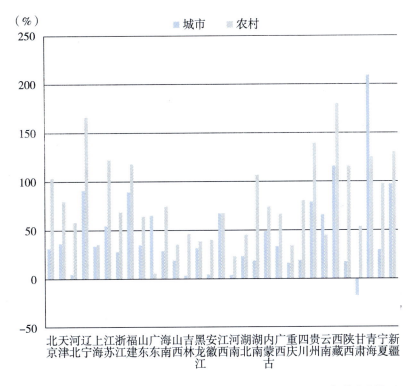

**图 2.3.45　2003—2010 年全国各省份城市、农村初中生均图书增减率情况**

### 三、信息化基本情况①

**（一）　北京、上海每百名学生拥有计算机台数明显高于其他省份，河南、贵州最少**

北京、上海义务教育学校每百名学生拥有计算机台数都居全国前两

---

①　由于《中国教育事业统计年鉴》中分省份数据局限，故各省份信息化基本情况中仅选取了每百名学生拥有计算机台数一项指标。

位，小学每百名学生拥有计算机台数分别达到 17.71 台和 14.33 台，初中分别达到 15.18 台和 24.07 台；同时，辽宁、浙江、江苏等 3 个东部省份初中每百名学生拥有计算机台数均超过 10 台。而江西、广西、河南和贵州等 4 个省份小学每百名学生拥有计算机台数不足 2 台；贵州、西藏、河南等 3 个省份初中每百名学生拥有计算机台数最少，分别仅为 3.47 台、3.74 台和 4.04 台（见图 2.3.46、图 2.3.47）。

与 2009 年相比，除上海略有下降外，其余省份小学每百名学生拥有计算机台数都有所增加，其中云南增加近 1 台；除江西初中每百名学生拥有计算机台数没有变化外，其余省份都有所增加，北京、江苏增加了 2 台及以上。北京等 15 个省份小学每百名学生拥有计算机台数高于全国平均值，其中北京、上海分别高出全国平均值 13.57 台和 10.19 台；上海等 13 个省份初中每百名学生拥有计算机台数高出全国平均值，其中上海高出 17.72 台（见图 2.3.46、图 2.3.47）。

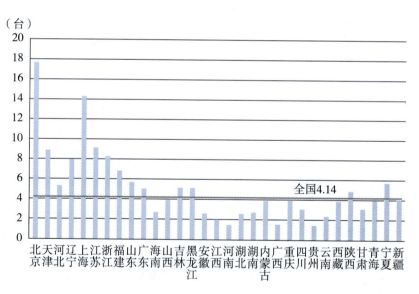

**图 2.3.46　2010 年全国 31 个省份小学每百名学生拥有计算机台数情况**

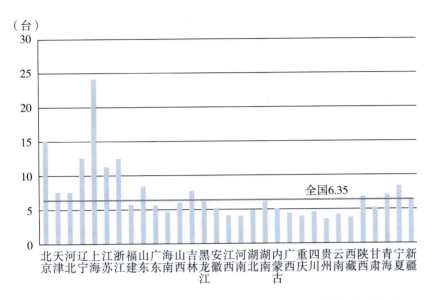

**图 2.3.47** **2010 年全国 31 个省份初中每百名学生拥有计算机台数情况**

**（二）各省份每百名学生拥有计算机台数逐年增加，西部省份增幅明显，但数量仍为最少**

各省份中小学每百名学生拥有计算机台数逐年增加，2009 年是一个拐点，所有省份都有所减少，到 2010 年又稍有增加。北京、上海每百名学生拥有计算机台数明显高于其他省份，2010 年上海初中每百名学生拥有计算机台数比同属东部的海南多出 19.45 台。江苏、辽宁和山东等 3 个省份小学每百名学生拥有计算机台数 2010 年较 2003 年增幅在 1 倍以上，其中江苏省增幅最大，小学每百名学生拥有计算机台数从 2003 年的 3.10 台增加到 2010 年的 9.14 台，增长了 1.95 倍（见图 2.3.48、图 2.3.49）。

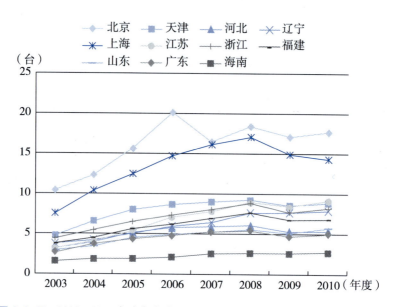

**图 2.3.48　2003—2010 年东部各省份小学每百名学生拥有计算机台数变化情况**

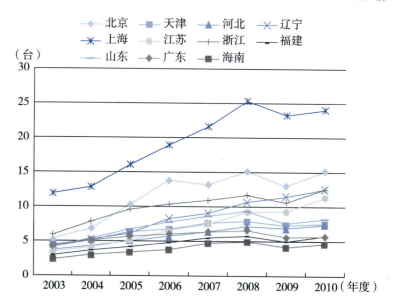

**图 2.3.49　2003—2010 年东部各省份初中每百名学生拥有计算机台数变化情况**

　　中部省份学校每百名学生拥有计算机台数的平均增幅相对较小。吉林、黑龙江每百名学生拥有计算机台数绝对值明显高于中部其他省份。安徽基础最差，小学每百名学生拥有计算机台数从 2003 年的 0.96 台增长了近 2 倍，到 2010 年仅为 2.57 台；初中从 2003 年的 1.40 台增加了近 3 倍，到 2010 年仅为 5.18 台。山西增幅相对最大，小学每百名学生拥有计算机台数从 2003 年的 1.96 台增加到 2010 年的 4.10 台，增长了 1.09 倍；初中从 2003 年的 2.68 台增加到 2010 年的 5.84 台，增长了 1.18 倍（见图 2.3.50、图 2.3.51）。

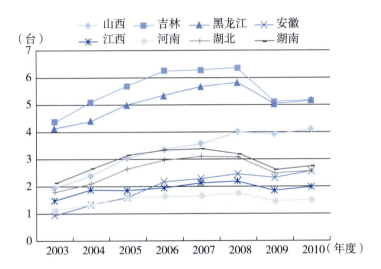

**图 2.3.50　2003—2010 年中部各省份小学每百名学生拥有计算机台数变化情况**

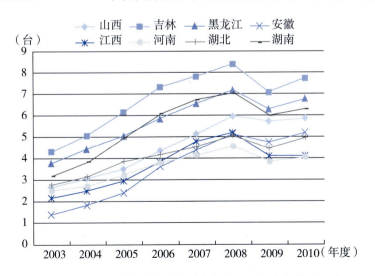

**图 2.3.51　2003—2010 年中部各省份初中每百名学生拥有计算机台数变化情况**

西部省份间每百名学生拥有计算机台数相差不多，整体表现出信息化条件底子薄、基础差、增幅更明显的特征。其中西藏、云南每百名学生拥有计算机台数最少，2003 年小学每百名学生拥有计算机台数均不足 1 台，增加了 3 倍左右，到 2010 年才分别达到 3.83 台和 2.35 台。云南 2003 年初中每百名学生拥有计算机台数不足 1 台，仅 0.97 台，增加了 3 倍多，到 2010 年才达到 4.24 台。重庆计算机基础条件在西部省份最好，但增幅却最低。2003 年小学、初中每百名学生拥有计算机台数分别为 3.36 台和 3.77 台，明显高出西部其他省份，但其到 2010 年为 4.03 台和 4.05 台，八年间仅增加了 0.67 台和 0.28 台，增幅仅为 19.94% 和 7.43%（见图 2.3.52、图 2.5.53）。

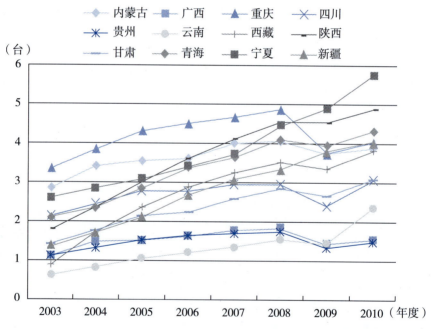

**图 2.3.52　2003—2010 年西部各省份小学每百名学生拥有计算机台数变化情况**

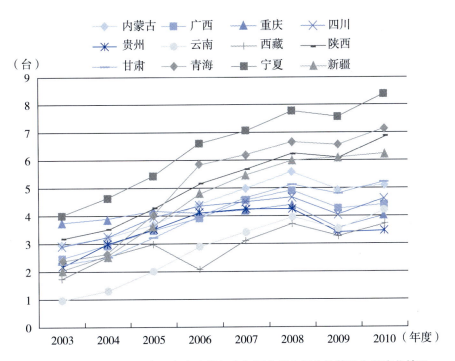

**图 2.3.53**　**2003—2010 年西部各省份初中每百名学生拥有计算机台数变化情况**

**（三）各省份农村学校每百名学生拥有计算机台数增加明显，城乡差距逐年缩小**

各省份每百名学生拥有计算机台数的城乡差距逐年缩小。绝大多数省份城市学校每百名学生拥有计算机台数多于农村学校，2010 年 29 个省份小学每百名学生拥有计算机台数的城乡比大于 1，16 个省份初中城乡比大于 1。2010 年广西小学每百名学生拥有计算机台数城乡比最大，为 4.52∶1；天津城市、农村小学每百名学生拥有计算机台数持平，城乡比小于 1；北京小学城乡比最小，为 0.86∶1。广东初中城乡比最大，为 2.26∶1；北京初中城乡比最小，为 0.49∶1，城市初中每百名学生拥有计算机台数不到农村的一半（随着北京市城镇化水平的进一步提高，大量人口涌入城市，城市学生规模增加，导致城市初中每百名学生拥有计算机台数远低于农村）。

各省份城市、农村小学和初中每百名学生拥有计算机台数呈逐年增加趋势，农村初中增幅更为明显，2009 年数量略有起伏。东部省份增加绝对数量更多。其中上海城市小学每百名学生拥有计算机台数增加最多，2010年小学每百名学生拥有计算机台数较2003年增加11.34台，增长了1.26倍，高居全国首位。福建城市小学增加最少，2003—2010年增加不到1台（0.63台）。海南城市初中增加最少，八年间增加不到1台（0.41台）。绝大多数东部省份农村学校每百名学生拥有计算机台数八年间增长了1倍以上。其中江苏农村小学增幅最大，2010年农村小学每百名学生拥有计算机台数为8.62台，比2003年增长2.27倍。北京农村初中增幅最高，2010年农村初中每百名学生拥有计算机台数为24.52台，较2003年增加19.48台，增长了3.87倍（见图2.3.54、图2.3.55）。

中部省份总体上增幅相对最小，城市小学平均增加不到2台，农村小学平均增加不到1台。黑龙江城市小学2010年较2003年增加了1.60台，为中部省份增加数量最多。安徽农村学校计算机条件底子薄、基础差，增幅相对最为明显，农村小学、初中每百名学生拥有计算机台数分别从2003年的0.53台、1.06台增加到2010年的1.98台、5.19台，分别增长了2.74倍、3.90倍。河南城市小学不增反降，2010年较2003年减少了近1台（0.93台）；城市初中2010年又重回到2003年的水平，仅增加0.06台；与此同时，河南农村小学、初中增加最少，八年间仅增加0.43台、1.68台（见图2.3.54、图2.3.55）。

西部省份中重庆城市小学增加数量最多，2010年较2003年增加了3.68台；城市、农村初中增加数量最少，分别增加0.31台、0.61台。从增幅来看，新疆城市小学增幅相对最大，2010年较2003年增加2.54台，增长了73.73%；青海城市初中增幅最大，从2003年的2.70台增加到2010年的7.46台，增长了1.76倍。西藏、云南农村学校基础差，增幅最为明显，西藏2010年农村小学、初中比2003年分别增加3.01台、2.63台，分别增长了4.57倍、2.02倍；云南2010年农村小学、初中比2003年分别增加1.71台和3.39台，分别增长了3.77倍和3.89倍（见图2.3.54、图2.3.55）。

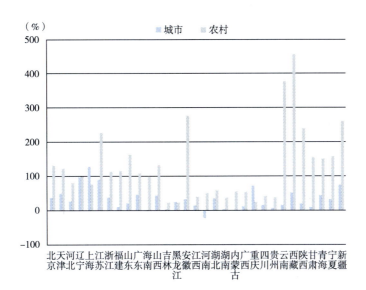

**图 2.3.54**　**2003—2010 年全国各省份城市、农村小学每百名学生拥有计算机台数增减率情况**

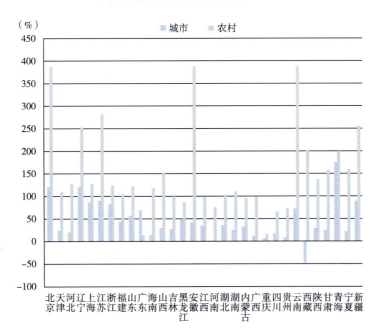

**图 2.3.55**　**2003—2010 年全国各省份城市、农村初中每百名学生拥有计算机台数增减率情况**

# 第四节　各省份教育经费发展状况

本节主要分析各省份义务教育经费的投入、分配和使用情况，比较省域间教育经费支出水平的差距。近十年，义务教育预算内经费投入年均增长较快的省份主要分布在西部地区。但是，西部地区省域间义务教育预算内经费投入差距很大。小学和初中生均预算内事业经费支出、生均预算内公用经费支出省域间差距明显，但近十年呈缩小趋势，生均预算内公用经费缩小幅度较大。

## 一、教育经费投入及差异状况

### （一）预算内义务教育经费投入增长情况

#### 1. 初中预算内经费投入年均增长率明显高于小学

就全国范围来看，七成以上的省份初中预算内经费投入年平均增长率高于小学。甘肃、宁夏两省初中年平均增长率分别比小学高出 5.48 个和 5.40 个百分点。八个省份小学年平均增长率低于初中，其中五个位于东部地区，占全部东部省份的近一半。

#### 2. 预算内经费投入增长较快的省主要分布在西部地区

预算内经费投入年均增长较快的省主要分布在西部地区。2001—2010 年，小学年平均增长率排在前五位的省分别是海南、青海、内蒙古、陕西、重庆，除海南外，其余均为西部省份。初中年平均增长率排在前五位的省除海南外，其余四个分别青海、宁夏、甘肃和贵州，均为西部省份。海南年平均增长率最高，小学、初中分别为 26.58%、29.49%，小学从 2001 年的 5.25 亿元增加到 2010 年的 43.75 亿元，初中从 2001 年的 2.39 亿元增加到 2010 年的 24.48 亿元（见表 2.4.1）。

表 2.4.1　**2001、2010 年各省份小学、初中预算内经费投入**

| 省份 | 小　学 | | | 初　中 | | |
|---|---|---|---|---|---|---|
| | 2001 年（亿元） | 2010 年（亿元） | 年均增长率（%） | 2001 年（亿元） | 2010 年（亿元） | 年均增长率（%） |
| 北京 | 21.02 | 106.71 | 19.78 | 16.65 | 81.28 | 19.26 |
| 天津 | 10.50 | 59.61 | 21.27 | 6.78 | 41.05 | 22.14 |
| 河北 | 37.88 | 204.14 | 20.58 | 25.67 | 124.28 | 19.15 |
| 山西 | 20.66 | 122.33 | 21.85 | 13.03 | 75.21 | 21.51 |
| 内蒙古 | 18.21 | 120.72 | 23.39 | 9.34 | 72.16 | 25.51 |
| 辽宁 | 27.64 | 138.89 | 19.65 | 18.96 | 108.87 | 21.43 |
| 吉林 | 20.10 | 91.14 | 18.29 | 11.70 | 56.28 | 19.07 |
| 黑龙江 | 25.68 | 102.80 | 16.66 | 16.15 | 72.96 | 18.24 |
| 上海 | 22.61 | 92.26 | 16.91 | 23.01 | 76.57 | 14.29 |
| 江苏 | 56.26 | 289.94 | 19.98 | 32.29 | 189.60 | 21.73 |
| 浙江 | 40.22 | 212.49 | 20.32 | 27.35 | 139.42 | 19.84 |
| 安徽 | 33.99 | 179.33 | 20.30 | 16.79 | 117.87 | 24.18 |
| 福建 | 33.64 | 136.69 | 16.86 | 17.91 | 84.20 | 18.76 |
| 江西 | 22.33 | 118.75 | 20.40 | 12.51 | 68.94 | 20.88 |
| 山东 | 47.51 | 239.07 | 19.66 | 41.27 | 198.39 | 19.06 |
| 河南 | 41.75 | 247.62 | 21.87 | 28.93 | 166.72 | 21.48 |
| 湖北 | 24.65 | 122.36 | 19.49 | 18.21 | 107.09 | 21.76 |
| 湖南 | 29.06 | 166.65 | 21.42 | 18.01 | 117.03 | 23.12 |
| 广东 | 82.73 | 324.97 | 16.42 | 45.66 | 216.14 | 18.86 |
| 广西 | 30.68 | 160.89 | 20.22 | 14.63 | 92.65 | 22.76 |
| 海南 | 5.25 | 43.75 | 26.58 | 2.39 | 24.48 | 29.49 |
| 重庆 | 17.16 | 101.95 | 21.89 | 9.38 | 69.46 | 24.92 |
| 四川 | 46.50 | 258.39 | 20.99 | 23.86 | 169.26 | 24.32 |
| 贵州 | 22.00 | 127.76 | 21.59 | 8.22 | 67.21 | 26.30 |

续表

| 省份 | 小　学 | | | 初　中 | | |
|---|---|---|---|---|---|---|
| | 2001 年（亿元） | 2010 年（亿元） | 年均增长率（%） | 2001 年（亿元） | 2010 年（亿元） | 年均增长率（%） |
| 云南 | 39.47 | 178.02 | 18.22 | 17.66 | 101.74 | 21.48 |
| 西藏 | 4.74 | 27.01 | 21.32 | 2.18 | 11.55 | 20.35 |
| 陕西 | 21.13 | 127.30 | 22.08 | 12.00 | 90.00 | 25.10 |
| 甘肃 | 17.52 | 96.64 | 20.89 | 8.21 | 67.46 | 26.37 |
| 青海 | 5.10 | 36.57 | 24.46 | 2.44 | 21.54 | 27.40 |
| 宁夏 | 5.19 | 29.53 | 21.32 | 2.65 | 22.35 | 26.72 |
| 新疆 | 24.92 | 124.96 | 19.62 | 11.91 | 85.51 | 24.49 |

注：某指标年平均增长率 = ｛（期末数额/基期数额）^[1/（n-1）] -1｝×100%，其中 n 为年限，n = 期末年份 - 基期年份。

### （二）义务教育经费投入省域间差距

#### 1. 东部地区省域间义务教育经费经费投入差距偏大

2010 年，东部地区义务教育经费总投入排在前三位的省份分别是广东、江苏、山东，均达到 500 亿元以上。其中，义务教育经费总投入最高的是广东，为 673.10 亿元，最低的是海南，为 76.22 亿元，最高省份是最低省份的 8.83 倍。东部地区义务教育预算内经费投入最高的省份为广东，为 541.11 亿元，最低的是海南，仅为 68.23 亿元，最高省份是最低省份的 7.93 倍。各级政府征收用于教育的税费省域间差距较大。东部地区各级政府征收用于教育的税费最高的省份是浙江，为 65.74 亿元，最低的是海南，为 2.02 亿元，最高省份是最低省份的 32.54 倍（见表 2.4.2）。

民办学校中举办者投入和社会捐赠经费省域间差距较大。东部地区民办学校中举办者投入最高的省份是广东，为 8.83 亿元，最低的是北京，为 448.80 万元，最高省份是最低省份的 196.75 倍。东部地区社会捐赠经费最高的省份是浙江，为 9.50 亿元，投入最低的是辽宁，为 623.70 万元，最高省份是最低省份的 152.32 倍（见表 2.4.2）。

表2.4.2 **2010年东部地区各省份义务教育经费投入（亿元）**

| 省份 | 总投入 | 国家财政性教育经费拨款 | 预算内教育经费 | 各级政府征收用于教育的税费 | 非国家财政性教育经费拨款 | 民办学校中举办者投入 | 社会捐赠经费 | 其他教育经费 |
|------|--------|------|------|------|------|------|------|------|
| 北京 | 219.64 | 200.99 | 187.99 | 12.66 | 18.65 | 0.04 | 1.86 | 3.19 |
| 天津 | 114.75 | 109.07 | 100.66 | 8.16 | 5.67 | 0.10 | 0.23 | 0.77 |
| 河北 | 366.90 | 356.55 | 328.42 | 28.03 | 10.35 | 0.18 | 0.39 | 0.73 |
| 辽宁 | 265.37 | 260.03 | 247.76 | 12.20 | 5.35 | 0.28 | 0.06 | 1.53 |
| 上海 | 202.62 | 186.69 | 168.83 | 17.83 | 15.93 | 0.12 | 0.40 | 4.58 |
| 江苏 | 567.01 | 522.78 | 479.54 | 43.18 | 44.23 | 0.26 | 6.34 | 10.86 |
| 浙江 | 478.26 | 417.78 | 351.92 | 65.74 | 60.48 | 0.65 | 9.50 | 25.77 |
| 福建 | 256.20 | 237.80 | 220.89 | 16.89 | 18.41 | 3.07 | 1.87 | 3.00 |
| 山东 | 500.59 | 479.29 | 437.45 | 41.62 | 21.30 | 0.22 | 2.24 | 3.50 |
| 广东 | 673.10 | 569.00 | 541.11 | 27.19 | 104.10 | 8.83 | 5.92 | 8.35 |
| 海南 | 76.22 | 70.28 | 68.23 | 2.02 | 5.95 | 0.53 | 1.17 | 0.84 |

## 2. 中部地区省域间义务教育经费投入差距相对较小

2010年，中部地区省域间义务教育经费投入差距相对较小。义务教育经费总投入排在前三位的省份分别是河南、安徽、湖南，均达到300亿元以上。其中，投入最高的河南（448.66亿元）是最低的吉林（158.92亿元）的2.82倍。中部地区义务教育预算内经费投入最高的省份是河南，为414.34亿元，投入最低的是吉林，为147.42亿元，最高省份是最低省份的2.81倍。中部地区各级政府征收用于教育的税费最高的省份是山西，为15.22亿元，最低的是吉林，为4.62亿元，最高省份是最低省份的3.29倍（见表2.4.3）。

中部地区省域间义务教育民办学校中举办者投入差距明显，社会捐赠经费差距较大。中部地区民办学校中举办者投入最高的省份是河南，为3.47亿元，投入最低的是黑龙江，为522.90万元，最高省份是最低省份的 66.36 倍。中部地区社会捐赠经费最高的省份是安徽，为 1.22 亿元，最低的是黑龙江，为 216.30 万元，最高省份是最低省份的 56.40 倍（见表 2.4.3）。

表 2.4.3　2010 年中部地区各省份义务教育经费投入（亿元）

| 省份 | 总投入 | 国家财政性教育经费拨款 | 预算内教育经费 | 各级政府征收用于教育的税费 | 非国家财政性教育经费拨款 | 民办学校中举办者投入 | 社会捐赠经费 | 其他教育经费 |
|---|---|---|---|---|---|---|---|---|
| 山西 | 221.83 | 213.01 | 197.54 | 15.22 | 8.81 | 0.69 | 0.18 | 0.42 |
| 吉林 | 158.92 | 154.12 | 147.42 | 4.62 | 4.79 | 0.28 | 0.21 | 0.76 |
| 黑龙江 | 195.72 | 191.37 | 175.77 | 7.06 | 4.35 | 0.05 | 0.02 | 0.47 |
| 安徽 | 327.19 | 308.99 | 297.20 | 11.41 | 18.20 | 2.02 | 1.22 | 1.77 |
| 江西 | 206.18 | 196.65 | 187.69 | 8.77 | 9.52 | 1.51 | 1.18 | 2.22 |
| 河南 | 448.66 | 425.25 | 414.34 | 10.87 | 23.41 | 3.47 | 0.45 | 1.29 |
| 湖北 | 258.23 | 242.01 | 229.44 | 12.35 | 16.22 | 0.53 | 0.94 | 4.81 |
| 湖南 | 318.69 | 299.35 | 283.68 | 14.33 | 19.34 | 1.05 | 0.70 | 4.25 |

### 3. 西部地区省域间义务教育经费投入差距十分明显

2010 年，西部地区义务教育经费总投入省域间差距高于东中部地区。西部地区义务教育经费总投入最高的省份是四川，为 480.61 亿元，是最低的西藏（39.08 亿元）的 12.30 倍。西部地区义务教育预算内经费投入最高的省份是四川，为 427.65 亿元，投入最低的是西藏，为 38.55 亿元，最高省份是最低省份的 11.09 倍。西部地区各级政府征收用于教育的税费最高的省份是四川，为 18.74 亿元，投入最低的是西藏，为 0.45 亿元，最高省份是最低省份的 41.64 倍（见表 2.4.4）。

西部地区义务教育民办学校中举办者投入、社会捐赠经费省域间差距很大。西部地区民办学校中举办者投入最高的省份是四川，为 1.35 亿元，投入最低的是西藏，为 50.40 万元，最高省份是最低省份的 267.86 倍。西部地区社会捐赠经费最高的省份是四川，为 7.26 亿元，投入最低的是西藏，为 477.20 万元，最高省份是最低省份的 152.14 倍（见表 2.4.4）。

表 2.4.4　西部地区各省份义务教育经费投入（亿元）

| 省份 | 总投入 | 国家财政性教育经费拨款 | 预算内教育经费 | 各级政府征收用于教育的税费 | 非国家财政性教育经费拨款 | 民办学校中举办者投入 | 社会捐赠经费 | 其他教育经费 |
|---|---|---|---|---|---|---|---|---|
| 内蒙古 | 207.71 | 204.54 | 192.89 | 11.55 | 3.17 | 0.03 | 0.09 | 1.44 |
| 广西 | 268.95 | 260.94 | 253.55 | 7.28 | 8.00 | 0.42 | 0.44 | 1.73 |
| 重庆 | 191.06 | 179.24 | 171.41 | 7.74 | 11.82 | 0.20 | 2.30 | 2.91 |
| 四川 | 480.61 | 446.53 | 427.65 | 18.74 | 34.08 | 1.35 | 7.26 | 2.85 |
| 贵州 | 204.23 | 198.36 | 194.97 | 3.38 | 5.87 | 0.46 | 0.24 | 1.41 |
| 云南 | 299.27 | 290.99 | 279.76 | 11.11 | 8.29 | 0.20 | 1.07 | 2.43 |
| 西藏 | 39.08 | 39.01 | 38.55 | 0.45 | 0.07 | 0.01 | 0.05 | 0.00 |
| 陕西 | 238.76 | 228.75 | 217.30 | 11.26 | 10.00 | 0.62 | 0.52 | 1.05 |
| 甘肃 | 171.97 | 169.36 | 164.10 | 4.71 | 2.61 | 0.27 | 1.02 | 0.93 |
| 青海 | 60.40 | 59.64 | 58.11 | 1.40 | 0.76 | 0.08 | 0.10 | 0.20 |
| 宁夏 | 55.38 | 53.99 | 51.88 | 2.11 | 1.40 | 0.04 | 0.22 | 0.27 |
| 新疆 | 226.72 | 222.60 | 210.47 | 9.48 | 4.12 | 0.02 | 0.24 | 1.63 |

#### 4. 非财政性教育经费的省域间差距明显高于国家财政性教育经费

2010 年，非财政性教育经费的省域间差距明显高于国家财政性教育经费。国家财政性教育经费和非财政性教育经费的省域间差异系数分别为 0.54 和 1.28。在国家财政性教育经费里，各级政府用于教育的税费 31 个省份之间的差距较大，差异系数为 0.97，这主要是由各省份之间经济发展不平衡所造成的，一些省份税收高，用于教育的税费就高。非国家财政性教育经费中，民办学校中举办者投入的省域间差距最大，差异系数为 1.91；其次是学费和杂费，差异系数为 1.64（见表 2.4.5）。

表 2.4.5  2010 年省域间义务教育经费投入差异

| | 最小值<br>（亿元） | 最大值<br>（亿元） | 平均值<br>（亿元） | 标准差 | 差异系数 |
|---|---|---|---|---|---|
| 总投入 | 39.08 | 673.10 | 267.75 | 153.06 | 0.57 |
| 国家财政性教育经费 | 39.01 | 569.00 | 251.45 | 136.33 | 0.54 |
| 预算内教育经费 | 38.55 | 541.11 | 236.34 | 126.38 | 0.53 |
| 各级政府用于教育的税费 | 0.45 | 65.74 | 14.50 | 14.00 | 0.97 |
| 非国家财政性教育经费 | 0.07 | 104.10 | 16.30 | 20.93 | 1.28 |
| 民办学校中举办者投入 | 0.01 | 8.83 | 0.89 | 1.70 | 1.91 |
| 社会捐赠经费 | 0.02 | 9.50 | 1.56 | 2.37 | 1.52 |
| 事业收入 | 0.02 | 81.00 | 10.75 | 14.88 | 1.38 |
| 事业收入中学费和杂费 | 0.02 | 56.05 | 6.11 | 10.04 | 1.64 |
| 其他教育经费 | 0.00 | 25.77 | 3.10 | 4.82 | 1.56 |

## 二、教育经费投入构成

各省份由于经济发展水平、地理位置、国家政策等因素的影响，教育经费来源有较大差异。

### （一）国家财政性义务教育经费构成

#### 1. 西部省份义务教育经费投入主要依赖政府财政性拨款

2010 年，义务教育预算内经费占总投入比例排在前五位的省份分别是西藏、青海、贵州、甘肃、广西，预算内经费占比最高的是西藏，达到 98.64%，表明了国家对西部地区、民族地区教育事业的支持。预算内经费占总投入比例排在后五位的省份分别是浙江、广东、上海、江苏、北京，预算内经费占比最低的是浙江，仅占 73.58%，表明这些省份除了财政预算内投入外，其他渠道教育投入所占比例也较大（见表 2.4.6）。

#### 2. 东部省份各级政府征收用于教育的税费对义务教育经费投入的贡献较大

2010 年，各级政府征收用于教育的税费占总投入比例排在前五位的省份分别是浙江、上海、山东、河北、江苏。这些省份的各级政府征收用于教育的税费的比例平均达到9.22%，大约占总投入的十分之一。这些省份都分布在东部地区。各级政府征收用于教育的税费占总投入比例排在后三位的省份分别是西藏、贵州和青海，均为西部省份（见表2.4.6）。

### 3. 大部分省份预算内义务教育经费占比有所上升

2010年，20个省份义务教育预算内经费占总投入的比例有所上升。上升幅度排在前三位的省份是海南、江苏、四川，2010年比2009年分别提高了5.43个、4.18个、1.88个百分点。11个省份预算内经费占总投入比例下降，下降幅度排在前三位的省份是云南、新疆、黑龙江，分别下降了1.98个、1.34个、0.97个百分点（见表2.4.6）。

表2.4.6　**2010年各省份义务教育经费投入来源构成（%）**

| 省份 | 国家财政性教育经费拨款 | 预算内教育经费 | 各级政府征收用于教育的税费 | 非国家财政性教育经费拨款 | 民办学校中举办者投入 | 社会捐赠经费 | 事业收入中学费和杂费 | 其他教育经费 |
|---|---|---|---|---|---|---|---|---|
| 北京 | 91.51 | 85.59 | 5.76 | 8.49 | 0.02 | 0.85 | 2.63 | 1.45 |
| 天津 | 95.06 | 87.72 | 7.11 | 4.94 | 0.09 | 0.20 | 1.10 | 0.67 |
| 河北 | 97.18 | 89.51 | 7.64 | 2.82 | 0.05 | 0.11 | 1.93 | 0.20 |
| 山西 | 96.03 | 89.05 | 6.86 | 3.97 | 0.31 | 0.08 | 2.37 | 0.19 |
| 内蒙古 | 98.47 | 92.86 | 5.56 | 1.53 | 0.01 | 0.05 | 0.50 | 0.69 |
| 辽宁 | 97.99 | 93.36 | 4.60 | 2.01 | 0.10 | 0.02 | 0.74 | 0.58 |
| 吉林 | 96.99 | 92.77 | 2.91 | 3.01 | 0.18 | 0.13 | 0.71 | 0.48 |
| 黑龙江 | 97.78 | 89.80 | 3.61 | 2.22 | 0.03 | 0.01 | 0.95 | 0.24 |
| 上海 | 92.14 | 83.32 | 8.80 | 7.86 | 0.06 | 0.20 | 3.80 | 2.26 |
| 江苏 | 92.20 | 84.57 | 7.61 | 7.80 | 0.05 | 1.12 | 2.47 | 1.91 |
| 浙江 | 87.35 | 73.58 | 13.75 | 12.65 | 0.14 | 1.99 | 2.46 | 5.39 |
| 安徽 | 94.44 | 90.84 | 3.49 | 5.56 | 0.62 | 0.37 | 2.83 | 0.54 |
| 福建 | 92.82 | 86.22 | 6.59 | 7.18 | 1.20 | 0.73 | 2.83 | 1.17 |

续表

| 省份 | 国家财政性教育经费拨款 | 预算内教育经费 | 各级政府征收用于教育的税费 | 非国家财政性教育经费拨款 | 民办学校中举办者投入 | 社会捐赠经费 | 事业收入中学费和杂费 | 其他教育经费 |
|---|---|---|---|---|---|---|---|---|
| 江西 | 95.38 | 91.03 | 4.25 | 4.62 | 0.73 | 0.57 | 1.48 | 1.08 |
| 山东 | 95.74 | 87.39 | 8.32 | 4.26 | 0.04 | 0.45 | 1.96 | 0.70 |
| 河南 | 94.78 | 92.35 | 2.42 | 5.22 | 0.77 | 0.10 | 2.25 | 0.29 |
| 湖北 | 93.72 | 88.85 | 4.78 | 6.28 | 0.20 | 0.37 | 1.81 | 1.86 |
| 湖南 | 93.93 | 89.01 | 4.50 | 6.07 | 0.33 | 0.22 | 2.24 | 1.33 |
| 广东 | 84.53 | 80.39 | 4.04 | 15.47 | 1.31 | 0.88 | 8.33 | 1.24 |
| 广西 | 97.02 | 94.27 | 2.71 | 2.98 | 0.16 | 0.16 | 0.86 | 0.64 |
| 海南 | 92.20 | 89.52 | 2.65 | 7.80 | 0.70 | 1.53 | 1.80 | 1.10 |
| 重庆 | 93.81 | 89.71 | 4.05 | 6.19 | 0.10 | 1.21 | 0.27 | 1.52 |
| 四川 | 92.91 | 88.98 | 3.90 | 7.09 | 0.28 | 1.51 | 1.66 | 0.59 |
| 贵州 | 97.13 | 95.47 | 1.66 | 2.87 | 0.22 | 0.12 | 0.95 | 0.69 |
| 云南 | 97.23 | 93.48 | 3.71 | 2.77 | 0.07 | 0.36 | 0.92 | 0.81 |
| 西藏 | 99.81 | 98.64 | 1.16 | 0.19 | 0.01 | 0.12 | 0.04 | 0.01 |
| 陕西 | 95.81 | 91.01 | 4.72 | 4.19 | 0.26 | 0.22 | 1.84 | 0.44 |
| 甘肃 | 98.48 | 95.42 | 2.74 | 1.52 | 0.15 | 0.59 | 0.17 | 0.54 |
| 青海 | 98.74 | 96.21 | 2.31 | 1.26 | 0.13 | 0.17 | 0.30 | 0.34 |
| 宁夏 | 97.48 | 93.67 | 3.80 | 2.52 | 0.08 | 0.39 | 1.09 | 0.49 |
| 新疆 | 98.18 | 92.83 | 4.18 | 1.82 | 0.01 | 0.11 | 0.34 | 0.72 |

## （二）非国家财政性义务教育经费构成

### 1. 东部省份非国家财政性经费占义务教育经费总投入比例最高

2010 年，东部地区教育投入渠道多元化，除了国家财政性教育经费外，非国家财政性经费的占比也较高。非国家财政性经费占总投入比例排在前五位的省份分别是广东、浙江、北京、上海、江苏，都是经济发达的东部省份。这些省份的非财政性教育经费在总收入中的比例平均达到 10.45%，约占总投入的十分之一。非国家财政性经费最高的是广东，达到 104.10 亿元，占总投入的比例达到 15.47%，比最低的西藏高 15.28 个百分点（见表 2.4.6）。

2. 民办学校中举办者投入占总经费投入比例排在前五位的省份分别是广东、福建、河南、江西、海南

2010 年，民办学校中举办者投入比例排在前五位的省份其平均比例为 0.94%。广东该项投入接近 9 亿元。广东、福建、江西历史上就有民间举办者投资办学的传统。民办学校中举办者投入占总投入比例最低的三个省份是新疆、内蒙古和西藏，均为西部省份，其比例均为 0.01%（见表 2.4.6）。

3. 社会捐赠经费占总投入比例排在前五位的省份是浙江、海南、四川、重庆、江苏

2010 年，社会捐赠经费占总投入比例排在前五位的省份其比例平均为 1.47%。浙江捐赠收入为 9.50 亿元。捐赠收入比例较低的省份为黑龙江、辽宁、内蒙古等，其中最低的黑龙江的比例仅为 0.01%，一年捐赠收入仅为 216.30 万元（见表 2.4.6）。

4. 学费、杂费占总投入比例排在前五位的省份分别是广东、上海、福建、安徽、北京

2010 年，学费和杂费占总投入的比例排在前五位的省份其比例平均为 4.08%。广东该项投入为 56.05 亿元，占总投入的 8.33%。学杂费占比较低的省份主要分布在西部地区。学杂费占总投入比例最低的五个省份分别是西藏、甘肃、重庆、青海和新疆，其占比均低于 0.5%（见表 2.4.6）。

### 三、教育经费的分配、使用及差距

#### （一）各省份义务教育预算内事业经费支出结构

1. 义务教育预算内事业经费支出中公用经费比例较高的省份主要集中于中西部地区

义务教育预算内事业经费支出中公用经费的比例，排在前五位的省份

分别是北京、青海、宁夏、重庆、河南，北京最高，为 40.66%；排在后五位的省份分别是江苏、浙江、天津、黑龙江、广西，江苏最低，为 12.56%。江苏预算内事业经费支出最高，为 453.97 亿元，但是仅 57.01 亿元用于预算内公用经费支出。这主要是因为江苏义务教育经费来源渠道较多，非政府投入也较多，预算内公用经费支出比例偏低，可能由其他经费渠道补充（见表 2.4.7）。

2. 约六成省份义务教育预算内事业经费中公用经费比例有所增长

与 2009 年比较，预算内教育事业经费中公用经费比例增长的省份有 18 个，下降的有 12 个，唯有北京没有变化。增长比例排在前三位的省份分别是青海、宁夏、山东，青海增长幅度最大，2010 年比 2009 年增长了 10.41 个百分点。预算内教育事业经费中公用经费增长比例排在后三位的是新疆、陕西和吉林，新疆下降幅度最大，下降了 5.80 个百分点。与 2009 年相比，新疆义务教育预算内事业经费支出增长了，但是人员经费支出增长的比例高于公用经费，表明新疆新增预算内事业费支出主要用于人员经费，导致公用经费占比下降较大（见表 2.4.7）。

表 2.4.7　2010 年各省份预算内公用经费在预算内事业经费中的比例

| 省份 | 预算内事业经费支出（亿元） | 预算内公用经费支出（亿元） | 预算内公用经费在预算内事业经费中的比例 | | | 个人经费和公用经费之比 |
| --- | --- | --- | --- | --- | --- | --- |
| | | | 2010 年（%） | 2009 年（%） | 变化幅度（百分点） | |
| 北京 | 147.82 | 60.11 | 40.66 | 40.66 | 0.00 | 1.46 |
| 天津 | 96.76 | 15.16 | 15.67 | 13.68 | 1.99 | 5.38 |
| 河北 | 290.84 | 70.11 | 24.11 | 21.65 | 2.46 | 3.15 |
| 山西 | 184.04 | 47.95 | 26.05 | 26.46 | -0.41 | 2.84 |
| 内蒙古 | 156.78 | 39.91 | 25.46 | 23.76 | 1.70 | 2.93 |
| 辽宁 | 204.05 | 54.20 | 26.56 | 24.88 | 1.68 | 2.76 |
| 吉林 | 142.55 | 35.96 | 25.23 | 28.58 | -3.35 | 2.96 |
| 黑龙江 | 167.08 | 35.20 | 21.07 | 19.08 | 1.99 | 3.75 |

续表

| 省份 | 预算内事业经费支出（亿元） | 预算内公用经费支出（亿元） | 预算内公用经费在预算内事业经费中的比例 | | | 个人经费和公用经费之比 |
| --- | --- | --- | --- | --- | --- | --- |
| | | | 2010年（%） | 2009年（%） | 变化幅度（百分点） | |
| 上海 | 157.61 | 42.55 | 26.99 | 24.12 | 2.87 | 2.70 |
| 江苏 | 453.97 | 57.01 | 12.56 | 13.22 | −0.66 | 6.96 |
| 浙江 | 330.73 | 45.24 | 13.68 | 14.95 | −1.27 | 6.31 |
| 安徽 | 246.10 | 75.99 | 30.88 | 26.84 | 4.04 | 2.24 |
| 福建 | 179.44 | 42.38 | 23.62 | 18.56 | 5.06 | 3.23 |
| 江西 | 163.59 | 48.24 | 29.49 | 32.05 | −2.56 | 2.39 |
| 山东 | 431.37 | 112.71 | 26.13 | 19.30 | 6.83 | 2.83 |
| 河南 | 365.44 | 121.50 | 33.25 | 30.37 | 2.88 | 2.01 |
| 湖北 | 211.68 | 49.41 | 23.34 | 24.99 | −1.65 | 3.28 |
| 湖南 | 234.69 | 73.02 | 31.11 | 31.71 | −0.60 | 2.21 |
| 广东 | 435.88 | 101.31 | 23.24 | 24.44 | −1.20 | 3.30 |
| 广西 | 226.03 | 50.45 | 22.32 | 18.68 | 3.64 | 3.48 |
| 海南 | 62.52 | 17.73 | 28.37 | 27.03 | 1.34 | 2.53 |
| 重庆 | 127.58 | 43.55 | 34.14 | 31.64 | 2.50 | 1.93 |
| 四川 | 336.93 | 80.87 | 24.00 | 24.41 | −0.41 | 3.17 |
| 贵州 | 185.11 | 42.17 | 22.78 | 20.57 | 2.21 | 3.39 |
| 云南 | 228.93 | 58.02 | 25.34 | 23.29 | 2.05 | 2.95 |
| 西藏 | 35.21 | 8.34 | 23.69 | 23.12 | 0.57 | 3.22 |
| 陕西 | 202.30 | 51.40 | 25.41 | 30.83 | −5.42 | 2.94 |
| 甘肃 | 137.02 | 37.69 | 27.51 | 30.38 | −2.87 | 2.64 |
| 青海 | 42.41 | 17.17 | 40.47 | 30.06 | 10.41 | 1.47 |
| 宁夏 | 42.82 | 16.74 | 39.10 | 30.65 | 8.45 | 1.56 |
| 新疆 | 189.61 | 46.92 | 24.75 | 30.55 | −5.80 | 3.04 |

### 3. 四成省份农村预算内义务教育公用经费在事业经费中的比例已超过城市

2010 年，31 个省份中 18 个省份的城市义务教育预算内事业经费中公用经费比例高于农村。其中，海南、重庆、青海和内蒙古城市公用经费比例大大高于农村公用经费比例，如，海南城市公用经费比例为 40.94%，比农村的 21.79% 高出了 19.15 个百分点。13 个省份的农村预算内公用经费比例已超过城市，其中贵州的农村公用经费比例比城市高出 4.38 个百分点（见图 2.4.1）。

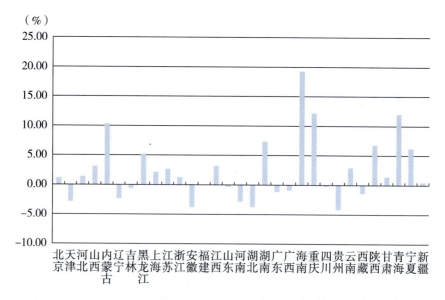

图 **2.4.1** **2010 年各省份义务教育预算内事业经费中公用经费比例的城乡差距**

### （二）各省份小学、初中生均预算内教育事业经费支出及差距

#### 1. 多数省份生均预算内教育事业经费支出年平均增长率超过 20%，六成左右省份生均预算内公用经费支出年均增长率超过 40%

2001—2010 年，24 个省份小学、28 个省份初中的生均预算内教育事业费支出年平均增长率超过 20%。

2001—2010 年，小学生均预算内教育事业经费支出年平均增长率较高的前五个省份分别是陕西、海南、江苏、湖北、吉林。陕西年均增长率最高，为29.01%，从2001年的477.11元增长到2010年的4723.88元。小学生均预算内事业经费支出年均增长率最低的是云南，年均增长率仅为16.86%（见图2.4.2）。

2001—2010年，初中生均预算内教育事业经费支出年平均增长率较高的前五个省份分别是内蒙古、湖南、山东、陕西、河北。内蒙古年均增长率最高，为27.63%，从2001年的855.23元增长到2010年的7684.29元。初中生均预算内事业经费支出增长率最低的是西藏，年均增长率为13.30%（见图2.4.3）。

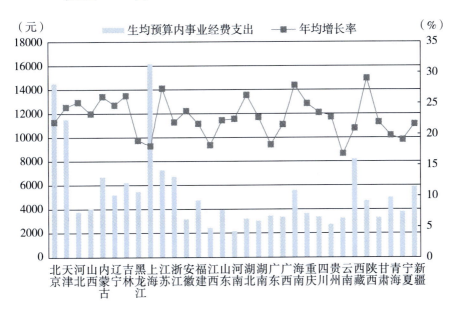

**图2.4.2**  **2010年各省份小学生均预算内事业经费支出及2001—2010年增长情况**

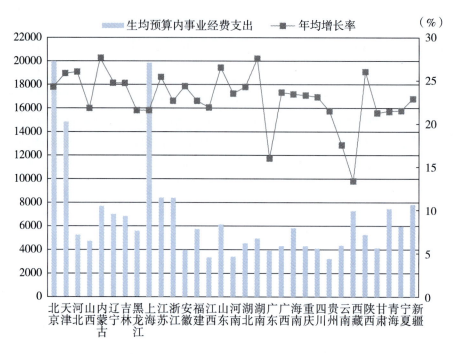

**图 2. 4. 3** **2010 年各省份初中生均预算内事业经费支出及 2001—2010 年增长情况**

2001—2010 年，20 个省份小学、18 个省份初中的生均预算内公用经费支出年平均增长率超过 40%，这些省份主要集中在中西部地区。

2001—2010 年，小学生均预算内公用经费支出年均增长率较高的前五个省份分别是河南、陕西、贵州、湖南、安徽。河南年均增长率最高，为57. 28%，从 2001 年的 11. 90 元增长到 2010 年的 700. 84 元。小学生均预算内公用经费增长率最低的是上海，年均增长率为 22. 24%（见图2. 4. 4）。

2001—2010 年，初中生均预算内公用经费支出年均增长率较高的前五个省份分别是湖南、山东、青海、江西、河南。湖南初中生均预算内公用经费年均增长率最高，为54. 75%，从 2001 年的 30. 34 元增长到 2010 年的1544. 50 元。初中生均预算内公用经费增长率最低的是广东，年均增长率为21. 01%（见图 2. 4. 5）。

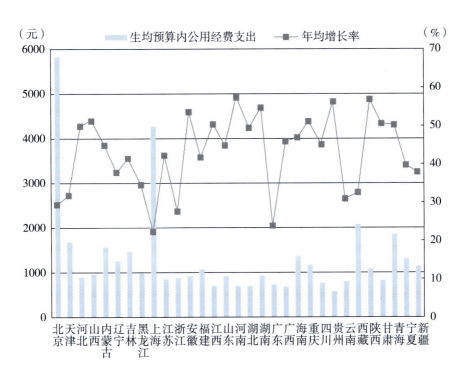

**图 2. 4. 4** 2010 年各省份小学生均预算内公用经费支出及 2001—2010 年增长情况

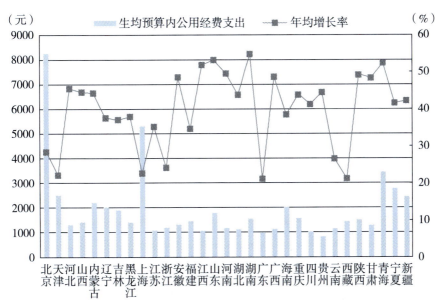

**图 2. 4. 5** 2010 年各省份初中生均预算内公用经费支出及 2001—2010 年增长情况

**2. 小学生均预算内事业经费支出、生均预算内公用经费支出最低省份仅相当于最高省份的 13.54%、9.92%**

2010 年，小学生均预算内事业经费支出排在前五位的省份分别是上海、北京、天津、西藏、江苏。除了西藏，都是东部地区省份。最高省份上海的生均预算内事业经费支出为 16143.85 元。西藏该项支出也较高，为 8164.32 元，凸显了政府对西藏倾斜投入政策的效果。小学生均预算内事业经费支出排在后五位的省份分别是河南、江西、贵州、湖南、安徽。除了贵州，都是中部地区省份。最低省份河南的生均预算内事业经费支出为 2186.14 元，仅相当于最高省份上海的 13.54%（见图 2.4.2）。

2010 年，小学生均预算内公用经费支出排在前五位的省份分别是北京、上海、西藏、青海、天津。最高省份北京的生均预算内公用经费支出为 5836.99 元。西藏和青海生均预算内公用经费支出分别为 2077.95 元和 1850.49 元，凸显了政府对民族地区倾斜投入政策的效果。小学生均预算内公用经费支出排在后五位的省份分别是贵州、广西、江西、河南和湖北。最低省份贵州的生均预算内公用经费支出为 579.26 元，仅相当于最高省份北京的 9.92%（见图 2.4.4）。

**3. 初中生均预算内事业经费支出、生均预算内公用经费支出最低省份仅相当于最高省份的 16.00%、10.03%**

2010 年，初中生均预算内事业经费支出排在前五位的省份分别是北京、上海、天津、江苏、浙江，都是东部地区省份。最高省份北京的生均预算内事业经费支出为 20023.04 元。初中生均预算内事业经费支出排在后五位的省份分别是贵州、江西、河南、广东、安徽。最低省份贵州的生均预算内事业经费支出为 3204.20 元，仅相当于最高省份北京的 16.00%（见图 2.4.3）。

2010 年，初中生均预算内公用经费支出排在前五位的省份分别是北京、上海、青海、宁夏、天津。最高省份北京的生均预算内公用经费支出为 8247.66 元。初中生均预算内公用经费支出排在后五位的省份分别是贵州、广东、四川、江西和江苏。最低省份贵州的生均预算内公用经费支出为 827.24 元，仅相当于最高省份北京的 10.03%（见图 2.4.5）。

4. 2004 年以来小学和初中生均预算内事业经费支出省域间差距逐年缩小

2001—2004 年，小学、初中生均预算内事业经费支出的省域间差距呈扩大趋势。小学生均预算内事业经费支出省域间差异系数由 0.75 扩大到 0.80，初中由 0.64 扩大到 0.78。2004 年以后该指标的省域间差距逐年缩小，小学生均预算内事业经费支出的差异系数由 0.80 缩小到 0.61，初中由 0.78 缩小到 0.62（见图 2.4.6）。

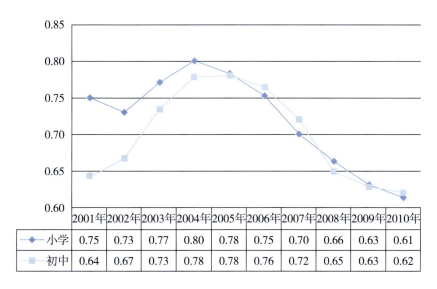

| | 2001年 | 2002年 | 2003年 | 2004年 | 2005年 | 2006年 | 2007年 | 2008年 | 2009年 | 2010年 |
|---|---|---|---|---|---|---|---|---|---|---|
| 小学 | 0.75 | 0.73 | 0.77 | 0.80 | 0.78 | 0.75 | 0.70 | 0.66 | 0.63 | 0.61 |
| 初中 | 0.64 | 0.67 | 0.73 | 0.78 | 0.78 | 0.76 | 0.72 | 0.65 | 0.63 | 0.62 |

**图 2.4.6　2001—2010 年小学和初中省域间生均预算内事业经费支出差距**

5. 小学和初中生均预算内公用经费支出省域间差距呈缩小趋势，小学缩小幅度更大

与生均预算内事业经费支出的省域间差距相比，生均预算内公用经费支出的省域间差距更大。十年来生均预算内事业经费支出的省域间差异系数均在 0.8 及以下，而生均预算内公用经费支出的省域间差异系数 2008 年以前均大于 1。

2001—2010 年，小学生均预算内公用经费支出的省域间差距逐年缩小，省域间差异系数从 2001 年的 1.73 缩小为 2010 年的 0.82；初中生均预算内公用经费支出的省域间差距总体上在缩小，其间略有起伏。2001—

2006 年，初中生均预算内公用经费支出的省域间差异系数由 1.46 缩小到 1.03，到 2007 年扩大为 1.14，之后呈缩小趋势，到 2010 年缩小为 0.76（见图 2.4.7）。

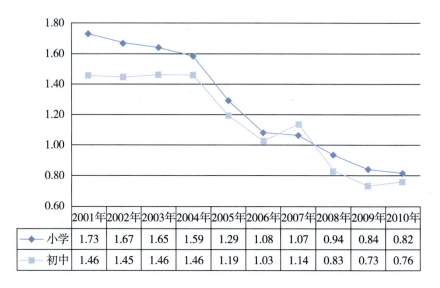

| | 2001年 | 2002年 | 2003年 | 2004年 | 2005年 | 2006年 | 2007年 | 2008年 | 2009年 | 2010年 |
|---|---|---|---|---|---|---|---|---|---|---|
| 小学 | 1.73 | 1.67 | 1.65 | 1.59 | 1.29 | 1.08 | 1.07 | 0.94 | 0.84 | 0.82 |
| 初中 | 1.46 | 1.45 | 1.46 | 1.46 | 1.19 | 1.03 | 1.14 | 0.83 | 0.73 | 0.76 |

图 2.4.7　2001—2010 年小学和初中省域间生均预算内公用经费支出差距

# 第三章

# 义务教育发展与均衡指数

## 第一节　义务教育指数的构建

　　**构**建可以全面反映一个地区教育发展总体水平的教育综合指数，从总体上了解该地区教育发展概况，能够在一定程度上弥补单项指标存在的"只见树木，不见森林"的问题。通过对国内外文献的研究，构建一个全面、科学、准确的教育综合指数有两个关键：一是教育指标的选取，使用哪些指标构成教育综合指数，将决定指数是否能客观地反映某个时期全国及地区教育发展实际。二是指数的计算方法，包括各项指标的标准化方法、权重的分配、指数的合成等方面，直接决定了指数的科学性和可行性。

　　本节在参考借鉴国内外组织和学者研究成果的基础上，构建了基本上能够全面反映地区教育发展水平的教育综合指数：反映教育发展水平的发展指数和反映义务教育均衡发展程度的均衡指数。本节详细描述教育发展指数和教育均衡指数的指标选取及计算方法。

### 一、发展指数的指标选取及构建

　　2012 年，我国宣布全面实现"两基"，义务教育发展进入一个新的阶段。但除少数教育发达地区外，大多数地区仍处于努力提升教育条件的阶段，重点关注教育资源投入水平依然具有非常重要的现实意义，也能有效反映各地区教育发展的实际。本节所构建的教育发展指数共包含三个二级指标：教育设施、教师资源、经费投入。

与其他一些教育指数研究报告（王善迈，袁连生，2011）[24-26]相比，三个二级指标中未包含教育产出和教育公平情况，主要原因在于当前缺乏合适的衡量教育产出如入学率、学习成绩等指标的统计数据，但所选择的三项二级指标可以有效弥补这一问题，内在假设为当某地教育投入达到相当水平后，即可得到相应的产出回报。全国及各省份教育公平情况在均衡指数部分论述，故不重复纳入教育发展指数中。三项二级指标下又细分了若干项三级指标，可以全面客观地反映地区义务教育事业发展的总体水平。根据《国家中长期教育改革和发展规划纲要（2010—2020年）》《国家教育督导团关于申请认定义务教育发展基本均衡县（市、区）有关工作的通知》以及部分省份中小学办学标准等文件，选取了下列九项三级指标。

教育设施：包括生均教学及辅助用房面积、生均体育运动场（馆）面积、生均教学仪器设备值、每百名学生拥有计算机台数、生均图书等五项指标；

教师资源：包括师生比、高于规定学历教师比例、中高级职称教师比例等三项指标；

经费投入：包括生均预算内公用经费一项指标（见表3.1.1）。

表 3.1.1　教育发展指数指标构成

| 一级指标 | 教育发展指数 | | |
|---|---|---|---|
| 二级指标 | 教育设施 | 教师资源 | 经费投入 |
| 三级指标 | 生均教学及辅助用房面积<br>生均体育运动场（馆）面积<br>生均教学仪器设备值<br>每百名学生拥有计算机台数<br>生均图书 | 师生比<br>高于规定学历教师比例<br>中高级职称教师比例 | 生均预算内公用经费 |

采用教育事业统计数据，并搜集整理各项指标的国家标准，部分缺少国家标准的指标采用该指标的地区最优值。计算每一项三级指标的实际值及其标准化值，标准化值计算公式如下：

某一项三级指标标准化值＝该指标的实际值/该指标的国家标准值

对计算出的标准化值加总平均，计算出相应的二级指标值。

（1）教育设施指数＝1/5［生均教学及辅助用房面积标准化值＋生均体育运动场（馆）面积标准化值＋生均教学仪器设备值标准化值＋每百名学生拥有计算机台数标准化值＋生均图书标准化值］

（2）教师资源指数＝1/3（师生比标准化值＋高于规定学历教师比例标准化值＋中高级职称教师比例标准化值）

（3）经费投入指数＝生均预算内公用经费标准化值

对三项二级指标采用等权重处理，计算出教育发展指数值：

教育发展指数＝1/3（教育设施指数＋教师资源指数＋经费投入指数）

从指数的计算方法可以看出，已制定国家标准的三级指标标准化值低于1表示该地区的某项指标未达到国家规定标准，等于1表示该地区的某项指标达到国家规定标准，大于1表示该地区的某项指标超过国家规定标准。未制定国家标准的三级指标相应解释为与该指标最优值间的对比。教育设施指数、教师资源指数、经费投入指数和教育发展指数是经过对三级指标加总平均后的结果，对三项二级指标指数和教育发展指数的解释可以参照三级指标，各项指标指数值等于1表明相应指数达到了国家标准或当前最优值。

本章第二、第三节运用2003—2010年教育事业统计数据和教育经费数据，计算全国2003—2010年的八年间小学和初中的教育设施指数、教师资源指数、经费投入指数、教育发展指数，全面分析八年间全国及各省份四项指标指数值及排名的变化情况和各省份间教育事业发展的差距情况。

使用差异系数和前五位省份与后五位省份间的倍数值来表示各省份间教育事业发展的差距情况。以31个省份的小学和初中的教育设施指数、教师资源指数、经费投入指数、教育发展指数值为基础，计算2003—2010年八年间每一年各项指标的差异系数值，为更形象地展示省份间教育事业发展差距，选取每一年指标值排名前五位和后五位的省份，计算前五位省份和后五位省份间的倍数值，结合差异系数值，分析省份间四项指标发展差距变化情况。

### 二、均衡指数的指标选取及构建

指标选取是根据国家教育督导团认定义务教育发展基本均衡县（市、区）的八项指标，即义务教育发展指数九项三级指标中不包含生均预算内公用经费指标。

综合考虑经济、人口、教育发展水平等因素，从全国 31 个省份中各选择 6 个县（市、区）作为样本，共 186 个样本县（市、区），采用《国家教育督导团关于申请认定义务教育发展基本均衡县（市、区）的办法》中提出的方法，运用 2010 年教育事业统计数据，计算出每个县（市、区）八项三级指标的均衡系数和相应的二级指标均衡指数和教育均衡指数。

（1）教育设施均衡指数 = 1/5［生均教学及辅助用房面积差异系数 + 生均体育运动场（馆）面积差异系数 + 生均教学仪器设备值差异系数 + 每百名学生拥有计算机台数差异系数 + 生均图书差异系数］

（2）教师资源均衡指数 = 1/3（师生比差异系数 + 生均高于规定学历教师数差异系数 + 生均中高级职称教师数差异系数）

（3）教育均衡指数 = 1/8［生均教学及辅助用房面积差异系数 + 生均体育运动场（馆）面积差异系数 + 生均教学仪器设备值差异系数 + 每百名学生拥有计算机台数差异系数 + 生均图书差异系数 + 师生比差异系数 + 生均高于规定学历教师数差异系数 + 生均中高级职称教师数差异系数］

各省份三级指标、二级指标和教育均衡指数为本省份 6 个样本县（市、区）的平均值，东中西部地区三级指标、二级指标和教育均衡指数值为各地区样本县（市、区）的平均值，全国三级指标、二级指标和教育均衡指数值为 186 个样本县（市、区）的平均值。以此为基础，对全国、东中西部地区和各省份的小学、初中的县域内校际均衡水平进行分析。

# 第二节　全国义务教育发展与均衡指数

## 一、发展指数

2003—2010 年的八年间，小学、初中教育事业发展成就显著，2010 年教育设施指数、教师资源指数、经费投入指数、教育发展指数分别比 2003 年有了较大幅度增长，其中经费投入指数增长幅度最大，有力地保障了义务教育事业的健康发展（见表 3.2.1、表 3.2.2）。

表 3.2.1　2003—2010 年全国小学教育事业发展情况[①]

| 年度 | 教育设施指数 | 比上年增长（%） | 教师资源指数 | 比上年增长（%） | 经费投入指数 | 比上年增长（%） | 教育发展指数 | 比上年增长（%） |
|------|------|------|------|------|------|------|------|------|
| 2003 | 0.42 | — | 0.56 | — | 0.010 | — | 0.42 | — |
| 2004 | 0.45 | 7.14 | 0.61 | 8.93 | 0.014 | 40.00 | 0.45 | 7.14 |
| 2005 | 0.48 | 6.67 | 0.66 | 8.20 | 0.020 | 42.86 | 0.49 | 8.89 |
| 2006 | 0.48 | 0.00 | 0.69 | 4.55 | 0.046 | 130.00 | 0.50 | 2.04 |
| 2007 | 0.49 | 2.08 | 0.72 | 4.35 | 0.073 | 58.70 | 0.52 | 4.00 |
| 2008 | 0.49 | 0.00 | 0.75 | 4.17 | 0.105 | 43.84 | 0.54 | 3.85 |
| 2009 | 0.49 | 0.00 | 0.78 | 4.00 | 0.127 | 20.95 | 0.55 | 1.85 |
| 2010 | 0.50 | 2.04 | 0.80 | 2.56 | 0.159 | 25.20 | 0.56 | 1.82 |

表 3.2.2　2003—2010 年全国初中教育事业发展情况

| 年度 | 教育设施指数 | 比上年增长（%） | 教师资源指数 | 比上年增长（%） | 经费投入指数 | 比上年增长（%） | 教育发展指数 | 比上年增长（%） |
|------|------|------|------|------|------|------|------|------|
| 2003 | 0.33 | — | 0.44 | — | 0.013 | — | 0.33 | — |
| 2004 | 0.35 | 6.06 | 0.47 | 6.82 | 0.015 | 15.38 | 0.35 | 6.06 |
| 2005 | 0.38 | 8.57 | 0.51 | 8.51 | 0.020 | 33.33 | 0.39 | 11.43 |

---

[①]　由于部分年度间、省域间经费投入指数变动较小，为有效区分，本章经费投入指数均保留小数点后 3 位。

续表

| 年度 | 教育设施指数 | 比上年增长（%） | 教师资源指数 | 比上年增长（%） | 经费投入指数 | 比上年增长（%） | 教育发展指数 | 比上年增长（%） |
|---|---|---|---|---|---|---|---|---|
| 2006 | 0.41 | 7.89 | 0.55 | 7.84 | 0.046 | 130.00 | 0.42 | 7.69 |
| 2007 | 0.43 | 4.88 | 0.59 | 7.27 | 0.074 | 60.87 | 0.45 | 7.14 |
| 2008 | 0.46 | 6.98 | 0.63 | 6.78 | 0.113 | 52.70 | 0.47 | 4.44 |
| 2009 | 0.46 | 0.00 | 0.67 | 6.35 | 0.141 | 24.78 | 0.49 | 4.26 |
| 2010 | 0.49 | 6.52 | 0.70 | 4.48 | 0.171 | 21.28 | 0.52 | 6.12 |

**（一）教育设施指数逐年稳步提升，小学和初中年均增长率分别为2.52%和5.81%**

2003 年全国小学教育设施指数为 0.42，到 2010 年达到 0.50，增长 19.05%。2003—2010 年的八年中，除 2006 年、2008 年和 2009 年与上年持平外，其余年份均实现了增长，2004 年和 2005 年的增长速度较快，达 6% 以上（见图 3.2.1）。

2003 年全国初中教育设施指数为 0.33，2010 年增至 0.49，增长了 48.48%。2005 年增长速度最快，达 8.57%，2009 年未增长，2010 年增长速度有所回升，达到 6.52%（见图 3.2.1）。

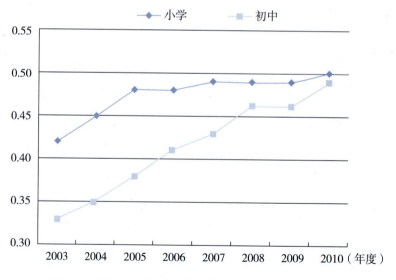

图 3.2.1　2003—2010 年全国小学、初中教育设施发展情况

**（二）教师资源指数不断提高，已达到较高水平，小学和初中年均增长率分别为 5.23%、6.86%**

2003 年全国小学教师资源指数为 0.56，2010 年增加至 0.80，增长 42.86%。2003—2010 年的八年中，教师资源指数一直为正增长，但增长速度在逐年下降，增长速度最快的是 2004 年，比 2003 年增长 8.93%，2010 年的增长速度降至 2.56%（见图 3.2.2）。

2003 年全国初中教师资源指数为 0.44，2010 年增至 0.70，增加了 59.09%。2005 年增长速度最快，达 8.51%。由于教师资源已达到较高水平，2010 年增长速度放缓，为 4.48%，八年间增长速度比较均衡，没有出现起伏（见图 3.2.2）。

小学、初中教师资源指数增长速度下降主要是因为教师资源指数已经逐渐达到一个比较高的水平，师生比、高于规定学历教师比例均与国家标准相差不大，在此基础上难以继续维持高速增长。

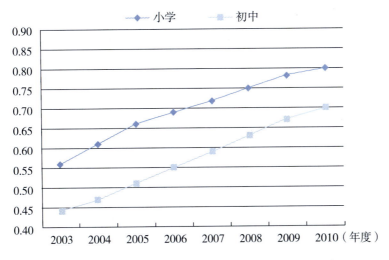

**图 3.2.2 2003—2010 年全国小学、初中教师资源发展情况**

**（三）经费投入指数增长迅速，小学和初中年均增长率分别达 48.47% 和 44.50%，2006 年增速最快**

2003 年全国小学经费投入指数仅为 0.010，2010 年达到 0.159，增长了1490.00%。2003—2010年均为正增长，2006年增长速度最快，比2005年增加130.00%，随后几年增长速度逐渐回落，2010年为25.20%（见图3.2.3）。

2003年全国初中经费投入指数为0.013，2010年增至0.171，增长了1215.38%。2006年增长速度最快，达130.00%，2010年增长速度较慢，为21.28%。继2006年之后，2007年和2008年两年均保持了50%以上的增长速度，2009年和2010年增长速度有所回落，为20%左右（见图3.2.3）。

小学、初中经费投入指数2006年增长速度最快，这与国家于2006年实行农村义务教育经费保障机制有关，随后几年由于经费水平已达到较高标准，小学、初中经费投入指数增长速度逐年下降，但仍远高于当年全国GDP增长速度。

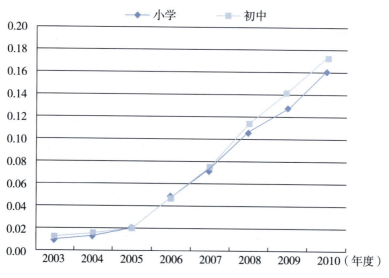

**图3.2.3** **2003—2010年全国小学、初中经费投入发展情况**

**（四）教育发展指数持续增长但增速逐年放缓，小学和初中年均增长率分别为4.20%和6.71%**

2003年小学教育发展指数为0.42，2010年为0.56，增加了33.33%。

2005 年增长速度最快，比 2004 年增加 8.89%，2010 年增长速度最慢，为 1.82%（见图 3.2.4）。

2003 年初中教育发展综合指数为 0.33，2010 年增至 0.52，增加了 57.58%。2005 年增长速度最快，达 11.43%，其后增长速度逐年下降，2009 年降至 4.26%，2010 年又有所回升，达 6.12%（见图 3.2.4）。

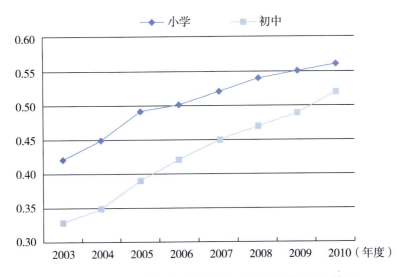

**图 3.2.4** **2003—2010 年全国小学、初中教育事业发展情况**

## 二、均衡指数

**（一）近三成样本县（市、区）的小学、初中均衡系数均达到国家标准，东部地区达标率高于中西部地区**

根据国家教育督导团评估认定义务教育发展基本均衡县（市、区）的标准，县域内小学校际差异系数在 0.65 以下、初中校际差异系数在 0.55 以下，即可认定为义务教育发展基本均衡区县。在此次选择的 186 个样本县（市、区）中，有 70 个县（市、区）的小学和 98 个县（市、区）的初中达到国家标准，初中均衡水平好于小学。有 51 个县（市、区）的小学和初中均达到国家标准，占 186 个样本县（市、区）的 27.4%。

东部地区有 40.9% 的县（市、区）符合义务教育均衡县标准，中部和西部地区各有 16.7% 的县（市、区）符合标准（见表 3.2.3）。

表 3.2.3　东中西部地区义务教育均衡标准达标县（市、区）数量

| | 东部 | | 中部 | | 西部 | |
|---|---|---|---|---|---|---|
| | 达标县（市、区）数 | 比例 | 达标县（市、区）数 | 比例 | 达标县（市、区）数 | 比例 |
| 小学 | 36 | 54.5% | 9 | 18.8% | 25 | 18.8% |
| 初中 | 39 | 59.1% | 22 | 45.8% | 37 | 45.8% |
| 综合 | 27 | 40.9% | 8 | 16.7% | 16 | 16.7% |

### （二）教师资源均衡水平高于教育设施均衡水平

小学、初中的教育设施均衡水平均低于教师资源均衡水平，小学、初中的教育设施差异系数分别为 0.91 和 0.74，均大于小学、初中的教师资源差异系数的 0.46 和 0.40。分单项指标看，衡量县域内校际均衡水平的八项指标中，生均体育运动场（馆）面积和生均教学仪器设备值的均衡水平较低。2010 年小学和初中生均体育运动场（馆）面积的差异系数分别为 1.19 和 0.91，生均教学仪器设备值的差异系数分别为 1.18 和 0.99。教师队伍的均衡水平较高，小学和初中衡量教师资源均衡配置水平的三项指标的差异系数值均不超过 0.55。

将各单项指标差异系数分成四个区间：低于 0.4、0.4—0.6、0.6—0.8、0.8 以上，结果见表 3.2.4。从表中可以看出，小学生均体育运动场（馆）面积和生均教学仪器设备值差异系数超过 0.8 以上县（市、区）分别为 77.4%、80.6%，而师生比、生均高于规定学历教师数、生均中高级职称教师数的差异系数超过 0.8 以上的县（市、区）分别只有 5.4%、3.2%、13.4%。初中各项指标差异系数也呈现出类似的趋势（见表 3.2.4）。

全国小学、初中综合均衡系数在 0.8 以上的县（市、区）分别有 36.0% 和 22.6%，这部分县（市、区）若要达到国家规定均衡标准，还需要付出相当大的努力（见表 3.2.4）。

表 3.2.4　小学、初中八项指标均衡系数值情况

| | 均衡系数区间 | 生均教学及辅助用房面积 | 生均体育运动场(馆)面积 | 生均教学仪器设备值 | 每百名学生拥有计算机台数 | 生均图书 |
|---|---|---|---|---|---|---|
| 小学 | 0.4 以下 | 8.1% | 0.5% | 2.2% | 15.1% | 14.5% |
| | 0.4—0.6 | 38.2% | 5.9% | 7.5% | 21.0% | 31.2% |
| | 0.6—0.8 | 24.7% | 16.1% | 9.7% | 20.4% | 21.5% |
| | 0.8 以上 | 29.0% | 77.4% | 80.6% | 43.5% | 32.8% |
| 初中 | 0.4 以下 | 40.9% | 14.5% | 13.4% | 41.9% | 31.2% |
| | 0.4—0.6 | 28.0% | 18.3% | 15.6% | 28.0% | 28.5% |
| | 0.6—0.8 | 12.4% | 23.1% | 19.4% | 10.8% | 17.2% |
| | 0.8 以上 | 18.8% | 44.1% | 51.6% | 19.4% | 23.1% |

| | 均衡系数区间 | 师生比 | 生均高于规定学历教师数 | 生均中高级职称教师数 | 教育综合均衡指数 |
|---|---|---|---|---|---|
| 小学 | 0.4 以下 | 57.0% | 47.8% | 29.6% | 3.8% |
| | 0.4—0.6 | 28.5% | 38.2% | 36.6% | 27.4% |
| | 0.6—0.8 | 9.1% | 10.8% | 20.4% | 32.8% |
| | 0.8 以上 | 5.4% | 3.2% | 13.4% | 36.0% |
| 初中 | 0.4 以下 | 69.9% | 61.3% | 57.5% | 30.6% |
| | 0.4—0.6 | 15.1% | 22.6% | 20.4% | 29.0% |
| | 0.6—0.8 | 7.5% | 7.5% | 12.9% | 17.7% |
| | 0.8 以上 | 7.5% | 8.6% | 9.1% | 22.6% |

## （三）县域内初中校际均衡水平高于小学

整体来看，县域内初中各项指标校际均衡水平均高于小学，2010 年衡量县域内校际均衡水平的八项指标差异系数值初中均小于小学（见图 3.2.5），初中和小学差异系数值相差最大的是生均体育运动场（馆）面积，初中比小学小 0.28；相差最小的是生均高于规定学历教师数，初中比小学小 0.02。这与小学规模小、布局散、数量多有关。

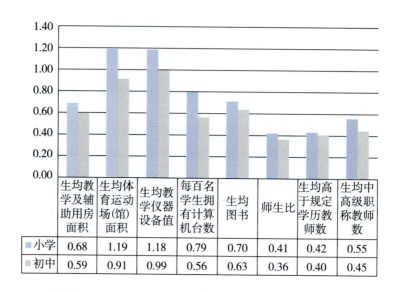

**图 3.2.5　全国小学、初中各单项指标县域内校际均衡水平**

| | 生均教学及辅助用房面积 | 生均体育运动场(馆)面积 | 生均教学仪器设备值 | 每百名学生拥有计算机台数 | 生均图书 | 师生比 | 生均高于规定学历教师数 | 生均中高级职称教师数 |
|---|---|---|---|---|---|---|---|---|
| 小学 | 0.68 | 1.19 | 1.18 | 0.79 | 0.70 | 0.41 | 0.42 | 0.55 |
| 初中 | 0.59 | 0.91 | 0.99 | 0.56 | 0.63 | 0.36 | 0.40 | 0.45 |

## （四）东部小学、初中教育设施均衡水平最高，中部最低

2010 年，全国小学、初中教育设施差异系数分别为 0.91 和 0.74。东部地区小学教育设施均衡水平高于中西部，东部差异系数为 0.78，中西部地区差异系数分别达 1.04、0.93；东西部地区初中教育设施均衡水平高于中部，东西部差异系数分别为 0.68、0.70，中部差异系数达 0.86（见图 3.2.6）。

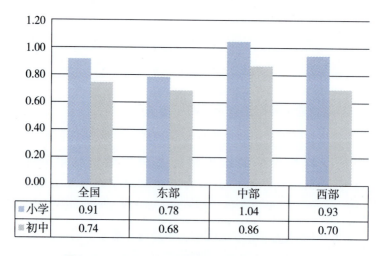

| | 全国 | 东部 | 中部 | 西部 |
|---|---|---|---|---|
| 小学 | 0.91 | 0.78 | 1.04 | 0.93 |
| 初中 | 0.74 | 0.68 | 0.86 | 0.70 |

**图 3.2.6　全国及东中西部地区教育设施均衡情况**

从表3.2.5所示的教育设施五项三级指标差异系数上看，中部地区小学、初中的各项指标均衡水平最低，各项指标的差异系数值都高于东西部。

小学阶段，东部地区生均体育运动场（馆）面积、生均教学仪器设备值、每百名学生拥有计算机台数和生均图书等四项指标的均衡水平是最高的。初中阶段，东部地区生均体育运动场（馆）面积、生均教学仪器设备值和每百名学生拥有计算机台数等三项指标的均衡水平是最高的。

表3.2.5 小学、初中五项教学设施指标的差异系数情况

| | | 生均教学及辅助用房面积 | 生均体育运动场(馆)面积 | 生均教学仪器设备值 | 每百名学生拥有计算机台数 | 生均图书 |
|---|---|---|---|---|---|---|
| 小学 | 东部 | 0.64 | 1.00 | 1.04 | 0.61 | 0.61 |
| | 中部 | 0.78 | 1.38 | 1.30 | 0.91 | 0.83 |
| | 西部 | 0.64 | 1.22 | 1.22 | 0.88 | 0.71 |
| 初中 | 东部 | 0.56 | 0.81 | 0.93 | 0.48 | 0.65 |
| | 中部 | 0.72 | 1.11 | 1.14 | 0.68 | 0.68 |
| | 西部 | 0.53 | 0.88 | 0.94 | 0.55 | 0.58 |

## （五）东部小学、初中教师资源均衡水平高于中西部，中部地区最低

2010年，全国小学、初中教师资源差异系数分别为0.46和0.40。东部小学和初中教师资源的均衡水平最高，差异系数分别为0.39、0.35；中部小学和初中均衡水平最低，差异系数分别为0.55和0.47。中部小学和初中差异系数分别为0.47和0.40（见图3.2.7）。

东部地区小学和初中的师生比、生均高于规定学历教师数、生均高于中高级职称教师数等三项指标的均衡水平都是最高的，中部地区三项指标的均衡水平最低（见表3.2.6）。

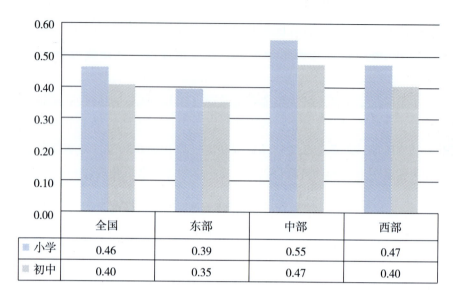

图 3.2.7　全国及东中西部地区教师资源均衡情况

表 3.2.6　小学、初中教师资源三项指标的差异系数情况

| | | 师生比 | 生均高于规定学历教师数 | 生均高于中高级职称教师数 |
|---|---|---|---|---|
| 小学 | 东部 | 0.36 | 0.36 | 0.45 |
| | 中部 | 0.50 | 0.51 | 0.64 |
| | 西部 | 0.41 | 0.43 | 0.58 |
| 初中 | 东部 | 0.32 | 0.35 | 0.38 |
| | 中部 | 0.44 | 0.48 | 0.50 |
| | 西部 | 0.34 | 0.40 | 0.46 |

## （六）中部地区小学、初中均衡水平低于东西部地区

2010 年，全国小学、初中教育事业差异系数分别为 0.74 和 0.61。东部小学、初中教育事业均衡水平最高，差异系数分别为 0.63 和 0.56；中部小学、初中教育事业均衡水平最低，差异系数分别为 0.86 和 0.72（见图 3.2.8）。

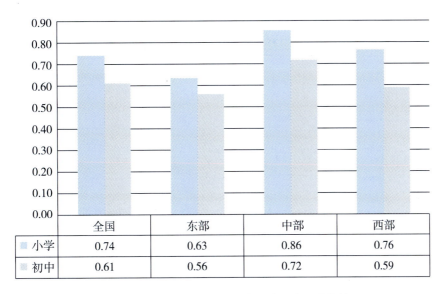

| | 全国 | 东部 | 中部 | 西部 |
|---|---|---|---|---|
| 小学 | 0.74 | 0.63 | 0.86 | 0.76 |
| 初中 | 0.61 | 0.56 | 0.72 | 0.59 |

**图 3.2.8　全国及东中西部地区教育事业发展均衡情况**

# 第三节　各省份义务教育发展与均衡指数

## 一、发展指数

### （一）小学

1. 教育发展指数

（1）各省份小学发展成就显著

按照小学教育发展指数的大小，将各个省份划分为四个等级，0.9 以上为教育发展Ⅰ级地区，0.6—0.8 为教育发展Ⅱ级地区，0.5—0.6 为教育发展Ⅲ级地区，0.5 以下为Ⅳ级地区。根据这一划分标准，对 2003 年和 2010 年各地区的教育发展水平等级进行划分，结果见表 3.3.1。

表 3.3.1　小学教育发展等级情况

| 等级 | 省份名称 | |
| --- | --- | --- |
| | 2003 年 | 2010 年 |
| Ⅰ级 | 北京 | 北京、上海 |
| Ⅱ级 | 黑龙江、吉林、上海、内蒙古、辽宁 | 天津、吉林、黑龙江、辽宁、江苏、内蒙古、福建、浙江、河北、陕西、广东、山东 |
| Ⅲ级 | 天津、河北 | 新疆、海南、重庆、宁夏、山西、青海、湖北、湖南、甘肃、西藏、安徽 |
| Ⅳ级 | 湖南、福建、浙江、山东、江苏、湖北、新疆、宁夏、广东、海南、山西、青海、陕西、江西、重庆、河南、广西、四川、甘肃、安徽、云南、西藏、贵州 | 广西、四川、云南、江西、河南、贵州 |

从对各个省份教育发展水平等级划分可以看出，Ⅰ级地区数量变化较小，结合 2003—2010 年各地教育发展指数情况表，2003—2010 年一直处于Ⅰ级地区的为北京，上海在 2006 年进入Ⅰ级地区。Ⅱ级地区数量增长较快，由 2003 年的 5 个增加到 2010 年的 12 个。Ⅲ级地区变动较大，2003 年处于Ⅲ级地区的天津和河北均进入Ⅱ级地区行列，Ⅲ级地区数量由 2003 年的 2 个增加到 2010 年的 11 个。随着小学教育的快速发展，Ⅳ级地区数量减少幅度较大，由 2003 年的 23 个减少到 2010 年的 6 个，2010 年的Ⅳ级地区为广西、四川、云南、江西、河南、贵州等 6 个省份。

（2）中西部与东部地区之间教育发展水平差距较大

分东中西部地区看，东部 11 个省份的教育事业发展指数平均值为 0.74，中部 8 个省份的教育事业发展指数平均值为 0.57，西部 12 个省份的教育事业发展指数平均值为 0.54，东部比中西部地区分别高出 29.8%、37.0%。

从教育事业发展等级结果看，东部地区除海南为Ⅲ级地区外，其余省份均为Ⅰ级和Ⅱ级地区。中部 8 个省份中，只有吉林和黑龙江为义务教育发展Ⅱ级水平，江西和河南为Ⅳ级水平，其余 4 个省份均为Ⅲ级水平。西部 12 个省份中，只有内蒙古和陕西为义务教育发展Ⅱ级水平，广西、四川、云南、贵州等 4 个省份为Ⅳ级水平，其余 6 个省份均为Ⅲ级水平。

（3）西部省份发展速度明显高于东中部，西藏增幅最大

2003—2010 年的八年间，全国有 7 个省份的增长幅度达 50% 以上，仅有 4 个省份增长幅度不到 10%。按增长幅度大小进行排名，增长幅度最大的 5 个省份为西藏、贵州、甘肃、陕西、江苏，除江苏外，其余 4 个省份均为西部省份；增长幅度最小的 5 个省份为江西、内蒙古、吉林、湖南、黑龙江，除内蒙古外，其余 4 个省份均为中部省份（见图 3.3.1）。

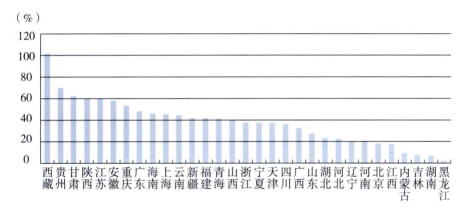

**图 3.3.1　各省份小学教育发展综合指数 2003—2010 年增长率**

按东中西部省份平均增长幅度看，西部各省份平均增长幅度最高，达 49.3%；东部各省份平均增长幅度次之，为 36.9%；中部各省份平均增长幅度最低，为 22.0%（见图 3.3.2）。

（4）大部分省份每年均保持了一定的增长速度，11 个省份出现起伏

20 个省份在 2003—2010 年的每一年均实现了增长，西部 12 个省份除内蒙古外，每年都实现了增长。

11 个出现起伏的省份为北京、河北、山西、内蒙古、辽宁、吉林、黑龙江、上海、湖北、湖南、海南，下降年份主要集中在 2008 年和 2009 年。11 个出现起伏的省份中，只有山西、内蒙古、辽宁、海南 4 个省份 2010

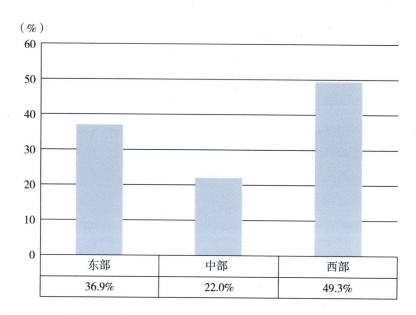

（%）

| 东部 | 中部 | 西部 |
| --- | --- | --- |
| 36.9% | 22.0% | 49.3% |

图 3.3.2　东中西部地区 2003—2010 年教育事业增长率

年的教育发展指数超过了下降前年份的水平，其余 7 个省份 2010 年的教育发展指数都没有恢复到下降前年份的水平。

（5）三成多的省份教育发展指数排名上升

2010 年教育发展指数排名与 2003 年排名相比，有 6 个省份排名没有发生变化。中部省份排名下降居多，8 个省份中除山西和安徽外，排名都有所下降。排名下降幅度最大的 4 个省份为湖南（下降 13 位）、江西（下降 7 位）、湖北（下降 7 位）、河南（下降 6 位），这 4 个省份都属中部地区，河北、内蒙古和黑龙江均下降了 3 个位次（见图 3.3.3）。

排名上升幅度超过 3 位的省份有 8 个，分别为陕西（上升 9 位）、江苏（上升 6 位）、重庆（上升 6 位）、西藏（上升 6 位）、天津（上升 4 位）、广东（上升 4 位）、甘肃（上升 4 位）、安徽（上升 3 位），除安徽外，其余省份均位于东西部地区（见图 3.3.3）。

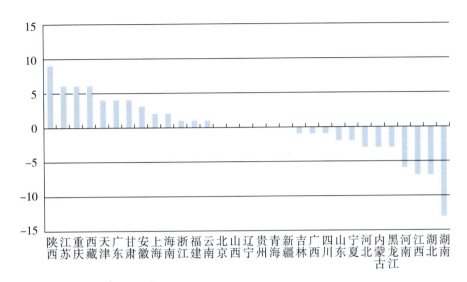

**图 3.3.3　2003—2010 年各省份教育发展指数排名变动结果**

（6）教育发展指数省域间差距不断缩小

2003 年，各省份间教育发展指数差异系数为 0.34，此后除 2006 年差异系数有所上升外，其余年份差异系数在不断下降，2010 年差异系数降到 0.25，各省份间教育发展水平差距在不断缩小（见图 3.3.4）。

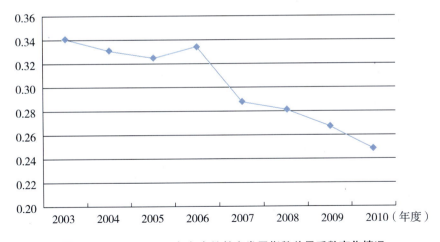

**图 3.3.4　2003—2010 年各省份教育发展指数差异系数变化情况**

2003 年，排名前五位省份的教育发展指数平均值为 0.75，后五位平均值为 0.29，两者间的倍数为 2.59，随后几年倍数值均在不断降低，2010年倍数值降低至 2.02。深入分析可以发现，前五位省份教育发展指数值已达到较高水平，2010 年为 0.89，发展速度逐渐降低，2010 年的教育发展指数值和 2006 年相比没有变化，2007—2009 年三年指数值还略低于 2006年，2010 年比 2003 年提高了 18.7%，而后五位省份教育发展指数平均值2003—2010 年八年间在不断上升，增长了 51.7%（见表 3.3.2）。

表 3.3.2　2003—2010 年教育发展指数值排名前五位与后五位省份间差距情况

| 年度 | 2003 | 2004 | 2005 | 2006 | 2007 | 2008 | 2009 | 2010 |
|------|------|------|------|------|------|------|------|------|
| 前五位 | 0.75 | 0.80 | 0.85 | 0.89 | 0.86 | 0.88 | 0.87 | 0.89 |
| 后五位 | 0.29 | 0.32 | 0.35 | 0.37 | 0.39 | 0.41 | 0.42 | 0.44 |
| 倍数 | 2.59 | 2.50 | 2.43 | 2.41 | 2.21 | 2.15 | 2.07 | 2.02 |

（7）经济发展水平越高，教育发展水平也越高

经济发展水平对教育事业发展有较大影响，以各省份 2010 年人均GDP 和教育发展指数分别作为衡量经济发展水平和教育发展水平的指标并进行排名，得到各省份经济发展水平排名和教育发展水平排名。大部分省份两者的排名是基本一致的，少数省份两者排名差别较大。

15 个省份教育发展水平排名比经济发展水平排名高，教育发展水平排名比经济发展水平排名高 5 个位次以上的省份为黑龙江（11 位）、海南（7位）、吉林（7 位）、甘肃（6 位）（见图 3.3.5）。

14 个省份教育发展水平排名比经济发展水平排名低，教育发展水平排名比经济发展水平排名低 5 个位次以上的省份为河南（9 位）、湖北（8位）、广东（6 位）、江西（5 位）、山东（5 位）、浙江（5 位）（见图3.3.5）。

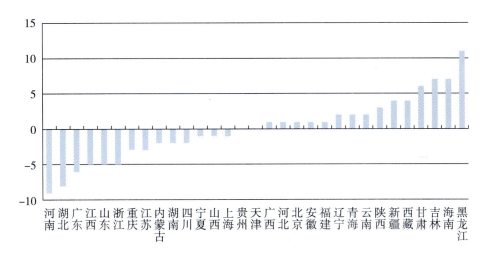

**图 3.3.5 2010 年各省份教育发展水平与经济发展水平对比结果**

（8）近一半省份教育发展速度排名高于经济发展速度排名，西藏教育发展速度排名远高于经济发展速度排名

2003—2010 的八年间，我国经济保持高位发展，小学教育事业也进入了高速发展时期，大部分省份的经济发展速度排名与教育发展速度排名有较大差距。

14 个省份教育发展速度排名高于经济发展速度排名，教育发展速度排名高于经济发展速度排名 10 个位次的省份为西藏（27 位）、上海（21 位）、广东（17 位）、新疆（14 位）、浙江（11 位）、江苏（11 位）、福建（11 位）、甘肃（11 位）、海南（11 位）、云南（10 位）（见图 3.3.6）。

16 个省份教育发展速度排名低于经济发展速度排名，教育发展速度排名低于经济发展速度排名 10 个位次的省份为内蒙古（27 位）、吉林（21 位）、湖南（19 位）、宁夏（14 位）、广西（13 位）、河南（12 位）、江西（12 位）（见图 3.3.6）。

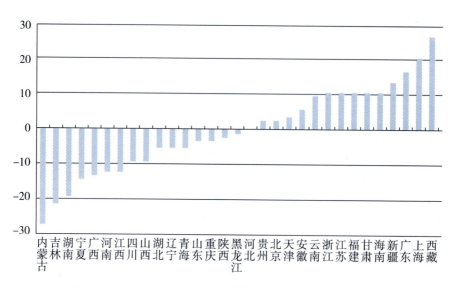

**图 3.3.6** **2003—2010 年各省份教育发展速度排名与经济发展速度排名对比结果**

### 2. 教育设施指数

（1）东部省份教育设施指数明显高于中西部

各省份间的教育设施指数存在较大差异，指数排在前五位的省份为北京、上海、天津、吉林、黑龙江，指数排在后五位的省份为广西、江西、云南、河南、贵州（见图 3.3.7）。

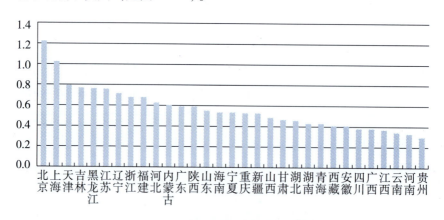

**图 3.3.7** **2010 年各省份教育设施指数情况**

2003 年，东部地区教育设施指数高于中部，中部高于西部，东中部地区相差不大，西部远远落后于东中部。经过 8 年的发展，中部地区教育设施指数几乎没有增长，仅为 0.2%，东西部地区增长速度分别达 28.1% 和 28.2%，东部地区进一步拉大了与中部的差距，达到 0.24，西部与中部地区间的差距缩小至 0.04（见图 3.3.8）。

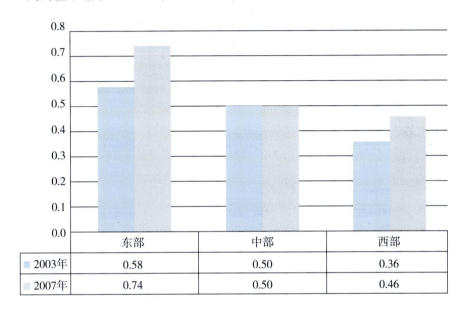

| | 东部 | 中部 | 西部 |
|---|---|---|---|
| ■ 2003年 | 0.58 | 0.50 | 0.36 |
| 2007年 | 0.74 | 0.50 | 0.46 |

**图 3.3.8　2003 年、2010 年东中西部地区教育设施指数情况**

（2）八成多的省份教育设施指数实现了增长，出现下降的省份多在中部

2003—2010 年，25 个省份教育设施指数实现了增长，增长率最高的五个省份为江苏（63.6%）、西藏（59.9%）、上海（52.8%）、陕西（51.7%）、甘肃（51.2%），均为东西部省份。增长率为负的有 6 个省份，分别为江西（－0.5%）、河南（－0.6%）、吉林（－6.5%）、黑龙江（－12.9%）、湖南（－14.4%）、内蒙古（－15.9%），除内蒙古外，其余省份均为中部省份（见图 3.3.9）。

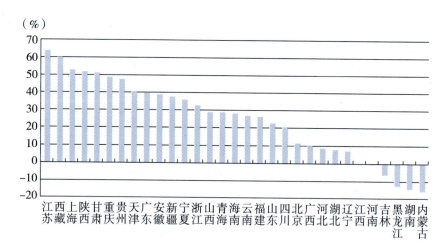

（％）

江西 上苏 陕藏 甘海 重西 贵肃 天庆 广州 安津 新东 宁徽 浙疆 山夏 青江 海西 云海 福南 山南 四建 北东 广川 河京 湖西 辽北 江宁 河西 吉南 黑林 湖龙 内蒙
江 古

**图 3.3.9 2003—2010 年各省份教育设施指数增长率**

（3）仅 5 个省份教育设施指数 8 年间持续增长，其余省份均有所起伏

各省份教育设施指数并非一直呈正增长，大部分省份在发展过程中有所起伏，主要在 2006 年和 2007 年开始出现下降趋势。8 年间始终保持增长态势的 5 个省份为天津、江苏、宁夏、陕西、重庆，其余省份的教育设施指数都在个别年份有所下降，其中，连续四年均呈下降趋势的省份有 6 个，分别为河北、黑龙江、吉林、内蒙古、河南、湖南，这些省份 2010 年都没有恢复到下降前的年份水平。

（4）排名下降位次较大的省份多位于中部

北京除 2007 年外均排在第一位，贵州 8 年间始终排在最后一位。排名上升 5 个位次以上的省份有 6 个，分别为甘肃（上升 7 位）、江苏（上升 6 位）、西藏（上升 6 位）、天津（上升 5 位）、重庆（上升 5 位）、陕西（上升 5 位），均为东西部省份。排名下降 5 个位次以上的省份有 5 个，分别为河南（下降 5 位）、内蒙古（下降 7 位）、江西（下降 7 位）、湖北（下降 7 位）、湖南（下降 11 位），除内蒙古外，其余均是中部省份（见图 3.3.10）。

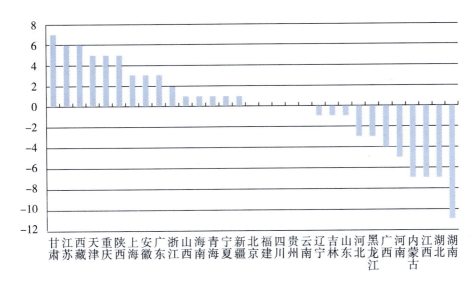

**图 3.3.10　2003—2010 年各省份教育设施指数排名变动结果**

（5）教育设施指数省域间差距大幅缩小

2003 年，各省份教育设施指数差异系数为 0.43，2006 年差异系数上升至 0.44，其余年份差异系数基本上呈下降趋势，2010 年差异系数降到 0.36，各省份间教育设施指数差距不断缩小（见图 3.3.11）。

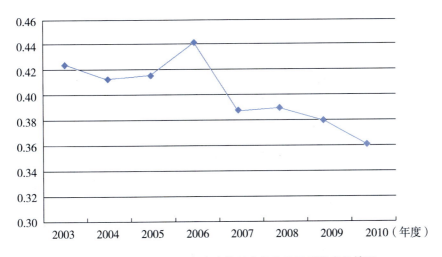

**图 3.3.11　2003—2010 年各省份教育设施差异系数变化情况**

2003 年，教育设施指数排名前五位省份平均值为 0.84，后五位省份平均值为 0.27，前五位省份是后五位的 3.11 倍，2005 年倍数降至 3.03。2006 年前五位省份教育设施指数增至 0.98，后五位省份没有明显增长，倍数增至 3.16 倍。2008—2010 年倍数下降主要是由于前五位省份教育设施指数有一定程度的下降，2010 年只有 0.91，而后五位省份指数增至 0.34，倍数降至 2.68，省份间差距进一步缩小（见表 3.3.3）。

表 3.3.3　**2003—2010 年教育设施指数值排名前五位与后五位省份间差距情况**

| 年度 | 2003 | 2004 | 2005 | 2006 | 2007 | 2008 | 2009 | 2010 |
|------|------|------|------|------|------|------|------|------|
| 前五位 | 0.84 | 0.89 | 0.94 | 0.98 | 0.93 | 0.94 | 0.91 | 0.91 |
| 后五位 | 0.27 | 0.29 | 0.31 | 0.31 | 0.32 | 0.32 | 0.32 | 0.34 |
| 倍数 | 3.11 | 3.07 | 3.03 | 3.16 | 2.91 | 2.94 | 2.84 | 2.68 |

### 3. 教师资源指数

（1）东部教师资源指数已处于较高水平，远高于西部

东部地区 2010 年教师资源指数为 0.88，远高于中部和西部的 0.82 和 0.78。2003—2010 年，西部地区增长最快，达 50.0%，东中部地区增长率相差不大，分别为 31.3% 和 32.3%（见图 3.3.12）。

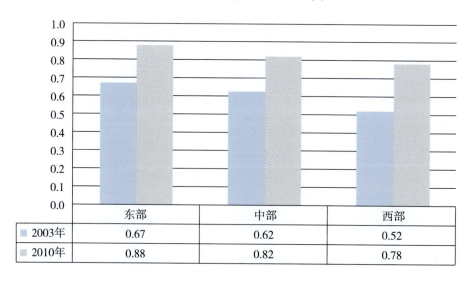

| | 东部 | 中部 | 西部 |
|---|---|---|---|
| 2003年 | 0.67 | 0.62 | 0.52 |
| 2010年 | 0.88 | 0.82 | 0.78 |

图 3.3.12　**2003 年、2010 年东中西部地区教师资源指数情况**

　　小学教师资源指数超过 1 的有天津、吉林和内蒙古 3 个省份，排在前五位的省份为天津、吉林、内蒙古、北京和黑龙江，前十位的省份中有 7 个位于东部。小学教师资源指数排在后五位的省份为甘肃、四川、河南、江西、贵州，处于后十位的省份中有 8 个是西部省份，河南、江西、贵州 3 个省份的教师资源指数尚不足 0.70（见图 3.3.13）。

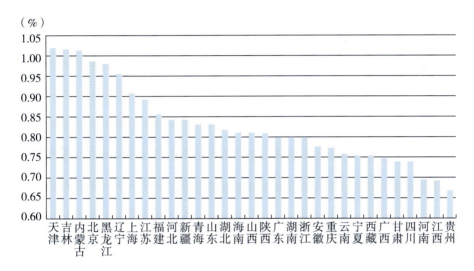

图 3.3.13　**2010 年各省份教师资源指数情况**

　　（2）西藏教师资源指数增值率最高，达 124.8%

　　西部地区增长幅度较大，增长率超过 50% 的 10 个省份中有 6 个位于西部，分别为西藏、贵州、甘肃、陕西、云南和广西；中部地区仅安徽、山西分别达到了 67.7%、44.4%，其余中部省份增长率均在 30% 以下；增长率最低的为北京，仅 1.5%。出现这一情况应是由于东部地区教师资源指数已达到较高水平，发展速度逐年下降，西部地区发展空间较大（见图 3.3.14）。

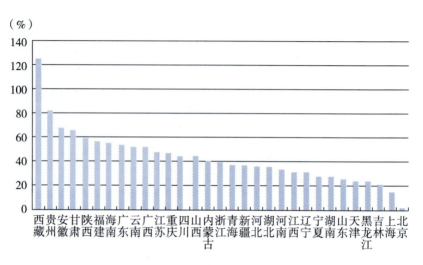

图 3.3.14　2003—2010 年各省份教师资源指数增长率

（3）近九成省份教师资源指数持续增长

2003—2010 年，27 个省份教师资源指数持续增长，北京、河北、吉林、上海 4 个省份教师资源发展出现波动，吉林、河北两省 2010 年教师资源略有下降。北京 2007 年教师资源指数比 2006 年下降 15.7％，2010 年教师资源指数比 2006 年下降 11.2％。上海 2008—2010 年连续三年下降，2010 年教师资源指数比 2007 年低 3.8％（见图 3.3.15）。

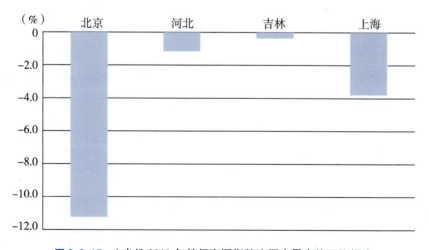

图 3.3.15　4 省份 2010 年教师资源指数比历史最高值下降幅度

（4）中部多数省份教师资源指数排名下降

排名上升幅度最大的前六个省份为江苏（上升 6 位）、海南（上升 6 位）、西藏（上升 6 位）、安徽（上升 7 位）、陕西（上升 8 位）、福建（上升 9 位），只有安徽是中部省份。排名下降幅度最大的前五个省份为江西（下降 10 位）、湖南（下降 10 位）、宁夏（下降 9 位）、河南（下降 7 位）、山东（下降 5 位）（见图 3.3.16）。

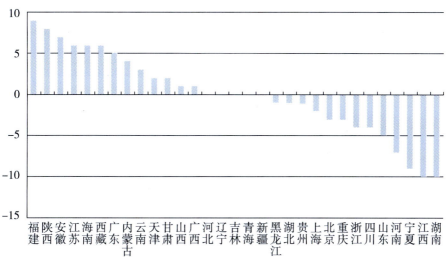

**图 3.3.16**　**2003—2010 年各省份教师资源排名变动结果**

（5）教师资源指数省域间差距逐年缩小

2003 年，各省份教育发展指数差异系数为 0.24，此后年份差异系数在不断下降，2010 年差异系数降到 0.12，各省份间教育发展指数差距不断缩小（见图 3.3.17）。

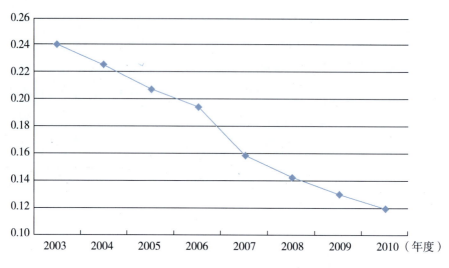

图 3.3.17　2003—2010 年各省份教师资源差异系数变化情况

2003 年，排名前五位省份的教师资源指数平均为 0.84，后五位省份平均为 0.42，前五位省份平均值是后五位的 2 倍。2010 年，后五位省份的平均值增长到 0.71，前五位省份平均值是后五位的 1.41 倍，差距明显缩小（见表 3.3.4）。主要是由于后五位省份发展速度远远快于前五位省份，八年间，后五位省份教师资源指数增长了 69.0%，前五位省份教师资源由于已达到比较高的水平，发展速度下降，八年间增长了 19.0%。

表 3.3.4　2003—2010 年教师资源指数值排名前五位与后五位省份间差距情况

| 年度 | 2003 | 2004 | 2005 | 2006 | 2007 | 2008 | 2009 | 2010 |
|---|---|---|---|---|---|---|---|---|
| 前五位 | 0.84 | 0.90 | 0.94 | 0.98 | 0.96 | 0.97 | 0.99 | 1.00 |
| 后五位 | 0.42 | 0.47 | 0.52 | 0.57 | 0.61 | 0.65 | 0.68 | 0.71 |
| 倍数 | 2.00 | 1.91 | 1.81 | 1.72 | 1.57 | 1.49 | 1.46 | 1.41 |

### 4. 经费投入指数

（1）京沪两市经费投入指数明显高于其他省份，中部省份最低

2010 年东中西部地区省份经费投入指数平均分别为 0.308、0.157、0.197，中部省份低于东西部省份，中部地区 2010 年比 2003 年增长了

1862.5%，高于东西部的755.6%和1541.7%（见图3.3.18）。

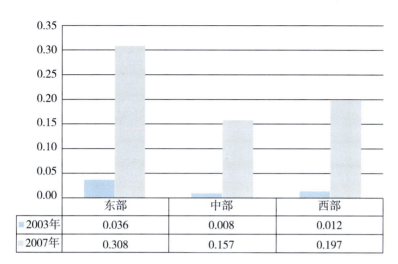

| | 东部 | 中部 | 西部 |
|---|---|---|---|
| ■2003年 | 0.036 | 0.008 | 0.012 |
| ■2007年 | 0.308 | 0.157 | 0.197 |

**图 3.3.18　2003 年、2010 年东中西部地区经费投入指数情况**

北京、上海的经费投入指数分别为 1 和 0.731，远高于第三位西藏的 0.356，位于第四和第五位的是青海、天津。经费投入指数排在最后五位的省份为湖北、河南、江西、广西、贵州，均位于中西部地区。值得注意的是，部分经济发达省份的经费投入指数排名比较靠后，如山东、浙江、江苏、广东四省份的排名分别为第 19、第 21、第 22、第 26 位，而部分西部经济欠发达省份排名在前十位，如西藏、青海、内蒙古、宁夏的排名分别为第 3、第 4、第 6、第 9 位（见图 3.3.19）。

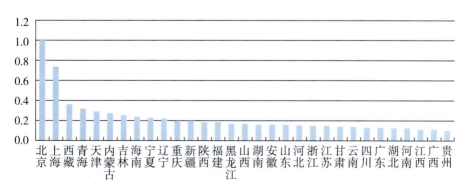

**图 3.3.19　2010 年各省份经费投入指数情况**

（2）各省份经费投入指数增速差异较大，起点越低，增速越快

2003—2010 年增长速度最快的省份为海南，增长速度超过 5000%，经费投入指数增长速度排在前五位的省份分别为海南、河南、陕西、山西、山东，增长速度都超过了 3000%，这 5 个省份 2003 年排名均位于 20 位以后。经费投入指数增长速度排在后五位的省份分别为北京、黑龙江、浙江、广东、上海，这 5 个省份 2003 年排名均位于前 10 位（见图 3.3.20）。经过 8 年的发展，省份间差距缩小，2003 年经费投入指数排名前五位省份平均值比后五位省份高 17.5 倍，2010 年缩小至 4.7 倍。

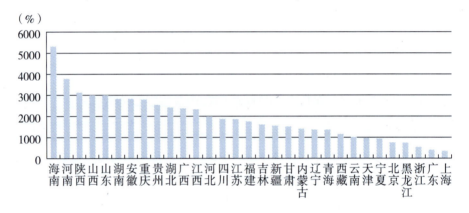

**图 3.3.20　2003—2010 年各省份经费投入指数增长率**

（3）多数省份经费投入指数排名位次变化较大，海南排名上升 21 位，广东排名下降 21 位

排名上升幅度最大的前五位省份为海南（上升 21 位）、山西（上升 8 位）、重庆（上升 8 位）、陕西（上升 8 位）、山东（上升 6 位），排名下降幅度最大的前五位省份为广东（下降 21 位）、浙江（下降 15 位）、云南（下降 11 位）、甘肃（下降 7 位）、黑龙江（下降 6 位）（见图 3.3.21）。

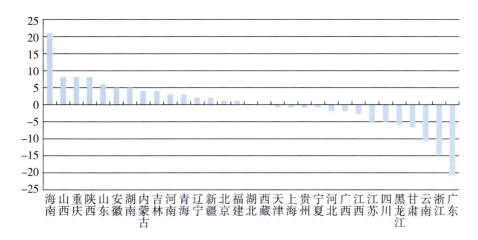

**图 3. 3. 21　2003—2010 年各省份经费投入排名变动结果**

（4）经费投入指数省域间差距逐年缩小，2005—2006 年差距减幅最大

2003 年，各省份经费投入指数差异系数为 1.67，此后年份差异系数在不断下降，2006 年下降幅度最为明显，由 2005 年的 1.59 下降到 1.08，2010 年差异系数进一步降到 0.82，各省份间经费投入指数差距明显缩小（见图 3.3.22）。

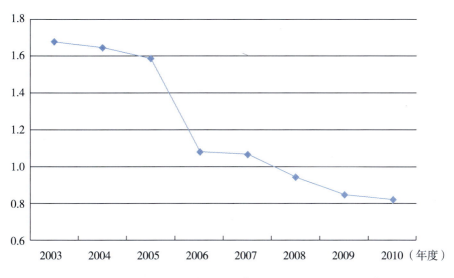

**图 3. 3. 22　2003—2010 年各省份经费投入指数差异系数变化情况**

2003 年，经费投入指数前五位的省份平均值为 0.070，后五位省份平均值为 0.004，前五位省份是后五位的 17.50 倍，2004 年倍数微升到 18.80，2005 年继续下降到 14.88，2006 年下降程度最大，降至 7.83，2009 年为 4.50，2010 年有所上升，倍数为 4.69（见表 3.3.5）。总体看来，2003—2010 年八年间各省份经费投入差距在不断缩小，主要是排名靠后的省份八年间经费投入增长幅度远远高于排名靠前的省份，数据分析结果表明，后五位省份经费投入指数八年间增长了 2775.0%，前五位省份增长了 670.0%。

表 3.3.5　**2003—2010 年经费投入指数值排名前五位与后五位省份间差距情况**

| 年度 | 2003 | 2004 | 2005 | 2006 | 2007 | 2008 | 2009 | 2010 |
|---|---|---|---|---|---|---|---|---|
| 前五位 | 0.070 | 0.094 | 0.119 | 0.188 | 0.262 | 0.363 | 0.405 | 0.539 |
| 后五位 | 0.004 | 0.005 | 0.008 | 0.024 | 0.047 | 0.070 | 0.090 | 0.115 |
| 倍数 | 17.50 | 18.80 | 14.88 | 7.83 | 5.57 | 5.19 | 4.50 | 4.69 |

### （二）初中

#### 1. 教育发展指数

（1）大部分省份初中教育发展指数进步较大

2003 年各省份义务教育发展指数平均值为 0.344，2010 年增长到 0.567，增长了 64.8%。按照义务教育发展指数的大小，将各省份划分为四个等级，0.9 以上为教育发展 I 级地区，0.6—0.8 为教育发展 II 级地区，0.5—0.6 为教育发展 III 级地区，0.5 以下为 IV 级地区。根据这一标准，对 2003 年和 2010 年各地区的义务教育发展水平等级进行划分，结果见表 3.3.6。

表 3.3.6　**初中教育发展等级情况**

| 等级 | 省份名称 | |
|---|---|---|
| | 2003 年 | 2010 年 |
| I 级 | | 上海、北京 |

续表

| 等级 | 省份名称 | |
|---|---|---|
| | 2003 年 | 2010 年 |
| Ⅱ级 | 北京 | 辽宁、浙江、江苏、天津、吉林、河北、山东、黑龙江、内蒙古 |
| Ⅲ级 | | 湖南、宁夏、新疆、福建、青海、陕西、湖北 |
| Ⅳ级 | 上海、辽宁、浙江、江苏、天津、吉林、河北、山东、黑龙江、内蒙古、湖南、宁夏、新疆、福建、青海、陕西、湖北、广东、山西、海南、西藏、安徽、广西、江西、四川、河南、重庆、甘肃、云南、贵州 | 广东、山西、海南、西藏、安徽、广西、江西、四川、河南、重庆、甘肃、云南、贵州 |

从对各省份初中教育发展水平等级划分可以看出，2003 年除北京达到Ⅱ级水平外，其余省份均处于Ⅳ级水平。2010 年，上海、北京达到了教育发展Ⅰ级水平，教育发展Ⅱ级水平省份数量增长到 9 个，教育发展Ⅲ级水平省份数量由 0 增长到 7 个，教育发展Ⅳ级水平省份数量由 30 个下降到13 个，目前仍处于Ⅳ级地区的省份为广东、山西、海南、西藏、安徽、广西、江西、四川、河南、重庆、甘肃、云南、贵州，其中 7 个是西部省份。

（2）东部教育发展指数高于中西部，地区差距不断拉大

东部省份 2003 年初中教育发展指数平均为 0.41，中西部分别为 0.33、0.29。2010 年，东部省份初中教育发展指数平均为 0.70，比 2003 年增长70.7%；中西部省份初中教育发展指数平均为 0.52、0.47，分别比 2003 年增长 57.6%、62.1%，增长速度均落后于东部，差距在不断拉大（见图3.3.23）。

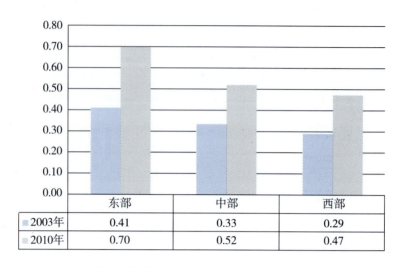

| | 东部 | 中部 | 西部 |
|---|---|---|---|
| 2003年 | 0.41 | 0.33 | 0.29 |
| 2010年 | 0.70 | 0.52 | 0.47 |

**图 3. 3. 23　东中西部地区 2003 年、2010 年初中教育发展指数情况**

（3）江苏、福建两省份初中教育发展指数增加一倍多

2003—2010 年初中教育事业发展指数增长率最高的前五位省份为江苏（109. 3%）、福建（106. 6%）、北京（92. 9%）、陕西（89. 2%）、青海（89. 1%），均为东西部省份。初中教育事业发展指数增长率最低的前五位省份为海南（47. 1%）、吉林（45. 3%）、河南（44. 7%）、重庆（44. 3%）、广东（35. 8%）（见图 3. 3. 24）。

大多数省份 8 年间教育发展指数始终保持增长，只有少数省份在个别年度有所下降，江西 2009 年指数下降了 1. 9%，2010 年尚未恢复到 2008 年水平。

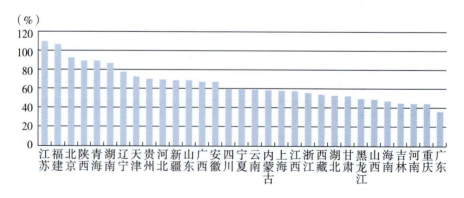

**图 3. 3. 24　2003—2010 年各省份初中教育发展指数增长率**

（4）多数中部省份教育发展指数排名下降

2003—2010 年初中教育发展指数排名变化较大，排名上升最多的前五个省份为福建（上升 10 位）、江苏（上升 8 位）、陕西（上升 7 位）、安徽（上升 5 位）、广西（上升 5 位），排名下降最大的前四个省份为黑龙江（下降 4 位）、重庆（下降 6 位）、广东（下降 7 位）、河南（下降 8 位），山西、内蒙古、吉林、湖北、海南等 5 个省份都下降了 3 个名次（见图 3.3.25）。

中部多数省份排名下降，仅安徽、湖南排名上升，其余 6 个省份排名均在下降（见图 3.3.25）。

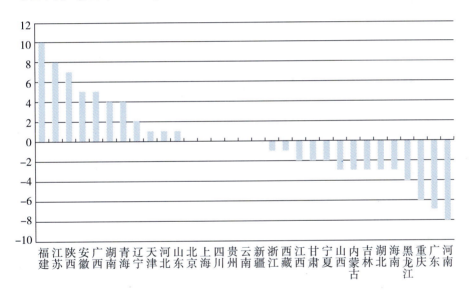

**图 3.3.25　2003—2010 各省份初中教育发展指数排名变化情况**

（5）教育发展指数省域间差距有所扩大

2003 年，31 个省份教育发展指数的差异系数为 0.28，2004 年降至 0.27，2006 年最高，达 0.31，2007—2010 年波动较小，2010 年差异系数为 0.30，省域间教育发展水平差距比 2003 年有所扩大（见图 3.3.26）。

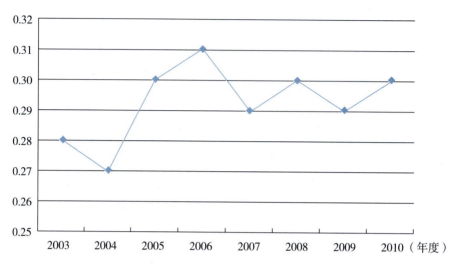

**图 3.3.26** **2003—2010 年各省份教育发展指数差异系数变化情况**

2003 年，教育发展水平排名前五位的省份平均值为 0.51，后五位平均值为 0.25，前五位平均值是后五位的 2.04 倍。2006 年倍数最高，增至 2.27 倍，随后几年略有下降，2010 年为 2.13 倍（见表 3.3.7）。主要是由于 2003—2010 年前五位省份教育发展速度较快，为 66.7%，后五位省份发展速度为 60.0%。

**表 3.3.7** **2003—2010 年教育发展指数值排名前五位与后五位省份间差距情况**

| 年度 | 2003 | 2004 | 2005 | 2006 | 2007 | 2008 | 2009 | 2010 |
|---|---|---|---|---|---|---|---|---|
| 前五位 | 0.51 | 0.55 | 0.62 | 0.68 | 0.70 | 0.75 | 0.79 | 0.85 |
| 后五位 | 0.25 | 0.27 | 0.29 | 0.30 | 0.33 | 0.35 | 0.37 | 0.40 |
| 倍数 | 2.04 | 2.04 | 2.14 | 2.27 | 2.12 | 2.14 | 2.14 | 2.13 |

（6）经济发展水平越高，教育发展水平也越高

各省份经济发展水平对初中教育发展水平有一定影响，对比各省份经济发展水平排名和教育发展水平排名，大部分省份两者的排名是基本一致的，少数省份两者排名差别较大。

北京、上海、山东、贵州、云南、甘肃 6 个省份教育发展水平与其经济发展水平相同；13 个省份教育发展水平排名高于经济发展水平排名，高

出 5 个位次的省份为湖南（8 位）、黑龙江（6 位）、西藏（6 位）、青海（6 位）、辽宁（5 位）、新疆（5 位）；12 个省份教育发展水平排名低于经济发展水平排名，低 5 个位次的省份为重庆（14 位）、广东（12 位）、河南（6 位）、湖北（5 位）、福建（5 位）、内蒙古（5 位）（见图 3.3.27）。

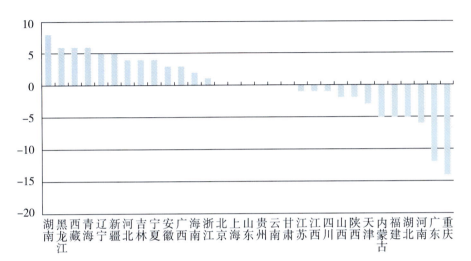

**图 3.3.27　2010 年各省份教育发展水平排名与经济发展水平排名对比结果**

（7）一半省份教育发展速度排名高于经济发展速度排名

2003—2010 年的八年间，我国经济保持高位发展，初中教育事业也进入了高速发展时期，大部分省份的经济发展速度排名与教育发展速度排名有较大差距。

15 个省份教育发展速度排名高于经济发展速度排名，教育发展速度排名高于经济发展速度排名 10 个位次的省份为北京（26 位）、福建（22 位）、新疆（15 位）、江苏（15 位）、天津（14 位）、河北（13 位）、辽宁（12 位）、上海（12 位）（见图 3.3.28）。

16 个省份教育发展速度排名低于经济发展速度排名，教育发展速度排名低于经济发展速度排名 10 个位次的省份为重庆（26 位）、山西（20 位）、吉林（20 位）、内蒙古（17 位）、河南（16 位）、宁夏（13 位）、甘肃（10 位）（见图 3.3.28）。

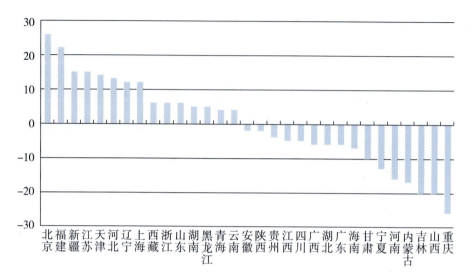

北京 福建 新疆 江苏 天津 河北 辽宁 上海 西藏 浙江 山东 湖南 黑龙江 青海 云南 安徽 陕西 贵州 江西 四川 广西 湖北 广东 海南 甘肃 宁夏 河南 内蒙古 吉林 山西 重庆

**图3.3.28** **各省份教育发展速度排名与经济发展速度排名对比结果**

### 2. 教育设施指数

（1）教育设施指数排名靠前的多为东部省份

2010年教育设施指数排在前五位的省份为上海、北京、辽宁、浙江、江苏，均为东部省份，前十位省份中只有吉林、黑龙江属中部，其余8个都是东部省份。排在后五位的省份为广西、甘肃、贵州、重庆、云南，均为西部省份，后十位省份中西部地区省份各有3个和7个。

东部省份2010年教育设施指数平均为0.72，高于中西部的0.48、0.41。东部省份教育设施指数2003—2010年发展速度也快于中西部，达71.4%，高于中西部的50.0%、51.9%。东部省份与中西部差距在不断拉大（见图3.3.29）。

（2）教育设施指数增速最快的多为东部省份，有3个省份增长超过1倍

2003—2010年教育设施指数增长速度位于前五位的省份为江苏（130.5%）、北京（111.3%）、青海（102.8%）、辽宁（95.3%）、福建（92.6%），增长速度位于后五位的省份为甘肃（34.8%）、海南（32.4%）、河南（27.4%）、广东（22.7%）、重庆（21.2%）（见图3.3.30）。

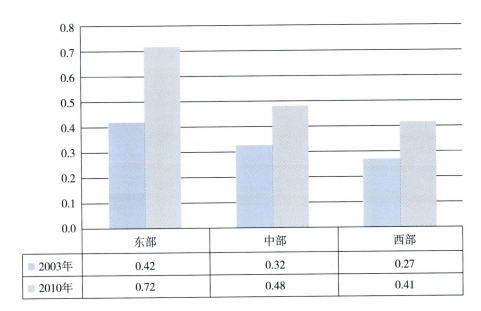

| | 东部 | 中部 | 西部 |
|---|---|---|---|
| ■ 2003年 | 0.42 | 0.32 | 0.27 |
| 2010年 | 0.72 | 0.48 | 0.41 |

图 3.3.29　2003 年、2010 年东中西部教育设施指数发展情况

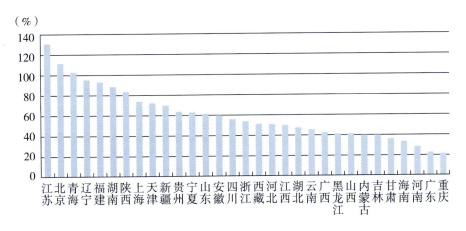

图 3.3.30　2003—2010 年各省份教育设施指数增长率

大多数省份教育设施指数八年间均实现了增长，12 个省份在个别年份有所下降。下降年份主要集中在 2009 年，有 7 个省份在 2009 年出现下降，连续两年出现下降的为江西、重庆，其中，江西 2010 年教育设施指数未恢复到历史最高水平。

（3）2010 年各省份教育设施指数排名相比 2003 年变动较大，仅 4 个

省份排名未变

相比 2003 年，各省份 2010 年教育设施指数排名上升达 3 个位次的有 7 个省份，分别为青海（上升 12 位）、江苏（上升 7 位）、福建（上升 7 位）、陕西（上升 5 位）、辽宁（上升 4 位）、安徽（上升 4 位）、湖南（上升 3 位）；排名下降达 3 个位次的有 10 个省份，其中海南、山西、内蒙古、广西下降 3 位，吉林、黑龙江、河南下降 4 位，重庆、甘肃和广东分别下降 5、6、8 位（见图 3.3.31）。

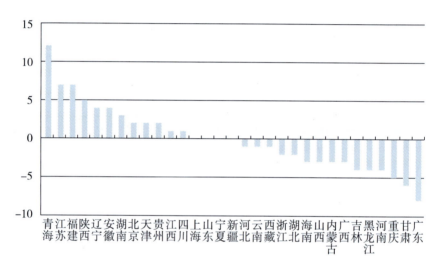

**图 3.3.31** **2003—2010 年各省份教育设施指数排名变动结果**

（4）教育设施指数省域间差距不断扩大

2003 年，各省份间教育设施水平差异系数为 0.35，2004 年下降至 0.33，2005 年和 2006 年连续增加至 0.4，经过 2007 年短暂下降后，后三年又有所上升，2010 年增至 0.41（见图 3.3.32）。

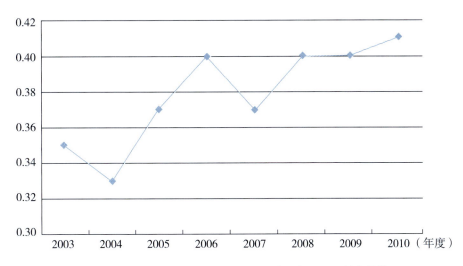

**图 3.3.32 2003—2010 年各省份教育设施指数差异系数变化情况**

2003 年，教育设施水平排名前五位省份平均值为 0.53，后五位省份平均值为 0.22，前五位省份平均值是后五位的 2.41 倍；2010 年，前五位省份平均值为 0.93，比 2003 年增加了 75.5%，后五位省份平均值为 0.32，比 2003 年增加了 45.5%，前五位省份平均值是后五位的 2.91 倍（见表 3.3.8）。2007—2010 年，省域间教育设施水平差异在不断扩大。

**表 3.3.8 2003—2010 年教育设施指数值排名前五位与后五位省份间差距情况**

| 年度 | 2003 | 2004 | 2005 | 2006 | 2007 | 2008 | 2009 | 2010 |
|------|------|------|------|------|------|------|------|------|
| 前五位 | 0.53 | 0.56 | 0.66 | 0.73 | 0.74 | 0.81 | 0.84 | 0.93 |
| 后五位 | 0.22 | 0.24 | 0.26 | 0.26 | 0.28 | 0.29 | 0.29 | 0.32 |
| 倍数 | 2.41 | 2.33 | 2.54 | 2.81 | 2.64 | 2.79 | 2.90 | 2.91 |

### 3. 教师资源指数

（1）东部省份教师资源指数高于中西部

2010 年教师资源指数排在前五位的省份是天津、北京、上海、辽宁、吉林，除吉林外均为东部省份，排在后五位的是广东、海南、河南、甘肃、贵州。

东部各省份 2010 年教师资源指数平均为 0.80，高于中西部的 0.71、

0.66，西部 2003—2010 年教师资源指数增长速度为 57.1%，略快于东中部的 53.8%、54.3%（见图 3.3.33）。

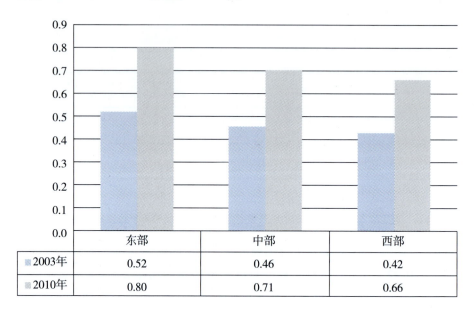

| | 东部 | 中部 | 西部 |
|---|---|---|---|
| ■2003年 | 0.52 | 0.46 | 0.42 |
| ▨2010年 | 0.80 | 0.71 | 0.66 |

**图 3.3.33 2003 年、2010 年东中西部教师资源指数发展情况**

（2）各省份初中教师资源指数增长迅速，福建增幅最大

2003—2010 年教师资源指数发展速度排在前五位的省份为福建（109.4%）、河北（93.3%）、广西（86.2%）、陕西（81.3%）、江苏（76.2%），排在后五位的省份为辽宁（44.4%）、吉林（40.8%）、宁夏（37.1%）、北京（37.0%）、上海（14.9%）。从分析结果可以看出，发展速度最慢的 5 个省份中有 4 个 2010 年教师资源指数排名在前五位，表明教师资源指数较高的省份发展速度在逐渐减慢（见图 3.3.34）。

除少数省份在个别年份教师资源指数有所下降外，大多数省份 2003—2010 年间均在不断提高。

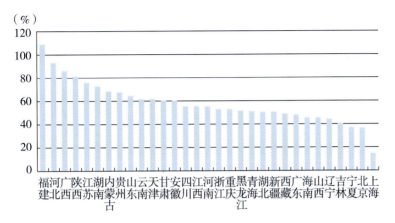

**图 3.3.34　2003—2010 年各省份教师资源指数增长率**

（3）排名位次上升的省份多为东部省份

相比 2003 年，2010 年教师资源指数排名上升位次最多的 5 个省份为福建（上升 17 位）、河北（上升 13 位）、广西（上升 10 位）、陕西（上升 9 位）、江苏（上升 7 位），排名位次下降最多的 5 个省份为西藏（下降 6 位）、山西（下降 7 位）、广东（下降 8 位）、宁夏（下降 9 位）、海南（下降 10 位）（见图 3.3.35）。

北京除 2003 年和 2010 年以外，教师资源指数都排在第 1 位，贵州 2003—2010 年教师资源指数都排在第 31 位。

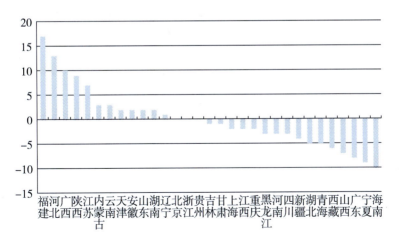

**图 3.3.35　2003—2010 年各省份教师资源指数排名变动结果**

（4）教师资源指数省域间差距不断缩小

2003 年，各省份教师资源差异系数为 0.22，2004—2006 三年间差异系数变动不大，2007—2010 年不断下降，2010 年下降至 0.15，表明各省份间教师资源水平差距在逐渐缩小（见图 3.3.36）。

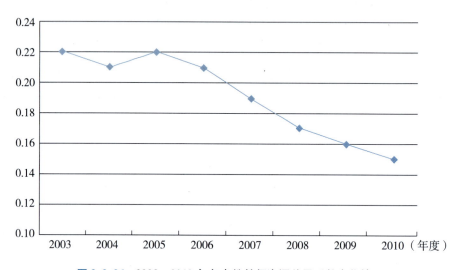

**图 3.3.36　2003—2010 年各省份教师资源差异系数变化情况**

2003 年，教师资源指数排名前五位的省份平均值为 0.65，后五位省份平均值为 0.35，前五位省份平均值是后五位的 1.86 倍。2010 年，前五位省份平均值为 0.90，比 2003 年增长 38.5%，后五位省份平均值为 0.59，比 2003 年增长 68.6%，前五位省份平均值与后五位间的倍数缩小至 1.53 倍（见表 3.3.9）。这表明教师资源发展相对落后省份加快了发展速度，不断缩小了与教师资源发达地区间的差距。

**表 3.3.9　2003—2010 年教师资源指数值排名前五位与后五位省份间差距情况**

| 年度 | 2003 | 2004 | 2005 | 2006 | 2007 | 2008 | 2009 | 2010 |
|------|------|------|------|------|------|------|------|------|
| 前五位 | 0.65 | 0.68 | 0.75 | 0.79 | 0.81 | 0.76 | 0.87 | 0.90 |
| 后五位 | 0.35 | 0.38 | 0.40 | 0.44 | 0.48 | 0.46 | 0.56 | 0.59 |
| 倍数 | 1.86 | 1.79 | 1.88 | 1.80 | 1.69 | 1.65 | 1.55 | 1.53 |

### 4. 经费投入指数

（1）东部省份经费投入指数明显高于中西部

东部省份 2010 年经费投入指数平均为 0.308，高于中西部的 0.167、0.211，中部 2003—2010 年增长速度最高，达 1987.5%，高于东西部的 689.7%、1306.7%（见图 3.3.37）。

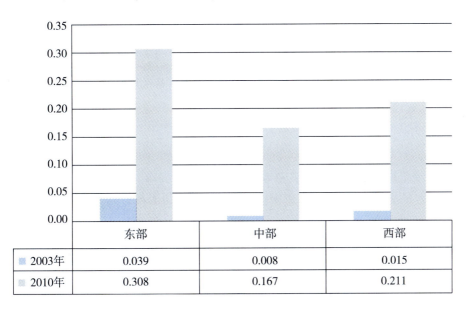

| | 东部 | 中部 | 西部 |
|---|---|---|---|
| ■ 2003年 | 0.039 | 0.008 | 0.015 |
| ■ 2010年 | 0.308 | 0.167 | 0.211 |

**图 3.3.37　2003 年、2010 年东中西部地区经费投入指数情况**

2010 年经费投入指数排在前五位的省份为北京、上海、青海、宁夏、天津，5 个省份指数值均超过 0.3，北京、上海的指数分别为 1 和 0.642，遥遥领先于其他省份。指数值在 0.2—0.3 之间的省份有 6 个，其余 20 个省份都在 0.2 之下。值得注意的是，几个经济发达省份指数值较低，如浙江、江苏、广东的指数值分别只有 0.147、0.132、0.118（见图 3.3.38）。

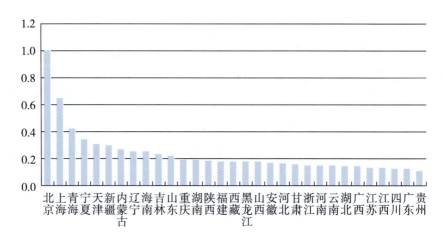

图 3.3.38　2010 年各省份经费投入指数值情况

（2）经费投入指数值较低的省份增长速度快，山东增长近 40 倍

经费投入指数值较低的省份增长速度快，山东、海南、安徽、河南、湖南 5 个省份 2003—2010 年经费投入指数发展速度排在前五位，其中山东增长近 40 倍，海南、安徽、河南增长超过 30 倍，这 5 省指数值均不到 0.008。增长速度排在后五位的省份为天津、浙江、上海、广东、西藏，以东部省份为主（见图 3.3.39）。

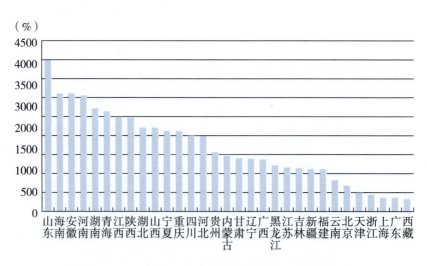

图 3.3.39　2003—2010 年各省份经费投入指数增长率

（3）经费投入指数排名上升较大的省份多为中西部省份

相比 2003 年，2010 年各省份经费投入排名变动比较剧烈，排名上升位次超过 7 位的达 9 个省份，分别为山东（上升 17 位）、湖南（上升 11 位）、海南（上升 11 位）、安徽（上升 10 位）、陕西（上升 9 位）、宁夏（上升 9 位）、河南（上升 8 位）、青海（上升 8 位）、重庆（上升 7 位），排名下降位次超过 6 位的达 7 个省份，分别为贵州（下降 6 位）、广西（下降 8 位）、江苏（下降 11 位）、云南（下降 12 位）、西藏（下降 12 位）、浙江（下降 17 位）、广东（下降 24 位）（见图 3.3.40）。

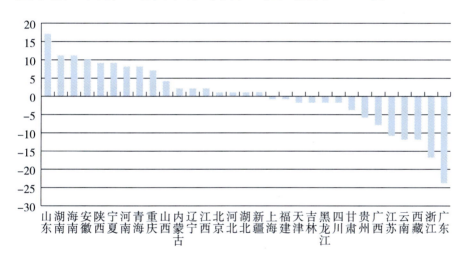

**图 3.3.40　2003—2010 年各省份经费投入指数排名变动情况**

（4）经费投入指数省域间差距逐步缩小，2006 年缩小力度最大

2003 年，各省份间经费投入水平差异系数为 1.45，2004 年和 2005 年差异系数没有较大变动，2006 年，省域间经费投入水平差距明显缩小，差异系数降至 1.03，2010 年进一步下降至 0.76，2008—2010 年差异系数下降速度在减缓（见图 3.3.41）。

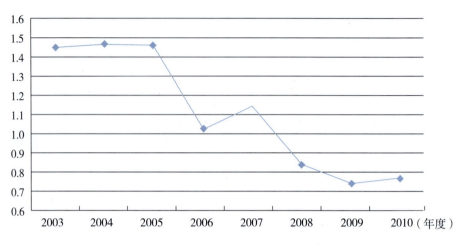

图 3.3.41　2003—2010 年各省份经费投入指数差异系数变化情况

2003 年，教育经费投入指数排名前五位的省份平均值为 0.077，后五位省份平均值为 0.005，两者间的倍数为 15.40。2006 年，前五位和后五位省份经费投入指数平均值分别增长至 0.174、0.024，两者间的倍数降至 7.25。2010 年，前五位和后五位省份经费投入指数平均值分别增至 0.541、0.121，分别比 2003 年增长了 602.6%、2320.0%，前五位省份增长率远低于后五位省份，两者间的倍数也进一步缩小至 4.47 倍（见表 3.3.10）。

表 3.3.10　2003—2010 年经费投入指数值排名前五位与后五位省份间差距情况

| 年度 | 2003 | 2004 | 2005 | 2006 | 2007 | 2008 | 2009 | 2010 |
|---|---|---|---|---|---|---|---|---|
| 前五位 | 0.077 | 0.095 | 0.109 | 0.174 | 0.265 | 0.363 | 0.419 | 0.541 |
| 后五位 | 0.005 | 0.006 | 0.008 | 0.024 | 0.047 | 0.078 | 0.098 | 0.121 |
| 倍数 | 15.40 | 15.83 | 13.63 | 7.25 | 5.64 | 4.65 | 4.28 | 4.47 |

## 二、均衡指数

### （一）教育设施均衡指数

**1. 小学、初中教育设施均衡水平最高的前十位省份均位于东西部**

小学阶段，上海教育设施均衡水平最高，差异系数仅为 0.51。上海、天津、北京等8个省份差异系数低于0.8，云南、西藏、广东等13个省份差异系数在0.8—1.0之间，吉林、陕西、湖南等10个省份差异系数高于1.0，黑龙江差异系数达1.19（见图3.3.42）。

初中阶段，上海教育设施均衡水平最高，差异系数仅为0.52，上海、西藏、山东、贵州等4个省差异系数低于0.6，辽宁、广东、江苏等17个省份差异系数在0.6—0.8之间，福建、吉林、安徽等10个省份差异系数高于0.8，山西差异系数达1.02（见图3.3.43）。

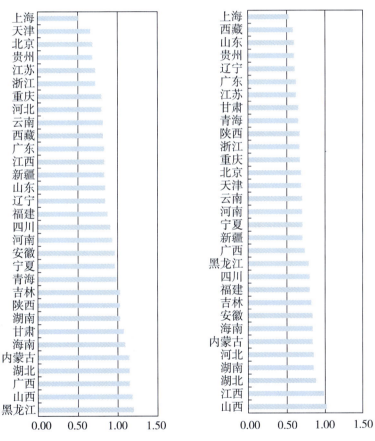

图3.3.42 **2010年各省份小学教育设施均衡系数**　　图3.3.43 **2010年各省份初中教育设施均衡系数**

## 2. 小学、初中高位均衡省份均位于东部

小学阶段，上海、北京、天津、江苏、浙江等省份教育设施指数和均

衡水平较高，属于高位均衡地区；贵州教育设施指数较低，均衡水平较高，属于低位均衡地区；广西、湖北、山西等省份教育设施指数较低，均衡水平较低，属于低位不均衡地区（见图3.3.44）。

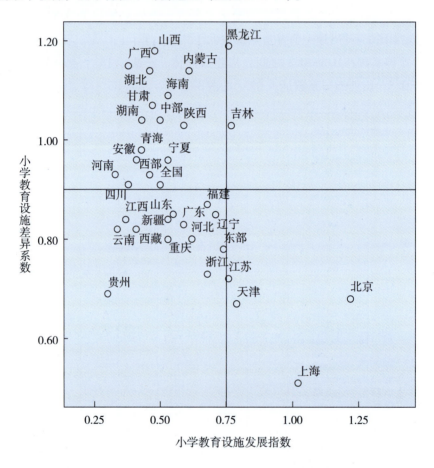

**图3.3.44　2010年各省份小学教育设施发展水平与均衡水平综合情况①**

初中阶段，上海教育设施指数和均衡水平较高，属于典型的高位均衡地区，江苏、辽宁等省份也属于高位均衡地区；贵州、西藏教育设施指数

---

① 该图的横坐标为教育设施发展水平，纵坐标为教育设施均衡水平。右下方省份为高位均衡省份，即教育设施发展水平、均衡水平均较高；左上方省份为低位不均衡省份，即教育设施发展水平、均衡水平均较低。下同。

低，均衡水平较高，属于低位均衡地区；山西、江西教育设施指数和均衡水平都较低，属于低位不均衡地区（见图 3.3.45）。

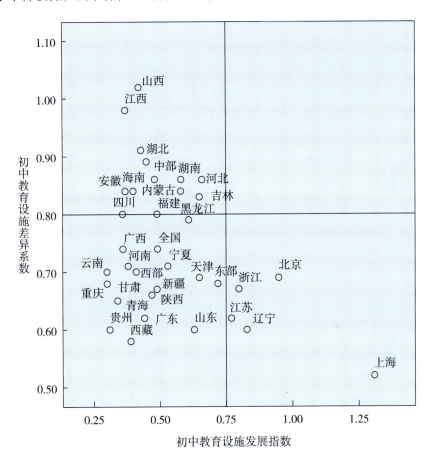

图初中教育设施发展指数

**图 3.3.45　2010 年各省份初中教育设施发展水平与均衡水平综合情况**

3. 生均教学及辅助用房面积均衡水平位居前列的多为西部省份

2010 年，在全国 31 个省份中，小学阶段西藏、上海和贵州生均教学及辅助用房面积均衡水平最高，差异系数均小于 0.50；青海、浙江等 16 个省份差异系数在 0.50—0.70 之间；湖南、甘肃等 10 个省份的差异系数在 0.70—0.80 之间；广西和山西的均衡水平最低，差异系数均超过了 0.90。

初中阶段，全国各省份的教学及辅助用房面积均衡水平要高于小学。其中，西藏、重庆等 9 个省份的初中均衡水平比较高，差异系数均在 0.50

以内；陕西、辽宁等 16 个省份均衡水平稍低，差异系数在 0.60—0.70 之间；黑龙江、湖北等 6 个省份的均衡水平较低，差异系数在 0.70—0.90 之间；江西的均衡水平最低，差异系数为 1.28。

### 4. 京津沪小学和初中生均体育运动场（馆）面积均衡配置水平相对较好

2010 年，在全国 31 个省份中，小学阶段上海、北京和天津生均体育运动场（馆）面积均衡水平最高，差异系数均小于 0.80；吉林、海南和黑龙江的生均体育运动场（馆）面积均衡水平最低，差异系数超过了 1.60。

初中阶段，浙江、辽宁等 11 个省份的生均体育运动场（馆）面积均衡水平较高，差异系数均在 0.80 以内；山西和湖北的均衡水平最低，差异系数分别为 1.40 和 1.70。

### 5. 上海小学生均教学仪器设备值均衡水平最高，江苏初中生均教学仪器设备值均衡水平最高

上海等 7 个省份的小学生均教学仪器设备值差异系数小于 1，陕西、湖北的差异系数高于 1.5，其余 22 个省份的差异系数在 1—1.5 之间。

江苏等 17 个省份的初中生均教学仪器设备值差异系数小于 1，江西的差异系数高于 1.5，其余 13 个省份的差异系数在 1—1.5 之间。

### 6. 东部地区大部分省份小学每百名学生拥有计算机台数均衡水平较高，初中均衡水平最高的 3 个省份均在东部地区

上海小学每百名学生拥有计算机台数均衡水平最高，差异系数为 0.33，天津、北京等 7 个省份差异系数在 0.4—0.6 之间，福建、河北等 17 个省份的差异系数在 0.6—1 之间，四川、青海等 5 个省份的差异系数超过 1，广西最高，达到 1.35。

山东、上海、浙江 3 个省份初中每百名学生拥有计算机台数均衡水平最高，差异系数均低于 0.4，天津、云南等 15 个省份的差异系数在 0.4—0.6 之间，甘肃、湖北等 13 个省份的差异系数高于 0.6，山西的差异系数最高，达 1.08。

### 7. 近五成的省份小学生均图书差异系数低于 0.65，近三成的省份初中生均图书差异系数低于 0.55

小学阶段，新疆生均图书的均衡水平最高，差异系数仅为 0.38。新

疆、贵州、广东等 15 个省份差异系数在 0.65 以下，黑龙江、内蒙古、山西等 9 个省份差异系数超过 0.8，黑龙江的差异系数达 1.4。

初中阶段，贵州生均图书的均衡水平最高，差异系数仅为 0.35。贵州、青海、西藏等 10 个省份差异系数在 0.55 以下，重庆、山西、黑龙江等 6 个省份的差异系数超过 0.8，湖南的差异系数达 0.97。

### （二）教师资源均衡指数

*1.9 个省份的小学和 18 个省份的初中教师资源差异系数低于 0.4*

小学阶段，上海小学教师资源均衡水平最高，差异系数为 0.25。上海、天津、重庆等 9 个省份的教师资源差异系数低于 0.4，新疆、陕西、黑龙江、吉林等 4 个省份的教师资源差异系数高于 0.6，吉林的差异系数达 0.68（见图 3.3.46）。

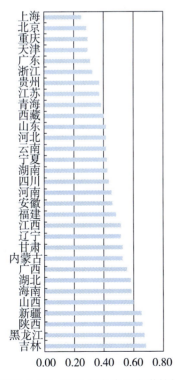

**图 3.3.46** **2010 年各省份小学教师资源均衡系数**

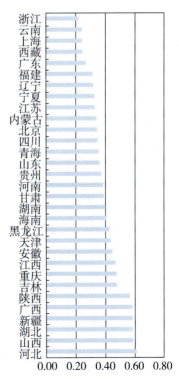

**图 3.3.47** **2010 年各省份初中教师资源均衡系数**

初中阶段，浙江小学教师资源均衡水平最高，差异系数为 0.22。浙江、云南、上海、西藏、广东等 5 个省份的教师资源差异系数低于 0.3，陕西、广西、新疆、湖北、山西、河北等 6 个省份的教师资源差异系数高于 0.5，河北差异系数达 0.61（见图 3.3.47）。

### 2. 小学和初中的高位均衡省份全部位于东部

小学阶段，上海、北京、天津教师资源指数和均衡水平都比较高，属于高位均衡地区；贵州教师资源指数最低，均衡水平较高，属于低位均衡地区；黑龙江、吉林教师资源指数较高，均衡水平较低，属于高位不均衡地区（见图 3.3.48）。

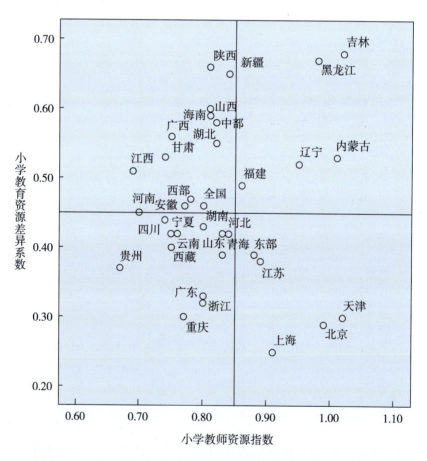

**图 3.3.48**  **2010 年各省份小学教师资源发展水平与均衡水平综合情况**

初中阶段，上海、浙江教师资源指数和均衡水平都比较高，属于高位均衡地区；广东、西藏、云南教师资源指数最低，均衡水平较高，属于低位均衡地区（见图3.3.49）。

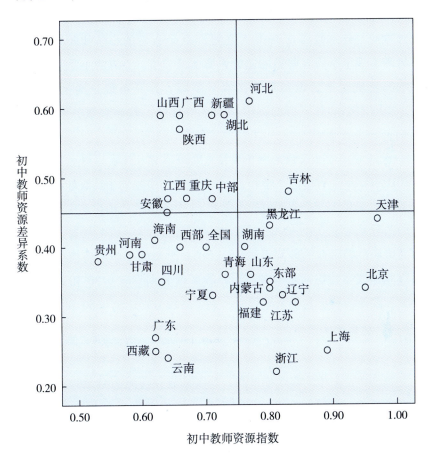

**图3.3.49**　**2010年各省份初中教师资源发展水平与均衡水平综合情况**

### 3. 上海的小学和西藏的初中专任教师师生比均衡水平最高

2010年，7个省份的小学和10个省份的初中专任教师师生比差异系数小于0.3，17个省份的小学和16个省份的初中专任教师师生比差异系数在0.3—0.5之间，7个省份的小学和5个省份的初中专任教师师生比差异系数大于0.5。上海的小学和西藏的初中专任教师师生比均衡水平最高，差异系数分别只有0.23和0.14；新疆和吉林的小学均衡水平最低，差异系数达到 0.65；河北和新疆的初中均衡水平最低，差异系数达到 0.59。

### 4. 上海的小学和西藏的初中生均高于规定学历教师数均衡水平最高

2010 年，7 个省份的小学和 5 个省份的初中生均高于规定学历教师数的差异系数小于 0.3，14 个省份的小学和 18 个省份的初中生均高于规定学历教师数的差异系数在 0.3—0.5 之间，10 个省份的小学和 8 个省份的初中生均高于规定学历教师数的差异系数大于 0.5。上海的小学和西藏的初中生均高于规定学历教师数均衡水平最高，差异系数分别只有 0.22 和 0.19；新疆的小学和广西的初中均衡水平最低，差异系数分别达到 0.64 和 0.61。

### 5. 上海的小学和青海的初中生均中高级职称教师数均衡水平最高

2010 年，6 个省份的小学和 13 个省份的初中生均中高级职称教师数的差异系数小于 0.4，14 个省份的小学和 13 个省份的初中生均中高级职称教师数的差异系数在 0.4—0.6 之间，11 个省份的小学和 5 个省份的初中生均中高级职称教师数的差异系数大于 0.6。上海的小学和青海的初中生均中高级职称教师数均衡水平最高，差异系数分别只有 0.30 和 0.26；吉林的小学和陕西的初中均衡水平最低，差异系数分别达到 0.80 和 0.67。

### （三）教育均衡水平

#### 1. 均衡水平前十位省份均位于东西部，上海小学、初中均衡水平最高

上海小学、初中均衡水平最高，均衡系数分别为 0.41 和 0.42。

小学阶段，上海、天津、北京等 6 个省份差异系数低于 0.6，重庆、广东、河北等 15 个省份差异系数在 0.6—0.8 之间，湖南、甘肃、陕西等 10 个省份差异系数高于 0.8，黑龙江最高，达 1.0（见图 3.3.50）。

初中阶段，上海、西藏、广东等 16 个省份差异系数低于 0.6，福建、陕西、四川等 15 个省份差异系数大于 0.6，山西差异系数达 0.86（见图 3.3.51）。

**图 3.3.50　2010 年各省份小学教育综合均衡系数**

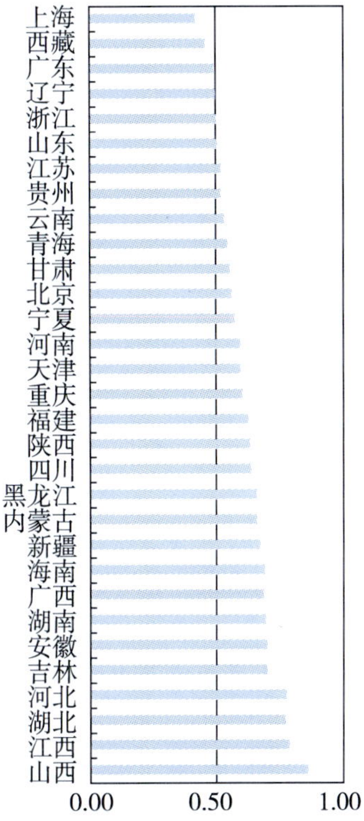

**图 3.3.51　2010 年各省份初中教育综合均衡系数**

### 2. 小学、初中高位均衡省份均位于东部

小学阶段，北京、上海、天津等 3 省份教育发展水平和均衡水平都较高，属于高位均衡地区；贵州均衡水平高，教育发展水平较低，属于低位均衡地区；山西、湖北、广西等省份教育发展水平和均衡水平都较低，属于低位不均衡地区（见图 3.3.52）。

初中阶段，上海、江苏、浙江、辽宁等 4 省份教育发展水平和均衡水平都较高，属于高位均衡地区；西藏、广东等省份均衡水平高，教育发展水平较低，属于低位均衡地区；山西、江西、湖北等省份教育发展水平和均衡水平都较低，属于低位不均衡地区（见图 3.3.53）。

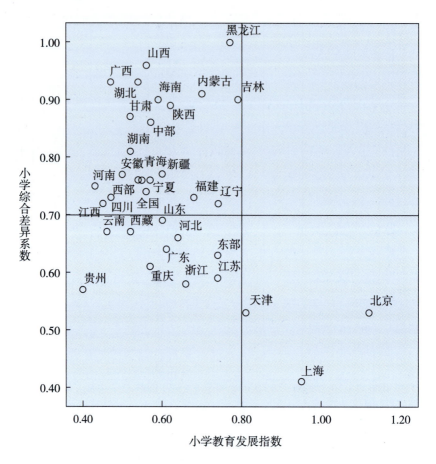

**图 3.3.52　2010 年各省份小学教育发展水平与均衡水平综合情况**

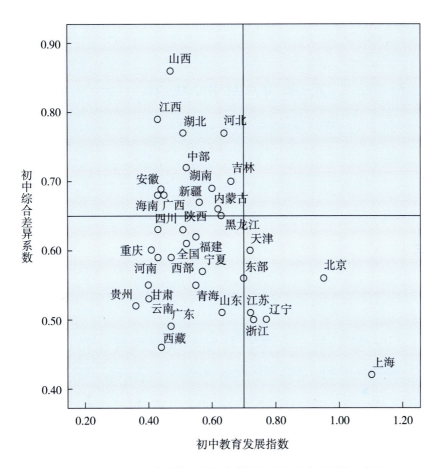

**图 3.3.53** **2010 年各省份初中教育发展水平与均衡水平综合情况**

# 第四章

# 义务教育发展的国际比较

## 第一节　义务教育发展状况国际比较

### 一、实施进展状况

义务教育是现代教育的基础和现代教育发展的起点，发达国家无不以实现普及初等义务教育，后来又普及中等教育作为一项基本国策。自欧美国家率先于19世纪下半叶开始普及义务教育以来，义务教育已走过百余年历程。至今，实施义务教育的国家已遍及整个世界。据联合国教科文组织2000年统计，全世界200多个国家和地区中，已有173个国家和地区在法律上规定了5—12年甚至更长的义务教育，即80%以上的国家和地区都立法规定了对儿童实施一定年限的义务教育。

#### （一）义务教育立法

大多数国家在宪法中对实施义务教育做了明确规定。如朝鲜、罗马尼亚、波兰、日本、意大利、瑞士等国的宪法中都有实施义务教育的条款，很多国家还颁布了实施义务教育的专门法令（见表4.1.1）。德国是世界上实施义务教育最早的国家之一。1619 年，德国《威马教育法令》规定儿童在 6—13 岁接受义务教育。1872 年颁布的《普通学校法》规定 6—14 岁的八年初等教育为义务教育。美国的马萨诸塞州在 1642 年和 1647 年两度颁布法令，实行义务教育。1852 年马萨诸塞州通过美国第一个实施部分时间制教育法，开创了美国各州制定义务教育法的先例，以后各州陆续制定了义务教育法（1986，张文）。英国 1870 年颁布《初等教育法》，实施 5—12 岁的七年初等义务教育。法国 1881 年颁布了《费里教育法》，开始实行义务教育，到 1959 年颁布《教育改革法》，规定义务教育年限为十年（6—16 岁），分为三阶段完成：6—11 岁为五年基础教育，即初等教育；11—13 岁为中学的最初两年，为"观察期"，教师将对学生的能力倾向和爱好进行观察，并指导他们分别接受不同的中等教育；13—16 岁为义务教育的"完结期"。日本于 1872 年颁布《学制》，规定实施义务教育。1879 年《教育令》规定，八年学龄期间有义务接受 16 个月以上的普通教育。1886 年颁布的《小学令》规定实行普通小学四年义务教育，1907 年延长为六年。1947 年又颁布了《教育基本法》和《学校教育法》，延长义务教育年限至九年。韩国 1948 年颁布的《大韩民国宪法》第 16 条规定："全体国民具有接受均等教育的权利。"该法还确定了义务教育的免费原则。1949 年又公布了《教育法》，该法第 8 条规定："全体国民具有接受六年初等教育的权利。国家和地方公共团体为实现前项规定的初等教育，应设立、经营所需要的学校，而学龄儿童的父母或监护人具有使其所保护的儿童接受初等义务教育的义务。事业经营者不得因雇佣义务教育就学学龄儿童而妨碍义务教育的实施。"对违反规定者，该法规定了相应的处罚条例。苏联在十月革命后提出实行义务教育，1923 年制定了《教育法案》，1930 年制定了《苏联普及初等义务教育法》，1973 年通过《苏联和各加盟共和国国民教育立法纲要》，规定从 1974 年起，实施免费的十年制义务教育。印度 1950 年颁布的《印度共和国宪法》规定初等教育为义务教育（6—14 岁年龄段，八年），并要求十年内在全印度实现普及义务教育的目标。巴西早在 1934 年的第一部宪法就规定，教育是人人享有的权利，在学校和家庭中提供教育是国家的责任。1946 年的宪法明确规定向儿童提供免费的四年初等义务教育。其后，巴西又颁布了三部宪法，每一次都明文规定要向儿童提供免费义务教育。

**表 4.1.1　中国和世界部分国家实施义务教育简况**

| 国家 | 政策法规 | 实施义务教育起始年份 | 普及初等教育年份 | 普及义务教育年份 | 义务教育年限（2008 年数据） |
|---|---|---|---|---|---|
| 中国 | 《义务教育法》 | 1986 | 1994 | 2011 | 9 |
| 美国 | 《义务教育法令》 | 1852 | 1920 | 1975 | 12 |
| 英国 | 《初等教育法》 | 1870 | 1902 | 1976 | 12 |
| 德国 | 《威马教育法令》 | 1619 | — | 1975 | 13 |
| 巴西 | 《宪法》 | 1934 | — | 未普及 | 9 |
| 日本 | 《学制》 | 1872 | 1920 | — | 9 |
| 法国 | 《费里教育法》 | 1881 | — | — | 11 |
| 韩国 | 《大韩民国宪法》 | 1948 | 1976 | 1997 | 9 |
| 印度 | 《印度共和国宪法》 | 1950 | — | 未普及 | 8 |
| 俄罗斯 | 《初等义务教育法》 | 1918 | 1932 | — | 10 |

我国义务教育的提出可追溯到清朝。清末"壬寅学制"中的《小学堂章程》把七年小学教育规定为义务教育。1904 年颁布实施的《奏定学堂章程》规定初等小学堂为实施义务教育的主要组织形式。1911 年我国正式提出了第一个义务教育法令——《试办义务教育章程案》，但由于随后清朝的灭亡，这一法令未得以实施。1912 年中华民国成立后，临时政府教育部颁布的"壬子癸丑学制"中第一次明确制定了关于义务教育的规定。随后，历届政府在不同时期都发布了许多有关义务教育的法令，从这些来看，民国时期对于义务教育的实施普及还是很重视的，但由于当时政治、经济和社会发展都极其复杂，义务教育的实施情况不甚理想，甚至只是短暂地流于形式。新中国成立后，中央政府颁布了若干规定，制定了普及初等义务教育的计划，虽然有一定进展，但由于经济实力的限制和地广人多

的压力，基础教育仍比较薄弱，初等义务教育离普及的目标依然很远。直到 1986 年《义务教育法》的颁布，中国才正式开始有步骤地落实九年义务教育（郭余欢，2009）。

**（二）义务教育年限**

据联合国教科文组织统计，截至 2008 年，世界义务教育年限平均为 9.26 年。波多黎各的义务教育年限最长，为 17 年；老挝、缅甸、孟加拉、巴基斯坦以及赤道几内亚等 5 国的义务教育年限最短，为 5 年。大多数欧美国家及经济较发达的国家，其义务教育年限大多在 10 年以上。例如，委内瑞拉和秘鲁为 14 年；德国、荷兰、比利时等 5 国为 13 年；美国、英国、卡塔尔等 17 国为 12 年；法国、挪威、加拿大、西班牙等 23 国为 11 年；俄罗斯、匈牙利、芬兰等 31 国为 10 年。中国、南非、巴西、日本、韩国等 57 个国家为 9 年；印度、新加坡、马来西亚、菲律宾以及大多数非洲国家和部分经济欠发达国家，共计 59 个国家其义务教育年限在 8 年及以下。

**（三）义务教育完成时间**

从义务教育的实施到完成需要一个漫长的过程。仅就初等义务教育而言，多数国家都经历了较长的时间。美国从 1852 年马萨诸塞州颁布义务教育法令到 1920 年密西西比州最后一个制定义务教育法，在全国实行义务教育，花了近 70 年时间基本上在各州普及了初等义务教育，第二次世界大战后（1975 年）普及了中等教育，累计花费 120 多年普及义务教育，义务教育的年限已达 12 年，是当今世界上普及义务教育历时最久的国家之一（成有信，1985）。日本 1872 年实施初等义务教育到 1920 年完成初等义务教育用了 48 年。韩国 1948 年起实施义务教育，1976 年普及 6 年初等义务教育，到 1997 年普及 9 年义务教育用了近 50 年时间。法国完成初等义务教育用了 30 多年。英国从 1870 年开始实施义务教育到 1902 年普及初等义务教育用了 32 年，到 1976 年普及中等教育，共历时 106 年普及义务教育。苏联十月革命后宣布实施初等义务教育，1932 年完成，历时 15 年。印度从 1950 年颁布《印度共和国宪法》起实施义务教育，并要求十年内在全印度实现普及义务教育的目标。然而在此后的 40 多年中，印度一再推迟初等教育的实现期限。至今，由于存在较高的辍学率，印度距离普及八年义务教育的目标仍然十分遥远。巴西1934年起开始实施义务教育，但至今仍未实现普及义务教育的目标。

我国自清末（1904年）颁布《奏定学堂章程》起直到民国政府，都规定实施义务教育，但从未真正实现过。新中国成立后，义务教育在短期内取得了良好的成绩，但十年动乱使义务教育发展停滞不前。至1985年出台《中共中央关于教育体制改革的决定》和1986年颁布《中华人民共和国义务教育法》，我国才正式开始了有计划、有步骤、有立法依据的九年制义务教育的历程。1994年全国98.4%的人口地区普及了初等义务教育，初中毛入学率达到73.8%。至2000年在85%的人口地区实现"两基"，初中毛入学率达到85%左右，小学入学率达到99%以上，青壮年文盲率降到5%左右。截至2011年，我国在全国范围内全面实现基本普及九年义务教育和基本扫除青壮年文盲的伟大壮举。

纵观世界各国义务教育的发展与改革历程，美英日等主要工业化国家于20世纪前后就基本上实现了普及初等教育。20世纪80年代主要发达国家基本普及了高中阶段的义务教育，美英日等发达国家的高中入学率达到90%以上。美英等西方发达国家用了一个多世纪来完成普及义务教育，而我国从1986年真正实施义务教育开始，仅用了不足30年时间就走完了西方发达国家百年普及义务教育的历程。

### （四）义务教育普及程度

我国义务教育普及程度排在世界前列。据联合国开发计划署（UNDP）《2010年人类发展报告》披露，中国初等教育毛入学率在161个国家中排第38位，初等教育发展水平排在人类发展指数很高的国家群体的末端（UNDP，2010）。在世界经济论坛（WEF）《全球竞争力报告2011—2012》中，中国初等教育净入学率在142个国家中排第9位，中等教育毛入学率排第93位（WEF，2011）。

另据联合国教科文组织《全民教育全球监测报告2011》，2009年世界小学在校生人数达七亿两百多万人，中学在校生人数达五亿三千一百多万人。其中，中国小学在校生人数占世界小学在校生人数的15%，仅次于印度（21%）；中学占19%，与印度（19%）持平（UNESCO，2011）。2008
年中国小学新生毛入学率为96%，低于世界平均值（112%）、发达国家平
均值（103%）和发展中国家平均值（113%），在表4.1.2有数据的12个
国家中排在末尾。2007年小学净入学率为99.5%，高于世界平均值
（88%）、发达国家平均值（95%）和发展中国家平均值（87%），仅次于
英国（100%）和日本（100%）排第三位。近10年来我国小学净入学率
显著高于世界平均值（见图4.1.1），但小学新生毛入学率显著低于世界平
均值（见表4.1.3）。2008年中国初中毛入学率（98.5%）虽然高于世界
平均值（79%）和发展中国家平均值（76%），但在表4.1.2有数据的16
个国家中位列倒数第三，仅高于俄罗斯（85%）和印度（76%）。

表4.1.2 中国和世界部分国家小学、初中入学率比较

|  | 2008年小学新生毛入学率（%）（位次） | 2007年小学净入学率（%）（位次） | 2008年初中毛入学率（%）（位次） |
|---|---|---|---|
| 中国 | 96（12） | 99.5c（3） | 98.5c（14） |
| 韩国 | 105（4） | 99（4） | 99（9） |
| 日本 | 101（6） | 100（1） | 102（6） |
| 丹麦 | 99z（7） | 96（9） | 117z（1） |
| 芬兰 | 99（7） | 96（9） | 102（6） |
| 法国 | — | 98（6） | 110（3） |
| 德国 | 99（7） | 98（6） | 100（8） |
| 挪威 | 98（11） | 99（4） | 96（12） |
| 英国 | — | 100（1） | 103（5） |
| 美国 | 106（3） | 92（12） | 99（9） |
| 印度 | 128z（1） | 90z（13） | 76z（16） |
| 南非 | 108z（2） | 87z（14） | 94z（13） |
| 巴西 | — | 94（11） | 107（4） |

续表

| | 2008 年小学新生毛入学率（%）（位次） | 2007 年小学净入学率（%）（位次） | 2008 年初中毛入学率（%）（位次） |
|---|---|---|---|
| 俄罗斯 | 99（7） | — | 85（15） |
| 匈牙利 | 103（5） | 90（13） | 99（9） |
| 澳大利亚 | — | 97（8） | 114（2） |
| 世界平均 | 112 | 88 | 79 |
| 发达国家平均 | 103 | 95 | 103 |
| 发展中国家平均 | 113 | 87 | 76 |

注：z 表示 2007 学年末数据；y 表示 2006 学年末数据；x 表示 2005 学年末数据；c 表示中国官方数据。

【数据来源】UNESCO. Education for All Global Monitoring Report 2011［R］. 2011.

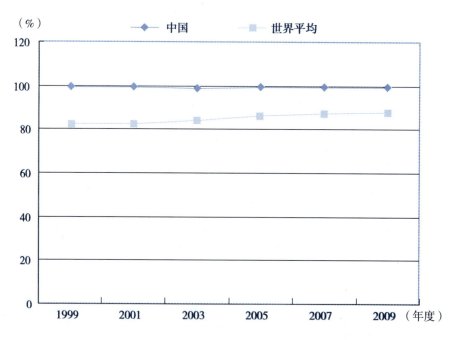

图 4.1.1　中国小学净入学率与世界平均值比较（1999—2009 年）

【数据来源】UNESCO. Education for All Global Monitoring Report 2011［R］. 2011.

表 4.1.3　中国和世界部分国家小学新生毛入学率比较（1999—2009 年）（%）

| | 1999年 | 2000年 | 2001年 | 2002年 | 2003年 | 2004年 | 2005年 | 2006年 | 2007年 | 2008年 | 2009年 |
|---|---|---|---|---|---|---|---|---|---|---|---|
| 世界平均 | 105 | 105 | 106 | 107 | 110 | 111 | 110 | 111 | 112 | 112 | 110 |
| 中国 | — | — | 93 | 97 | 98 | — | — | 88 | 93 | 95 | 96 |
| 俄罗斯 | 93 | 92 | 94 | 102 | 102 | — | 100 | 101 | 99 | 101 | 102 |
| 印度 | 121 | 121 | 119 | 115 | 126 | 128 | 129 | 131 | 129 | 127 | — |
| 巴西 | — | 117 | 124 | 122 | 118 | 123 | 125 | — | — | — | — |
| 南非 | 115 | 97 | 104 | 117 | 119 | 118 | 115 | — | — | — | 91 |
| 美国 | 107 | 105 | 103 | 102 | 103 | 103 | 106 | 107 | 108 | 110 | 102 |
| 日本 | 101 | 101 | 101 | 105 | 101 | 103 | 102 | 103 | 102 | 103 | 103 |
| 韩国 | 105 | 100 | 99 | 100 | 100 | 103 | 102 | 104 | 111 | 106 | 99 |

【数据来源】UNESCO. Education for All Global Monitoring Report 2011 ［R］. 2011.

## 二、经费投入状况

我国教育投入明显处于世界较低水平。根据瑞士洛桑国际管理学院（IMD）《世界竞争力报告 2010》，中国 2007 年公共教育支出占 GDP 的比例（2.9%）排在 57 个有数据的主要国家（地区）的第 53 位；人均公共教育支出（71 美元）排在第 54 位。另据联合国教科文组织《全民教育全球监测报告 2011》，2008 年中国教育公共支出占 GDP 的比例为 3.5%，明显低于世界占 GNP 平均值（4.8%）、发达国家占 GNP 平均值（5.2%）和发展中国家占 GNP 平均值（4.2%），仅高于印度（3.2%）和日本（3.4%）排倒数第三。中国教育公共支出占财政支出比例为 16%，分别高于世界平均值（14%）和发达国家平均值（12%），与发展中国家平均值（16%）持平，在表 4.1.4 所列的有数据的 14 个国家中排第 2 位。中国小学教育公共支出占教育公共支出比例为 32%，低于世界平均值（34%）但高于发达国家平均值（24%），在上述国家中处于中间靠前的位置。中学教育公共支出占教育公共支出比例为 30%，低于发达国家平均值（41%），在上述国家中排末尾。中国小学、中学生均教育经费支出（2007 年购买力平价美元）分别为 822 美元和 1050 美元，不到发达国家平均值（5557 美元和 7437 美元）的六分之一，仅高于印度（204 美元和 370 美元）排倒数第二。

表 4.1.4　中国和世界部分国家义务教育经费投入情况比较（2008 年）

| | 教育公共支出占GNP比例（%）（位次） | 教育公共支出占财政支出比例（%）（位次） | 小学教育公共支出占教育公共支出比例（%）（位次） | 小学生均教育经费支出（2007年购买力平价美元)(位次) | 中学教育公共支出占教育公共支出比例（%）（位次） | 中学生均教育经费支出（2007年购买力平价美元）（位次） |
|---|---|---|---|---|---|---|
| 中国[1] | 3.5[2]（14） | 16（2） | 32（4） | 822（12） | 30（13） | 1050（12） |
| 韩国 | 4.2z（12） | 15z（5） | 32z（4） | 4277z（9） | 43z（5） | 5580z（7） |
| 日本 | 3.4z（15） | 9z（14） | — | — | — | — |
| 丹麦 | 7.8y（1） | 15y（5） | 23y（7） | 8138y（2） | 37y（10） | 11596y（2） |
| 芬兰 | 5.9z（3） | 12z（9） | 20z（9） | 5557z（5） | 42z（7） | 9737z（3） |
| 法国 | 5.5y（6） | 11y（11） | 21y（8） | 5309y（7） | 47y（2） | 7988y（5） |
| 德国 | 4.4y（11） | 10y（12） | 15y（10） | 5391y（6） | 48y（1） | 6916y（6） |
| 挪威 | 6.7z（2） | 16z（2） | 24z（6） | 8688z（1） | 34z（11） | 12516z（1） |
| 英国 | 5.5z（6） | 12z（9） | 29z（5） | 6438z（3） | 45z（3） | 8220z（4） |
| 美国 | 5.5z（6） | 14z（7） | — | — | — | — |
| 印度 | 3.2y（16） | — | 36y（2） | 204y（13） | 43y（5） | 370y（13） |
| 南非 | 5.6（5） | 17（1） | 40（1） | 1356（11） | 31（12） | 1603（11） |
| 巴西 | 5.3z（9） | 16z（2） | 32z（4） | 1598z（10） | 44z（4） | 1671z（10） |
| 俄罗斯 | 4.0y（13） | — | — | — | — | — |
| 匈牙利 | 5.7y（4） | 10y（12） | 20y（9） | 4527y（8） | 41y（8） | 4067y（9） |
| 澳大利亚 | 4.9z（10） | 14y（7） | 34z（3） | 6082（4） | 39z（9） | 5504（8） |
| 世界平均 | 4.8 | 14 | 34 | — | — | — |
| 发达国家平均 | 5.2 | 12 | 24 | 5557 | 41 | 7437 |
| 发展中国家平均 | 4.2 | 16 | — | — | — | — |

注：z 表示 2007 学年末数据；y 表示 2006 学年末数据；x 表示 2005 学年末数据；＊表示估计数据。

　　1. 中国数据由《2009 中国教育经费统计年鉴》数据换算而来；

　　2. 教育公共支出占 GDP 比例（%）。

【数据来源】UNESCO. Education for All Global Monitoring Report 2011 ［R］. 2011；2009 中国教育经费统计年鉴 ［M］. 北京：中国统计出版社，2010.

### 三、质量提高状况

我国义务教育质量国际排名比较靠前。据世界经济论坛《全球竞争力报告 2011—2012》，在有数据的 142 个国家（地区）中，中国初等教育质量排第 31 位，教育体系质量排第 54 位，数学与科学教育质量排第 31 位，学校管理质量排第 59 位，校园网联通率排第 28 位。另据联合国开发计划署《2010 年人类发展报告》，中国成人识字率在 130 个国家中排第 43 位，辍学率在 139 个国家中排第 9 位，留级率在 144 个国家中排第 17 位，生师比在 125 个国家中排第 45 位。

此外，根据联合国教科文组织《全民教育全球监测报告 2011》，中国 2007 年度小学辍学率（0.4%）和 2008 年度小学留级率（0.3%）远低于世界平均值（7% 和 3%）及发展中国家平均值（17% 和 5%），也低于发达国家平均值（2% 和 0.6%），在表 4.1.5 中有数据的国家中位列第二。2007 年，中国、芬兰、挪威等 3 国小学巩固率均达到了 100%。2008 年度中国小学和初中生师比分别为 18 和 16，均低于世界平均值（25 和 19）和发展中国家平均值（28 和 22），但高于发达国家平均值（14 和 12），在上述国家中处于中等偏下水平。

表 4.1.5　中国和世界部分国家小学留级率、辍学率、巩固率与小学、初中生师比比较

| | 2008 年小学留级率（%）（位次） | 2007 年小学辍学率（%）（位次） | 2007 年小学巩固率（%）（位次） | 2008 年小学生师比（位次） | 2008 年初中生师比（位次） |
|---|---|---|---|---|---|
| 中国 | 0.3（2） | 0.4（3） | 100（1） | 18（6） | 16（8） |
| 韩国 | 0.0（1） | 2.0（6） | 98（6） | 24（11） | 20（10） |
| 日本 | — | — | — | 18（6） | 14（4） |
| 芬兰 | 0.4（3） | 0.2（1） | 100（1） | 14（3） | 11（2） |
| 法国 | — | — | — | 19（9） | 14（4） |
| 德国 | 1.0（5） | 4.0（8） | 96（7） | 13（2） | 12（3） |
| 挪威 | — | 0.2（1） | 100（1） | — | — |

续表

| | 2008 年小学留级率（%）（位次） | 2007 年小学辍学率（%）（位次） | 2007 年小学巩固率（%）（位次） | 2008 年小学生师比（位次） | 2008 年初中生师比（位次） |
|---|---|---|---|---|---|
| 英国 | — | — | — | 18（6） | 15z（7） |
| 美国 | — | 1.0（4） | 99（4） | 14（3） | 14（4） |
| 印度 | 3.0（7） | 3.4x（7） | 66（9） | — | — |
| 南非 | 8.0（8） | — | — | 31z（12） | — |
| 巴西 | — | — | — | 23（10） | 18（9） |
| 俄罗斯 | 0.4（3） | 5.0（9） | 95（8） | 17（5） | — |
| 匈牙利 | 2.0（6） | 1.0（4） | 99（4） | 10（1） | 10（1） |
| 世界平均 | 3.0 | 7.0 | 93 | 25 | 19 |
| 发达国家平均 | 0.6 | 2.0 | 98 | 14 | 12 |
| 发展中国家平均 | 5.0 | 17.0 | 83 | 28 | 22 |

注：z 表示 2007 学年末数据，x 表示 2005 学年末数据。

【数据来源】UNESCO. Education for All Global Monitoring Report 2011［R］. 2011.

　　2005—2008 年中国 15—24 周岁青年识字率为 99%，15 周岁及以上成人识字率为 94%，二者均高于世界平均值（89% 和 83%）和发展中国家平均值（87% 和 79%），但低于发达国家平均值（100% 和 99%），在表 4.1.6 所列的国家中处于中间位置。

表 4.1.6　中国和世界部分国家青年及成人识字率比较（2005—2008 年）

| | 15—24 周岁青年识字率（%）（位次） | 15 周岁及以上成人识字率（%）（位次） |
|---|---|---|
| 俄罗斯 | 100（1） | 100（1） |
| 意大利 | 100（1） | 99（2） |
| 西班牙 | 100（1） | 98（3） |
| 新加坡 | 100（1） | 95（5） |

续表

| | 15—24 周岁青年<br>识字率（%）（位次） | 15 周岁及以上成人<br>识字率（%）（位次） |
|---|---|---|
| 葡萄牙 | 100（1） | 95（5） |
| 希腊 | 99（6） | 97（4） |
| 中国 | **99（6）** | **94（7）** |
| 泰国 | 98（8） | 94（7） |
| 墨西哥 | 98（8） | 93（9） |
| 巴西 | 98（8） | 90（11） |
| 印度尼西亚 | 97（11） | 92（10） |
| 南非 | 97（11） | 89（12） |
| 埃及 | 85（13） | 66（13） |
| 印度 | 81（14） | 63（14） |
| 世界平均 | 89 | 83 |
| 发达国家平均 | 100 | 99 |
| 发展中国家平均 | 87 | 79 |

【数据来源】UNESCO. Education for All Global Monitoring Report 2011 ［R］. 2011.

2008 年，中国小学和初中平均班额分别为 36.8 人和 55.2 人，均高于 OECD 国家平均值（21.6 人和 23.9 人），在表 4.1.7 所列的 20 个国家中排最后一位。

表 4.1.7　中国和世界部分国家班额比较（2008 年）

| | 小学（人）（位次） | 初中（人）（位次） |
|---|---|---|
| OECD 平均 | 21.6 | 23.9 |
| 中国 | **36.8（20）** | **55.2（19）** |
| 韩国 | 30.0（19） | 35.3（17） |
| 日本 | 28.1（18） | 33.2（16） |
| 以色列 | 27.6（17） | 32.5（15） |

续表

|  | 小学（人）（位次） | 初中（人）（位次） |
|---|---|---|
| 土耳其 | 27.0（16） | — |
| 印度尼西亚 | 26.6（15） | 35.9（18） |
| 巴西 | 25.5（14） | 29.8（14） |
| 英国 | 24.6（13） | 20.4（3） |
| 澳大利亚 | 23.7（12） | 23.6（9） |
| 美国 | 23.3（11） | 22.8（7） |
| 法国 | 22.7（10） | 24.3（10） |
| 德国 | 21.9（9） | 24.7（12） |
| 西班牙 | 21.0（8） | 24.4（11） |
| 墨西哥 | 19.8（7） | 28.7（13） |
| 丹麦 | 19.6（6） | 20.0（2） |
| 波兰 | 19.0（5） | 23.2（8） |
| 葡萄牙 | 18.8（4） | 22.3（6） |
| 意大利 | 18.7（3） | 21.0（4） |
| 希腊 | 16.8（2） | 21.9（5） |
| 俄罗斯 | 15.7（1） | 17.8（1） |

【数据来源】OECD. Education at a Glance 2010：OECD Indicators［M］. 2010.

2009 年 PISA 测试结果（见表4.1.8）表明，在 65 个国家与地区中，中国上海学生阅读、数学、科学三科成绩及其总分均名列第一，三科总成绩平均比名列第二的中国香港高出近 100 分。中国大陆学生平均总成绩位居第九，数学成绩位居第四，科学成绩位居第十一，均显著高于 OECD 平均水平；阅读成绩位居第二十九，显著低于 OECD 平均水平。

表4.1.8  2009 年 PISA 测试成绩及排名

|  | 总分（位次） | 阅读（位次） | 数学（位次） | 科学（位次） |
|---|---|---|---|---|
| OECD 平均 | 1490 | 493 | 496 | 501 |

续表

|  | 总分（位次） | 阅读（位次） | 数学（位次） | 科学（位次） |
|---|---|---|---|---|
| 中国上海 | 1731（1） | 556（1） | 600（1） | 575（1） |
| 中国香港 | 1637（2） | 533（4） | 555（3） | 549（3） |
| 芬兰 | 1631（3） | 536（3） | 541（7） | 554（2） |
| 新加坡 | 1630（4） | 526（5） | 562（2） | 542（4） |
| 韩国 | 1623（5） | 539（2） | 546（5） | 538（6） |
| 日本 | 1588（6） | 520（8） | 529（9） | 539（5） |
| 加拿大 | 1580（7） | 524（6） | 527（10） | 529（8） |
| 新西兰 | 1572（8） | 521（7） | 519（13） | 532（7） |
| 中国平均 | 1560（9） | 486（28） | 550（4） | 524（11） |
| 中国台北 | 1558（10） | 495（22） | 543（6） | 520（13） |
| 澳大利亚 | 1556（11） | 515（9） | 514（15） | 527（10） |
| 荷兰 | 1556（11） | 508（10） | 526（11） | 522（12） |
| 瑞士 | 1552（13） | 501（13） | 534（8） | 517（15） |
| 爱沙尼亚 | 1541（14） | 501（13） | 512（17） | 528（9） |
| 德国 | 1530（15） | 497（18） | 513（16） | 520（13） |
| 比利时 | 1528（16） | 506（11） | 515（14） | 507（21） |
| 中国澳门 | 1523（17） | 487（27） | 525（12） | 511（18） |
| 波兰 | 1503（18） | 500（15） | 495（25） | 508（19） |
| 冰岛 | 1503（18） | 500（15） | 507（18） | 496（28） |
| 挪威 | 1501（20） | 503（12） | 498（21） | 500（24） |
| 英国 | 1500（21） | 494（24） | 492（28） | 514（16） |
| 丹麦 | 1497（22） | 495（22） | 503（19） | 499（26） |
| 斯洛文尼亚 | 1496（23） | 483（31） | 501（20） | 512（17） |
| 爱尔兰 | 1491（24） | 496（20） | 487（31） | 508（19） |
| 法国 | 1491（24） | 496（20） | 497（22） | 498（27） |
| 美国 | 1489（26） | 500（15） | 487（31） | 502（23） |

| | 总分（位次） | 阅读（位次） | 数学（位次） | 科学（位次） |
|---|---|---|---|---|
| 匈牙利 | 1487（27） | 494（24） | 490（29） | 503（22） |
| 瑞典 | 1486（28） | 497（18） | 494（26） | 495（29） |
| 捷克 | 1471（29） | 478（34） | 493（27） | 500（24） |
| 葡萄牙 | 1469（30） | 489（26） | 487（31） | 493（32） |
| 斯洛伐克 | 1464（31） | 477（35） | 497（22） | 490（34） |
| 拉脱维亚 | 1460（32） | 484（30） | 482（36） | 494（30） |
| 奥地利 | 1460（32） | 470（39） | 496（24） | 494（30） |
| 意大利 | 1458（34） | 486（28） | 483（34） | 489（35） |
| 西班牙 | 1452（35） | 481（33） | 483（34） | 488（36） |
| 卢森堡 | 1445（36） | 472（38） | 489（30） | 484（38） |
| 立陶宛 | 1436（37） | 468（40） | 477（37） | 491（33） |
| 克罗地亚 | 1422（38） | 476（36） | 460（40） | 486（37） |
| 希腊 | 1419（39） | 483（31） | 466（39） | 470（40） |
| 俄罗斯 | 1405（40） | 459（42） | 468（38） | 478（39） |
| 迪拜 | 1378（41） | 459（43） | 453（41） | 466（41） |
| 以色列 | 1376（42） | 474（37） | 447（42） | 455（42） |
| 土耳其 | 1363（43） | 464（41） | 445（43） | 454（43） |
| 塞尔维亚 | 1327（44） | 442（45） | 442（44） | 443（45） |
| 智利 | 1317（45） | 449（44） | 421（49） | 447（44） |
| 保加利亚 | 1296（46） | 429（46） | 428（46） | 439（46） |
| 乌拉圭 | 1280（47） | 426（47） | 427（47） | 427（48） |
| 罗马尼亚 | 1279（48） | 424（49） | 427（47） | 428（47） |
| 泰国 | 1265（49） | 421（50） | 419（50） | 425（49） |
| 墨西哥 | 1260（50） | 425（48） | 419（50） | 416（50） |
| 约旦 | 1207（51） | 405（53） | 387（54） | 415（51） |
| 巴西 | 1203（52） | 412（51） | 386（55） | 405（52） |

|  | 总分（位次） | 阅读（位次） | 数学（位次） | 科学（位次） |
|---|---|---|---|---|
| 哥伦比亚 | 1196（53） | 413（52） | 381（56） | 402（53） |
| 哈萨克斯坦 | 1195（54） | 390（57） | 405（52） | 400（56） |
| 阿根廷 | 1187（55） | 398（56） | 388（53） | 401（54） |
| 突尼斯 | 1176（56） | 404（54） | 371（58） | 401（54） |
| 阿塞拜疆 | 1166（57） | 362（62） | 431（45） | 373（61） |
| 印度尼西亚 | 1156（58） | 402（55） | 371（58） | 383（58） |
| 阿尔巴尼亚 | 1153（59） | 385（58） | 377（57） | 391（57） |
| 卡塔尔 | 1119（60） | 372（59） | 368（60） | 379（59） |
| 巴拿马 | 1107（61） | 371（60） | 360（62） | 376（60） |
| 秘鲁 | 1104（62） | 370（61） | 365（61） | 369（62） |

【数据来源】OECD. PISA 2009 Database.［DB/OL］.［2012－12－15］. http：//dx. doi. org/
10. 1787/8889323433421，http：//www. doc88. com/p－91099453434. html.

# 第二节 义务教育均衡发展政策国际比较

从世界范围看，不论是美国、英国、日本等发达国家，还是印度、巴西等发展中国家，义务教育发展均经历了一个由基本普及到均衡发展以至最终在均衡发展的基础上追求高效率高质量的历程。本节通过对义务教育均衡发展的政策保障、投入体制、薄弱校改造和弱势群体帮扶及教师交流制度等维度的分析比较，梳理世界部分国家义务教育均衡发展的重要举措和典型做法，提出对我国义务教育均衡发展的启示。

## 一、政策保障

基础教育均衡发展，需要国家重视，并采取强有力的措施，才能得到保证。事实上，许多现代国家的经验表明：通过立法程序把国家关于义务教育均衡发展的方针政策、制度措施用法律形式固定下来，使整个社会有章可循并坚决保证实施，是实现义务教育均衡发展的强有力举措之一。

### （一）美国以强制性和连续性的立法保障义务教育均衡发展

美国促进义务教育均衡发展的思想渗透在一系列教育法案中。1964 年《民权法》，规定任何人不得因其种族、肤色或原国籍而在任何接受联邦资助的教育计划中受到歧视。1965 年《初等与中等教育法案》是美国提出补偿性教育政策的首个联邦法律，该法案宣布联邦的教育政策是提供经济资助，以使地方教育当局能够更好地改善低收入家庭子女的教育情况。这些政策都体现了教育机会公平的价值取向。到 1991 年，《美国 2000 年教育战略》中蕴含了让所有学校均衡发展的思想，力求在教育机会均衡的基础上实现教育结果的平等。1993 年，克林顿政府颁布的《学校改进法》提出要通过特殊拨款和专项资助等形式来促进学校的均衡发展（李均，2006）。1994 年《2000 年目标：美国教育法》提出要为每个人提供接受高质量教育的平等机会。2002 年颁布的《不让一个孩子掉队法案》，强调让所有儿童都能享有较好的教育，使所有学生都达到各州规定的能力水平，尽量缩小和消除大多数少数民族学生和其他学生之间的学业差距。该法案规定了中小学所有学生在阅读、数学和科学的成绩标准以及与此相应的评估、奖惩机制。为了达到法案规定的标准，各州都建立了包括薄弱学校在内的各类学校评估、扶持机制，这在客观上刺激和推动了美国薄弱学校改造的进程。由此可见，美国在各个历史时期都非常重视通过较完善的立法手段和保障机制来促进义务教育的均衡发展。

### （二）日本构建完整法律体系保障义务教育均衡发展

日本于 1947 年颁布了《教育基本法》，突出了"教育机会均等""义务教育""男女同校"等方面的规定，极大地促进了男女受教育权的平等（李文英，2010）；随后国会以《教育基本法》为准则，相继颁布了《学校教育法》《教育委员会法》《教职员许可法》和《社会教育法》等。其中，《学校教育法》中明确规定了小学、初中和高中的办学基准，对学校选址、占地面积、师资水平、实验器材、图书配备等方面都提出了明确的要求。

1958 年日本制定《公立义务教育学校的班级编制及教职员编制标准相关法律》，以规范班级规模和师生比例。同时，为支持偏远地区教育的发展，日本先后颁布了《偏僻地方教育振兴法》《偏僻地方教育振兴法施行令》《偏僻地方教育振兴法施行规则》《孤岛振兴法》《大雪地带对策特别措施法》等，以使偏僻地区学生享有同等的教育条件。对于弱势群体，1956 年日本制定了《关于国家扶助就学困难儿童就学的法律》，规定由国家在预算范围内援助因经济缘故而就学困难的儿童，并制定了《关于国家援助就学困难儿童就学奖励的法律实行令》和《关于国家援助就学困难儿童就学奖励的法律实行规则》，具体保障该法律的实施。此外，还出台许多专项法律加强对家庭经济困难儿童的扶助，如《学校供餐法》《学校保健法》《生活保护法》等（田汉族，2011）。可以看出，日本重视构建以《教育基本法》为基础、以各种类型的专门法律为支撑的完整法律体系，为其义务教育均衡发展保驾护航。

**（三）印度制定补偿性和积极反歧视的教育政策体系**

印度独立后，政府为保障所有人能享受平等教育机会，高度强调补偿性和积极反歧视的基本理念，并在印度《宪法》《1968 年教育政策》《1986 年教育政策》（及其 1992 年修正案）以及《儿童免费义务教育权利法》等相关法律和重大教育政策中得到贯彻和体现。

2001 年，印度政府制定了全国普及基础教育计划（SSA），2002 年修改宪法时将教育作为每个儿童的一项基本权利写入了宪法。2004 年的财政法案通过了在中央的直接与间接税中征收 2% 的教育税，以保证政府对普及优质基础教育的实现提供财政支持。2010 年 4 月 1 日，印度《儿童免费义务教育权利法》正式生效，确保所有儿童不论性别和社会阶层都有接受教育的机会，为促进义务教育均衡发展迈出了坚实的一步。

## 二、投入体制

### （一）投入政策

#### 1. 美国健全了联邦、州及各级教育投入法律

美国通过联邦宪法、州宪法和各类教育法规定了联邦、州和地方教育

财政的投入责任，其中，1958 年颁布的《国防教育法》是到目前为止影响力最大的关于教育投入的联邦宪法。在各州，义务教育主要由《学校法典》来规定，但也有一些州是由州宪法规定，提供免费的义务教育是州政府的职责。地方政府有税收立法权，自主决定学区内的财产税税率以保障教育经费、债券支持的教育项目、学校建筑、教师工资和福利，等等。《不让一个孩子掉队法案》则规定了联邦经费与义务教育的目标相挂钩，并实行优胜劣汰的拨款方式。

除了专门的《义务教育法》外，美国还因地制宜地制定了配套法律，以保障义务教育经费的投入。如 1958 年的《国防教育法》，要求联邦政府增加教育拨款，主要用于帮助各州和地方社区建设及修缮校舍、更新仪器设备，保证了教育条件的优化。

美国均衡区域间义务教育财政供给方面的政策集中在两个方面：一是联邦政府推进区域义务教育财政均衡的各类专项转移支付项目计划。联邦政府用于学区最大的义务教育拨款计划是"一号计划"（Title One Program）。该计划主要是为低收入学区成绩不佳的学生提供教学帮助，使低收入家庭的孩子不因其家庭贫困而降低学业成绩。这项拨款计划的分配范围很广，全美大约有 2/3 的小学生得到此项拨款。联邦政府拨款的第二部分为集中拨款。其目的是为贫困儿童集中的地区提供额外补助，以满足特殊需要。二是州政府推进学区间义务教育财政均衡的财政补助计划。为弥补地方政府即学区政府的财力差异，美国州政府对下辖学区实行财政补助。衡量补助的指标主要有学区财产价值、学区财产税率、学生数。从公立中小学系统的经费来源来看，美国联邦政府分担的经费比例在 10% 左右，州政府分担的经费所占比例超过学区政府，接近 50%。

### 2. 日本建立《学校教育法》及各专门投入法律

日本的财政制度属于地方与中央合作制，日本通过立法来保障教育经费投入，明确了各级政府，尤其是中央政府和省级地方政府的教育投入责任，如《学校教育法》《地方财政法》《义务教育国库负担法》《义务教育诸学校设施费国库负担法》《公立学校设施灾害修复费国库负担法》等。依法律规定，义务教育主要由地方政府负责，中央政府只负责确立全国标准，为地方教育财政均衡提供补助。中央政府对地方政府的补助主要通过国库金支出和地方交付税进行。

国库金支出主要包括国库负担金、国库委托金和国库补助金。中央对地方政府的专项补助主要通过国库负担金的分配进行。《义务教育经费国库负担法》和其他相关法律对地方政府的教育责任和中央政府的补助进行了规定。

二战前，日本的义务教育经费主要由地方政府负担，教育财政转移支付以财政专项转移支付为主（杨秉翰，2008）。二战后到 20 世纪 90 年代，则是专项转移支付与一般性转移支付并重，且基础教育经费开始占到日本国家教育经费的 70%（王维秋，2011）。二战后日本制定了《义务教育费国库负担法》《公立学校设施受灾修复费国库负担法》，确立了义务教育的国库负担制度。按照这些规定，国立学校的经费由国家负担，列入国家财政预算；公立学校的经费由地方政府（都道府县或市町村）负担，列入地方财政预算；私立学校的经费由学校法人负担，其主要来源有学费、社会集资、收益性事业收入以及国家和地方给予的补助。

目前日本义务教育经费是由中央、都府道县和市町村三级政府分担：中央政府负责确定义务教育的全国标准，并依法向地方提供财政补助；地方政府则对义务教育实行管理，对教育财政支出进行明确分工。国家负担义务教育经费的 50%，地方政府承担余下的 50%。此外，为保证城乡教育义务教育的均衡发展，日本政府实施了城乡一体化的义务教育财政体制，除通过国库支出金和地方交付税的形式对义务教育实施补助外，地方政府也对农村地区的义务教育实行补助（蔡红英，2009）。

### 3. 巴西《宪法》明确了各级政府的财政责任

巴西直接把教育经费问题写入《宪法》，对联邦、省、市三级的教育投入做了以下规定：联邦政府——国家应使用不少于整个国家预算 13% 的资金发展教育，预算是来自联邦所得税的收入；州政府——应使用不低于 25% 的州所得税收入投入文化和教育项目；市政府——市政府征收的所得税收入的 25% 必须用于维持和发展教育（王涓涓，2011）。

同时，为保障教师的权益，巴西政府规定基础教育发展与教师专业发展基金的60%必须用于教师的培训和工资的提高，并设立"直接到位补贴经费"为贫困地区教师工资的发放提供经费保障。

### （二）分担机制

一般而言，根据不同的投资主体，各国义务教育公共投资体制分为集中、相对集中和分散三种模式。但总体上，各国政府为了确保义务教育的全民性、普及性、均衡性，还是主要实行以中央或省级政府为主相对集中的投资体制。

根据经济合作与发展组织的资料显示，韩国、法国、意大利、泰国、荷兰、葡萄牙、捷克、爱尔兰等国义务教育公共经费投资主体是中央或联邦一级的最高行政当局，这些国家中央或联邦政府的投资比重在政府之间财政转移支付前均在53%以上，还有些典型国家如葡萄牙、新西兰和土耳其中央投资达到100%。另外，美国、德国、印度、澳大利亚、加拿大、西班牙等国义务教育公共经费的投资主体是省、邦、州、都道府县等高层次地方当局，其高层次地方政府的投资占各级政府初等和中等教育公共投资的比重，高于中央和基层地方政府投资的比重，一般均在40%以上，比利时占到90%以上，德国占76%（高如峰，2010）。

不仅世界上主要发达国家基础教育投资主体的层级较高，许多发展中国家也是如此。如埃及义务教育的公共经费主要由中央政府承担，义务教育教师工资全部由教育部支付；朝鲜中央政府是基础教育投资的绝对主体；印度的基础教育经费以政府投资为主，由中央和邦共同承担，并以邦为主，而基层地方政府基本不承担投资责任。

#### 1. 日本各级政府财政责任分担，配以中央政府地方返还税补助

《义务教育经费国库负担法》（2007年修正）第二条规定，义务教育学校（包括小学、初中和完全中学前期课程）所需经费，根据实际支出情况，由都、道、府、县承担三分之一。《市町村学校教职工待遇负担法》规定，市（包括特别区在内）、町、村公立小学、初中教职工的工资及各种津贴，由都、道、府、县承担。《义务教育学校设施经费国库负担法》规定，公立小学及初中学校新建室内运动场馆、公立小学及初中学校为解决教室不足而新建的校舍、特别资助学校的小学和初中部新增建筑、为了

统筹各公立小学和初中学校的设施规模条件而新建设施，这些基建费用均由中央承担二分之一。可见，日本各级政府的教育财政责任呈现"倒梯形"结构，在实行地方分权的过程中，中央政府承担了转移支付的主要责任，在义务教育经费投入的构成上，中央占二分之一，省级政府（都、道、府、县）占三分之一，省级以下政府（市、町、村）只承担了最小的比例。其中，人员经费中除了一些辅助性职员的工资由市、町、村负责外，地方政府公立义务教育学校的一般教职员的工资全部由都、道、府、县政府承担，同时接受中央政府的配套补助。教师的工资得到较高层级的财政保障。

二战后，为适应地方自治为核心的政治体系设计，中央对义务教育的投入呈现下降趋势，而地方政府对义务教育的投入呈现上升趋势。中央和地方政府的投入差距呈不断扩大的趋势。中央政府承担的比例处于40%—50%之间，而地方政府处于50%—60%之间，且地方和中央的投入差距不断扩大。为保障地方政府有足够的资源提供均衡化的服务，日本政府于1950年颁发了《地方返还税法》，并于2007年6月最新修正。中央政府以地方返还税的形式向次级政府进行转移支付（杨娟，2010）。

*2. 美国州承担投入主要责任，且中央转移支付不断增强*

美国联邦政府在政府支持的教育计划方面发挥资助作用，其对学区的援助方式通常是一揽子拨款、项目援助或一般性援助，这些资金通常拨付给州教育办公室，由它再将资金分发到地方教育机构。联邦资助的项目包括：日常教育、特殊教育、食品服务、补偿教育、学生支持（护理和咨询）、交通、双语教育、废止种族歧视、日常保健和心理服务、课外运动、"问题"青年的教育、选择性教育、安全和暴力防范等。州的教育行政机构由负有决策职能的州教育董事会和负有执行职能的州教育厅组成，拨付维持学校正常运作的经费，包括人员经费、公用经费和基本建设费，管理和分配联邦对州的教育补助款，落实州政府对地方教育的各项补助金。从经费来源渠道的比例来看，从20世纪60年代末至今，联邦政府承担经费的比重从4%左右提高到9%左右；学区承担的教育经费比重从高于50%逐步降到50%以下，并渐趋40%；州政府承担的经费比重超过学区，在

46%—49%徘徊。

### （三）转移支付制度

国外发达国家的义务教育转移支付类型大体可分为三类：一类包含在上级政府对地方政府的一般性转移支付中，以澳大利亚、英国、加拿大为代表；一类上级政府指定用于义务教育的专项拨款，以美国为代表；还有一类是以上两者兼而有之，如日本。

#### 1. 澳大利亚的均等化转移支付制度

澳大利亚的均等化转移支付由联邦拨款委员会操作，该委员会被认为是"以客观标准来衡量地方政府支出需求的榜样"，世界上许多国家使用的拨款公式都曾借鉴过澳大利亚拨款委员会的做法。澳大利亚的义务教育经费最终的提供者是州政府，因此，为了保证各州教育均等化的义务教育服务水平，主要由联邦政府给州政府以转移支付。义务教育拨款包含在一般用途的经常性拨款中。一般性拨款是通过一套公式来测度各州的财政能力与需求，在此基础上决定拨款的分配，其目标是保证每个州在合理税率的条件下，所提供的教育等公共服务不低于其他州。而教育作为拨款委员会确定的11个支出类别之一主要决定于以下因素：相关人口、地方政府辖域、人口的年龄与性别构成、与其他地区分享边界的程度、人口分散度、经济环境、年级成本、投入成本、实际环境、服务提供范围、社会经济指数、都市化程度、财产损坏与治安状况等。

#### 2. 美国实施独立的义务教育财政转移支付制度

美国实施独立的义务教育财政转移支付制度。美国转移支付的资金来自联邦政府和州政府，在对学区转移支付的具体责任方面，两级政府有明确的分工：联邦教育部的基金主要为处境不利的群体和无正常学习能力的儿童提供补助；而州政府是对地方政府义务教育财政转移支付的主体。州政府对学区的转移支付，在形式上基本都属于专项拨款或补助。具体的拨款数额确定又有三种方法：基本补助——专项一次性补助；保证税基——配套专项补助；基本补助与保证税基相结合。

美国各州大体有三种不同的财政转移支付模式：（1）水平拨款模式（Flat Grant Model）。这一模式中，州补助以学区内学生数量为标准，给予一次性人均补助以支持地方教育。（2）基本补助模式（Foundation Model）。该模式的目的是提供一个基本的水平，在此基础上，地方政府还可以补充。这一模式被视为美国教育财政理论的重大突破，为改变学区财政收入和经费悬殊现状，提供了行之有效的方法。（3）学区能力均等化模式（District Power Equalization Model）。该模式下所有的学区，不管是穷还是富，在相同税率下，都会筹集到大致相同的生均教育税。这些地方教育财政转移支付力度的做法，对于提高学区内公立中小学教育经费的水平、保障各学区公立中小学生获得平等教育机会中起着重要作用（杨军，2004）。

### 3. 日本实施一般性转移支付和专项拨款相结合

日本既有一般性转移支付，也有专项拨款。日本的义务教育财政转移支付，主要是中央政府对都道府县级区域政府和市町村级地方政府实行的财政转移。日本中央政府对地方政府的转移支付主要有三种类型：地方交付税、国库支出金和地方让与税。地方交付税实际就是均等化拨款，其目的是为了弥补地方财政收入的不足，平衡地方的财政能力，使地方达到中央规定的公共服务水平。国库支出金是以实施中央政府的经济社会政策为目的而对地方政府的财政转移支付。地方政府要得到这类补助首先必须接受中央政府附加的各种规定。国库支出金具体又可分为三种：一是国库负担金，当地方政府兴办关系到国家利益的项目时，由中央政府拨款，如义务教育；二是国库委托金，当中央政府将本属于自己的事务委托给地方承办时，中央政府给予这类补助，如国会议员选举；三是国库补助金，用于鼓励地方政府从事一些新型的或难度较大的行政事务。地方让与税是地方政府另外从中央政府获得的一些相对较小的税收转移支付。

义务教育的转移支付包含在地方交付税和国库支出金两种转移支付中。地方交付税是一般性的转移支付，在地方交付税分配额的计算中，中央政府规定了对义务教育支出项目的标准；国库支出金中的95%被用于义务教育，属于义务教育专项转移支付，并且专门规定了用途，分别负担义务教育的人员工资、津贴、教材费、基建费等。同时，日本制定了对处境不利地区（如海岛及边远地区）进行特别教育扶助的法律。转移支付资金是地方政府义务教育的重要经费来源之一，也是处境不利的地区和群体实施义务教育的制度保障。

### 4. 南非以均衡分配公式促进区域财政能力的均衡

南非政府主要是通过均衡分配公式促进区域间教育财政供给能力的均衡。均衡分配公式是根据国家收入中各省所占的份额对各省的收入进行分配，反映了几个省级变量，包括学龄人口规模和公立学校学生入学数量、各省农村人口规模，以及根据贫困指标确定的社会保障金涉及的人口规模等。政府的均衡分配公式通过建立在相对需要和需要解决事项的基础上在各省之间对全国收入进行分配，从而促进了各省之间的财政均衡和教育经费均衡。

南非均衡校际义务教育的主要政策是建立"国家学校经费规范和标准"，通过教育预算分配实现均衡。"国家学校经费规范和标准"是建立在"需要"的基础上的非人员经常性经费分配，目的是使学校在非人员经费支出方面取得平等。1999 年，"国家学校经费规范和标准"成为一项全国性政策。2005 年南非对其进行了修改，确保全国范围内贫困程度相似的学校都能获得相同的贫困倾斜投入，从而进一步缩小全国范围内校际教育资源分配差距问题，而不只是着眼于省内校际均衡的问题。

### 三、办学标准与弱势群体帮扶

#### （一）义务教育办学标准

##### 1. 日本实施统一的办学标准

教育法律明确规定了义务教育学校要按标准建设，各级政府必须根据各自职责按比例投入资金。《学校教育法》中明确规定了小学、初中和高中的办学基准，对学校选址、占地面积、校舍面积、师资水平、实验器材、图书配备等方面都提出了明确的要求，并必须依法严格执行。每所学校在办学条件、师资水平等方面都较为均衡，学校标准化建设和管理的思想落实得都比较到位。如新建小学，《学校教育法》明确规定了各级政府应负责的投入比例，其中中央政府负责校舍建设经费和教师工资的一半，县、省级政府负责校舍建设经费的另一半，正常维护和维修等费用由町村负责解决。各级政府的教育投入都列入财政预算，经国会和各级议会批准后再予以执行（陆岳新，2006）。

### 2. 印度建立最低限度的办学标准

印度从 1987 年开始实施旨在改善办学条件的"黑板行动计划"，使所有学校具备最低限度的办学标准。中央政府对购置教学设备和聘任新教师提供 100% 的资助，各邦政府负责校舍建设（田汉族，2011）。印度保障义务教育教学质量均衡发展的主要举措是建立底线性的"最低学业标准"（MLL），其不仅规定了语文、数学和环境研究等认知领域的要求，对体育、工作实践以及音乐与艺术教育等非认知领域也做出了规定①。

### （二）薄弱校改造和弱势群体帮扶计划

#### 1. 美国实施"补偿教育"和"资金补助计划"

美国对处境不利群体实施的"补偿教育"包括：一是为低收入家庭等弱势群体提供资金支持，实现在入学机会方面的平等；二是课程内容主要集中在与学生课外生活经历和文化相联系的一系列复杂而又有意义的问题；三是课堂教学鼓励使用补偿教育资金加强学前和幼儿教育，使课堂教学正规化，满足有利于学生的各种学校计划。总之，美国现行补偿教育开始从教育机会公平转向了旨在追求教育过程平等和教育结果平等的实质性公平。

为加强薄弱学校建设，联邦和州政府也施行了资金辅助计划。联邦主要是通过各种计划、基金来辅助薄弱学校，如综合学校改革论证计划、阅读优异法案计划等。州政府主要通过州立法机构的拨款和设立的基金项目、专门的扶助计划来扶持薄弱学校。

#### 2. 英国实施"教育行动区计划"和"追求卓越的城市教育计划"

英国实施"教育行动区计划"，其目标是联合企业、学校、地方教育当局和家长中新型改革运动的标兵，使社会不利地区的教育向现代化迈进。它是执政的工党政府积极引进校外力量，以公立私营、学校与社区共建等方式改造薄弱学校的一次重要尝试。英国政府为教育行动区赋予了一

---

① Jagannath Mohanty. Modern Trends in Indian Education ［M］. New Delhi：Deep and Deep Publications，2004：405 – 407.

系列优惠政策，给予了资金、设备和师资的扶持，并鼓励企业、社区和家庭参与薄弱学校的改造。该计划"立足于不让一所学校失败"的目标及有关措施已经在改造薄弱学校方面取得了比较显著的效果（李均，2006）。1999 年英国开始实施新的行动计划——"追求卓越的城市教育计划"，旨在改变城市教育标准低、学生学业成就不良的问题。

### 3. 法国实施"教育优先区计划"

法国于 20 世纪 80 年代启动了"教育优先区计划"，重点扶助薄弱小学与薄弱初中，为处于地理位置和社会环境最不利地位的学生投入更多的关注与支持。对被确定为"教育优先区"的学校，法国政府采取诸多支持性政策，主要包括：增拨教育经费，以改善学校的教育环境与教学设备、设施；增派教师，加强对原有教职人员的培训；提高该地区的教师待遇，设立专门的教师津贴，鼓励教师对落后地区的支援；缩小班级规模，减少班级人数，以利于教师对学生的个别辅导；鼓励"教育优先区"的幼儿及早进入免费的幼儿学校，接受正规的学前教育，以弥补由于落后而导致的早期教育的不足。法国的"教育优先区"政策在提高教育质量、促进义务教育均衡发展、推进教育民主化等方面是卓有成效的。更为重要的是，它彰显了"给匮乏者更多，特别是更好"的理念（王晓辉，2005）。通过该政策，法国以"低谷隆起"的方式实现了平等与均衡。相对于"削峰填谷"方式而言，法国的做法无疑更为理想。

### 4. 韩国推行教育"平准化"政策

韩国推出教育"平准化"政策，对"不利学校"增加教育拨款，大力改善其办学条件。"平准化"教育改革的根本理念与具体措施就是高中通过书面推荐材料和区域就近入学等方式招收学生，同时采取措施努力消除了学校间、区域间教育硬件设施和软件资源的差异，全面提高高中办学质量，使中小学教育质量在达标、均衡的基础上实现统一和公平（陈亮，2012）。

### 5. 印度实施"全国基础教育营养资助计划"

印度实施"全国基础教育营养资助计划"始于 1995 年 8 月，这是中央政府对邦政府的最大支持项目。该计划为上学的小学生提供必要的营养，从而提高小学生的入学率、保持率和出勤率。其做法是要为全国所有 1 至 5 年级小学生每天提供有营养价值的 100 克免费熟食。这个项目目前已在 10 多个邦推广，并将继续下去。2006 年拨款增长了 80%，达到 301 亿卢比，为各邦学生的正常入学创造了良好的条件。

## 四、教师交流制度

### （一）义务教育教师交流政策

#### 1. 韩国实施教师转补制度

韩国通过教师转补制度（定期交流与轮换制度）来保证提高教师的工作效率，确保学校师资水平的均衡，以此达到实现教育公平的目的。韩国教师是终身制的国家公务员身份，一旦通过了严格的教师任用应征考试，即获得了终身的教师资格。事实上，教师的终身从业资格往往使一些教师在固定的教育岗位和地点容易产生消极懈怠现象。为此，韩国实行了教师转补制度。《教育公务员任用令》第十三条第三款规定，为防止教育公务员在同一职位或地域长期工作而引起的懈怠，通过实施人事交流计划，使教师有效率地履行教师的义务（谢彦红，2006）。

韩国的定期交流和轮换制度规定，公立学校的校长和教师 4—7 年轮换一次。轮换范围一般在省内，但也有跨省轮换的，不同地区的轮换周期有别。在不同学校间轮换工作，是教师和校长职称、职务提升的必备条件。政府对教师定期交流和轮换在政策上给予全力支持，教育部规定，教师无论在哪所学校任教，其工资待遇及各项福利不变，而且随着教龄的增加，待遇也会相应地增加。

#### 2. 日本实行教师定期流动制度

日本通过实行"教师定期流动制度"，不断提高教师工作热情和创新能力，实现多样的经验积累；合理配置人才资源，保持学校之间的水平平衡；打破封闭状态，使学校办学始终充满活力。二战后，日本开始实施"教师定期流动制度"，到 20 世纪 50 年代中期，《地方教育行政组织及营运法律》《国家公务员法》《教育公务员特例法》《行政不服审查法》等一系列的法律出台后，该项制度才得以顺利推行，到 60 年代初趋于完善，并一直沿用至今。法律规定，公立学校教师属于地方公务员，教师的定期流动属于公务员"人事变动"的范畴，新任教师在一所学校连续工作不得超过6年，这就以法律形式规定了教师流动的强制性，使教师基本处于流动的状态。同时，法律对流动对象及条件做了明确的规定。

根据近年来教师的平均流动率推算，日本公立中小学教师平均每6年流动一次，多数县的中小学校长3—5年就要轮换一所学校，一名校长从上任到退休，一般要流动两次以上。在具体做法上，每年11月上旬，由县一级教育委员会发布教师定期流动实施纲要，内容包括流动区域、流动原则及要求等。全体教师都要求填写一份流动意向调查表，在充分尊重本人意愿的基础上，由校长决定流动人选，并报上一级主管部门审核，最终由县教育委员会教育长批准，于次年4月新学期前全部轮换到位。校长则由教育长直接任命换岗，本人也可以提出申请。

### 3. 美国设全国教师流动委员会，推动教师均衡流动

美国政府和相关机构采取多种措施来解决"留住教师危机"（teacher retention crisis），推动教师的均衡流动和合理调配。美国2001年的《不让一个孩子掉队法案》提出设立"全国教师流动委员会"（National Panel on Teacher Mobility）专门负责对各州教师流动进行定期调查与评估，并制定相关政策，以促进全国境内优秀教师的有效流动，为优秀教师创造机会，合理调配他们的工作与岗位，尤其鼓励教师向师资短缺、难以吸引或留住教师的州流动（李玲，韩玉梅，2011）。

### 4. 加拿大持教师资格认证可全国自由流动

加拿大政府通过政策法规的形式保障教师在全国范围内能够自由流动。加拿大《内部贸易协定》规定，各地的教师资格认证具有全国通用效力，在一个地区取得认证的教师，可持证在全国范围内自由选择从教岗位。各地教育部门建立相应机制以便教师进行跨省区认证。各地制定条例和规范，对教师资格进行审查（李玲，韩玉梅，2011）。

### （二）义务教育教师交流机制

### 1. 英国实施"教育行动区计划"和"金手铐计划"

英国政府通过实施"教育行动区计划"和"金手铐计划"，促进优质

教师向薄弱地区和薄弱学校流动。1997 年，英国政府发布《追求卓越的学校教育》白皮书，将提高学生学业成绩、实现教育机会均等作为政府在 2002 年前的工作计划，为此政府制定了"教育行动区计划"，即在相对贫困的区域内，将那些管理不善、表现不良的学校进行重组，通过公开招聘校长、提供资金支持、充实师资力量等手段来提高办学水平。为了吸引优先教师，教育行动区可以不受全国性教师聘用条例的限制，为教师提供优厚的待遇。2009 年，英国政府启动"金手铐计划"（golden handcuff program），为愿意到边远、落后地区任教的教师提供一万英镑奖金，授予其"优秀教师"或"高技能教师"称号，并为他们提供培训机会（李玲，韩玉梅，2011）。

### 2. 法国实施"教育优先区"政策

法国政府为解决法国社会不同社区之间教育发展的不平衡问题，1981 年在全国推行"教育优先区"政策，被定为"教育优先区"的学校，将获得国家优惠政策的支持。如给"教育优先区"学校增派教师，加强教师培训；给予"教育优先区"内的所有中小学教师特别津贴，并将其计入教师工资，由教育部支付。这项政策的实施使得"教育优先区"教师数量和质量都得以明显提高，大大缩小了法国不同社区之间的师资差异，使整个基础教育师资配置趋向平衡，确保了来自弱势群体家庭学生的学习权利，推动和深化了教育公平，提高了法国中等教育的质量（北京留学服务行业协会，2011）。

### 3. 澳大利亚实施"乡村地区计划"

澳大利亚为了鼓励教师到边远和农村地区任教，并在服务期满后仍留在当地工作，大多数州都为这些教师提供特别的奖励和培训。1973 年，澳大利亚学校委员会出台"薄弱学校计划"，旨在为贫困地区的学校提供更多的经费、技术和师资等方面的帮助以提高教学质量。这一计划实施范围的重点是城市的一些经济落后区，乡村地区得到的资助较少。为了使更多乡村偏远地区的学校得到发展，澳大利亚联邦政府于 1977 年提出了"贫困乡村地区计划"，联邦政府拨款 411 万美元，为六个州和北部地区的部分乡村学校提供了资助。1982 年，联邦政府将"贫困乡村地区计划"更名为"乡村地区计划",加大了资金投入的力度,扩大了接受资助的乡村学校的范围(陈娜,2009)。

### 4. 瑞典建立个别化教师工资制度

瑞典废除了原有的教师等级工资制度,建立了个别化教师工资制度,以此推进教师流动。1995年,瑞典实行个别化教师工资制度,地方教育局和教师之间建立起雇佣关系,双方通过协商确定工资额,以此来提高地方的自主性和学校管理的灵活性。中央只规定教师工资每过5年提高一次,但不规定增加的幅度,增加多少要通过教师与地方教育局协商决定。瑞典能够顺利实施这一制度关键在于得到了中央财政的支持,保证低收入的城市也能吸引到有竞争力的教师。

## (三) 义务教育教师工资与待遇

在保障义务教育教师工资方面,各国通过立法的形式将其纳入国家公务员或地方公务员系列,由中央或较高层次的地方财政承担。当前,各国保障义务教育阶段教师工资责任的承担主体大体可以分为以下四种:由中央政府独立承担,由高层次地方政府独立承担,由各级政府联合承担,由基层地方政府独立承担。大部分国家选择了前三种比较集中的办法,从而将保障教师工资的责任集中在中央政府或高层次地方政府(邓丽,2008)。

### 1. 法国义务教育教师由国民教育部统一管理

法国中小学教师属于国家公务员,全国义务教育教师由国民教育部实行严格统一的管理。同时,义务教育教师工资支出的全部费用,包括基本工资和岗位津贴,均由中央财政负担。法国的这一举措有利于教师资源在全国范围内的均衡配置,从而为基础教育的均衡发展提供师资保证。

### 2. 日本实行统一的教师工资标准

日本把教师作为公务员的一部分,由政府确保其工资和待遇,所有学校实行统一的教师工资标准、统一的待遇,对在农村工作的教师实行乡村教师津贴(陆岳新,2006)。日本义务教育教师的社会地位一直比较高,每年享受17个月的工资;中小学教师收入和其他行业的同龄人相比大致处于中等偏上的位置;教师职业稳定。

### 五、促进我国义务教育均衡发展的启示

#### （一）完善义务教育法律体系是促进义务教育均衡发展的制度保障

通过国家立法，建立完善的法律体系是我国和世界部分国家推行义务教育均衡发展的共同经验。许多国家的经验表明，通过立法程序把义务教育均衡发展的方针政策、措施等用法律的形式固定下来，是实现义务教育均衡发展的最有力措施之一。

为促进我国义务教育均衡发展，我国正在逐步完善义务教育均衡发展的政策体系。2006 年新修订的《中华人民共和国义务教育法》，2010 年党中央、国务院颁布的《国家中长期教育改革和发展规划纲要（2010—2020年)》和 2012 年国务院印发的《关于深入推进义务教育均衡发展的意见》等，都对促进义务教育均衡发展提出了原则性意见。同时，教育部相继出台了义务教育均衡发展的系列政策，2005 年印发《教育部关于进一步推进义务教育均衡发展的若干意见》，2010 年印发《教育部关于贯彻落实科学发展观进一步推进义务教育均衡发展的意见》，2012 年印发《县域义务教育均衡发展督导评估暂行办法》，对如何促进和评估义务教育均衡发展进行了明确的规定。各地也相继出台了本地义务教育均衡发展实施办法或相关地方法规。

从国外经验来看，日本、美国等都专门出台了辅助困难群体和薄弱学校的专门法律和《学校供餐法》等各种专项法律，而我国对农村薄弱地区和弱势群体的扶持政策才刚起步，还有待进一步完善。

#### （二）义务教育投资重心应上移，中央和省级政府应加大财政转移支付力度，承担更多的财政责任

在西方发达国家，中央和省级政府在推进义务教育均衡进程中承担越来越多的财政投入责任。如美日等国均通过相关法律规定中央和省级政府的义务教育财政责任，像日本通过《义务教育经费国库负担法》《义务教育学校设施经费国库负担法》《市、町、村学校职员工资法》等明确规定了地方政府教育投入内容及占当地财政收入的比例；美国通过《国防教育

法》《学校法典》及一些州的宪法规定了经费的投入原则和用于支持教育经费的特定税种。国外经验表明，政府义务教育经费投入不同程度出现了中央化的趋势。

各国义务教育都加大了义务教育的财政转移支付力度，呈现出以下几个特点：（1）转移支付规模都相当大。如日本中央政府为都道府县和市盯村两级政府所负责的中小学提供的财政补助占中小学教育财政总支出的32%。（2）中央（或联邦）政府与地方政府在义务教育财政转移支付责任划分上均有明确的分工。如美国联邦政府主要为处境不利和无能力的人提供财政补助，而把义务教育财政转移支付的主要责任留给了州政府。日本义务教育财政转移支付的责任主要由中央政府承担，都道府县仅负责中小学教职人员工资的一半。（3）选择合适的转移支付方式。在实现义务教育财政纵向和横向均衡方面，美国采用的是基本补助方案，日本采用的是地方交付税。它们都是一次性的补助，属于配套补助，对地方支出的影响都只有收入效应，这类补助在实现义务教育财政平衡上是最佳的选择。（4）义务教育财政转移支付制度的公式化、法制化和规范化。美日等国都使用了比较复杂的、具有可操作性的公式，并以此作为达到上级政府义务教育财政转移支付透明、客观、公平和公正之目的的保证。如日本义务教育财政转移支付的测算依据和具体补助办法主要体现在《地方交付税法》《义务教育经费国库负担法》《义务教育学校设施经费国库负担法》等相关法律中。

虽然我国当前义务教育投入重心较低，但正逐步上移。2005 年，国务院发布了《关于深化农村义务教育经费保障机制改革的通知》，建立起中央和地方分项目、按比例分担的农村义务教育经费保障机制。2006 年，新修订的义务教育法以法律形式进一步强化了政府对义务教育的保障责任。这一新体制突出了两个特点：一是强调了省级政府的统筹作用；二是明确了管理以县为主。可见，我国义务教育投入体制是按照"明确各级责任、中央地方共担、加大财政投入、提高保障水平、分步组织实施"的基本原则实施的，还应进一步提高义务教育的投入重心。

同时，我国虽然建立了一般性转移支付和专项补助相结合的义务教育转移支付制度，但我国义务教育转移支付中央和省级政府投入的比例仍然很小；省级以下各级地方政府之间对义务教育并没有明确的事权划分，造成责任分工不明确；转移支付程序不透明不公开；转移制度的公式化和规范性也有待进一步提高。

因此，应借鉴国际经验，加大我国义务教育均衡发展的投入力度，明确中央和省级政府的财政责任和事权划分，提高教育投入的重心，同时加大义务教育的转移支付力度，特别是加大农村义务教育转移支付力度，缓解地区经济差异对义务教育均衡发展的影响，更好地实现教育公平的目标。

**（三）统一办学标准，尝试开展"教育优先区计划"，保障农村及弱势群体享有平等受教育权利**

制定城乡统一的办学标准是推进义务教育均衡发展的有力举措。如日本制定了城乡一体化的义务教育办学标准，在《学校教育法》中明确规定了小学、初中和高中的办学基准，对学校选址、占地面积、校舍面积、师资水平、实验器材、图书配备等方面都提出了明确的要求，并必须依法严格执行。这一制度缩小了区域差异，使全国的都府道县都维持着一定的教育财政水平，全国的中小学基本都具备了统一规格的办学条件。而我国虽然也建立了教育行业的相关标准，如2001年中央编办、教育部、财政部发布了《关于制定中小学教职工编制标准的意见》，制定了中小学班额标准和教职工配备标准；1991年，国家教委颁布了《中小学图书馆（室）规程》，其附件中包括了图书馆（室）藏书量以及藏书分类比例表，对中小学校图书标准做出了规定。2002年，教育部颁布实施《城市普通中小学校校舍建筑标准》（建标〔2002〕102号），该标准按照完全小学、九年制学校、初级中学、完全中学和高级中学的分类，对学校建设规模与校舍用房的组成、学校网点布局、选址与规划设计、校舍建筑面积指标和校舍主要建筑标准等进行了详细规定。但我国目前的办学标准相对较老，且还未形成城乡统一的办学标准，不利于学校标准化建设。因此，借鉴他国经验，为了均衡配置教育资源，促进义务教育均衡发展，国家应该制定城乡一体的义务教育办学标准，引导各级政府合理分配教育资源，积极推进中小学标准化建设，大力改造薄弱学校，以实现城乡教育的均衡发展。

同时，各国都重视通过开展一系列的计划和项目，加强对薄弱学校和弱势群体的帮扶。如美国通过"补偿教育"，政府不仅为城乡低收入群体、教育处境不利儿童和少数民族儿童、流动人口子女争取到均等的入学机会，为他们提供财政支持，而且现在发展到包括课程、教学方法、评价方法、学校文化等方面的全面教育改革。我国近年为加强薄弱校改造和弱势群体帮扶，实施了一系列的重大工程和项目，如实施了"农村中小学危房改造工程"（2001—2005 年）、"农村寄宿制学校建设工程"（2004—2007 年）、"农村中小学远程教育工程"（2004—2007 年）、"新农村卫生新校园建设工程"（2006—2007 年）、"中西部农村初中校舍改造工程"（2007—2010 年）、"中西部特殊教育学校建设工程"（2008—2009 年）、"农村义务教育薄弱学校改造计划"（2010—2011 年）和"边远艰苦地区农村教师周转宿舍建设工程"（2010—2011 年）等。借鉴国外经验，我国应继续采取中央和地方共同支持的办法，在国家重点扶贫开发县和少数民族地区尝试设立"教育优先发展区"，加大财政支持力度，制定具体可操作的优惠措施，保障农村及弱势群体享有平等受教育权利，以缩小我国义务教育发展的区域和城乡差距，提高义务教育均衡发展的水平。

### （四）进一步完善教师交流制度，提高教师地位和待遇

合理配置教育人力资源是实现区域义务教育均衡发展的强力支撑。日本、韩国等国都已形成了完备的教师定期流动轮换制，并将此作为促进区域教育均衡发展的一项制度。如日本通过一系列法律文件，对教师交流的身份属性、流动对象、条件和年限等进行了详细的规定。而我国目前的教师流动主要是政策性的个人强制流动，还未形成国家层面的教师交流政策，对教师交流的身份、流动对象、条件等还未形成统一的国家标准。因此，借鉴国外经验，需进一步完善国家层面的教师交流制度，明确教师交流的条件和相应保障措施，以推动校长和教师在城乡之间、学校之间的合理流动，鼓励优秀校长和骨干教师到农村学校和薄弱学校任职、任教，发挥示范、辐射和带动作用。从实际情况看，实现义务教育教师的"县管校聘"是我国教师交流制度的改进方向。

同时，各国都非常重视提高义务教育教师的地位和待遇。各国通过立法的形式将义务教育阶段教师的工资纳入国家公务员或地方公务员系列，由中央或较高层次的地方财政承担，从而消除城乡学校教师待遇的差异。如日本、韩国的教师都是国家公务员的身份，享有较高的社会地位。而我国义务教育阶段虽然实行了教师绩效工资制度，在一定程度上提高了教师的地位和待遇，但也带来了挫伤部分教师工作积极性等问题，需要在实践中不断完善。

# 第三节　我国义务教育均衡发展经验及模式

义务教育均衡发展既是政策命题，又是实践命题。推动义务教育均衡发展已进行了大量的实践和探索，业已形成了"教育集团化办学""学区化管理""城乡学校捆绑"及"学校委托管理"等多种不同的均衡发展模式。各种模式都是对现行办学体制和管理的创新，旨在通过引领、帮扶、共建等方式，带动成员学校办学实力的整体提升，从而扩大基础教育阶段优质教育资源的覆盖面，减少校际差距，从而促进教育的高端均衡发展。

## 一、集团化办学

集团化办学是对现行办学体制的创新，改变了公办学校单一的办学体制，走上了多元发展、集群发展、共同发展的新路。从本质上看，集团办学的关键在于教育行政主管部门的"权力下放"，让教育集团在人、财、事的具体管理上获得更大的自主权。比如，对教师人事管理，教育局只管编制，教育集团有权对属内学校教师进行聘用和调配；对财务制度，教育局只管预算、拨款和监管，教育集团有权自主安排经费在属内学校的具体使用；在招生方面，教育集团对属内学校的招生拥有很大的调配权。

集团化办学，从某种层面上而言有助于教育均衡问题的解决。首先，它在一定程度上可以淡化老百姓对名校和普通学校之间的区分，从生源的层面上为均衡发展起了一定的保障作用。其次，集团化办学所提供的扩大优质教育资源、互动共享模式，为集团中的每一个学校提供了享受优质教育资源的可能，探索出一条具有"电梯"效应的快速发展道路。同时，集团化办学多少会借鉴一些市场化的机制，要防止其逐步演变为一种完全由经济利益驱动的市场化、商业化的行为。学校作为教育的一个基本单位，开展集团办学也存在一个"适度规模"的问题，管理的质量和效益是与管理的幅度成反比的，如果学校的规模超过了一定的范围，那么无论是从管理层面还是从经济层面来说，它的效益都会下降。

实施集团化战略的办学模式也是丰富多彩的。从内部结构组成看，有"名校＋新校""名校＋弱校""名校＋名企""名校＋农校（农村学校）"等模式；按形成途径分类，有连锁式、加盟式、合作式、嫁接式等；按办学性质分类，有公办、国有民办、民办公助、民办、混合制等不同属性；按运行机制分类，有紧密型、松散型、混合型等几类；按办学层次分类，又有同层次、跨层次、跨类别、跨区域等形式。

教育均衡化的各种模式有利有弊，如一个集团只有一个法人的模式，它的好处是易于管理，但存在的问题是学校之间容易被同质化，从而使校园文化丧失自己的个性。所以，现在有的地方就逐步调整为每个学校都有独立法人的集体模式，几个学校之间形成一种既自主又合作的"松散联盟"。在一个集团的统一架构之下，逐步实现管理的"重心下移"。让每一个中层管理部门、每一个学科、每一个年级组都有自主策划和决策的空间与权利，让集团的存在成为它们之间扩大和加深交流的平台，这样才能取得实在的效果。

如北京西城区成立的四大教育集团，由北京四中、八中、实验二小及北京小学各自领衔，以吸纳普通学校为成员的方式组建。在集团内部，各学校保持原有法人独立、财务独立、人事关系独立。这是一种典型的"松散联盟"的集团模式，旨在通过引领、帮扶、共建等方式，带动成员学校办学实力的整体提升，从而扩大基础教育阶段优质教育资源的覆盖面，减少校际差距，促进全区教育的高端均衡发展。

教育集团化办学经历了从探索到成熟、从质疑到信任、从赞誉到冷静思考，从改革到发展的积极实践过程，其间也存在着许多争议和困惑的问题。如名校这杯"牛奶"会不会被冲淡?"金字招牌"含金量会不会下降?会不会出现"同质化""整齐划一""千校一面"的情况?集团化办学是否会上演"中国当代教育史上的一次圈地运动"?政府、教育行政部门和学校在名校集团化过程中应各自扮演什么角色?集团化后,学校的组织管理、文化内涵、个性发展、质量提升和效果评估等方面将如何做相应的变革,以适应新的发展需要?名校集团该维持多大的办学规模和管理跨度?这都需要在实践中不断探索。

## ▶杭州经验

杭州采荷第二小学教育集团在组建过程中,较大程度上依托了政府的推动力量,发挥了行政力量的权力集中、行动迅速等优点。但与此同时,集团中组织构成的多元化和层次水平的多样化,也给集团内部的整合带来了挑战。为此,我们结合学校的实际情况,不断探索科学的管理方法,构建了"一会三系统"管理模式,推进了集团可持续发展,创出了自身的品牌。

"一会三系统"中的"一会"即理事会,"三系统"即执行系统、督导评估系统和考核评价系统。理事会是集团的操作管理层,由教育主管部门、校区所在乡镇和街道、集团各部门负责人、社区单位代表、家长委员会代表等组成。理事会的核心是常务理事会,由集团正副理事长、各部部长组成,每周召开一次会议,一切关于集团发展的重大事项均需经过常务理事会的讨论、研究、决定。理事会每月召开一次会议,就常务理事会的决策进行解读、消化,使之在实际工作中能得到较好的执行。集团在坚持常务理事会领导制度的过程中,不断深化其内涵,以求更科学有效地体现大多数人的利益与要求,确保决策的准确、透明。

执行系统指的是"一办四部",即办公室、教育教学发展部、科研师训部、团队学生部和后勤服务部等五个具体执行部门。总部设在母体采荷校区,其他各校区分别有部门派出机构,即校区办公室、总务处、教导处、大队部和教科室。各部门接受副理事长的分线管理,各派出机构在业务上隶属于总部管理,同时,在校区工作上,听从蹲点副理事长的指挥。

这种"以线为主，以块为辅"的管理形式，既能保证集团工作统一协调进行，又能体现各校区的个性；各副理事长既能及时掌握各校区的动向，又能及时地解决临时出现的问题，使集团的工作更规范有序。

督导评估系统是由校长室直接领导的，旨在提升集团办学质量、提高集团运行效率的一个职能系统。目前主要由校长、分管教育教学的副校长、校内外特级教师及有关专家等组成。在工作中，以集团教学督导评估小组为核心，坚持方向性、整体性、人本性、过程性和差异性相结合的原则，采用预约、跟踪、推门等形式，通过检查评估、学生座谈等途径，由外聘专家、导师，分学科、分年级对各校区教师的日常教学工作进行督导，了解教师的日常教学工作并给予指导和帮助。督导评估系统的构建，有利于对集团的教学质量、教风、学风建设等做出准确判断，从而及早采取相应调控措施；有利于更好地掌握集团化管理的客观规律，取得综合管理的主动权，改变教学管理被动的局面。

考核评价系统指集团的"四类三级考核"网络。四类即月考核、综合评定考核、年终考核、职称评定，三级即教师、组长、理事三个参与层面。考核评价系统着眼于教师专业发展，注重评价内容多维化、评价方式多样化、评价主体多元化、评价对象全员化、评价标准公开化、评价过程透明化，努力构建开放互动的教师评价体系，激励、引导教师产生符合现代教育和社会要求的教育思想和教学行为，不断钻研学科内容，关注每一个学生的发展，研究与之相适应的教学方法，促进教师整体素质的提高和教师专业的发展。

### ▶鹿城经验

温州市鹿城区坚持以改造薄弱学校、促进城乡教育一体化为最基本的价值追求，结合区情实际推行集团化办学，综合运用了"名校＋乡校""名校＋弱校""名校＋新校"等三种基本运作模式。

模式一："名校＋乡校"，促进城乡共同发展。（1）结构模式：城区名校为集团学校总校，乡镇学校为集团学校分校，乡镇学校保留原有校名，增挂集团分校校牌。（2）管理模式：城乡集团学校内部采取双法人管理模式，总校和分校原行政隶属关系不变，分校校长既是原学校校长，又是集团学校副校长，在行政上接受教育局领导，在业务上接受总校指导。总校和分校之间保持人、财、物独立，实行理念、管理、教科研、学校文化等方面的相对统一。(3) 交流方式：城区总校通过向农村分校直接派出管理和科研人员，帮助农村分校提高管理和教科研水平；通过统一城乡学校文化设施建设，推进城乡学校间的文化融合；通过建立城乡师资交流机制，促进农村分校教师发展；通过建立城乡网络视频直播系统，同步开展教科研活动，共同解决新课程实施中的疑难问题。

模式二："名校＋弱校"，促进弱校尽快转化。具体组建方式为：城区名校为集团学校总校，并入校为总校校区，删除各校区原有校名，新挂集团学校校区校牌。集团学校内部采取"总校＋校区"的单法人紧密型管理模式，校区负责人直接由总校任命，管理模式或"线管为主"或"块管为主"或其他形式，由集团学校根据校情自主选择。总校与校区之间实行人事、财务、行政统一管理，逐步实现教育理念、教学管理和教科研相对统一，条件成熟的集团学校可根据校区特点进行招生以满足选择性需求。

模式三："名校＋新校"，促进新校优质发展。在城市化进程中，鹿城区改建、新建、扩建了一批新学校。为了促进新建学校的高位发展，区政府采取了以强带新的集团化办学思路，运用"名校＋新校"的办学模式，将新校作为名校扩大办学规模的一个新校区，利用新建学校的优势和条件，全面引进名校的师资、文化、管理和教科研，促使名校"借壳"壮大，推动新校高起点高规格发展。组建形式与管理方式与"名校＋弱校"办学模式相近。

目前，鹿城区集团学校从实现方式来看，主要有两类，即单法人紧密型和多个法人联盟型：城区的"名校＋弱校""名校＋新校"采取的是单法人紧密型，即1所学校多个校区。这些学校经过第一阶段的集团化运作，基本完成了融合优化的过程。而覆盖城乡的集团化办学采取的是多个法人联盟的实现方式。根据名校的实际和可能，在集团化办学中又形成了既有城区多个校区又有农村分校的复合型集团学校。

## 二、学区化管理

学区化管理是在原有的区域教育管理和学校教育管理之间的一种以空间地域范围为界限，以地域内所有教育机构和教育资源为内容的新教育单元。在层次上，它处于"区"和"校"之间；在内容上，它处于"区内全部教育资源"和"校内单一教育资源"之间；在管理上，它处于"区内条块化管理"和"校内综合化管理"之间。

"学区化管理"的含义不同于以往一般化的"中心校式"的学区管理概念，而是更加强调"大教育"体系内部的纵横逻辑联系和结构优化，以获取更大效益为目标，进行一系列的人、财、物资源的调整。其特点是学区管理组织结构呈扁平状态，大量的信息更新、交易、评价、反馈工作通过网络异地实现，学校工作网络并未新建机构，而是整合现有管理资源，大大减少了组织成本，提高了工作效率。

各地区在进行学区化管理改革和实践中也遇到了一些困难和突出的问题。第一，教师资源配置是"大学区"的关键整合点。有的地区实行"人走关系动"的教师交流，教师的满意度不高，整体教师素质并没有得到明显提高，教师交流需要进一步人性化、科学化。第二，学校文化资源的整合是"大学区"资源整合的内在动力。学区管理模式是通过以优质学校为龙头、若干盟校加入的大学区的划分，实现学区内的各类教育资源的整合与共享，以期实现人力资源的跨校均衡、设施资源的共享均衡和课程资源的交流均衡。

### ▶越秀经验

广州越秀区的学区管理模式是政府推动与民间自发积聚的结合。2007年，广州越秀区将辖区学校划分为 6 个小学学区和 4 个初中学区，每个学区由一所名校牵头，不同层次且地理位置相对集中的若干所学校组成资源共享、交流合作及共同发展的协作体。

学区管理体系由区级、学区级和校级三级管理构成。其特点在于：一是以"构建学区管理模式"的国家课题项目研究带动学区建设，对学区管理的理论研究与实践反思较深入；二是形成了基于资源的学区集群管理、基于知识管理的学区联盟管理等多种模式；三是在学区层面实行模块管理，形成"邻近学校两两协作""科研课题集群联盟""学科名师辅导交流"等模块。

### ▶沈河经验

沈阳市沈河区从 2006 年起，所有九年一贯制的实验学校将整体还原为公办学校性质，小学新生按重新划定的学区入学，停止"幼小衔接"入学方式；撤销朝阳小学、亚光小学建制，原朝阳小学、亚光小学教育资源分别并入朝阳一小学、二经二校。从 2006 年秋季起，按照沈阳市的规定：打破区内原有学校界限开展教育教学管理，实现统一安排教学人员、统一组织备课、统一组织教学、统一开展质量监测、统一组织校本培训，学区内所有学生共享区内学校的体育场馆、多媒体教室、图书馆等教育教学设施设备。

改革方案规定，在一所学校工作 6 年以上的校长、教师都要分批在大学区内进行异校交流；每年教师交流人数要达到专任教师编制数的 15%，每所学校起始年级要配备 50% 的交流教师，确保起始年级师资在学历结构、职称结构、年龄结构以及骨干教师数量等方面实现基本均衡的要求。交流时要调转人事关系，形成真正意义上的"人走关系动"。义务教育均衡发展实质上就是要促进优质教育教学资源在区域内各所学校的均衡配置。沈河区教育资源的学区化管理创新实践带给我们一个深刻启示：让有限的硬件和软件资源流动起来，使之成为区域内所有学校共同享有的教育财富。

### 三、城乡学校捆绑发展

城乡学校捆绑发展的方式分为全捆绑和半捆绑。全捆绑的方式是指城镇学校把农村学校作为分校，实行一套班子管理；教师编制统一核算到城镇学校，统一调配；经费统一管理，培训统一组织；对城乡捆绑学校在办学理念、师资建设、教学质量、办学条件、内部管理等方面进行统一考核和奖励。半捆绑的方式则是捆绑双方学校各自有独立的法人代表、有独立的财务管理和独立的编制核算，除此以外的其他工作进行相互交流或者统一管理和考核。

城乡学校捆绑发展模式通过将城市优质学校与农村薄弱学校"捆绑"在一起，可能是"一加一"模式，也可能是"一加多"模式，通过结对帮扶、联合带动，使其融合为一体，利用城市优质学校的管理理念、资源和文化等优势，带动农村学校的发展，从而促进城乡教育的均衡发展。

▶**武侯经验**

在加快推进城乡一体化过程中，为从根本上缩小城乡教育差距，彻底破解城乡教育二元分割的困局，成都市武侯区进行了积极有效的探索和实践，不断深化教育管理体制和机制改革，推动区域教育高位均衡发展。

2003年，武侯区将原属乡（镇）管理的18所中小学划归区上直管，并将城区12所品牌小学与12所乡（镇）小学进行"捆绑"，实行"两个法人单位、一个法定代表人、一套领导班子，独立核算、独立核编"的管理机制。在此基础上，不断探索扩大优质教育资源的发展模式，通过探索"捆绑—松绑—脱绑"方式和机制，到2010年，已有6所城郊学校实现了独立、自主发展。探索"行政互派、教师互动、学生互访"的"三互"捆绑帮扶发展、"城乡教育共同体"发展、强弱初中捆绑结对发展和公民办学校"松散"捆绑发展等多种模式，促进城乡学校一体发展、城乡教育优质均衡发展，区域教育发展实力实现整体提升。

武侯区在大胆创新管理体制的基础上，进一步加大投入机制改革，以城市反哺农村，落实教育投入"以县为主"；健全人才交流机制，对区内支教教师每月补贴400元，在同等条件下评优选先优先考虑；城区教师晋升高一级教师职称或评定为区级及以上骨干教师称号，要求有在城郊学校一年以上任教经验；通过师徒结对、学术交流、科研互助等途径，促使城乡教师全方位合作与交流；实行教研员"蹲点"制度和名师对口帮扶制度，促进城乡学校软实力的提升。对城乡教育发展共同体的考核，实行"一个法人代表，一套领导班子，一体考核评估"的办法，不断完善"基础＋发展"督导评估体系，将考评重点从完善帮扶机制转向办学理念、内涵提升等，促进城乡"捆绑"学校的深度融合。

## ▶铜梁经验

2008 年 5 月，重庆市铜梁县印发了《关于在义务教育阶段学校试行"捆绑式"改革的意见》，所谓"捆绑式"改革，就是一所优质资源学校与一至两所相对薄弱学校结对，捆绑管理，优势互补，共同发展，实现均衡。改革试行期间不撤销原学校建制。在具体实施中，分全捆绑和半捆绑两种模式。全捆绑就是在两个或多个法人单位各自独立核算、独立核编的基础上，设立一名法定代表人，统一管理捆绑双方学校的人、财、物。半捆绑就是捆绑双方学校各自法人独立、财务管理独立、编制核算独立，其他方面均可纳入捆绑学校进行试点探索。

首批被纳入"捆绑式"改革的有 8 所学校。经过近几年的实践和探索，具有铜梁特色的学校"捆绑式"改革已取得初步成效。捆绑双方在行政管理上相互借鉴、取长补短，又在缺乏专业师资的学科和领域进行相互交流，并定期开展开放式教学教研活动，既提升了学校管理水平，也缩小了教师业务上的差距。

此外，铜梁还鼓励教师由城镇向农村、由强校向弱校，以及由超编学校向缺编学校流动。在实行中小学教师统一编制标准的义务上，向农村地区和薄弱学校倾斜。在硬件上，"校校通"等现代远程教育网络，以及寄宿制小学的建设，也带动了农村义务教育均衡化发展。

## ▶石家庄经验

由一所优质校与对应学段的两所薄弱校（城郊校）捆绑形成办学共同体——联合校，通过"不同法人单位、联校协调管理"的新机制，形成优中弱组合，抱团发展。通过联合体内的资源共享推动校际均衡，通过联合体间的相互竞争增强区域教育发展活力，实现 1 + 2 > 3 的命题。

确定"一个龙头学校"，落实并明确其在帮扶薄弱校中的责任，通过细化考核指标、科学设置奖惩等措施能充分调动其积极性和主动性。确定"两所薄弱校"，既充分发挥龙头学校优质资源的辐射带动效能，又不使龙头学校感觉吃力，影响龙头学校自身的发展。

联合校实行"五统一、一联席、一交流、一共享"，即统一管理制度、教学计划、活动安排、质量要求和年终考核，实行行政联席会议制度，交流教师和干部，共享教育资源。联合校定期召开校长、学校管理人员及教师等不同层次联席会议，研究讨论教育教学计划和工作重点，交流学校管理和教育教学经验，有效推动了优质学校先进管理理念、教育教学方法、教学资源等与薄弱学校共享，共同提高。

在校长交流上，从龙头学校选派能力强的副职到城郊校、薄弱校担任校长。在教师交流上，2010 年全市从符合交流条件的教师中选派不低于 10% 的教师参与校际交流，而参与到"一托二"联合体中的学校教师交流比例则高达 15%，初步实现校际师资的基本均衡。同时，联合校这一模式，也切实解决了教师交流后缺乏归属感的问题，赢得了教师的理解和支持，实现了教师在心理、感情、事业上的平稳着陆。

目前，作为试点的石家庄市桥西区已完成第一个联合周期，通过联合体内的资源共享、"内涵融合"，该区已基本实现义务教育基本均衡。在桥西区试点的基础上，石家庄市区已组成 38 个小学联合体、15 个初中联合体，基本实现了义务教育阶段学校全覆盖，市区义务教育均衡发展实现了"深化提高、区域推进"。

## 四、学校委托管理

学校委托管理模式是城乡义务教育学校在办学条件达到基本均衡之后，为了进一步促进城乡学校在办学理念、学校管理、师资队伍和教学质量等方面的均衡发展，使优质教育资源得以辐射的一种模式。其具体运作是采取政府购买服务的方式，提供专项经费，并组织受援区县教育局和支援机构签订委托管理协议，通过签订契约委托"城市优质学校或教育中介机构"管理农村薄弱学校，把优质学校的先进教育理念和学校文化植入农村学校中，以团队帮扶的形式快速提升农村学校的办学水平和教学效率。

学校委托管理形式可以分为两大类：一类是帮助受援学校更换校长，组建新的学校领导班子，同时派出教师团队从事具体的教学工作。第二类是受援学校不换校长，支援机构直接对原有的领导班子加以充实或调整，并派出教师团队参与教学工作。学校委托管理模式为推进区县义务教育均衡发展提供了新的思路和视角。通过对受援学校存在问题进行全面诊断，找出问题，综合治理，形成优质教育资源辐射的大循环，形成学校之间互相竞争发展的良好态势。

但是，在学校委托管理的具体过程中，也存在诸多的问题，如托管的学校配对问题、托管的时间问题、校长的管理主体问题等，都需要在实践中不断完善。

## ▶上海模式

2007 年上海市首轮委托管理由中心城区的 19 所品牌中小学或长期从事教育研究与实践的教育中介机构，对郊区农村 20 所义务教育阶段相对薄弱学校实施委托管理。通过市级层面的统筹，上海市将中心城区品牌学校的管理输出到郊区农村学校，有力地促进了城市品牌学校文化向农村薄弱学校的主动传播。

上海市在学校委托管理过程中强调团队契约式托管，即要求托管机构必须派出学校负责人、学校中层干部以及一定数量的教师组团前往被托管学校。为了加强监管，托管机构必须与被托管学校所在的区县政府或教育主管部门签订托管协议，明确权利义务关系和托管内容与目标，以更好地规范托管工作，推动托管学校健康发展。

上海市实施义务教育学校委托管理从起步到现在已经 5 年，实践中也取得了丰硕的成果。被托管学校的管理趋于规范精细，学校管理执行力不断提升，教师的职业心态开始转变，薄弱学校的文化得到初步改造，逐步形成积极向上的学校文化。例如，浦东新区委托第三方对东沟中学的评估显示，有 97% 的学生和 91% 的家长认为学校发展取得"明显进步"，社区对将成功教育理念引入学校的满意率达 100%。

但同时，委托管理中仍存在一些亟待解决的问题，如托管机构的管理资质问题、托管学校与被托管学校之间的文化整合问题、派出教师的身份及待遇保障等问题。

# 第五章

# 中国义务教育发展的贡献与面临的挑战

## 第一节　义务教育发展的贡献

1985 年中共中央颁布《关于教育体制改革的决定》，首次提出实施九年制义务教育，并于 1986 年颁布实施《义务教育法》，以国家法律的形式确立国家实施九年制义务教育。经过 26 年的艰苦奋斗，在党中央、国务院的坚强领导下，到 2011 年 3 月，我国全面完成九年义务教育目标，使所有适龄儿童、少年都能接受九年教育，创造了世界教育发展史上的伟大奇迹，标志着中华民族的文化素质和精神面貌得到了根本性的改变。可以说，义务教育的大发展为我国教育的健康发展、为提高全民族的文化素质、为社会经济的快速可持续发展等奠定了坚实基础，做出了重要贡献。

### 一、改善人口结构，提升人口质量

#### （一）义务教育的全面普及极大地提高了我国国民的文化水平

从 1986 年我国颁布实施《义务教育法》以来，义务教育从无到有，从覆盖少数人口到全面普及，从低水平保障到高质量供给的发展，为全面提高我国国民素质、促进社会经济快速发展、促进现代化建设做出了重要贡献。义务教育是基础教育，它为个人的全面发展和能力的提高提供了基础条件，是提高我国国民素质的根本途径，同时也是将十几亿的劳动力人口转化为巨大的人力资源的重要桥梁，最终必将为我国实现从人力资源大国向人力资源强国转变奠定坚实的基础。

近30年来，义务教育的全面普及与质量的普遍提高，极大地提高了我国国民平均受教育年限，降低了人口文盲与半文盲率，有力增强了我国国民的整体素质。根据历年公布的统计数据（见图5.1.1），从1987年到2010年，除了小学文化程度以外，我国每10万人中拥有各种文化程度的人数均有不同程度的增加。每10万人口中拥有大学文化程度的由884人提高到8930人，增加了9倍多；拥有高中文化程度的由6996人提高到14032人，增加了1倍多；拥有初中文化程度的由21322人提高到38788人，增加了近1倍；拥有小学文化程度的由36114人减少到26779人，减少了约四分之一；同时，全国人口文盲率由20.6%下降到4.08%，减少了近16个百分点。由此可见，随着义务教育的实施和全面普及，我国国民的文化水平有了明显提高，变化最为显著的是大学文化程度的人口数量；小学文化程度的人口数量的下降，则表明我国实施义务教育取得了显著成绩，也从另一面反映出国民受教育程度的提高①。

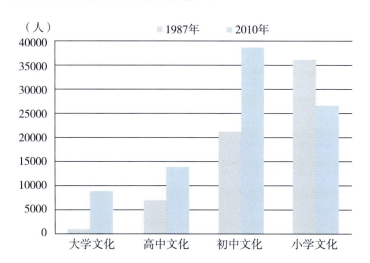

**图5.1.1**　**1987年和2010年我国每10万人拥有的各种受教育程度人口**

---

① 1987年数据来源于国家统计局人口统计司.中国人口统计年鉴1988［M］.北京：中国展望出版社，1988；2010年数据来源于国家统计局.中国统计年鉴2011［M］.北京：中国统计出版社，2011.

### （二）义务教育的发展提高了各年龄段人口的平均受教育年限

根据《中国人口统计年鉴 2003》给出的平均受教育年限的定义，它是指"某一人口群体人均接受学历教育（包括成人学历教育，不包括各种非学历培训）的年数"[①]。按照当前的学制，在计算人均受教育年限时，不同文化程度的计算系数分别为：文盲 0 年，小学文化程度 6 年，初中文化程度 9 年，高中文化程度 12 年，大专及以上文化程度 16 年。尽管用此种方法计算时，存在高估我国 6 岁及以上人口的受教育年限，但是用同种方法测算不同年份的受教育年限仍然可以看出其发展趋势。

图 5.1.2 描述了从 1982 年到 2010 年间四次人口普查中我国不同年龄结构的人群平均受教育年限的变化趋势。总体看，在此期间，我国 6 岁及以上人口平均受教育年限增加了 3.6 年，到 2010 年达到 8.8 年[②]，增幅为 69.23%。在不同年龄段中，20—24 岁的人群平均受教育年限最长，2010 年达到了 11.1 年，高于世界平均受教育年限；受教育年限增幅最高的年龄段是 60 岁及以上，增幅达到 317.03%，2010 年受教育年限比 1982 年平均增加了 4.5 年。从平均受教育年限增加量来看，变化最大的年龄段是 50—54 岁，平均增加了 5.7 年；变化最小的则是 10—14 岁的人口，平均仅增加 1.5 年。

在义务教育阶段，2010 年 6—9 岁年龄段的人口平均受教育年限达到 5.8 年，接近小学学段 6 年的教育时间；10—14 岁年龄段的人口受教育年限为 7.4 年，也接近初中学段的 9 年教育时间。考虑到初中生的年龄结构在 12—14 岁，上述数据充分说明近年来我国实施义务教育取得了显著成绩，实现了全面普及九年制义务教育的发展目标。

---

[①] 国家统计局人口和社会科技统计司. 中国人口统计年鉴 2003［M］. 北京：中国统计出版社，2003：262.

[②] 数据为作者根据《中国人口统计年鉴 2003》使用的统计口径计算得到。

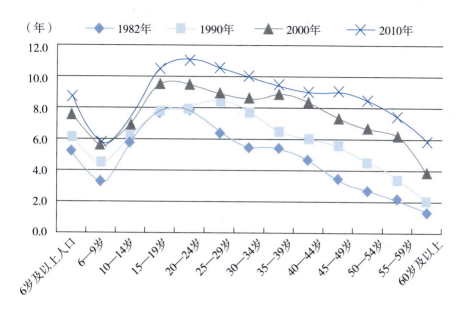

**图 5.1.2  1982—2010 年我国分年龄段人口平均受教育年限变化情况**

与此同时，伴随着各年龄段人口平均受教育年限增长的是我国小学和初中入学率的持续上升。从 1982 年到 2010 年，小学净入学率由 93.2% 上升到 99.7%，初中毛入学率由 49.1% 上升到 100.1%（见图 5.1.3）。总体变化趋势与人均受教育年限一致，从 6 岁及以上人口受教育年限与小学和初中入学率的相关性看，人均受教育年限与小学净入学率和初中毛入学率的相关系数分别是 0.90 和 0.99。从各年龄段人口受教育年限与小学净入学率、初中毛入学率的相关系数变化看，受教育年限与小学净入学率的相关系数在 0.74—0.97 之间，关系最为紧密的是 6—9 岁的人群；与初中毛入学率的相关系数在 0.93—1.00 之间（见表 5.1.1）。与小学净入学率相比，人均受教育年限的变化与初中毛入学率的增长的关系更为紧密。上述系数表明，各年龄段人口平均受教育年限的增加与小学净入学率和初中毛入学率的上升存在高度的正相关关系（个别年龄段除外），再次说明义务教育的全面普及不仅大幅度提高了我国 6 岁及以上人口的平均受教育年限，而且也提高了各年龄段人口的平均受教育年限。

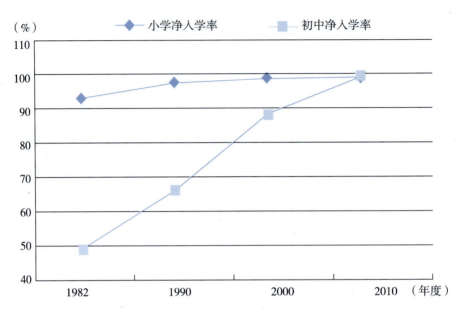

图 5.1.3　1982—2010 年小学和初中入学率变化情况

表 5.1.1　1982—2010 年我国人口平均受教育年限与小学、初中入学率相关性统计

|  | 小学净入学率 | 初中毛入学率 |
|---|---|---|
| 6 岁及以上人口 | 0.90 | 0.99 |
| 6—9 岁 | 0.97 | 0.98 |
| 10—14 岁 | 0.89 | 1.00 |
| 15—19 岁 | 0.76 | 0.95 |
| 20—24 岁 | 0.74 | 0.93 |
| 25—29 岁 | 0.94 | 0.96 |
| 30—34 岁 | 0.96 | 0.98 |
| 35—39 岁 | 0.89 | 0.99 |
| 40—44 岁 | 0.92 | 1.00 |
| 45—49 岁 | 0.93 | 0.99 |
| 50—54 岁 | 0.91 | 1.00 |
| 55—59 岁 | 0.88 | 0.99 |
| 60 岁及以上 | 0.81 | 0.96 |

## 二、提高劳动力受教育年限，促进经济发展

教育通常被视为人力资本形成的重要途径，也是人力资源向人力资本转变的重要推动力。广义的教育包括普通教育和岗位培训，人们普遍认为教育可以通过改善劳动力的整体素质和提高其技能水平等方式，提高现有劳动力的生产能力和生产效率。此外，教育既是一种有益的人力资本投资，又是一种有益的消费。随着收入的增加，人们就会要求接受更多的教育，不仅仅是为他们自己的教育，更重要的是为了子女获得更好的发展，有能力支付更多的费用用于后代的教育。总之，教育的发展不但提高了个人文化素质，还有助于扩大国内市场需求，因而对经济增长的贡献十分突出。

### （一）义务教育发展水平越高的地区，人均国民生产总值越高

改革开放 30 多年来，我国社会经济取得了突飞猛进的发展，全国人均国内生产总值由 1980 年的 463 元上升到 2010 年的 29992 元，增加了近 64 倍。各省、自治区、直辖市的社会经济发展同样也取得了显著成绩，人均地区生产总值大幅度提高，但是地区间人均国内生产总值的绝对差距也随之不断拉大。表现为东部地区高于中部，中部高于西部。以北京、河南和贵州为例，1990 年三省份人均国民生产总值分别为 4635 元、1091 元和 810 元，北京分别比河南和贵州高出 3544 元和 3825 元；到 2010 年，三省份人均国民生产总值分别为 75343 元、24446 元和 13119 元，北京分别比河南和贵州高出 50897 元和 62224 元，这一差距是 1990 年的 14.36 倍和 16.27 倍（见图 5.1.4）。

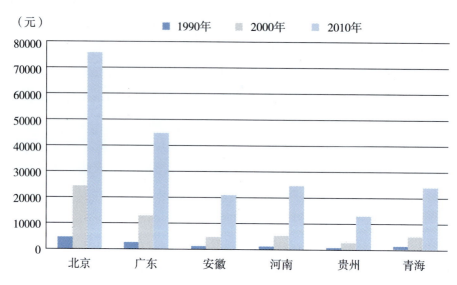

**图 5.1.4　1990—2010 年间不同省份人均国民生产总值变化**

【数据来源】各省份 2011 年统计年鉴。

可以看出，1990—2010 年间，我国东中西部地区的经济发展水平差距逐渐扩大，人均国内生产总值间的差距明显扩大。造成这一变化的主要因素之一就是教育水平的差异。图 5.1.5 描述了 1990—2010 年间我国东中西部代表性省份不同受教育程度人口比重的变化。1990 年，在北京、河南和贵州三省份 6 岁及以上的人口中，文化程度为不识字或很少识字比例分别是 10.74%、20.27% 和 34.51%；小学文化程度的比例分别是 24.76%、40.02% 和 43.11%；初中文化程度的比例分别是 33.50%、30.57% 和 16.94%；具有大学学历的人口比例，河南与贵州尚不足 1%，而北京则达到 6.12%。比较而言，除了不识字或很少识字的比例以及小学的比例之外，北京在其他受教育程度人口比例上均高于河南、贵州，初中、高中、大学分别高出 2.93%（16.56%，括号内为高出贵州的数据，下同）、8.95%（12.73%）、5.83%（5.75%）。

到 2010 年，不识字或很少识字的比例，北京、河南、贵州分别为 1.93%、5.29%、10.41%；小学比例分别是 10.38%、26.49%、42.55%；初中比例分别是 32.73%、46.66%、33.00%；北京高中、大学的比例比河南、贵州分别高出 7.60%（13.90%，括号内为高出贵州的数据，下同）和 14.35%（14.36%）。与 1990 年相比，变化最为明显的是：北京人口中初中文化程度的比例低于河南、贵州，但是其高中和大学文化程度的人口比例与河南、贵州的差距却在扩大，大学学历的差距尤为明显。

上述数据显示，北京教育水平总体高于河南与贵州，高质量的义务教育发展水平为本地人口进入更高学段求学奠定了坚实的基础。拥有小学、初中学历人口比例，北京低于河南、贵州，拥有高中、大学学历的人口比例高于河南、贵州；同时，2010 年北京市人均国内生产总值高于河南、贵州。同样的变化趋势也反映在东部的广东、中部的安徽、西部的青海等省份。这表明，在我国，义务教育发展水平越高的地区，人均国内生产总值和人均受教育年限也越高，它们之间呈现同步变化的发展趋势。

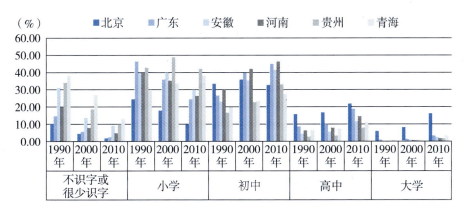

**图 5.1.5　我国东中西部省份 1990—2010 年不同文化程度人口比例**

【数据来源】历年全国人口普查资料。

### （二）劳动力受教育年限越长的国家，人均国民收入水平越高

图 5.1.6 显示了 G20 国家人均国民收入水平和平均受教育年限间的变化趋势。一般来说，收入水平越高的国家——大多是发达国家，其人均受教育年限越长；相反，收入水平相对较低的国家——大多是发展中国家和欠发达国家，其人均受教育年限越短。从图中可以看出，2010 年美国是人均国民收入最高的国家，为 47094 美元，也是人均受教育年限最高的国家，达到 12.4 年；印度是人均国民收入最低的国家，只有 3337 美元，也是人

均受教育年限最低的国家，仅为4.4年。两者相比，美国人均受教育年限约为印度的2.82倍，但是人均国民收入却为印度的14.11倍。在不考虑人口规模、发展阶段和经济体制等其他因素的情况下，上述差异表明人均受教育年限对国民收入水平、经济发展水平的影响是倍增的。

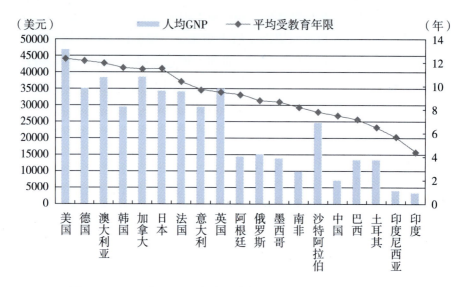

**图 5.1.6　2010年 G20国家人均受教育年限与人均国民收入水平**

注：左纵轴表示人均国民收入，右纵轴表示人均受教育年限。

【数据来源】联合国开发计划署.2010年人类发展报告［R］.2010：143－146.人均国民收入以购买力平价转换后的美元表示。

在这些国家中，或许更具有可比性的就是中国与印度。2010年中国和印度在 G20国家中人均受教育年限分别位居第15位和第19位，人均国民收入分别位居第17位和第19位，基本上与人均受教育年限排序一致。在数量上，2010年中国人均受教育年限为7.5年，印度为4.4年，中国是印度的1.70倍；同时中国人均国民收入为7258美元，是印度人均国民收入3337美元的2.18倍。但是，在1949年印度共和国成立之初的时候，人均受教育年限和国民识字率要高于同一时期的中国。1950年，印度小学（6—11岁年龄段人口）入学率为40%，中学（11—17岁年龄段人口）入学率为10%，大学（17—23岁年龄段人口）入学率为0.9%，国民识字率达到17.2%；同年，中国的小学、初中、高中和大学的入学率分别是 20%、2.7%、1.9% 和 0.3%，国民识字率还不到 15%[①]。可以看出，此时印度各级教育的发展水平要高于中国，尤其是初等和中等教育阶段，印度更是远高于中国。与此对应的是，在 1950 年，印度人均国内生产总值为 619 美元，是中国人均国内生产总值 434 美元的 1.43 倍[②]。从 60 年来中国和印度人均受教育年限和人均国内生产总值的对比变化可以得到一个简单的结论，即一个国家教育水平的提高，人均受教育年限的增加，能够促进该社会经济的发展，有力地改善该国国民的文化素质和物质生活水平。

人口规模的不同也会对一国改善本国公民教育水平的努力产生影响。一般而言，每增加一个单位的人均受教育年限，人口数量越多的国家付出的努力也越多，需要的财政投入和社会支出规模也越大。图 5.1.7 显示了世界 10 个人口规模上亿的国家人均国民生产总值与人均受教育年限的变化趋势。由左至右，国家人均受教育年限逐渐下降，最高的是美国，为 12.4 年，最低的是印度，为 4.4 年；人均国民生产总值也大致呈逐渐下降的趋势。作为人口规模超过 10 亿的两个人口大国，中国和印度在发展教育和社会经济上面临着许多相似的问题。2010 年中国人均受教育年限大于印度，人均国民生产总值也高于印度。

---

① 数据来源：印度为 Planning Commission, Government of India. India 1st Five Year Plan, 1953：68；中国为中国教育统计网．新中国 60 年教育成就展［EB/OL］．［2012 - 12 - 28］．http：//www. stats. edu. cn/tidt/60/新中国 60 年教育成就展. htm.

② 数据来源：Groningen Growth and Development Centre and the Conference Board. Total Economy Database［DB/OL］．［2012 - 07 - 15］．http：//www. ggdc. net. 以 1990 年为基期，经购买力平价转换后的美元表示。

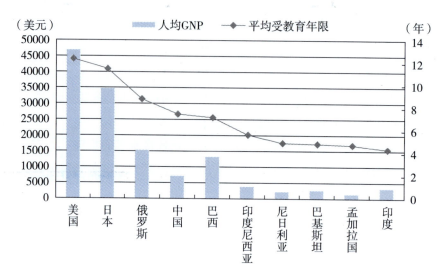

**图 5.1.7　2010 年 10 个人口大国人均受教育年限与人均国民收入水平**

注：左纵轴表示人均国民收入，右纵轴表示人均受教育年限。

【数据来源】联合国开发计划署. 2010 年人类发展报告［R］. 2010：143 - 146；人均国民收入以购买力平价转换后的美元表示。

### 三、提升个人教育收益率

#### （一）初等教育个人收益率通常高于中等教育和高等教育

普萨查罗普洛斯（Psacharopoulos，1994）研究了不同受教育程度的收益率问题，结果表明，教育收益率会随教育程度的提高而降低，教育收益率最高的是小学，其次是中学，大学最低（见表 5.1.2）。从区域划分和经济发展水平看，经济发展水平越低的地区，初等教育的个人收益率水平越高，这些地区比如撒哈拉非洲、亚洲和拉丁美洲/加勒比海国家；人均收入水平越低的国家，初等教育的个人收益率越高。这种发展规律同样体现在 OECD 国家和世界平均的变化中，OECD 国家是经济发展水平和人均收入水平都比较高的国家，其初等教育和中等教育的个人收益率（分别是21.7% 和 12.4%）都低于世界的平均水平（分别是 29.1% 和 18.1%）。

表 5.1.2　个人教育收益率的国际比较

| 国家或地区 | 个人收益率（%） | | |
|---|---|---|---|
| | 初等教育 | 中等教育 | 高等教育 |
| 撒哈拉非洲 | 41.3 | 26.6 | 27.8 |
| 亚洲 | 39.0 | 18.9 | 19.9 |
| 欧洲/中东/北非 | 17.4 | 15.9 | 21.7 |
| 拉丁美洲/加勒比海国家 | 26.2 | 16.8 | 19.7 |
| OECD 国家 | 21.7 | 12.4 | 12.3 |
| 世界平均 | 29.1 | 18.1 | 20.3 |
| 低收入国家（＜MYM610） | 35.2 | 19.3 | 23.5 |
| 中低收入国家（＜MYM2449） | 29.9 | 18.7 | 18.9 |
| 中高收入国家（＜MYM7619） | 21.3 | 12.7 | 14.8 |
| 高收入国家（＞MYM7620） | NA | 12.8 | 7.7 |

【数据来源】Psacharopoulos, G. Return to Investment in Education: A Global Update [J]. World Development, 1994, 20 (9).

但是，由于国家间在社会经济发展水平、产业结构等方面存在差异，对从业人员综合素质的要求也有不同，从而会影响到不同受教育程度就业人员的个人收益率。在发展中国家（地区），普萨查罗普洛斯（1994）考察了就业人员在 20 世纪 70 年代与 80 年代各学段的个人教育收益率。尽管考察的年度不同，但是这些发展中国家（地区）表现出一个共同的趋势，即小学阶段的个人教育收益率是最高的（阿根廷除外），最高的国家是博茨瓦纳，其小学阶段的教育个人收益率竟高达 99%（见表 5.1.3）。在西班牙，路易斯-爱德华多·维拉（Luis-Eduardo Vila，1998）研究发现，从 1981 年到 1991 年，大学（长期）和初中的边际教育收益率出现了下降，分别从 10.1% 和 8.9% 下降到 9.3% 和 4.2%，初中的下降比例最大；相反，其他教育阶段的教育收益率都有比较明显的上升，尽管这些教育阶段的收益率仍低于大学。

在中国，关于不同受教育程度群体之间的个人教育收益率的高低并未取得一致的研究结论。比如，有研究者发现在城镇不同受教育程度的人群之间，教育收益率随文化程度的提高而增加，最高的是大学本科，其次是专科，最低的是初中（陈晓宇，等，2003）；如果考虑小学文化程度的话，那么个人教育收益率最低的是小学（李实，等，1994）。但是近年来的研究结果略有不同，2004 年国务院发展研究中心课题组考察了我国农村不同学历人口教育收益率问题，结果发现，小学的收益率为 3.75%，初中为 10.20%，大专及以上学历的收益率低于初中而高于小学，为 4.18%。由此可见，随着研究时点、人口范围等因素的不同，我国不同受教育程度人群间的教育收益率并未有一致的排序。

表 5.1.3　各教育阶段个人教育收益率的国际比较

| 国家（地区） | 年度 | 个人教育收益率（%） | | |
| --- | --- | --- | --- | --- |
| | | 小学 | 中学 | 大学 |
| 阿根廷 | 1989 | 10.1 | 14.2 | 14.9 |
| 博茨瓦纳 | 1983 | 99.0 | 76.0 | 38.0 |
| 巴西 | 1989 | 36.6 | 5.1 | 28.2 |
| 哥伦比亚 | 1989 | 27.7 | 14.7 | 21.7 |
| 印度 | 1978 | 33.4 | 19.8 | 13.2 |
| 墨西哥 | 1984 | 21.6 | 15.1 | 21.7 |
| 中国台湾 | 1972 | 50.0 | 12.7 | 15.8 |
| 泰国 | 1970 | 56.0 | 14.5 | 14.0 |

【数据来源】Psacharopoulos, G. Return to Investment in Education：A Global Update［J］. World Development, 1994, 22（9）.

### （二）女性教育收益率略高于男性

从已有的研究结果来看，一个基本结论就是女性的教育收益率整体高于男性，尽管通常女性在工作中获取的绝对收入低于相同受教育程度的男性。比如，在西班牙阿方索·阿尔巴－拉米雷斯等人（Alfonso Alba-Ramirez, et al.，1995）考察了性别对个人教育收益率的影响，结果显示无论是在公共部门还是在私人部门，从业女性的教育收益率都高于同部门的男性教育收益率，女性在两部门的教育收益率分别是7.5%和8.0%，男性分别是6.1%和6.4%。同样，路易斯-爱德华多·维拉等人（1998）的研究也得到了类似的结论。阿里亚斯等人（Arias, et al. , 2001）对美国个人教育收益率展开了研究，同样发现无论是在任何受教育程度上，美国女性的平均年收入增长率都明显高于美国男性从业人员。另外，哈蒙（Harmon）等人在2001年考察了性别差异对欧洲国家个人教育收益率的影响，结果表明，随着越来越多的女性进入劳动力市场，个人教育收益率性别间的差异也随之缩小。

在发展中国家，性别差异对个人教育收益率的影响相对更为明显。比如，莫克（Moock）等人比较了1992—1993年越南男性与女性的个人教育收益率，结果发现，女性收益率为6.8%，比男性的3.4%高3.4个百分点。孟加拉国的男女性之间的收益率差异甚至更大，1999年至2000年，孟加拉国女性的教育收益率达到13.2%，比男性的6.2%高出7个百分点（Asadullah，2006）。

在中国，同样有许多研究表明，性别对个人教育收益率具有较为明显的影响，男性个人教育收益率往往低于女性。如表5.1.4所示，在这些研究结果中，2001年城镇女性个人教育收益率比男性高4.8个百分点，2004年高约2个百分点，2005年高1.26个百分点，总体上呈逐年缩小的趋势，表明性别差异对个人教育收益率的影响在逐渐下降。相反，就全国而言，1988年女性教育收益率高出男性约1.2个百分点，到1996年和2000年，女性教育收益率比男性分别高出1.8个和3.5个百分点，近年来差异呈逐年拉大的趋势。在利用CHNS数据考察性别对中国个人教育收益率的影响后发现，1989—2009年间我国男性和女性的个人教育收益率均呈现逐渐递增的发展趋势，然而无论是城镇还是农村，女性的教育收益率都高于男性（梁润，2011）。

表5.1.4　基于性别差异的教育收益率汇总表

| 作者 | 范围 | 数据年份 | 男性（%） | 女性（%） |
|---|---|---|---|---|
| Jamison（1987） | 甘肃徽县 | 1985 | 4.5 | 5.6 |

续表

| 作者 | 范围 | 数据年份 | 男性（%） | 女性（%） |
|---|---|---|---|---|
| 张俊森（2005） | 城镇 | 1988 | 2.9 | 5.2 |
| | | 2001 | 8.4 | 13.2 |
| 李实，等（1994） | 全国 | 1988 | 2.5 | 3.7 |
| 邵利玲（1994） | 6个地区 | 1990 | 1.23 | 0.42 |
| 赖德胜（1998） | 城镇 | 1996 | 5.14 | 5.99 |
| 陈晓宇（1999） | 城镇 | 1996 | 4.36 | 5.82 |
| 赵力涛（2006） | 农村 | 1996 | 6.9 | 4.0 |
| 孙志军（2002） | 农村 | 2000 | 3.58 | 3.66 |
| 陈良焜，等（2004） | 全国 | 1996 | 4.7 | 6.5 |
| | | 2000 | 6.7 | 10.2 |
| 刘泽云（2008） | 城镇 | 2004 | 9.6 | 11.6 |
| 娄世艳（2009） | 城镇 | 2005 | 6.23 | 7.49 |

【数据来源】许福娇. 居民教育收益率的估计［D］. 杭州：浙江工商大学，2010.

### （三）私人部门的个人教育收益率高于公共部门

一般来说，在一个充分就业的国家里，私人部门充满了竞争，从业者的流动率也比较高，工资、个人收入成为引导人员流动的信号，但是公共部门一般都存在严格的等级制，部门间的竞争和人员流动都不如私人部门，因而公共部门的个人教育收益率低于私人部门。相关实证研究也证实了上述经验判断。在较早的时间就有研究考察了公共部门和私人部门从业人员个人教育收益率，结果显示，一般情况下私人部门的个人教育收益率高于公共部门，两者分别是13%和11%（Psacharopoulos，1985）。中国也有类似的规律，一些研究比较分析了中国公有制部门和非公有制部门从业人员的教育收益率，结果表明在非公有制部门中的从业人员，其教育收益率高出公有制部门约3.37%（陈晓宇，等，2003）。这种差别在市场经济较为发达的东部地区表现尤为明显，根据方长春（2011）的研究结论，在东部地区市场化程度越高的部门，教育的个人收益率也越高，相反，体制内的核心部门个人教育收益率相对较低。这是因为，随着市场化程度的提高，教育对个体经济收入的积极作用将有助于劳动力的合理配置，并且教育的经济回报率将成为劳动力价格的一个信号。但是对其他国家不同部门的教育收益率分析也得出了不同的观点，在西班牙，除了中等教育之外，对其他受教育阶段而言，在公共部门从业的人员个人教育收益率都高于私人部门（Alfonso Alba-Ramirez, et al.，1995）。

### （四）我国个人教育收益率逐年上升

近些年来，我国学者对中国教育投入的社会收益率和个人收益率问题展开了诸多研究，并取得了一些比较有影响的研究结果。其中，对个人收益率的研究相对更为广泛和深入，这些研究结果大都表明从 20 世纪 90 年代初开始，我国教育投入的个人收益率不断增加。比如，李实等人（2003）使用不同数据考察了 1990—1999 年间我国城镇个人教育收益率的变化，结果表明我国个人教育收益率呈逐年上升的趋势，在此期间，个人收益率由 1990 年的 2.5% 上升到 1999 年的 8.4%。同样，陈晓宇等人（2003）使用国家统计局"中国城市住户调查"的有关数据，比较分析了 1991 年、1995 年和 2000 年三个时点的个人教育收益率，结果表明，1991—2000 年间我国城镇个人教育收益率逐年上升，分别是 2.95%、4.66% 和 8.53%。分城乡看，2000 年以前我国农村的个人教育收益率不但低于城市，甚至收益率还是负值，这意味着教育反而影响了农村居民收入水平的提高。而且，2000 年以后，我国城乡间的个人教育收益率差距呈逐年扩大的趋势（梁润，2011）。

## 第二节　义务教育发展面临的挑战

近年来，我国义务教育入学率不断提高，中小学校招生规模不断扩大；教师队伍结构逐渐优化，专任教师数量日益充足；办学条件不断改善，教育经费大幅增加。但是，在全面普及九年制义务教育后，在我国义务教育持续发展的过程中仍然面临诸多问题与挑战，主要体现在义务教育发展差距依然较大、巩固义务教育发展成果任务依然艰巨、义务教育均衡发展水平仍然较低、义务教育质量仍待提高等。在未来一段时期内，这些问题将成为各级人民政府和教育管理部门工作中的重中之重。

## 一、加快义务教育学校标准化建设

办学条件的优劣直接影响着义务教育学校的教育水平和教育质量。加大政府和社会各界的投入，全面改善农村学校和城市薄弱学校的办学条件，缩小与城市学校和优质学校间的发展差距，是教育公平在义务教育阶段的直观显现。

### （一）义务教育学校办学条件亟待提高，地区、城乡差距过大

近年来，为了提高义务教育学校办学条件，中央和各级政府加大了财政投入，通过实施"国家贫困地区义务教育工程""农村中小学危房改造工程""农村寄宿制学校建设工程""新农村卫生新校园建设工程"等，全面改善了中西部农村地区义务教育阶段学校的办学条件，缩小了与东部地区学校、城市学校间的发展差距。但是，随着人民群众对教育从"有学上"到"上好学"的要求转变，中小学校的办学条件仍然难以满足人民群众日益增长的需要，地区间、城乡间的差距还有待进一步缩小。

以生均教学仪器设备值为例，如果以汶川地震后中小学校重建标准和全国均值为参照，2010 年全国小学和初中分别只有 3.7% 和 7.6% 的学校达到汶川地震后的重建标准，分别只有 22.0% 和 34.1% 的学校达到全国平均值。如果以汶川地震后的中小学重建标准为国家标准：（1）分地区看，小学和初中生均教学仪器设备值达标比例最高的地区均为东部，小学为 8.3%，比中部地区高出 6.6 个百分点，初中为 15.5%，比西部地区高出 11.8 个百分点；（2）分城乡看，生均教学仪器设备值达标的比例，城市小学和初中分别达到 17.0% 和 21.5%，分别高出农村 14.2 个和 15.6 个百分点。

### （二）加快义务教育学校标准化建设是缩小地区和城乡差距的重要途径

第一，加大政府投入，制定实施义务教育学校标准化建设标准。各地

在实施标准化学校建设时，首要的任务是结合本地实际情况，制定科学合理的建设标准，并严格按照标准推动农村学校和城市薄弱学校的改造、新扩建等。一般来说，义务教育阶段学校标准化建设主要包含三大方面：办学条件、师资力量和课程设置。办学条件和师资力量的改善需要各级政府和教育管理部门不断加大财政投入力度，切实改善中小学校校舍、宿舍等基础设施，提高教师的待遇，吸引更多的优秀人才投入到教育行业中。同时，教育管理部门也要不断调整、完善学校课程设置，尤其是地方课程的内容设置，更应该符合当地学校、学生的实际需要。

第二，健全"以县为主"的经费保障机制，加大上级政府的教育转移支付力度。"以县为主"的义务教育管理体制明确了办学主体，推动了义务教育的快速发展。但是，由于各地经济发展水平、财政能力参差不齐，造成义务教育学校间发展差距较大。因此，在加强县级政府财政投入力度的同时，应不断加大上级政府部门对财政能力不足的区县的教育转移支付力度，保障义务教育标准化学校建设的顺利实施。

第三，加强督导评估，保障标准化学校建设的顺利实施。《国家中长期教育改革和发展规划纲要（2010—2020年）》明确提出了"推进义务教育学校标准化建设"，各级督导评估部门应按照《规划纲要》的要求和各地公布实施的义务教育学校标准化建设标准，加强对学校标准化建设进程的督导评估力度，结合当地社会发展实际情况，适时调整标准化学校建设标准，以保障标准化建设的顺利实施，不断推动义务教育办学水平的提高。

## 二、继续巩固提高义务教育水平

义务教育是国家依法统一实施、所有适龄儿童少年必须接受的教育，具有强制性、免费性和普及性，是教育中的重中之重。义务教育也是政府向所有适龄儿童提供的基本公共教育服务，是国家必须予以保障的公益性事业。

### （一）初中学生巩固率有待提高，流动人口子女受教育权利亟待保障

2011年底，随着"两基"西部攻坚工作的完成，我国已全面普及九年

义务教育。中小学生入学率保持较高水平，充分保障了每一名中小学适龄少年儿童接受义务教育的权利。全国教育事业简明统计数据显示，2011 年全国小学学龄儿童净入学率达到 99.79%。其中，男童小学净入学率为 99.78%，女童净入学率为 99.80%，初中阶段的毛入学率达到 100.1%。然而，与高的入学率相比，中小学生巩固率还有待进一步提高和维持，尤其是初中三年巩固率。数据显示，2011 年，全国小学五年巩固率为 99%，初中三年巩固率为 94.37%，西部地区初中三年巩固率为 92.11%。由此可知，尽管我国义务教育阶段入学率较高，但初中学生三年巩固率还有待提高，尤其是西部地区，在"两基"工作完成后，提高巩固率成了较为紧迫的问题。

此外，随着我国城市化进程的不断加快，大量农村剩余劳动力进入城市，总规模在不断增加。据《中国流动人口发展报告 2012》统计，2011 年我国流动人口总量已接近 2.3 亿，占全国总人口的 17%，比 2000 年的流动人口总数 1.2 亿增加近 1 倍，随迁子女数量也呈不断上升的趋势。在这些流动人口中，平均年龄约为 28 岁，"80 后"的新生代农民工已占劳动年龄人口的近一半，其子女正逐渐进入入学的年龄，对义务教育的需求也将逐渐增加。虽然 2001 年《国务院关于基础教育改革和发展的决定》中明确提出了解决进城务工人员随迁子女教育"以流入地区政府管理为主，以全日制公办中小学为主"的"两为主"原则，解决了大部分随迁人员子女的入学问题，但是这部分适龄儿童少年的辍学率比较高。根据《中国九城市流动儿童状况调查研究报告》，2003 年，流动儿童的失学率较高，达到 9.3%；随着年龄的增大，流动儿童中失学者的比例逐渐提高，从 8 岁到 14 岁，流动儿童未上学比例由 0.8% 增长到 15.4%。2007 年中国青少年研究中心对 8 个省市的流动青少年调查显示，57.4% 的流动儿童有转学经历，其中 55.0% 转学次数在 2 次以上。在转学过程中因为流入时间与当地学校开学时间不一致，甚至是找不到合适的学校，造成流动儿童不得不辍学在家。因此，全社会要采取有力措施，切实保障流动儿童接受九年义务教育，巩固提高流动人口子女义务教育水平。

### （二）坚持教育优先发展，继续巩固提高九年义务教育水平

要坚持优先发展教育事业，继续把义务教育放在教育工作"重中之重"的位置，研究制定义务教育巩固提高的新目标和新举措，不断完善义务教育发展的管理体制和保障机制，强化落实政府责任，加大义务教育经费投入力度，进一步改善义务教育学校办学条件。

首先，要采取必要措施，确保适龄儿童少年不因家庭经济困难、就学困难、学习困难等原因失学，努力消除辍学现象。为解决老少边穷地区和农村地区义务教育阶段学生辍学率较高的问题，现阶段应进一步落实各级政府的职责，强化县级政府对农村义务教育的统筹和管理。建立和完善农村义务教育经费以县为主，中央和省、市两级政府补助的义务教育经费投入保障机制，切实落实教育经费的"三个增长"，并将每年新增加的教育经费向老少边穷地区、农村地区倾斜。此外，在全面免除农村义务教育阶段学生学杂费和免费提供教科书之外，还要对其中家庭贫困的学生免费提供教辅资料，适当提高寄宿生生活费补助标准。

其次，要合理规划学校布局，保留或增加必要的教学点并改善教学点的办学条件，方便学生就近入学，保障有质量的教育教学活动。作为义务教育办学的主要管理者，各县（市、区）人民政府要结合本辖区的实际情况，按照"适当集中办学，兼顾学生就近入学"的原则，对本辖区内学校的布局情况充分调研、科学规划、合理调整，同时充分考虑学校所在位置的社会居民对布局调整的意见。

最后，要深入贯彻实施"两为主"政策，采取多种形式，确保进城务工人员子女平等接受义务教育。同时要建立健全政府主导、社会参与的农村留守儿童关爱服务体系和动态监测机制，加快农村寄宿制学校建设，改善农村学校寄宿条件，满足留守儿童的生活学习需求。同时要把"两基"的有效措施转化为今后的工作制度，巩固提高九年义务教育水平，保证义务教育持续健康发展。

### 三、促进义务教育优质均衡发展

《国家中长期教育改革和发展规划纲要（2010—2020 年）》指出，"均

衡发展是义务教育的战略性任务。建立健全义务教育均衡发展保障机制，均衡配置教师、设备、图书、校舍等资源"。近年来，各级政府通过实施农村寄宿制学校建设、标准化学校建设等政策措施，在促进义务教育均衡发展方面取得了突出成绩。但是，由于历史原因、经济发展水平差异等影响，城乡之间、区域之间在义务教育优质均衡发展方面还存在显著差距。

### （一）区域间义务教育均衡发展的水平与质量不平衡

2012 年 1 月，教育部正式印发《县域内义务教育均衡发展督导评估暂行办法》，强调对义务教育学校间均衡状况的评估的重点是，考察县级政府均衡配置"生均教学及辅助用房面积、师生比"等 8 项指标。该《办法》规定，"小学和初中的差异系数分别小于或等于 0.65 和 0.55"时，视为学校间办学条件达到均衡配置的要求。由于我国各地社会经济发展水平不同，我们调查发现，在中西部地区，尤其是含有农村的县（市、区），均衡发展水平比东部地区、城市中心城区还要好，但是其 8 项办学条件指标的生均水平却远低于东部地区或城市中心城区，呈现均衡水平高、发展水平低的状态。相反，东部一些县（市、区）和城市的中心城区等经济发展水平较高的地区，"生均教学及辅助用房面积、生均图书册数、师生比"等 8 项办学指标值都比较高，但是小学和初中学校间的均衡水平相对较差，呈现均衡水平低、发展水平高的状态。还有一类县（市、区），主要是那些老少边穷地区，义务教育发展呈现均衡水平低、发展水平低的状态。上述三种状况均非义务教育均衡发展的理想目标，义务教育均衡发展不仅仅强调资源配置的均衡，更要求生均拥有教育资源的数量提升。因此，各级政府在均衡配置教育资源时，还要进一步加大财政投入力度，不断推动义务教育均衡发展向教育均衡优质发展的目标迈进。

### （二）加大政府投入、坚持倾斜政策，推动义务教育向优质均衡发展

把义务教育均衡发展作为各级政府工作中的重中之重。坚持城乡统筹发展，加大政府投入力度，大力扶持薄弱地区，全力帮扶弱势群体。通过不断改革与完善有利于促进义务教育均衡发展的管理体制、经费保障机制、督导评估机制、校长交流制度、教师流动机制以及学生资助体系，合

理配置教育资源，加强农村学校建设和薄弱学校改造，均衡配置义务教育教师资源，有计划、分步骤地推进我国义务教育均衡发展。

首先，坚持教育资源向薄弱学校倾斜，切实缩小校际教育差距。加大义务教育阶段薄弱学校改造力度，制定完善义务教育基本办学标准和质量标准，推进义务教育学校标准化建设。在教育经费投入上，地方各级政府可以通过建立薄弱学校改造专项基金，优先保障薄弱学校的快速发展，缩小与本区域内优质学校之间的差距。在教师队伍建设上，加强对薄弱学校教师队伍的培训与建设工作，探索优质学校和薄弱学校教师间的交流与合作，最大限度地提高优秀教师队伍的示范带头作用，最大限度地实现区域内教育资源的共建共享。

其次，坚持教育资源向农村倾斜，加快缩小城乡教育差距。各级政府应进一步加大对农村义务教育的投入力度，按照本地区义务教育标准化建设标准实施农村学校的改扩建工程，缩小与城市学校在硬件设施上的发展差距。创新农村教师补充机制，鼓励优秀大学毕业生和其他优秀人才到农村学校任教。建立城乡一体化的教育发展机制，建立和完善区域内教师交流政策和配套措施，促进城市学校教师到农村学校交流支教，同时在评优评先、晋职晋称上给予农村教师倾斜政策。逐步统一城乡教师编制和工资标准，缩小农村学校教师与城市教师之间的待遇差距，在有条件的地方可以适当增加农村教师的补贴额度。

最后，坚持教育资源向中西部倾斜，努力缩小区域教育差距。加大中央教育投入向中西部地区的转移支付力度，每年将中央本级教育经费投入中的增量部分更多地用于中西部地区义务教育学校的发展建设。中央和地方各级政府通过实施农村学校改扩建工程、校安工程建设、寄宿制学校建设等项目，提高中西部地区义务教育学校办学条件，缩小与东部地区的发展差距。努力提高中西部地区义务教育学校教师队伍素质和教育教学能力，继续实施并完善"特岗教师计划"、中小学教师培训项目等工程，加大教师教育资源向中西部地区的倾斜力度，逐步缩小与东部地区教师能力上的差距。

## 四、推动义务教育由外延扩张向内涵发展转变

《国家教育事业发展第十二个五年规划》提出，"把提高教育质量作为教育改革发展的核心任务，为全体学生提供更加丰富的优质教育"。教育质量是教育行为的结果与教育目标或标准之间的吻合程度，用来衡量教育水平高低和教学效果优劣，其直观的表象就是学生的发展质量，主要受教育制度、教师综合素质、学生基础等因素的影响。

### （一）义务教育质量内涵发展不足

质量是教育的生命线。在义务教育普及水平不断提高的同时，义务教育巩固率和毕业生升学率持续提高。小学五年巩固率由1993年的78.83%提高到2011年的99.00%，初中三年巩固率由1993年的82.68%提高到2011年的94.37%，初中毕业生升学率由1986年的40.60%提高到2010年的87.50%。从全国整体上看，入学率保持了较高水平，但巩固率和完成率还有待提高，素质教育还有待进一步落实。从城乡看，多年来农村义务教育欠账较多，农村的教育资源、教育质量与城市相比还存在不小差距。一些农村学校优质生源不断流向城市；教师队伍总体素质不高，教师年龄和知识老化现象突出；农村优秀教师流向城市学校，年轻教师又不愿在农村任教，骨干教师和学科带头人严重短缺。从学生发展看，当前中小学普遍存在"三多三少"（即作业多、补课多、考试多，睡觉少、体育活动少、社会实践少）等现象，课业负担相对较重；尽管素质教育已实施多年，学生的知识视野、学习能力等有明显提升，但是农村学校和薄弱学校学生中仍然存在较多的学业不良或学业困难现象，厌学、辍学行为并未得到有效遏制；学生的社会责任感、创新精神和实践能力还有待进一步培养。

### （二）坚持以人为本，向内涵式发展转变，努力提高义务教育质量

"两基"目标的全面实现解决了广大人民群众"有学上"的问题，"上好学"则成为各级政府工作面临的新的目标。但是，在实际操作中，由于我国尚未建立义务教育质量标准和"好学校"的标准或特征，无法为各级教育管理部门制定科学的发展政策提供科学指导。因此，应当尽快建

立以质量为导向的管理制度和工作机制，建立健全适合中国国情、具有国际视野的义务教育质量标准，加强对义务教育质量的监测与评估，加大教学投入、改善办学条件、提高教师水平。改革完善考试评价制度和学校考核办法，深入实施素质教育，切实减轻中小学生课业负担，促进学生全面发展，努力提高我国义务教育质量。

同时，各级政府和教育管理部门应当重视农村义务教育质量的建设。近年来，我国各地通过加大教育投入力度、不断整合农村教育资源、深挖农村教育资源利用效率、新建或改扩建一批标准化学校等措施，极大地改变了农村义务教育办学条件薄弱的局面，多媒体教室、电脑室、语音室、实验室等现代化教学设施不断涌现在农村学校，为提高农村义务教育质量奠定了坚实的物质条件。但是，由于农村整体生活环境、社会经济发展水平与城市还有很大差距，加之多年来农村义务教育财政投入欠账较多，一些农村学校的优秀教师、青年教师等纷纷流动到城市，优质生源流失也十分严重，造成农村学校发展水平和教育质量每况愈下，很多适龄儿童因无法享受高质量的教育，在完成初中学业后就进入社会工作，使得农村劳动力人口整体素质提高缓慢，不能为当前的新农村建设提供有力的智力支持。

为了更好地服务于新农村建设，为农村社会经济发展提供人才支持，各级政府要采取切实有效的措施提高农村义务教育质量。在进一步完善"以县为主"的农村义务教育管理体制前提下，有条件的地方可以尝试"以省为主"管理体制改革。在全省的统筹安排下，教育财政性投入不断向农村学校倾斜，适当提高农村教师的收入，缩小教师待遇的城乡差距。

提高义务教育质量是现阶段中小学校的生命线，是教学的中心工作，也是各级教育管理部门工作的主要目标。现阶段，要坚持以人为本，走内涵式发展为主、外延式发展为辅的办学理念，以促进中小学生德智体美劳的全面发展、办人民满意的教育为己任，推动我国教育事业的健康、持续、高质、高效发展，进而为我国建设社会主义强国做出更大的贡献。

# 参考文献

1. 安双宏．印度教育 60 年发展的成就与问题评析——基于教育政策的视角［J］．比较教育研究，2011（6）．

2. 蔡红英．日、美、中义务教育财政制度百年变迁及启示［J］．宏观经济研究，2009（12）．

3. 陈晓宇，陈良焜，夏晨．二十世纪九十年代中国城镇教育收益率的变化与启示［J］．北京大学教育评论，2003（2）．

4. 陈国良．教育财政国际比较［M］．北京：高等教育出版社，2000.

5. 成有信．九年普及义务教育［M］．北京：人民教育出版社，1985.

6. 方长春．教育收益率的部门差异及其引发的思考［J］．贵州社会科学，2011（9）．

7. 冯宏义，等．美国扶持薄弱学校的主要措施［J］．比较教育研究，2004（1）．

8. 冯增俊．国际基础教育发展基本经验探讨［J］．教育科学研究，2006（12）．

9. 郭璇．国外义务教育改革与发展对我国当前实施义务教育的启示［J］．伊犁师范学院学报，2004（4）．

10. 郭余欢．中美义务教育制度发展史比较［J］．教育与教学研究，2009（3）．

11. 教育部．2010 年全国教育事业发展统计公报［R/OL］．［2012 –

10－12］．http：//www. moe. edu. cn/publicfiles/business/htmlfiles/moe/moe_633/201203/xxgk_ 132634. html.

12. 教育部．国家教育事业发展"十一五"规划纲要［R/OL］．［2012－10－12］．http：//www. gov. cn/zwgk/2007－05/23/content_623645. htm.

13. 阚阅．促进教育均衡发展的新举措［J］．全球教育展望，2004（9）．

14. 科尔曼．教育机会均等的观念［M］．何瑾，译．上海：华东师范大学出版社，1989.

15. 孔令帅．教育均衡发展与政府责任——试论印度政府在基础教育均衡发展中的作用［J］．比较教育研究，2010（5）．

16. 李均．发达国家改造薄弱学校的主要经验［J］．外国中小学教育，2006（11）．

17. 李玲，韩玉梅．西方国家中小学教师流动的经验与启示［J］．比较教育研究，2011（11）．

18. 李倩．十九世纪英国初等教育普及研究［D］．武汉：华中师范大学硕士学位论文，2009.

19. 李实，丁赛．中国城镇教育收益率的长期变动趋势［J］．中国社会科学，2003（6）．

20. 李实，李文彬．中国教育投资个人收益率的估计［M］//赵人伟，等．中国居民收入分配研究．北京：中国社会科学出版社，1994.

21. 李钰．英国政府2006教育计划述评［J］．教育发展研究，2003（3）．

22. 李文英，史景轩．日本义务教育均衡发展的实现途径［J］．比较教育研究，2010（9）．

23. 李协京．日本教育财政制度和教育立法的若干考察——教育均衡化发展的制度环境［J］．外国教育研究，2004（3）．

24. 励骅，白华．国外薄弱学校改进的有效举措探析［J］．比较教育研究，2009（6）．

25. 梁润．中国城乡教育收益率差异与收入差距［J］．当代经济科学，2011（6）．

26. 梁延秋，方彤．当代巴西基础教育政策及其影响浅析［J］．外国中小学教育，2008（10）．

27. 刘艳华．印度 20 世纪 50 年代以来的义务教育普及与保障情况［J］．经济研究参考，2005（46）．

28. 刘贤伟．印度以地区办学为主的基础教育政策之得与失［J］．外国中小学教育，2007（9）．

29. 陆岳新．日本义务教育均衡发展的特点及启示［J］．世界教育信息，2006（12）．

30. 秦晓文．国际义务教育发展的基本经验［J］．教育科学研究，2006（9）．

31. 邱国华．义务教育完成率："普九"新阶段的核心指标［J］．教育发展研究，2005（5）．

32. 曲恒昌．经济大国巴西为何迟迟没有普及义务教育［J］．比较教育研究，2002（5）．

33. 石春玉．芬兰的成功教育之路及对我国教育改革的启示［D］．济南：山东师范大学硕士学位论文，2005.

34. 水永强．美国普及义务教育历史研究［D］．兰州：西北师范大学，2003.

35. 孙启林，周世厚．大均衡观下的"略"与"策"——法国义务教育均衡发展政策评析［J］．现代教育管理，2009（1）．

36. 田汉族．促进区域基础教育均衡发展的国际经验及其启示［J］．当代教育论坛，2011（4）．

37. 王定华．关于我国义务教育均衡发展之再审视［J］．中国教育学刊，2012（1）．

38. 王慧华，等．中国大陆有 11 个省市作为 PISA 测试地区 浙江 1800 名学生的测试成绩不同寻常——数学和科学素养全球第二［EB/OL］．［2012 - 10 - 12］．http：//www. doc88. com/p – 91099453434. html.

39. 王涓涓．国外城乡义务教育均衡发展的经验及启示［J］．外国中小学教育，2011（1）．

40. 王璐，孙明．英国教育均衡发展政策理念探析［J］．比较教育研究，2009（3）．

41. 王敏．巴西20世纪以后的义务教育普及与保障情况［J］．经济研究参考，2005（46）．

42. 王善迈，袁连生．中国地区教育发展报告［M］．北京：北京师范大学出版社，2011．

43. 王维秋．国外义务教育均衡发展的经验和启示［J］．江苏教育学院学报：社会科学版，2011（4）．

44. 王晓辉．教育优先区："给匮者更多"——法国探求教育平等的不平之路［J］．全球教育展望，2005（1）．

45. 王艳玲．社区共建：英国改造薄弱学校的新举措［J］．外国教育研究，2005（4）．

46. 谢彦红．韩国中小学教师人事制度对我国的启示［J］．教学与管理：理论版，2006（16）．

47. 许桐珲，李梁．国外均衡义务教育的形成［N］．南方周末，2005-12-01．

48. 邢克超，李兴业．法国教育［M］．长春：吉林教育出版社，2000．

49. 杨秉翰，刘畅．日本中小学建设标准的经验及对我国的启示［J］．西南大学学报：社会科学版，2008（2）．

50. 杨娟，丁建福，王善迈．美、日两国政府教育财政职责对我国的借鉴［J］．比较教育研究，2010（1）．

51. 杨军．促进基础教育的均衡发展——来自美国的经验［J］．外国教育研究，2004（11）．

52. 姚艳杰．英国义务教育入学政策研究［D］．福州：福建师范大学，2008．

53. 张策．透视早期德国初等教育的发展［J］．当代教育论坛，2010（3）．

54. 张力．从国际国内两个视角看义务教育均衡发展问题［J］．人民教育，2010（1）．

55. 张广利．韩国普及义务教育的历史进程与经验探讨［J］．普教研究，1995（5）．

56. 朱家存．教育均衡发展政策研究［M］．北京：中国社会科学出版社，2003.

57. Alfonso Alba-Ramirez, Maria Jesus San Segundo. The Returns to Education in Spain ［J］. Economics of Education Review, 1995, 14（2）．

58. Arias, Omar, Mcmahon, Walter, W. Dynamic Rates of Return to Education in the U. S. ［M］. Champaign：University of Illinois at Urbana-Champaign, 1996.

59. Asadullah, M. Returns to Education in Bangladesh ［R］. QEH Working Paper Series, No. 130, 2006.

60. Harmon, C. & Ian Walker. The Returns to Education：A Review of Evidence, Issue and Deficiencies in the Literature ［R］. DFEE Research Report, No. 254, 2001.

61. Luis-Eduardo Vila, et al. Changing Returns to Education in Spain During the 1980s ［J］. Economics of Education Review, 1998, 17（2）．

62. Moock, H. Patrinos, M. Venkataraman. Education and Earnings in a Transition Economy：The Case of Vietnam ［J］. Economics of Education Review, 2003（22）．

63. OECD. Education at a Glance 2010：OECD Indicators ［M］. 2010.

64. Psacharopoulos, G. Return to Investment in Education：A Global Update ［J］. World Development, 1994, 20（9）．

65. UNDP. Human Development Report 2010 ［R］. 2010.

66. UNESCO. Education for All Global Monitoring Report 2011 ［R］. 2011.

67. W. J. Campbell. School Size：Its Influence on Pupils ［J］. Journal of Educational Administration, 1965, 3（1）．

68. WEF. The Global Competitiveness Report 2011—2012 ［R］. 2011.

# 后　记

《中国义务教育发展报告2012》是中国教育科学研究院2012年度基本科研业务费专项基金"国情系列"项目（课题批准号：GY2012004）的研究成果。本书是集体智慧的结晶，由中国教育科学研究院教育督导评估研究中心研究人员合力完成。本书整体构想、基本框架和组织编写工作由刘芳、任春荣负责。各章节具体分工为：第一章各节分别由任春荣、史亚娟、左晓梅、武向荣撰稿；第二章各节分别由任春荣、史亚娟、左晓梅、武向荣撰稿；第三章由杜卫撰稿；第四章第一节由陈贵宝撰稿，第二、第三节由燕新撰稿；第五章由吴建涛撰稿。全书由刘芳、任春荣统稿。

在书稿写作过程中，中国教科院领导及有关专家给予了精心指导，教育部有关司局给予了大力支持，基础一司王定华司长、督导办周坚副主任对书稿提出了非常有价值的修改意见，在此一并表示衷心感谢！

出 版 人　所广一
责任编辑　孔　军
版式设计　孙欢欢
责任校对　贾静芳
责任印制　曲凤玲

## 图书在版编目（CIP）数据

中国义务教育发展报告 . 2012/刘芳等著 . —北京：
教育科学出版社，2013. 5
（国情教育研究书系/袁振国主编）
ISBN 978 - 7 - 5041 - 7295 - 2

Ⅰ. ①中… Ⅱ. ①刘… Ⅲ. ①义务教育—研究报告—
中国—2012　Ⅳ. ①G522.3

中国版本图书馆 CIP 数据核字（2013）第 027594 号

中国义务教育发展报告 2012
ZHONGGUO YIWU JIAOYU FAZHAN BAOGAO 2012

| | | | |
|---|---|---|---|
| 出版发行 | 教育科学出版社 | | |
| 社　　址 | 北京·朝阳区安慧北里安园甲 9 号 | 市场部电话 | 010 - 64989009 |
| 邮　　编 | 100101 | 编辑部电话 | 010 - 64981167 |
| 传　　真 | 010 - 64891796 | 网　　址 | http://www.esph.com.cn |
| 经　　销 | 各地新华书店 | | |
| 制　　作 | 北京金奥都图文制作中心 | | |
| 印　　刷 | 保定市中画美凯印刷有限公司 | | |
| 开　　本 | 169 毫米×239 毫米　16 开 | 版　　次 | 2013 年 5 月第 1 版 |
| 印　　张 | 29.75 | 印　　次 | 2013 年 5 月第 1 次印刷 |
| 字　　数 | 433 千 | 定　　价 | 89.00 元 |